HEYNE
BÜCHER

RICHARD BACHMAN

DER FLUCH

Roman

Aus dem Amerikanischen
von Nora Jensen

Deutsche Erstausgabe

WILHELM HEYNE VERLAG
MÜNCHEN

HEYNE ALLGEMEINE REIHE
Nr. 01/6601

Titel der Originalausgabe
THINNER

24. Auflage

Copyright © 1984 by Richard Bachman
Copyright © 1985 der deutschen Ausgabe
by Wilhelm Heyne Verlag GmbH & Co. KG, München
Printed in Germany 1996
Umschlagillustration: Bilderberg/nonstock/
Michael McGovern, Hamburg
Umschlaggestaltung: Atelier Ingrid Schütz, München
Gesamtherstellung: Elsnerdruck, Berlin

ISBN: 3-453-02195-9

Für meine Frau
Claudia Inez Bachman

1. Kapitel: 246

»Dünner«, raunt der alte Zigeuner mit der abfaulenden Nase William Halleck zu, als Halleck und seine Frau Heidi aus dem Gerichtsgebäude treten. Nur dieses eine Wort, ausgestoßen mit einem süßlich riechenden Atem. Und bevor Halleck zurückweichen kann, streckt der alte Zigeuner seine Hand aus und fährt ihm mit seinem gekrümmten Finger über die Wange. Sine Lippen öffnen sich wie eine Wunde und geben ein paar Zahnstummeln preis, die aus seinen Kiefern herausragen. Sie sind schwarzgrün. Die Zunge schlängelt sich dazwischen hindurch und gleitet nach außen, um über seine grinsend verzogenen Lippen zu schlüpfen.

Dünner.

Billy Halleck mußte gerade in dem äußerst passenden Augenblick daran denken, als er um sieben Uhr morgens, ein Handtuch um seine Taille geschlungen, auf der Waage stand. Aus dem Erdgeschoß zog der Duft von Eiern und gebratenem Speck herauf. Er mußte den Hals leicht vorrecken, um die Zahlen auf der Skala lesen zu können. Nein... er mußte sich etwas mehr als nur leicht vorbeugen. Er mußte sich ganz schön strecken. Er war ein dicker Mann. Zu dick, wie Dr. Houston ihm in munterem Ton gesagt hatte. *Falls es Ihnen noch niemand gesagt haben sollte, setze ich Sie davon in Kenntnis,* hatte er ihn nach der letzten Routineuntersuchung gewarnt. *Ein Mann in Ihrem Alter, mit Ihrem Einkommen und Ihren Gewohnheiten nähert sich grob gerechnet — mit 38 dem Herzinfarkt, Billy. Sie sollten etwas abnehmen.*

Aber dieser Morgen brachte Erfreuliches. Er hatte drei Pfund abgenommen, von 249 auf 246. Eigentlich hatte die Waage das letztemal, als er den Mut aufgebracht hatte, sich auf sie zu stellen und genau hinzusehen, 251 Pfund angezeigt, aber da hatte er seine Hose angehabt mit dem Kleingeld in den Taschen, ganz zu schweigen von dem Schlüsselbund und seinem Schweizer Taschenmesser. Und die Waage im oberen Badezimmer zeigte immer etwas zuviel an. Das sagte ihm ein sicheres Gefühl.

Als Kind in New York hatte er gehört, daß Zigeuner die Gabe der Prophezeiung besitzen. Vielleicht war dies der Beweis dafür. Er versuchte zu lachen, brachte aber nur ein klägliches und nicht gerade strahlendes Lächeln zustande; es war noch zu früh, um über Zigeuner zu lachen. Die Zeit würde vergehen, und man würde die Dinge wieder in nüchternem Licht sehen. Er war alt genug, um das zu wissen. Doch im Augenblick wurde ihm beim Gedanken an Zigeuner in seinem viel zu großen Bauch speiübel und er hoffte von ganzem Herzen, daß er nie wieder einen zu Gesicht bekäme. Von nun an würde er bei den Handleseübungen auf den Partys passen und sich aufs Ouija-Brett beschränken, wenn überhaupt das.

»Billy?« Das kam von unten.

»Ich komme!«

Er zog sich an und stellte dabei mit unterschwelliger Verzweiflung fest, daß seine Hose um die Taille wieder enger saß, obwohl er doch drei Pfund abgenommen hatte Er hatte genau um 12 Uhr 01 am Neujahrsmorgen mit dem Rauchen aufgehört, aber er hatte dafür bezahlt. O ja, er hatte bezahlt. Mit offenem Hemdkragen, die Krawatte lose um den Hals geschlungen, ging er nach unten. Linda, seine vierzehnjährige Tochter, huschte gerade mit wippendem Röckchen und ihrem sexy mit einem Samtband hochgebundenen Pferdeschwanz zur Haustür hinaus. Unter einem Arm trug sie ihre Schulbücher. In der anderen Hand raschelten fröhlich zwei lila-weiße Cheerleader-Pompons.

»Wiedersehn, Dad!«

»Schönen Tag, Lin.«

Er setzte sich an den Tisch und griff zum *Wall Street Journal*.

»Liebling«, mahnte Heidi.

»Meine Liebe«, antwortete er feierlich und legte die Zeitung mit der Titelseite nach unten neben das Frühstückstablett.

Sie trug das Frühstück auf: einen dampfenden Berg Rührei, ein Rosinenbrötchen und fünf Scheiben knusprig gebratenen Bauernspeck. Gutes Essen. Sie kuschelte sich ihm gegenüber auf den anderen Stuhl in der Frühstücksecke und zündete sich eine Zigarette an. Im Januar und Februar hatte es Spannungen gegeben – zu viele ›Diskussionen‹, die nichts anderes als verkleidete Streitereien gewesen waren, zu viele Nächte, in denen sie schließlich Rücken an Rücken eingeschlafen waren. Doch sie hatten einen *modus vivendi* gefunden: Sie hatte damit aufgehört, ihn ständig wegen seines Gewichts zu kritisieren, und er hatte es sein lassen, ihre anderthalb Packungen Zigaretten pro Tag zu bemängeln. Es hatte für einen angenehmen Frühling gereicht. Und außerdem hatten sich weitere angenehme Dinge ereignet. Zunächst einmal war Halleck befördert worden. Die Firma *Greely, Penschley und Kinder* hieß nun *Greely, Penschley, Kinder und Halleck*. Heidis Mutter hatte endlich ihre schon lange im Raum schwebende Drohung wahrgemacht und war zurück nach Virginia gezogen. Linda war zu guter Letzt doch noch in das Jugendteam der Cheerleaders aufgenommen worden, und das war für Billy der größte Segen; es hatte Zeiten gegeben, in denen er fürchtete, daß Lindas theatralische Auftritte ihn in einen Nervenzusammenbruch treiben würden. Alles war großartig gelaufen.

Dann waren die Zigeuner in die Stadt gekommen.

»Dünner«, hatte der alte Zigeuner gesagt, und was, zum Teufel, war mit seiner Nase los gewesen? Syphilis? Krebs? Oder etwas viel Schlimmeres – wie Lepra? Und überhaupt, warum kannst du nicht einfach damit aufhören? Warum läßt du es nicht einfach auf sich beruhen?

»Du mußt immer daran denken, nicht wahr?« fragte Heidi plötzlich – so plötzlich, daß Halleck zusammenzuckte. »*Billy, es war nicht deine Schuld*. Das hat der Richter gesagt.«

»Ich habe gar nicht darüber nachgedacht.«

»Und worüber *hast* du nachgedacht?«

»Das *Journal*«, antwortete er. »Hier steht, daß das Baugeschäft sich wieder belebt.«

Richtig, nicht seine Schuld; so hatte es der Richter gesagt. Richter Rossington. Cary, für seine Freunde.

Freunde wie mich, dachte Halleck. *Habe manche Runde Golf mit dem alten Cary Rossington zusammen gespielt, wie du sehr wohl weißt, Heidi. Bei unserer Silvesterparty vor zwei Jahren, das Jahr, in dem ich eigentlich vorhatte, das Rauchen aufzugeben, und es dann doch nicht getan habe, wer hat dich denn da beim traditionellen Neujahrskuß an deinen ach-so-grapschigen Busen gegrapscht? Na rate mal, wer? Bei meiner Seele, es war der gute alte Cary Rossington, so wahr ich atme und lebe!*

Ja. Der gute alte Cary Rossington, vor dem Billy schon mehr als ein Dutzend kommunale Rechtsfälle verteidigt hatte. Der gute alte Cary Rossington, mit dem Billy manchmal unten im Club Poker gespielt hatte. Der gute alte Cary Rossington, der sich nicht von allein für befangen erklärt hatte, als sein guter, alter Golf-und-Poker-Kumpel Billy Halleck (Cary pflegte ihn manchmal auf den Rücken zu klopfen und zu rufen: ›Na, wie läuft's denn so, Big Bill?‹) vor ihm im Gericht erschien, diesmal nicht, um einen bestimmten Punkt des Kommunalrechts auszuführen, sondern unter Anklage wegen fahrlässiger Tötung.

Und als Cary Rossington nicht von sich aus den Fall jemand anderem übergeben hatte, wer hat da buh geschrien, meine Lieben? Wer in dieser ganzen fairen Stadt Fairview war der Buh-Schreier? Wieso? Niemand! So war's nämlich! Niemand hat buh geschrien! Was waren das schließlich für Leute? Doch nur eine Bande dreckiger Zigeuner! Je eher sie aus Fairview abhauten und sich in ihren großen Kombiwagen mit den ›Nationale Wiedergutmachung‹-Aufklebern auf den hinteren Stoßstangen auf den Weg machten, je eher man die Rückwände ihrer selbstgezimmerten Wohnmobile und Campingwagen sah, desto besser. Je eher, desto. . .

. . . dünner.

Heidi drückte ihre Zigarette aus und sagte: »Scheiß auf dein Baugeschäft. Ich kenne dich besser.«

Das war anzunehmen. Und Billy vermutete, daß auch sie darüber nachgedacht hatte. Sie sah so alt aus, wie sie war: fünfunddreißig −, und das war selten. Sie hatten sehr, sehr jung geheiratet, und er konnte sich immer noch an den Vertreter erinnern, der eines Tages, nachdem sie drei Jahre verheiratet waren, an die Tür kam, um Staubsauger zu verkau-

fen. Er hatte auf die zweiundzwanzigjährige Heidi hinabge-
blickt und sie höflich gefragt: »Ist deine Mutter zu Hause,
Schätzchen?«

»Es schadet meinem Appetit nicht«, sagte er, und das war
zweifellos wahr. Angst oder keine Angst, er hatte die Rühr-
eier vertilgt, und von dem Speck war nichts mehr zu sehen.
Er trank die Hälfte seines Orangensafts und schenkte ihr
sein gewohntes breites Billy-Halleck-Lächeln. Sie versuchte
zurückzulächeln, aber irgendwie gelang ihr das nicht ganz.
Er stellte sich vor, daß sie ein Schild trüge: MEIN LÄCHLER IST
VORÜBERGEHEND AUSSER BETRIEB.

Er langte über den Tisch und nahm ihre Hand. »Heidi, es
ist alles in Ordnung. Und selbst wenn nicht, es ist vorbei.«

»Ich weiß. Ich weiß.«

»Wird Linda...?«

»Nein. Nicht mehr. Sie sagt... sie sagt, ihre Freundinnen
würden sehr loyal sein.«

Ungefähr eine Woche, nachdem es passiert war, hatte ihre
Tochter schwere Zeiten durchmachen müssen. Sie war entweder in Tränen aufgelöst oder den Tränen sehr nahe aus der
Schule nach Hause gekommen. Sie hatte aufgehört zu essen.
Ihr Gesicht war aufgequollen. Halleck, entschlossen, nicht
übertrieben zu reagieren, hatte ihre Klassenlehrerin, den Vize-
direktor und Lindas geliebte Miß Nearing, ihre Turn- und
Cheerleading-Lehrerin, aufgesucht. Er hatte angenommen,
daß es sich hauptsächlich um Teenagerhänseleien handelte —
so grob und wenig komisch, wie solche Neckereien in der Junior
Highschool nun eben waren, nicht sehr geschmackvoll, wenn
man die Umstände bedachte, aber was konnte man von einer
Altersgruppe erwarten, für die Witze, in denen tote Babys die
Pointe waren, der geistreiche Höhepunkt?

Er hatte Linda zu einem Spaziergang auf dem Lantern
Drive überredet. Am Lantern Drive standen geschmackvol-
le, weitab von der Straße liegende Häuser, Villen, die am
Straßenanfang grob geschätzt 75 000 Dollar wert waren und
langsam auf 200 000 Dollar stiegen, wenn man ans Ende der
Straße kam, wo der Country Club lag. Letztere waren mit
Schwimmbad und Sauna ausgestattet.

Linda hatte ihre alten Madrasshorts angehabt, die an einem Saum mittlerweile ausgefranst waren... und Halleck war aufgefallen, daß ihre fohlengleichen Beine jetzt so lang waren, daß der Gummizug ihres gelben Baumwollhöschens darunter hervorlugte. Er hatte ganz plötzlich eine Mischung aus Bedauern und Schrecken verspürt. Sie wurde erwachsen. Er nahm an, sie wußte, daß die Shorts ihr zu klein waren, zudem völlig abgetragen, aber er vermutete, daß sie sie angezogen hatte, weil sie die Verbindung zu einer tröstlicheren Kindheit herstellten, einer Kindheit, in der Daddies sich nicht vor Gericht verantworten und eine Verhandlung über sich ergehen lassen mußten (egal, wie abgekartet diese Verhandlung auch gewesen sein mochte, wenn der gute, alte Golfpartner, dieser betrunkene Busengrapscher, der sich an der eigenen Frau vergriffen hatte, den Hammer führte), eine Kindheit, in der die Schulkameraden während der vierten Stunde, wenn man gerade am Fußballfeld Lunch aß, nicht auf einen zugeschossen kamen, um zu fragen, wie viele Punkte der Daddy denn nun dafür gekriegt hätte, daß er die alte Lady überfahren hatte.

Du verstehst doch, daß es ein Unfall war, nicht wahr, Linda?

Sie nickt, ohne ihn anzusehen. Ja, Daddy.

Sie kam zwischen zwei Autos hervorgerannt. Sie hat sich überhaupt nicht umgeguckt. Ich hatte keine Zeit mehr zu bremsen. Absolut keine Zeit mehr.

Daddy, ich will das nicht hören.

Ich weiß. Und ich will nicht darüber reden. Aber du hörst es doch. In der Schule.

Sie sieht ihn ängstlich an. Daddy, du bist doch nicht...

In die Schule gegangen? Doch. Aber nicht vor halb vier Uhr nachmittags. Gestern nachmittag. Es waren überhaupt keine Kinder mehr da, wenigstens das konnte ich sehen. Es wird niemand erfahren.

Sie entspannt sich. Ein wenig.

Ich habe gehört, daß die anderen Kinder dich ganz schön hart angefaßt haben. Es tut mir leid.

Es war gar nicht so schlimm, sagt sie und faßt nach seiner Hand.

Doch ihr Gesicht — die neuen, böse wirkenden Pickel auf ihrer Stirn — erzählt ihm eine andere Geschichte. Die Pickel verraten ihm, daß sie im Grunde ganz schön darunter leidet. Ein Elternteil im Gefängnis zu haben ist eine Situation, die nicht gerade in Judy Blumes Teenager-Zeitschrift behandelt wird (obwohl auch das bald geschehen wird).

Ich habe auch gehört, daß du dich sehr gut gehalten hättest, sagt Billy Halleck. Du hast dir nicht viel draus gemacht. Denn wenn sie einmal merken, daß sie deinen wunden Punkt gefunden haben...

Ja, ich weiß, sagt sie niedergeschlagen.

Miß Nearing hat gesagt, sie wäre ganz besonders stolz auf dich, sagt er. Das ist eine kleine Lüge. Miß Nearing hatte nicht genau das gesagt, aber sie hatte ganz sicher gut von Linda gesprochen, was Billy Halleck fast genausoviel bedeutet wie seiner Tochter. Und es wirkt. Ihre Augen leuchten auf, und sie sieht Halleck zum erstenmal ins Gesicht.

Hat sie das gesagt?

Das hat sie gesagt, bestätigt Halleck. Die Lüge flutscht ihm leicht und überzeugend über die Lippen. Warum nicht? Er hat in letzter Zeit eine Menge Lügen erzählt.

Sie drückt seine Hand und lächelt ihn dankbar an.

Sie werden ziemlich bald damit aufhören, Lin. Sie werden einen anderen Knochen finden, auf dem sie rumkauen können. Ein Mädchen wird schwanger werden, oder ein Lehrer bekommt einen Nervenzusammenbruch, oder irgendein Junge wird dabei erwischt, wenn er Haschisch oder Kokain verkauft. Dann wird das Interesse an dir erlahmen. Klar?

Sie wirft plötzlich die Arme um ihn und drückt sich ganz fest an ihn. Er stellt fest, daß sie wohl doch noch nicht so schnell erwachsen wird und daß nicht alle Lügen schlecht sind. Ich hab dich lieb, Daddy, sagt sie.

Ich habe dich auch lieb, Lin.

Er nimmt sie jetzt fest in die Arme, und plötzlich dreht jemand den großen Stereoverstärker hinter seiner Stirn ganz laut auf. Und wieder hört er den doppelten Knall: den ersten, als die vordere Stoßstange seines Wagens die alte Zigeunerin mit dem knallroten Taschentuch über den dünnen Haaren streift, den zweiten, als die schweren Vorderreifen über ihren Körper rollen.

Heidi schreit.

Und sie nimmt ihre Hände ruckartig von seinem Schoß.

Halleck preßt seine Tochter noch fester an sich. Er spürt eine Gänsehaut am ganzen Körper.

»Noch Rührei?« fragte Heidi, seine Träumerei unterbrechend.

»Nein. Nein, danke.« Etwas schuldbewußt blickte er auf seinen sauberen Teller hinunter: Egal, wie schlecht die Dinge auch standen, es wurde niemals so schlimm, daß er deswegen seinen guten Schlaf oder seinen Appetit verloren hätte.

»Bist du sicher, daß du ...?«

»Okay?« Er lächelte. »Ich bin okay, du bist okay, Linda ist okay. Wie heißt es so schön in den Seifenopern? Der Alptraum ist vorüber — können wir jetzt bitte unser normales Leben wieder aufnehmen?«

»Das ist eine nette Idee.« Diesesmal erwiderte sie sein Lächeln mit einem echten — und plötzlich war sie wieder unter dreißig. Sie strahlte. »Möchtest du noch den Rest Speck? Es sind noch zwei Scheiben übrig.«

»Nein«, wiederholte er und dachte daran, wie sein Hosengürtel ihn in der Taille kniff *(ha, ha, welche Taille denn?* meldete sich ein kleiner, nicht gerade komischer Don Rickles in seinem Kopf — *das letztemal, daß du eine Taille aufzuweisen hattest, muß so um 1978 gewesen sein, du Eishockeypuck),* wie er morgens den Bauch hatte einziehen müssen, als er den Reißverschluß zumachen wollte. Dann fiel ihm die Waage wieder ein und er sagte: »Ich werde eine nehmen. Ich habe drei Pfund abgenommen.«

Sie war schon — trotz seines ursprünglichen Neins — an den Herd getreten — *manchmal kennt sie mich so gut, daß es mich schon fast deprimiert,* dachte er.

Jetzt drehte sie sich um. »Du denkst immer noch darüber nach.«

»Nein, tue ich *nicht*«, antwortete er wütend. »Darf ein Mann nicht mal in Frieden drei Pfund abnehmen? Du hast doch dauernd gesagt, du hättest mich gern ein bißchen ...«

dünner

»... ein bißchen weniger dick.« Jetzt hatte sie ihn wieder dazu gebracht, an den Zigeuner zu denken. *Verdammt noch mal!* An die zerfressene Nase des Zigeuners und an das Gefühl, als dieser hornhäutige Finger seine Wange gestriffen hatte, an den Augenblick, bevor er reagieren konnte und zurückgewichen war – so, wie man vor einer Spinne zurückweicht oder vor ekligen Käfern unter einem feuchten, verrotteten Holzblock.

Sie brachte ihm den Speck und küßte ihn auf die Schläfe. »Entschuldige bitte. Mach du nur weiter und nimm ab. Aber solltest du's nicht tun, denk dran, was Mr. Rogers sagt...«

»... ich mag dich genauso, wie du bist«, beendeten sie den Satz gemeinsam.

Er tippte mit dem Finger auf das *Journal*, aber das war im Augenblick einfach zu deprimierend. Er stand auf, ging nach draußen und fand die *New York Times* im Blumenbeet. Dieser Zeitungsjunge warf sie immer ins Blumenbeet, hatte seine Rechnung am Wochenende niemals in Ordnung und vergaß dauernd Billys Nachnamen. Billy hatte sich mehr als einmal gefragt, ob es möglich wäre, daß ein zwölfjähriges Kind ein Opfer des Alzheimer Syndroms wurde.

Er sammelte die Zeitung auf, nahm sie mit hinein und schlug die Sportseite auf. Er war ganz in die Boxergebnisse vertieft, als Heidi ihm noch ein Rosinenbrötchen mit golden geschmolzener Butter brachte.

Halleck aß es auf, fast ohne sich dessen bewußt zu sein.

2. Kapitel: 245

Am Vormittag in der Stadt endete ein Schadensersatzprozeß, der sich schon über drei Jahre hingezogen hatte – und Billy hatte eigentlich erwartet, daß er sich in der einen oder anderen Form gut und gerne noch über die nächsten drei oder vier Jahre hinziehen würde –, auf recht unerwartete und sehr erfreuliche Weise, indem der Kläger sich in einer Sitzungspause des Gerichts zu einem Vergleich in einer verblüffenden Höhe bereit erklärte. Halleck verlor keine Zeit, besagten Kläger, einen Farbfabrikanten aus Schenectady, und seinen Klienten ins Richterzimmer zu führen, um die Vergleichspapiere unterzeichnen zu lassen. Der Anwalt des Klägers beobachtete mit offensichtlicher Bestürzung und Unglauben, wie sein Klient, der Präsident der *Good Luck Paint Company*, seinen Namen auf die sechs Kopien kritzelte, und seine runde Glatze glänzte matt, während der Gerichtsnotar Kopie für Kopie beglaubigte. Billy saß ganz ruhig da, die Hände im Schoß gefaltet, und hatte das Gefühl, in der Lotterie gewonnen zu haben. Beim Lunch war, bis auf das übliche Gerede, alles vorüber.

Billy führte seinen Klienten zum Essen zu *O'Lunney's*, bestellte ihm ein Wasserglas voll Chivas und für sich selbst einen Martini und rief Heidi zu Hause an.

»Mohonk«, sagte er, als sie sich meldete. Mohonk war ein weitläufiges Feriengebiet im Norden des Staates New York, in dem sie vor langer Zeit ihre Flitterwochen – ein Geschenk von Heidis Eltern – verbracht hatten. Sie hatten sich auf Anhieb in diesen Ort verliebt und inzwischen zweimal ihren Urlaub dort verbracht.

»Was?«

»Mohonk«, wiederholte er. »Wenn du nicht mitkommen willst, frage ich Jillian im Büro.«

»*Das wirst du nicht tun!* Billy, was hat das zu bedeuten?«

»Willst du nun hinfahren oder nicht?«

»*Natürlich* will ich! Dieses Wochenende?«

»Morgen, falls du Mrs. Bean dazu kriegst, ab und zu nach Linda zu sehen und dafür zu sorgen, daß der Abwasch erledigt wird und keine Fernsehorgien in unserem Wohnzimmer veranstaltet werden. Und falls...«

Doch erst einmal übertönte Heidis Aufschrei seine Erklärungen. »Dein Prozeß, Billy! Was ist mit den Farbdämpfen und den Nervenzusammenbrüchen und den psychotischen Anfällen und...«

»Canley ist zu einem Vergleich bereit. Das heißt, der Vergleich *ist* schon abgeschlossen. Nach zirka vierzehn Jahren sinnlosem Gerichtsverhandlungsgewäsch und ewig langen Auseinandesetzungen über juristische Anschauungen, die praktisch nichts zu bedeuten hatten, hat dein Mann endlich mal einen Fall für den Guten gewonnen. Klar und eindeutig. Der Canley-Prozeß ist abgeschlossen, und ich fühle mich wie der Kaiser von China.«

»Billy! Wahnsinn!« Wieder ein Aufschrei, diesmal so laut, daß die Stimme im Hörer ganz verzerrt klang. Billy hielt ihn lächelnd vom Ohr weg. »Wieviel kriegt dein Typ?«

Billy nannte ihr die Summe, und jetzt mußte er den Hörer beinahe fünf Sekunden lang vom Ohr weghalten.

»Glaubst du, Linda würde es uns übelnehmen, wenn wir mal fünf Tage blau machten?«

»Wenn sie bis ein Uhr aufbleiben und den Spätfilm ansehen und Georgia Deever einladen darf, damit sie sich die ganze Nacht über Jungs unterhalten und sich mit meinen Schokoladenkeksen vollstopfen können? Willst du mich auf den Arm nehmen? Wird es um diese Jahreszeit kalt dort oben sein, Billy? Soll ich deine grüne Strickjacke einpacken? Willst du lieber deinen Parka oder deine Jeansjacke mitnehmen? Oder beides? Glaubst du...?«

Er sagte ihr, daß sie das selbst entscheiden solle, und ging zu seinem Klienten zurück. Dieser hatte seinen Chivas zur Hälfte geleert und war jetzt in der Stimmung, polnische Witze zu erzählen. Er sah aus, als hätte er einen Schlag mit dem Hammer auf den Kopf bekommen. Halleck trank seinen Martini und lauschte mit halbem Ohr den Standardwitzen über polnische Tischlermeister und polnische Restaurants, während seine Gedanken fröhlich zu anderen Themen wanderten. Dieser Prozeß könnte weitreichende Konsequenzen haben; es war noch zu früh zu sagen, daß er seine Karriere beeinflussen würde, aber es könnte immerhin der Fall sein. Durchaus sogar. Nicht schlecht für diese Art von Fällen, die große Firmen später für sich als Wohltätigkeitsarbeit reklamierten. Es könnte bedeuten, daß...

... der erste Schlag schleudert Heidi nach vorn. Einen Moment lang liegt sie auf ihm. Er spürt einen schwachen Schmerz in seinen Geschlechtsteilen. Der Stoß ist hart genug, daß Heidis Sitzgurt blockiert. Blut spritzt hoch — drei pfenniggroße Tropfen — und klatscht wie roter Regen an die Windschutzscheibe. Sie hat nicht einmal mehr Zeit zu schreien; sie wird später schreien. Er hat nicht mehr die Zeit, sich auch nur andeutungsweise über den Unfall klar zu werden. Das setzt erst mit dem zweiten Stoß ein. Und er...

... trank den Rest seines Martinis in einem Schluck aus. Tränen traten ihm in die Augen.

»Alles in Ordnung?« fragte der Klient — sein Name war David Duganfield — ihn.

»Mir geht es so gut, daß Sie es nicht glauben würden«, sagte Billy und langte über den Tisch, um Duganfields Hand zu drücken. »Herzlichen Glückwunsch, David.« Er wollte nicht mehr an den Unfall denken, wollte nicht mehr an den alten Zigeuner mit der abfaulenden Nase denken. Er gehörte zu den Guten; diese Tatsache kam deutlich in Duganfields kräftigem Händedruck und seinem müden, leicht sabbernden Lächeln zum Ausdruck.

»Vielen Dank, Mann«, sagte Duganfield. »Vielen herzlichen Dank.« Plötzlich beugte er sich über den Tisch und umarmte Billy Halleck ungeschickt. Billy erwiderte die Umarmung. Doch als Dunganfields Arme sich um seinen Hals schlangen, streifte eine Hand leicht über seine Wange, und er mußte sofort wieder an das eigenartige Streicheln des alten Zigeuners denken.

Er hat mich angefaßt, dachte Halleck, und trotz der herzlichen Umarmung seines Klienten fing er an zu zittern.

Auf dem Heimweg versuchte er, an Duganfield zu denken — Duganfield war eine gute Sache, um jetzt darüber nachzudenken —, aber als er über die Triborough Bridge fuhr, ertappte er sich dabei, daß er gar nicht an Duganfield, sondern an Ginelli dachte.

Duganfield und er hatten fast den ganzen Nachmittag bei *O'Lunney's* verbracht, aber eigentlich hätte Billy seinen Klienten lieber zu den *Three Brothers* geführt. Es war das Restaurant, an dem Richard Ginelli eine informelle, stille Teilhaberschaft hielt. Es war jetzt schon Jahre her, daß er zum letztenmal bei den *Three Brothers* gegessen hatte — angesichts Ginellis Reputation war das nämlich nicht sehr klug —, aber immer noch dachte er zuerst an die Brüder. Billy hatte dort manche gute Mahlzeit eingenommen und immer viel Spaß dabei gehabt, obwohl Heidi sich nie viel aus Ginelli gemacht hatte. Er hatte den Verdacht, daß Ginelli ihr Angst einflößte.

Er fuhr gerade auf der New Yorker Umgehungsstraße an der Gun-Hill-Road-Ausfahrt vorbei, als seine Gedanken wie zwangsläufig wieder zu dem alten Zigeuner zurückkehrten.

Ginelli war's, an den du als erstes gedacht hast. Nachdem du an jenem Tag nach Hause gekommen warst und Heidi heulend am Küchentisch saß, da hast du als erstes an Ginelli gedacht. »He, Rich, ich habe heute eine alte Lady umgebracht. Kann ich mal kurz in die Stadt kommen, um mit dir darüber zu reden?«

Aber Heidi war nebenan in der Küche, und Heidi hätte das nicht verstanden. Billys Hand hatte eine Weile über dem Hörer gehangen und war dann runtergefallen. Ihm war mit plötzlicher Klarheit bewußt geworden, daß er ein angesehener Anwalt aus Connecticut war, dem, wenn die Dinge haarig wurden, nur ein Mensch einfiel, den er anrufen könnte: einen New Yorker Gangster, der es sich offensichtlich im Laufe der Jahre angewöhnt hatte, die Konkurrenz über den Haufen zu schießen.

Ginelli war ein großgewachsener Mann, sah nicht umwerfend gut aus, hatte aber eine natürliche Art, so daß er in jeder Kleidung irgendwie elegant wirkte. Er hatte eine kräftige, freundliche Stimme — nicht die Art von Stimme, mit der man sofort Drogenhandel, Gewalttätigkeit und Mord assoziierte. Aber er hatte mit allen drei zu tun, wenn man seiner Polizeiakte Glauben schenkte. Und es war Ginellis Stimme gewesen, die Billy an diesem schrecklichen Nachmittag, nachdem Duncan Hopley, der Polizeichef von Fairview, ihn hatte laufen lassen, sehr gerne gehört hätte.

»... oder den ganzen Tag da rumsitzen?«

»Häh!« Billy zuckte zusammen. Ihm wurde plötzlich klar, daß er vor einer der wenigen Mautkabinen am Rye-Platz stand, die tatsächlich mit einem Beamten besetzt war.

»Ich habe gesagt, wollen Sie nun bezahlen oder...?«

»Schon gut«, sagte Billy und gab dem Mann eine Dollarnote. Er nahm das Wechselgeld in Empfang und fuhr weiter. Schon fast in Connecticut, noch neunzehn Ausfahrten bis zu Heidi. Dann ab nach Mohonk. Duganfield funktionierte nicht so recht als Ablenkung; versuchen wir's also mal mit Mohonk. Vergessen wir die alte Zigeunerin und den alten Zigeuner mal für 'ne Weile, wie wär das?

Aber seine Gedanken wanderten unweigerlich zu Ginelli zurück.

Billy hatte ihn durch die Firma kennengelernt, die vor sieben Jahren eine Rechtsangelegenheit für Ginelli erledigt hatte — eine Firmengründungssache. Billy, damals noch ein sehr junger Junioranwalt der Firma, hatte den Auftrag bekommen. Keiner der Seniorpartner hätte sich diesen Fall auch nur durchgesehen. Schon damals war Ginellis Reputation ziemlich schlecht. Billy hatte Kirk Penschley nie gefragt, warum die Firma Rich Ginelli überhaupt als Klienten angenommen hatte; man hätte ihm ja doch nur gesagt, daß er seine Arbeit machen und die politischen Entscheidungen den Älteren überlassen solle. Deshalb hatte er vermutet, daß Ginelli wohl etwas über eine Leiche im Schrank von irgend jemandem wußte; er war ein Mann, der seine Ohren aufsperrte.

Billy hatte seine dreimonatige Arbeit im Auftrag der *Three Brothers Associates, Inc.*, mit der Einstellung begonnen, daß er den Mann, für den er arbeiten sollte, sicher nicht mögen, vielleicht sogar fürchten würde. Statt dessen fühlte er sich zu ihm hingezogen. Ginelli war ein Charismatiker. Es machte Spaß, mit ihm zusammenzusein. Mehr noch, er behandelte Billy mit einem Respekt und einer Zuvorkommenheit, die ihm in der eigenen Firma während der nächsten vier Jahre sicher nicht zuteil werden würden.

Billy hielt an der Norwalk-Mautstelle und warf seine fünfunddreißig Cent ein. Dann reihte er sich wieder in den Verkehr ein. Ohne darüber nachzudenken, beugte er sich vor und öffnete das Handschuhfach. Unter den Landkarten und dem Handbuch für den Wagenbesitzer fand er zwei Yes-Torties. Er riß die Verpackung von dem einen auf und aß es gierig. Dabei fielen einige Krümel auf seine Weste.

Seine Arbeit für Ginelli war schon lange erledigt gewesen, als das Große Geschworenengericht in New York diesen beschuldigte, eine Reihe von Exekutionen im Stil des organisierten Verbrechens angestiftet zu haben, die das Ausmaß eines Drogenkrieges angenommen hätte. Die Anklage des Obersten New Yorker Gerichtshofs war im Herbst 1980 auf dem Schreibtisch ihrer Kanzlei gelandet. Im Frühjahr 1981 war sie, weil sich unter den Hauptbelastungszeugen plötzlich eine Sterblichkeitsrate von fünfzig Prozent eingestellt hatte, verschwunden. Einer war zusammen mit zwei von drei Polizeibeamten, die zu seiner Bewachung eingeteilt waren, mitsamt dem Wagen in die Luft geflogen. Ein anderer war mit einem abgebrochenen Regenschirmgriff durch den Hals gestochen worden, als er sich in einem der Schuhputzerstühle im Grand-Central-Bahnhof die Schuhe wichsen ließ. Die beiden anderen hatten dann gar nicht so überraschend beschlossen, daß sie sich nicht mehr länger darauf versteifen könnten, ob es nun wirklich Richard ›Der Hammer‹ Ginelli gewesen war, den sie dabei belauscht hatten, als er den Auftrag, einen Brooklyner Drogenbaron namens Richovsky abzuknallen, gegeben hatte.

Westport. Southport. Bald zu Hause. Er beugte sich wieder vor und wühlte im Handschuhfach... Aha! Da war noch eine halbvolle Erdnußschachtel von der letzten Flugreise übriggeblieben. Die Nüsse schmeckten zwar fad, aber sie waren noch genießbar. Billy Halleck mampfte sie weg, ohne von ihnen mehr zu schmecken als von den beiden Yes-Torties.

Im Laufe der Jahre hatten Ginelli und er sich regelmäßig Weihnachtskarten geschrieben und sich gelegentlich aus alter Gewohnheit bei den *Three Brothers* zum Essen getroffen. Infolge dessen, was Ginelly beharrlich als ›meine Probleme mit der Legalität‹ bezeichnete, waren die Essen weniger geworden, bis sie ganz aufhörten. Dran war zum Teil Heidi schuld gewesen — in bezug auf Ginelli hatte sie sich mittlerweile in eine Weltklasse-Meckerziege verwandelt — aber zum Teil hatte es auch an Ginelli selbst gelegen.

»Du solltest lieber eine Zeitlang nicht mehr herkommen«, hatte er zu Billy gesagt.

»Was? Wieso?« hatte Billy unschuldig darauf erwidert, als hätten er und Heidi sich nicht gerade in der Nacht davor genau darüber gestritten.

»Weil ich, was die öffentliche Meinung betrifft, ein Gangster bin«, hatte Ginelli geantwortet. »Junge Anwälte, die sich mit Gangstern anfreunden, kommen nicht voran, William, doch das ist's, worauf es wirklich ankommt — halte deine Weste rein und mach Karriere!«

»So, das ist also alles, worauf's ankommt, häh?«

Ginelli hatte daraufhin eigenartig gelächelt. »Nun... es gibt noch ein paar andere Sachen.«

»Zum Beispiel?«

»William, ich hoffe, du wirst es nie herausfinden müssen. Komm ab und zu mal auf einen *Espresso* vorbei. Wir werden miteinander plaudern und lachen. Was ich sagen will ist, wir bleiben in Verbindung!«

Und so war es auch geschehen. Er hatte gelegentlich mal bei den *Three Brothers* reingeschaut (wobei er allerdings, während er auf die Ausfahrtsrampe von Fairview bog, zugeben mußte, daß die Intervalle länger und länger geworden waren). Und als er sich in der Situation befand, sich wegen fahrlässiger Tötung vor Gericht verantworten zu müssen, war ihm als allererstes Ginelli eingefallen.

Aber der gute, alte, busengrapschende Cary Rossington hatte diese Sache ja für ihn in die Hand genommen, flüsterte eine Stimme in seinem Kopf. *Warum denkst du also jetzt an Ginelli? Mohonk — du solltest an Mohonk denken. Und an David Duganfield, den Beweis dafür, daß der Gute nicht immer als Verlierer aus der Sache hervorgeht. Und darüber, daß du noch ein paar Pfund abnehmen könntest.*

Doch als er in die Hausauffahrt einbog, stellte er fest, daß er wieder über Ginelli nachdachte, über etwas, das er ihm einmal gesagt hatte: *William, ich hoffe, du wirst es nie herausfinden müssen.*

Was herausfinden? fragte Billy sich, und dann stürmte Heidi ihm aus der Haustür entgegen, um ihm einen Kuß zu geben, und er vergaß alles für eine Weile.

3. Kapitel: Mohonk

Es war ihre dritte Nacht in Mohonk, und sie hatten sich gerade geliebt. Es war das sechste Mal innerhalb von drei Tagen gewesen, eine schwindelerregende Abwechslung gegenüber ihrem normalen, ruhigen Zwei-mal-die-Woche-Rhythmus. Billy lag neben ihr und genoß es, ihren Herzschlag zu hören, genoß den Duft ihres Parfüms — Anaïs Anaïs — gemischt mit dem sauberen Geruch ihres Schweißes und ihres Geschlechts. Einen Moment lang nahmen seine Gedanken eine grauenhafte Wendung, und er sah die alte Zigeunerin vor sich, genau in dem Augenblick, bevor der Olds sie erwischt hatte. Einen Moment lang hörte er, wie eine Flasche Mineralwasser auf dem Asphalt zerschellte. Dann war die Vision vorüber.

Er drehte sich zu seiner Frau um und zog sie fest an sich. Sie umfaßte ihn mit einem Arm und ihre freie Hand glitt seinen Oberschenkel hinauf. »Weißt du was«, sagte sie, »Wenn ich noch einmal so komme, daß meine Gehirnzellen rausfliegen, dann werde ich bald nicht mehr viel übrig haben.«

»Das ist ein Mythos«, antwortete Billy lachend.

»Daß einem beim Kommen die Gehirnzellen absterben?«

»Nee, das ist wahr. Der Mythos besteht darin, daß man diese Zellen für immer *verlieren* würde. Diejenigen, die absterben, wachsen wieder nach.«

»Ja... das sagt man, das *sagt* man.«

Sie kuschelte sich näher an ihn. Ihre Hand wanderte von seinem Schenkel herauf, berührte seinen Penis sanft, liebevoll, spielte mit einem Büschel seiner Schamhaare (letztes Jahr war er traurig überrascht gewesen, als er feststellte, daß er dort unten an der Stelle, die sein Vater immer ›Adamsdickicht‹ genannt hatte, schon die ersten grauen Fäden bekommen hatte), und glitt dann den Hügel seines unteren Bauches herauf.

24

Sie stützte sich plötzlich auf ihren Ellenbogen, wodurch sie ihn leicht erschreckte. Er war noch nicht eingeschlafen, aber er war gerade am Wegdösen gewesen.

»Du *hast* wirklich abgenommen!«

»Häh?«

»Billy Halleck, du *bist* magerer geworden!«

Er klopfte sich auf den Bauch, den er manchmal scherzhaft das Haus nannte, das Budweiser ihm gebaut hatte, und lachte. »Nicht gerade viel. Ich sehe immer noch wie der einzige Mann der Welt aus, der im siebten Monat schwanger ist.«

»Du bist immer noch dick, aber nicht so dick, wie du vorher warst. Ich *weiß* es. Ich kann es doch sehen. Wann hast du dich das letztemal gewogen?«

Er dachte nach. Es war an dem Morgen gewesen, an dem der Canley-Prozeß zu Ende gegangen war. Damals war er auf 221 Pfund runtergewesen. »Ich habe dir doch erzählt, daß ich drei Pfund verloren hätte, erinnerst du dich?«

»Na gut. Du wirst dich morgen früh als erstes wieder wiegen«, sagte sie.

»Keine Waage im Badezimmer«, erwiderte Billy genüßlich.

»Mach keine Witze.«

»Nein. Mohonk ist ein *zivilisierter* Ort.«

»Wir werden eine finden.«

Billy döste langsam ein. »Klar, wenn du willst.«

»Ich will.«

Sie ist eine gute Frau, dachte er. Während der letzten fünf Jahre, in denen sein ständiges Zunehmen immer auffälliger geworden war, hatte er an schlimmen Tagen eine Diät und/oder ein Fitnessprogramm angekündigt. Die Diäten zeichneten sich hauptsächlich durch Selbstbetrug aus. Ein oder zwei Hot Dogs am Nachmittag, um das Yoghurtlunch aufzubessern, oder vielleicht ein oder zwei hastig hinuntergeschlungene Hamburger am Sonnabendnachmittag, während Heidi an irgendeiner Auktion oder einem Flohmarkt teilnahm. Ein oder zweimal hatte er sich gar zu einem der gräßlichen heißen Sandwiches herabgelassen, die in einer kleinen Imbißstube eine Meile die Straße runter erhältlich waren. Das Fleisch in diesen Sandwiches sah aus wie gegrillte Haut, wenn es erst einmal in den Mikrowellenherd geraten war, und doch konnte er sich nicht daran erinnern, daß er irgendwann einmal eine Portion dieser Scheußlichkeiten ungegessen weggeworfen hätte. Er mochte sein Bier gern, klar, zugegeben, aber viel mehr noch mochte er sein Essen. Eine Dover-Seezunge in einem der besseren New Yorker Restaurants war eine feine Sache, aber wenn er nachts länger aufblieb und sich die Sportsendungen im Fernsehen ansah, reichte ihm auch eine Tüte Maischips mit etwas Krabbensoße auf dem Beistelltisch.

Seine körperlichen Ertüchtigungsprogramme dauerten meistens eine Woche, dann kam ihm sein Arbeitsplan dazwischen, oder er verlor schlichtweg das Interesse daran. Ein Satz Hanteln brütete still im Keller vor sich hin und setzte allmählich Rost an. Jedesmal, wenn er hinunterging, schienen sie ihn vorwurfsvoll anzusehen. Er versuchte immer, gar nicht auf sie zu achten.

Dann zog er seinen Bauch noch stärker ein als sonst und erklärte Heidi rund heraus, daß er zwölf Pfund abgenommen habe und jetzt nur noch 236 wog. Sie nickte beifällig, sagte ihm, wie sehr sie sich freue und, *natürlich*, sie könne den Unterschied sogar sehen; doch während der ganzen Zeit wußte sie selbstverständlich, was los war. Schließlich fand sie die leeren Maischipstüten im Mülleimer. Und seit in Connecticut ein Recyclinggesetz für Flaschen und Konservendosen verabschiedet worden war, wurden die leeren Dosen in der Speisekammer ebenso zur Quelle für Schuldgefühle wie die unbenutzten Hanteln im Keller.

Sie sah ihn, wenn er schlief; ja schlimmer noch, sie sah ihn, wenn er pinkelte. Man konnte beim Pinkeln einfach nicht den Bauch einziehen. Er hatte es mal probiert, es war schlicht unmöglich. Sie wußte, daß er nur drei, im Höchstfalle vier Pfund abgenommen hatte. Man konnte seine Frau in bezug auf eine andere Frau an der Nase herumführen — jedenfalls eine Zeitlang —, aber man konnte nicht sein Gewicht vor ihr verbergen. Eine Frau, die dieses gesamte Gewicht von Zeit zu Zeit nachts auf sich spürte, wußte, wie schwer man war. Aber sie lächelte und sagte: »*Aber natür-lich, du siehst schon viel besser aus, Liebling.*« Zum Teil war das vielleicht gar nicht bewundernswert — es hielt ihn davon ab, ihre Zigaretten zu kritisieren —, aber er ließ sich nicht soweit narren, zu glauben, daß es allein das wäre. Das war auch nicht das Entscheidende. Es war ihre Art, ihm seine Selbst-achtung zu erhalten.

»Billy?«

»Was ist?« Zum zweitenmal aus dem Schlaf geschreckt, blickte er leicht belustigt und leicht irritiert zu ihr hinüber.

»Fühlst du dich ganz wohl?«

»Mir geht es gut. Was soll dieser ›Fühlst-du-dich-ganz-wohl‹-Unsinn?«

»Hmm... manchmal... es heißt, daß ein nicht geplanter Gewichtsverlust ein Symptom für etwas sein kann.«

»Ich fühle mich *großartig*. Und wenn du mich jetzt nicht schlafen läßt, werde ich es dir beweisen, indem ich mir dich gleich noch mal vornehme.«

»Nur zu.«

Er stöhnte auf. Sie lachte. Kurz darauf waren sie eingeschla-fen. In seinem Traum kamen Heidi und er gerade aus dem Su-permarkt, nur diesmal *wußte* er, daß er sich in einem Traum be-fand, er *wußte*, was gleich passieren würde, und er wollte ihr sa-gen, daß sie mit dem, was sie gerade tat, aufhören solle, daß er seine volle Aufmerksamkeit auf das Fahren konzentrieren müs-se, denn gleich würde eine alte Zigeunerin zwischen zwei ge-parkten Wagen hervorgeschossen kommen — zwischen einem gelben Subaru und einem dunkelgrünen Firebird, um genau zu sein —, und diese alte Frau würde eine Zehnpfennig-Kinder-haarspange aus Plastik in ihrem dünnen, grauen Haar tragen, und sie würde keine Anstalten machen, sich umzusehen, son-dern nur geradeausstarren. Er wollte Heidi sagen, daß dies sei-ne Chance wäre, alles rückgängig zu machen, sich anders zu verhalten, es wiedergutzumachen.

Aber er konnte nicht sprechen. Die angenehme Erregung erwachte wieder bei der anfangs nur verspielten Berührung ihrer Finger. Dann wurden sie fordernder (sein Penis ver-steifte sich im Schlaf, und er wendete den Kopf leicht, während er im Traum das metallische Klicken hörte, als sein Reißverschluß langsam geöffnet wurde); die Erregung vermischte sich mit dem unangenehmen Gefühl von furchtbarer Unausweichlichkeit. Jetzt sah er wieder den gelben Subaru vor sich, der hinter dem dunkelgrünen Firebird mit den weißen Rennstreifen geparkt war. Und zwischen ihnen einen Augenblick lang eine Erscheinung, viel farbenfroher und lebendiger in ihrer heidnischen Buntheit als sämtliche Graffitiwände, die je in Detroit oder Toyota Village besprayt worden waren. Er versuchte zu schreien *Hör auf, Heidi! Da ist sie! Ich werde sie wieder töten, wenn du nicht damit aufhörst! Bitte, o Gott, nein! Guter Gott, bitte, nein!*

Doch die Gestalt trat zwischen den beiden Wagen hervor. Halleck versuchte, den Fuß vom Gaspedal zu nehmen und auf die Bremse zu treten, aber der Fuß schien wie durch eine entsetzliche, unwiderstehliche Kraft am Pedal festzukleben. *Diese furchtbare Unausweichlichkeit,* dachte er in panischer Angst und versuchte, das Steuer herumzureißen, aber das Lenkrad bewegte sich auch nicht. Es war total blockiert. So machte er sich innerlich auf den Zusammenprall gefaßt, als der Kopf der Zigeunerin sich verwandelte. Sie war nicht mehr die alte Dame, o nein, es war der alte Zigeuner mit der abfaulenden Nase. Nur hatte er jetzt keine Augen mehr. Genau in dem Moment, als der Olds ihn erfaßte und unter sich begrub, sah Halleck die leeren, starrenden Augenhöhlen. Die Lippen des alten Zigeuners öffneten sich nun zu einem obszönen Grinsen − ein uralter Halbmond unter dem Horroranblick seiner verrotteten Nase.

Dann: *Peng.*

Eine alte, ungeheuer faltige Hand, die Finger mit heidnischen Ringen aus geschlagenem Metall geschmückt, wedelte schlaff auf der Motorhaube. Drei Blutstropfen spritzten an die Windschutzscheibe. Halleck war sich vage bewußt, daß Heidis Hand sich schmerzhaft um sein erigiertes Glied krampfte und den Orgasmus zurückhielt, der durch den Schock ausgelöst worden war. Er spürte einen plötzlichen, panisch-freudigen Schmerz...

Und unter sich hörte er das Flüstern des alten Zigeuners

durch den Teppichboden seines teuren Wagens aufsteigen, gedämpft, aber deutlich: »*Dünner.*«

Er richtete sich mit einem Ruck auf, drehte sich zum Fenster und schrie fast. Der Mond stand als helle Sichel über den Adirondacks, und einen Augenblick lang glaubte er, er sähe den alten Zigeuner, der mit leicht geneigtem Kopf durch ihr Schlafzimmerfenster spähte, die Augen zwei schillernde Sterne im schwarzen Nachthimmel über dem Staat New York. Das Lächeln kam von innen. Der Mond streute sein kaltes Licht über die Flur, so kalt wie das Licht, das von einem Weckglas voller Glühwürmchen ausgeht, kalt wie die Frösche, die er als Kind in North Carolina gefangen hatte — altes, kaltes Licht, ein Mond in der Form eines uralten Grinsens, eines Grinsens, das auf Rache sinnt.

Billy holte zitternd Luft, preßte die Augen ganz fest zu und machte sie wieder auf. Jetzt war der Mond wieder nur der Mond. Er legte sich auf den Rücken und war drei Minuten später eingeschlafen.

Der nächste Tag war hell und klar, und Billy gab endlich nach und versprach Heidi, den Labyrinthpfad mit ihr hinaufzuklettern. Die Umgebung von Mohonk war mit Kletterpfaden gespickt, die in den Schwierigkeitsgraden von leicht bis extrem schwer rangierten. Der Labyrinthpfad wurde mit ›gemäßigt‹ bewertet, und Heidi und er waren in ihren Flitterwochen zweimal hinaufgestiegen. Er erinnerte sich, wieviel Spaß es ihm gemacht hatte, die steilen Hänge hinaufzuklettern, während Heidi direkt hinter ihm ständig gelacht und ihn geneckt hatte, er, Faulenzer, solle sich doch etwas beeilen. Er erinnerte sich daran, wie er mit seiner jungen Frau durch die engen, höhlenartigen Stellen im felsigen Teil gekrochen war und an der schmalsten Stelle geheimnisvoll in ihr Ohr geflüstert hatte: »Spürst du's? Der Boden schwankt.« Es war dort sehr eng gewesen, aber sie hatte es trotzdem fertiggebracht, ihn kräftig auf den Hintern zu schlagen.

Halleck konnte vor sich selbst (aber niemals vor Heidi) zugeben, daß es gerade diese engen Felsenpassagen waren, die ihn heute ängstigten. In seinen Flitterwochen war er ein schlanker junger Mann gewesen, ein Kind noch, und er hatte eine gute Kondition gehabt, da er gerade von einem Holzfällercamp in Westmassachusetts zurückgekehrt war. Heute war er sechzehn Jahre älter und *sehr viel* schwerer. Und außerdem, wie der muntere Dr. Houston ihn freundlicherweise informiert hatte, auf dem besten Weg zu einem Herzinfarkt. Die Vorstellung, auf halber Höhe des Berges einen Herzinfarkt zu bekommen, war zwar unangenehm, aber im Augenblick nicht vorrangig; es schien ihm wahrscheinlicher, in einem der engen Felsnadelöhre stecken zu bleiben, durch die der Pfad sich zum Gipfel hinaufschlängelte. Er wußte noch, daß sie damals mindestens an vier Stellen auf allen vieren kriechen mußten.

Er wollte nicht in einem solchen Engpaß steckenbleiben.

Oder... wie wäre das, Leute? Der alte Billy Halleck verklemmt sich in einer von diesen dunklen Kriechstellen und kriegt *dann* seinen Herzanfall! Heee! Zwei auf einen Streich!

Doch schließlich versprach er, es zu versuchen, unter der Bedingung, daß *sie* allein weiterklettern solle, wenn sich herausstellen sollte, daß er für den Gipfel einfach nicht genug Kondition hätte, und daß sie vorher nach New Paltz führen, um ihm ein Paar Leinenschuhe zu kaufen. Heidi stimmte beiden Bedingungen bereitwillig zu.

In New Paltz mußte Halleck feststellen, daß ›Leinenschuhe‹ inzwischen *passé* waren. Man konnte sich nicht einmal mehr an das Wort erinnern. Also kaufte er ein Paar modische silber-grüne Berg- und Wanderschuhe und freute sich im stillen, wie bequem sie sich an seinen Füßen anfühlten. Das veranlaßte ihn zu der Feststellung, daß er seit... wie lange?... fünf? sechs?... Jahren keine bequemen Freizeitschuhe mehr besessen hatte. Klang unwahrscheinlich, aber es war wahr.

Heidi bewunderte die Schuhe und sagte ihm nochmals, daß er tatsächlich so aussähe, als hätte er abgenommen. Vor dem Schuhgeschäft stand eine Waage, eine von den ganz alten, die einem gleichzeitig das Gewicht anzeigten und das Schicksal prophezeiten. Halleck hatte so eine seit seiner Kindheit nicht mehr gesehen.

»Spring rauf, mein Held«, ermunterte Heidi ihn. »Ich habe einen Penny.«

Halleck zögerte einen Augenblick, er war irgendwie nervös.

»Nun mach schon. Ich möchte sehen, wieviel du abgenommen hast!«

»Heidi, diese Dinger zeigen doch nie das genaue Gewicht an, das weißt du.«

»Ich will es ja nur so ungefähr wissen. Komm, Billy – sei kein Frosch.«

Er gab ihr zögernd das Päckchen mit den neuen Schuhen und stieg auf die Waage. Sie warf den Penny in den Schlitz. Er hörte ein Klicken, und dann zogen sich zwei gebogene, silbern schimmernde Metallplatten zurück. Hinter der oberen war sein Gewicht angezeigt; hinter der unteren gab die Maschine ihre Vorstellung von seinem Schicksal preis. Halleck holte überrascht Luft.

»Ich *hab's* gewußt!« sagte Heidi neben ihm. In ihrer Stimme lag eine Spur Zweifel, so als wüßte sie nicht so recht, ob sie sich freuen oder wundern sollte. »Ich hab doch gewußt, daß du dünner geworden bist!«

Wenn sie gehört hatte, wie er den Atem ausstieß, dachte Halleck später, hatte sie das gewiß auf die Zahl bezogen, auf der der rote Zeiger stehen geblieben war – trotz seiner vollständigen Bekleidung mit dem Schweizer Taschenmesser in der Kordhose, trotz des herzhaften Mohonk-Frühstücks, das seinen Bauch füllte, deutete dieser Zeiger exakt auf 232. Er hatte seit dem Tag, an dem der Canley-Prozeß so erfreulich abgeschlossen worden war, vierzehn Pfund abgenommen.

Aber es war nicht das Gewicht, das ihn hatte nach Luft schnappen lassen, es war die Prophezeiung gewesen. Die untere Metallplatte war nicht zurückgewichen, um ihm ein gewöhnliches IHRE FINANZEN WERDEN SICH BALD VERBESSERN oder ein ALTE FREUNDE MELDEN SICH BALD ZUM BESUCH AN oder ein TREFFEN SIE IM AUGENBLICK KEINE ÜBERSTÜRZTEN ENTSCHEIDUNGEN zu offenbaren.

Sie hatte nur ein einziges, schwarzes Wort preisgegeben: »DÜNNER«

4. Kapitel: 227

Auf dem Heimweg nach Fairview schwiegen sie die meiste Zeit. Heidi fuhr bis ungefähr fünfzehn Meilen vor New York, wo der Verkehr stärker wurde. Dann bog sie auf einen Raststättenparkplatz und überließ Billy das Steuer für den Rest des Weges. Es gab keinen Grund, warum er nicht fahren sollte; es stimmte, die alte Dame war getötet worden, ein Arm fast vom Körper abgerissen, der Unterleib zerquetscht, der Schädel zersplittert wie eine Ming-Vase, die auf einen Marmorfußboden geworfen worden war, aber Billy Halleck hatte keinen Vermerk in seinem Connecticut-Führerschein. Dafür hatte der gute alte Cary Rossington schon gesorgt.

»Hast du mich gehört, Billy?«

Er warf ihr einen kurzen Blick zu und richtete die Augen dann wieder auf die Straße. Er fuhr jetzt besser. Obwohl er seine Hupe nicht häufiger benutzte als vorher, obwohl er nicht öfter schrie oder heftiger mit den Armen wedelte als sonst, fielen ihm seine eigenen Fahrfehler und die der anderen viel mehr auf als vorher. Und er hatte für beides wenig Nachsicht übrig. Eine alte Frau zu töten, das wirkte wahre Wunder, was die eigene Konzentration betraf. Es zerstörte die Selbstachtung, es verursachte grauenvolle Träume, aber es erhöhte die Konzentrationsfähigkeit gewaltig.

»Entschuldige, ich hab' gerade geträumt.«

»Ich habe gesagt, ich danke dir für die herrlichen Tage.«

Sie lächelte und berührte kurz seinen Arm. Es *waren* herrliche Tage gewesen – zumindest für Heidi. Zweifellos hatte Heidi das alles hinter sich gelassen – die Zigeunerin, die Anhörung vor Gericht, auf Grund derer die Anklage fallengelassen wurde, den alten Zigeuner mit der abfaulenden Nase. Für Heidi war das alles nur noch eine unangenehme Erinnerung, so wie Billys Freundschaft mit dem spaghettifressenden Gauner aus New York. Aber sie hatte etwas anderes auf der Seele; ein kurzer Seitenblick bestätigte das. Das Lächeln war verschwunden, sie sah ihn jetzt ernst an. Um die Augen zeigten sich winzige Fältchen.

»Bitte«, sagte er herzlich. »Mit dir immer, Liebling.«

»Und wenn wir nach Hause kommen...«

»Werde ich mich wieder auf dich stürzen!« rief er mit falscher Begeisterung, brachte sogar ein lüsternes Lachen zustande. Aber er glaubte nicht, daß er ihn hochkriegen würde, nicht einmal, wenn die Dallas Cowgirls in von *Frederick's* in Hollywood entworfener Reizwäsche an ihm vorbeimarschierten. Das hatte nichts damit zu tun, wie oft sie sich in Mohonk geliebt hatten; es war diese verdammte Weissagung. DÜNNER. Selbstverständlich hatte die Waage das überhaupt nicht angezeigt — es war seine Einbildung. Aber es war ihm nicht wie eine Einbildung *vorgekommen*, Scheiße; es war so real gewesen wie die Schlagzeile der *New York Times*. Und eben dieses Gefühl von Wirklichkeit war das Schreckliche daran, denn DÜNNER war nicht *irgend jemandes* Vorstellung von seinem Schicksal. Selbst IHR SCHICKSAL IST ES, BALD GEWICHT ZU VERLIEREN änderte nichts an diesem Gefühl. Die Autoren dieser Schicksalssprüche befaßten sich mehr mit langen Reisen oder Besuchen von alten Freunden.

Ergo, er hatte eine Halluzination gehabt.

Ja, so ist es.

Ergo, er war vermutlich dabei, den Verstand zu verlieren.

Na hör mal, ist das fair?

Fair genug. Die Kontrolle über die eigene Einbildungskraft zu verlieren, war keine gute Sache.

»Wenn du willst, kannst du dich auf mich stürzen«, sagte Heidi, »aber mir ist es erst mal wichtiger, daß du dich auf *unserer* Badezimmerwaage wiegst...«

»Hör auf, Heidi! Ich habe ein bißchen abgenommen, keine große Sache!«

»Ich bin sehr stolz darauf, daß du abgenommen hast, Billy, aber wir sind die letzten fünf Tage immer zusammengewesen, und ich will verdammt sein, wenn ich weiß, *wie* du das machst.«

Diesmal blickte er sie länger an, aber sie weigerte sich zurückzublicken; sie starrte mit über der Brust verschränkten Armen geradeaus durch die Windschutzscheibe.

»Heidi . . .«

»Du ißt genausoviel wie immer. Vielleicht sogar mehr. Die Bergluft muß deinen Motor richtig in Schwung gebracht haben.«

»Warum drumherumreden?« fragte er, und bremste ab, um vierzig Cents in den Schlitz an der Rye-Mautstelle zu werfen. Er hatte die Lippen zu dünnen, weißen Linien zusammengepreßt, sein Herz schlug zu schnell, und plötzlich war er wütend auf sie. »Du willst mir doch eigentlich sagen, daß ich ein dickes, fettes Mastschwein sei. Sag es doch geradeheraus, wenn du willst, Heidi. Ich kann es schon ertragen. Was soll der Quatsch?«

»*Das* habe ich nicht gemeint!« rief sie. »Warum willst du mir weh tun, Billy? Warum, nach all den schönen Tagen, die wir da oben verbracht haben?«

Diesmal mußte er nicht zur Seite sehen, um zu wissen, daß sie den Tränen nahe war. Ihre zitternde Stimme sagte genug. Sie tat ihm leid, aber das änderte nichts an seiner Wut. Und an der Angst, die dahinterstand.

»Ich wollte dich nicht kränken«, sagte er und umfaßte das Lenkrad so fest, daß seine Knöchel weiß hervortraten. »Das will ich nie. Aber es ist doch eine *gute* Sache, wenn ich an Gewicht verliere, Heidi, warum willst du immer weiter auf dem Thema herumreiten?«

»*Es ist nicht immer eine gute Sache*!« schrie sie so laut, daß er aufschreckte und der Wagen leicht schlingerte. »*Es ist nicht immer eine gute Sache, und das weißt du genau*!«

Jetzt weinte sie wirklich und durchwühlte ihre Handtasche in ihrer halb ärgerlich machenden, halb gewinnenden Art auf der Suche nach einem Tempotuch. Er reichte ihr sein Taschentuch, und sie betupfte sich damit die Augen.

»Du kannst sagen, was du willst, du kannst gemein zu mir sein, du kannst mich auch ins Kreuzverhör nehmen, wenn du willst, Billy, du kannst alles Schöne verderben, das wir gerade zusammen erlebt haben, aber ich liebe dich, und ich werde das sagen, was ich sagen muß. Wenn jemand abnimmt, obwohl er keine Diät hält, kann das bedeuten, daß er krank ist. Es ist eines der sieben Warnzeichen für Krebs.« Sie warf das Taschentuch zurück in seine Richtung. Seine Finger berührten ihre Hand, als er es auffing. Sie war sehr kalt.

Nun, jetzt war's heraus. Das Wort Krebs. Reimt sich auf *leb's* und *Gott geb's*. Gott wußte, daß dieses Wort mehr als einmal in seinen Gedanken aufgetaucht war, seit er auf der Jahrmarktswaage vor dem Schuhgeschäft gestanden hatte. Es war vor ihm aufgeschossen, wie das hämische Gesicht eines Kastenteufels, und er hatte sich davon abgewandt, wie man sich von den alten Bettelweibern abwandte, die, sich langsam vor und zurückwiegend, in ihren eigenartigen kleinen, verdreckten Ecken vor dem Grand-Central-Bahnhof saßen... oder wie man sich von den herumtollenden Zigeunerkindern abwandte, die zusammen mit der anderen Zigeunerbagage gekommen waren. Die Zigeunerkinder sangen mit hellen Stimmen, die zugleich monoton und auf seltsame Weise lieblich klangen. Die Zigeunerkinder liefen auf ihren Händen und brachten es irgendwie fertig, mit ihren nackten, schmutzigen Zehen Tambourine zu halten. Die Zigeunerkinder jonglierten. Die Zigeunerkinder stellten die Frisbee-Champions der Stadt in den Schatten, indem sie zwei oder drei dieser rotierenden Plastikscheiben gleichzeitig auf ihren Fingern, Daumen, ja, auf ihren Nasen tanzen ließen. Und während sie all diese Dinge taten, lachten sie. Alle schienen sie Hautkrankheiten oder schielende Augen oder Hasenscharten zu haben. Wenn man sich plötzlich so einer komischen Kombination von Geschicktheit und Häßlichkeit gegenübersah, was konnte man da anderes tun, als sich abwenden? Bettelweiber, Zigeunerkinder und Krebs. Selbst der verwirrende Lauf seiner Gedanken machten ihm angst.

Trotzdem, es war vielleicht besser, das Wort jetzt ausgesprochen zu haben.

»Ich fühle mich wohl«, wiederholte er nun wohl zum sechstenmal, seit Heidi ihn in jener Nacht gefragt hatte, ob es ihm gut ginge. Und verdammt noch mal, es stimmte auch! »Außerdem habe ich mich in letzter Zeit viel bewegt.«

Auch das stimmte... zumindest für die letzten fünf Tage. Sie hatten den Labyrinthpfad gemeinsam bestiegen, und obwohl er den ganzen Weg über tief durchatmen und an den engsten Stellen den Bauch einziehen mußte, war er niemals ernsthaft in Gefahr gewesen steckenzubleiben. Heidi war es, der langsam die Puste ausgegangen war und die zweimal um eine Rast hatte bitten müssen. Diplomatisch freundlich hatte er ihre Zigaretten nicht erwähnt.

»Ich bin sicher, daß du dich wohl fühlst«, sagte sie jetzt, »und das ist ausgezeichnet. Aber eine Untersuchung würde dir nicht schaden. Du hast dich seit über achtzehn Monaten nicht mehr untersuchen lassen, und ich bin sicher, Dr. Houston wird dich schon vermissen.«

»Ich glaube, er ist ein kleiner Drogenfreak«, murmelte Halleck.

»Wie bitte?«

»Ach, nichts.«

»Ich sag' dir was, Billy, du kannst nicht einfach durch etwas sportliche Betätigung beinahe zwanzig Pfund in zwei Wochen abnehmen.«

»Ich bin nicht krank!«

»Dann tu mir einfach einen Gefallen.«

Den Rest des Weges schwiegen sie. Billy hätte Heidi gern an sich gezogen und sie beruhigt, klar, in Ordnung, er würde tun, was sie wünschte. Doch ihm war ein Gedanke gekommen. Ein entsetzlich absurder Gedanke. Absurd, aber nichtsdestoweniger gruselig.

Vielleicht haben die Zigeuner einen neuen Stil bei ihren Flüchen — wie steht's denn mit dieser Möglichkeit, Freunde? Früher haben sie einen in einen Werwolf verwandelt oder nachts einen Dämonen geschickt, der einem den Kopf abriß oder irgendwas in der Richtung, aber alles verändert sich, nicht wahr? Was, wenn der Alte mich angefaßt und mir Krebs verpaßt hat? Sie hat recht, es ist eines der Anzeichen — zwanzig Pfund einfach, so, ohne Grund, abzunehmen ist genauso ein Vorzeichen kommenden Unheils, wie der Spiegel, der einfach von der Wand fällt. Lungenkrebs... Leukämie... Tumore.

Es war verrückt, aber der Gedanke ließ sich nicht mehr

verdrängen: *Was, wenn er mich angefaßt und mir Krebs verpaßt hat?*

Linda begrüßte sie mit überschwenglichen Umarmungen und holte zu beider Erstaunen eine wohlgeratene Lasagne aus dem Backofen, die sie ihnen auf Papptellern servierte, wobei sie den Lasagnespezialisten *par exellence*, den Kater Garfield, der auf ihnen abgebildet war, unter den Nudeln begrub. Sie erkundigte sich, wie die zweiten Flitterwochen gewesen wären (ein Ausdruck, der gleich neben der ›zweiten Kindheit‹ rangiere, wie Billy später beim Abwasch trocken zu Heidi bemerkte, nachdem Linda mit fliegenden Haaren aus dem Haus gerannt war, um mit zwei Freundinnen zu spielen), doch bevor sie mit der Erzählung über den Ausflug beginnen konnten, rief sie plötzlich: »Oh, dabei fällt mir ein!« und berichtete während der übrigen Mahlzeit Horror- und Wundergeschichten aus der Fairview Junior Highschool, die für sie von größerem Interesse waren als für Billy und Heidi. Trotzdem versuchten die beiden, aufmerksam zuzuhören. Schließlich waren sie fast eine Woche weggewesen.

Als sie hinausrannte, gab sie Billy einen schmatzenden Kuß und rief: »Wiedersehen, Bohnenstange!«

Billy sah ihr nach, als sie aufs Fahrrad stieg und mit wehendem Pferdeschwanz die Auffahrt hinunterfuhr. Dann drehte er sich verblüfft zu Heidi um.

»Wirst du jetzt bitte auf mich hören?« fragte sie.

»Du hast es ihr erzählt. Du hast sie vorher angerufen und ihr aufgetragen, das zu sagen. Eine weibliche Verschwörung.«

»Nein.«

Er musterte ihr Gesicht und nickte müde. »Nein, wohl doch nicht.«

Heidi zerrte ihn die Treppe hinauf, bis er schließlich nackt bis auf das Handtuch um seine Hüfte im Badezimmer stand. Plötzlich hatte er eine starke Eingebung von *déjà vue* – die zeitliche Zurückversetzung war so total, daß ihm leicht übel wurde. Die Szene war eine fast genaue Wiederholung des

Morgens, an dem er mit eben diesem taubenblauen Handtuch um die Hüfte auf genau dieser Waage gestanden hatte. Es fehlte nur der Duft von gebratenem Speck und Eiern, der aus dem Erdgeschoß heraufzog. Ansonsten war alles gleich.

Nein. Nein, das stimmte nicht. Ein Sachverhalt hatte sich merklich verändert.

An jenem Morgen hatte er sich vorbeugen müssen, um die schlechte Nachricht auf dem Digitalanzeiger lesen zu können. An jenem Morgen war ihm sein Bauch im Wege gewesen.

Der Bauch war zwar immer noch da, aber er war kleiner. Es war gar keine Frage, er konnte jetzt gerade an sich heruntersehen und die Zahlen ablesen.

Die Digitalanzeige stand auf 229.

»Jetzt reicht's«, sagte Heidi gepreßt. »Ich werde dir einen Termin bei Dr. Houston besorgen.«

»Die Waage ist falsch eingestellt«, wandte Billy schwach ein. »Sie hat schon immer zu wenig angezeigt. Deshalb mag ich sie ja so gerne.«

Sie sah ihm kalt in die Augen. »Genug ist genug, mein Freund. Die ganzen letzten fünf Jahre hast du dich darüber beklagt, daß sie zuviel anzeigt, und wir wissen es beide.« Im grellen Badezimmerlicht sah er deutlich, wie ängstlich sie war. Die Haut über ihren Wangenknochen schimmerte durchsichtig.

»Bleib, wo du bist«, sagte sie schließlich und ging aus dem Bad.

»Heidi?«

»Rühr dich nicht von der Stelle!« rief sie zurück und lief die Treppe hinunter.

Ein paar Minuten später kehrte sie mit einem ungeöffneten Zuckerpaket zurück. ›Nettogewicht: 10 Pfund‹, besagte die Aufschrift. Sie stellte es auf die Waage. Die Digitalanzeige schwankte einen Augenblick hin und her und entschied sich dann für ein klares rotes 012.

»Genau, wie ich's mir vorgestellt hatte«, bemerkte Heidi grimmig. »Ich wiege mich doch auch hier, Billy. Sie zeigt nicht zuwenig an und hat das auch nie getan. Es ist genauso, wie du immer gesagt hast, sie zeigt zuviel an. Es war keine bloße Meckerei, und wir haben es beide gewußt. Jemand, der an Übergewicht leidet, *mag* eine ungenaue Waage, weil sie die unangenehmen Tatsachen verschleiert. Wenn...«

»Heidi...«

»Wenn diese Waage bei dir 229 Pfund anzeigt heißt das, daß du in Wirklichkeit nur 227 wiegst. Jetzt laß mich...«

»Heidi...«

»Laß mich einen Termin für dich ausmachen.«

Er zögerte, blickte auf seine bloßen Füße hinunter und schüttelte den Kopf.

»*Billy!*«

»Ich werde es selbst tun«, sagte er.

»Wann?«

»Mittwoch. Ich werde es am Mittwoch tun. Houston geht jeden Mittwochnachmittag in den Golfclub und spielt neun Löcher.« *Manchmal spielt er mit dem unnachahmlichen, busengrapschenden, ehefrauenküssenden Cary Rossington.* »Ich werde es pesönlich mit ihm ausmachen.«

»Warum rufst du ihn nicht heute abend an? Warum nicht gleich?«

»Heidi«, sagte er bestimmt. »Jetzt ist es genug.« Etwas in seinem Gesicht mußte sie überzeugt haben, denn sie drang nicht weiter in ihn und erwähnte das Thema den ganzen Abend nicht mehr.

5. Kapitel: 221

Sonntag, Montag, Dienstag.

Billy hielt sich absichtlich von der Waage im oberen Bad fern. Er aß seine Mahlzeiten mit herzhaftem Appetit, obwohl er keinen großen Hunger mehr hatte, was in seinem Erwachsenenleben nur selten vorgekommen war. Er versteckte seine Kräcker- und Kekstüten nicht mehr hinter den Konservendosen in der Speisekammer. Am Sonntag, während der beiden hintereinandergesendeten Spiele der *Yankees* und der *Red Socks*, verspeiste er eine ganze Packung Ritz-Kräcker mit Käse und Pepperoni. Am Montagvormittag, während der Arbeit, kaute er eine Tüte Karamelbonbons und am Nachmittag eine Tüte Kartoffelchips — eines von beiden oder vielleicht auch die Kombination führte zu entsetzlichen Blähungen, die von nachmittags um vier bis neun Uhr abends anhielten. Noch ehe die Nachrichten vorbei waren, marschierte Linda aus dem Fernsehzimmer und verkündete, daß sie erst zurückkäme, wenn Gasmasken ausgeteilt würden. Billy lächelte schuldbewußt, verließ aber seinen Platz nicht. Seine Erfahrung mit Blähungen hatte ihn gelehrt, daß es überhaupt nichts nützte, zum Furzen hinauszugehen. Der Geruch hing einem trotzdem an. Es war so, als wären unangenehme Dinge mit unsichtbaren Händen an einem befestigt. Sie folgten einem überallhin.

Später am Abend, als sie sich übers Kabelfernsehen *And Justice for All* ansahen, aßen Heidi und er fast eine ganze Quarktorte auf.

Am Dienstag bog er auf dem Heimweg bei Norwalk vom Connecticut Turnpike ab, um beim *Burger King* ein paar Cheeseburger mitzunehmen. Er fing an, sie genauso runterzuessen, wie er alles verzehrte, wenn er fuhr, gedankenlos mampfend, Bissen für Bissen hinunterschlingend...

Als er Westport hinter sich gelassen hatte, kam er zur Besinnung.

Sein Gesicht schien sich für einen Augenblick lang von seinem Körper zu trennen — es war kein *Denken*, kein *Reflektieren*, sondern eine Bewußtseinsspaltung. Plötzlich fiel ihm seine Übelkeit wieder ein, die er in der Nacht, in der er und Heidi aus Mohonk zurückgekommen waren, auf der Waage im Badezimmer verspürt hatte. Er stellte fest, daß sich eine völlig neue Dimension seines Bewußtseins ihm eröffnet hatte. Es fühlte sich so an, als hätte er eine Art Astralpräsenz hinzugewonnen — einen kognitiven Begleiter, der ihn eingehend studierte. Und was konnte dieser Begleiter sehen? Wohl eher etwas Groteskes als etwas Schreckliches. Einen beinahe siebenunddreißigjährigen Mann mit Bally-Schuhen an den Füßen und weichen Bausch-&-Lomb-Kontaktlinsen in den Augen, einen Mann in einem dreiteiligen Anzug, der gute sechshundert Dollar gekostet hatte. Einen übergewichtigen, sechsunddreißigjährigen Durchschnittsamerikaner, kaukasischer Typ, hinter dem Steuer seines Oldsmobile Ninety-Eight, Baujahr 1981, der einen riesigen Hamburger verschlang, während die Mayonnaise und lapperige Salatblätter auf seine anthrazitfarbene Anzugweste tropften. Man konnte darüber lachen, bis man in Tränen ausbrach. Oder bis man schrie.

Er warf den Rest des zweiten Hamburgers aus dem Fenster und betrachtete angeekelt und leicht verzweifelt die Mischung aus schleimiger Sauce und Bratensaft an seinen Fingern. Und dann tat er das unter diesen Umständen einzig Vernünftige: Er lachte. Und er versprach sich: Nie wieder. Die Fresserei hat ein Ende.

Als er an diesem Abend vor dem Kamin saß und das *Wall Street Journal* las, kam Linda zu ihm, um ihm einen Gutenachtkuß zu geben. Sie lehnte sich ein bißchen zurück und sagte plötzlich: »Daddy, langsam siehst du aus wie Silvester Stallone.«

»Oh, Himmel«, antwortete Halleck und verdrehte die Augen. Beide lachten.

Billy Halleck entdeckte, daß seine Wiegeprozedur allmählich die Form eines primitiven Rituals angenommen hatte. Wann das passiert war? Er wußte es nicht mehr. Als Kind war er einfach ab und zu mal auf die Waage gesprungen, hatte einen beiläufigen Blick auf den Zeiger geworfen und war wieder heruntergestiegen. Aber zu irgendeinem Zeitpunkt in der Periode, als er sich von 190 Pfund zu seinem jetzigen Gewicht hinaufgearbeitet hatte, das, so unwahrscheinlich das auch klang, fast ein Zehntel einer Tonne ausmachte, hatte er mit diesem Ritual begonnen.

Ritual, so ein Quatsch, sagte er sich. *Eine Gewohnheit. Ja, eine Gewohnheit, das ist alles. Basta.*

Ritual, antwortete eine Stimme in einer tieferen Bewußtseinsschicht flüsternd, unwiderruflich. Er war Agnostiker und hatte seit seinem neunzehnten Lebensjahr keine Kirche mehr von innen gesehen, aber er erkannte ein Ritual, wenn er es sah, und seine Wiegeprozedur hatte fast die Form eines Kniefalls. *Sieh her, Gott, ich mache es jedesmal genau gleich, also halte diesen jungen Anwalt mit Aufstiegschancen gesund, bewahre ihn vor einem Herzinfarkt oder Herzschlag, der ihn, wie jede Versicherungsstatistik in der Welt besagt, im Alter von siebenundvierzig erwarten wird. Wir bitten dich im Namen des Cholesterins und der vielfach gesättigten Fettsäuren. Amen.*

Das Ritual beginnt im Schlafzimmer. Kleider ausziehen. Den dunkelgrünen Frotteebademantel überziehen. Die schmutzige Wäsche in den Wäscheschacht werfen. Wenn man den Anzug nur einen oder zwei Tage getragen hat und er keine sichtbaren Flecken aufweist, hängt man ihn ordentlich in den Schrank zurück.

Den Flur bis zum Badezimmer hinuntergehen. Das Bad mit Achtung, Ehrfurcht, Zögern betreten. Dies ist der Beichtstuhl, in dem man sich seinem Gewicht und demzufolge auch seinem Schicksal stellen muß. Den Bademantel abstreifen. Ihn auf den Haken neben der Dusche hängen. Die Blase entleeren. Wenn eine Darmentleerung möglich erscheint – auch bei der *geringsten* Möglichkeit –, sein Glück versuchen. Er hatte überhaupt keine Vorstellung davon, wieviel so eine Darmentleerung wog, aber das Prinzip hatte eine unerschütterliche Logik: Soviel Ballast über Bord werfen, wie's nur geht.

Heidi hatte ihn bei diesem Ritual beobachtet und hinterher sarkastisch gefragt, ob sie ihm zum nächsten Geburtstag einen Gänsekiel schenken sollte. Damit könne er sich dann im Hals kitzeln und sich ein- bis zweimal übergeben, bevor er sich wog. Er hatte sie gebeten, nicht so vorlaut zu sein... aber später hatte er im Bett gelegen und tatsächlich darüber nachgedacht, daß dieser Vorschlag eine gewisse Anziehungskraft besaß.

Am Mittwochmorgen warf Billy sein Ritual zum erstenmal seit Jahren über Bord. Am Mittwochmorgen wurde Billy Halleck zum Häretiker. Vielleicht auch noch etwas Extremeres, denn er stellte seine gesamte Prozedur auf den Kopf wie ein Teufelsanbeter, der eine religiöse Zeremonie absichtlich verdreht, indem er die Kreuze verkehrt herum aufhängt und die Gebete rückwärts spricht.

Er zog sich an, füllte seine Taschen mit sämtlichem Kleingeld, das er finden konnte (und mit seinem Schweizer Taschenmesser), stieg in seine klobigsten, schwersten Schuhe und aß ein gigantisches Frühstück, wobei er seine drückende Blase heroisch ignorierte. Er verschlang zwei Spiegeleier, vier Scheiben gebratenen Speck, Toast und zwei Hörnchen. Dazu trank er Orangensaft und eine Tasse Kaffee (drei Stückchen Zucker).

Mit diesem gesamten im Magen herumschwappenden Zeug machte er sich grimmig auf den Weg ins Badezimmer. Er blieb einen Augenblick stehen und betrachtete die Waage. Ihr Anblick war schon früher keine Freude gewesen, jetzt war er scheußlich.

Er stählte sich innerlich und stieg hinauf.

221.

Das kann doch nicht stimmen! Sein Herz raste. *Verdammt noch mal, nein! Da muß etwas verdammt schieflaufen! Etwas...*

»Aufhören!« flüsterte Halleck heiser. Er wich vor der Waage zurück wie jemand vor einem Hund, der möglicherweise gleich zubeißen wird. Er legte seinen Handrücken an die Lippen und rieb ihn langsam hin und her.

»Billy?« rief Heidi die Treppe herauf.

Halleck wandte sich nach links. Aus dem Spiegel starrte ihm sein weißes Gesicht entgegen. Er hatte jetzt dunkelrote Flecken unter den Augen, die er noch nie gesehen hatte, und die Falten auf seiner Stirn wirkten viel tiefer.

Krebs, dachte er wieder und vermischte das Wort mit dem, das er den alten Zigeuner wieder sagen hörte.

»Billy? Bist du da oben?«

Klar, Krebs. Wetten, daß es das ist? Er hat mich irgendwie verflucht. Diese alte Dame war seine Frau ... oder seine Schwester vielleicht ... und er hat mich verflucht. Ob das möglich ist? Kann es so etwas geben? Könnte es möglich sein, daß der Krebs gerade meine Eingeweide zerfrißt, mich von innen her auffrißt, genauso wie seine Nase ...?

Er stieß einen kleinen, entsetzten Schrei aus. Das Gesicht des Mannes im Spiegel war krank vor Angst. Es war das Gesicht eines hageren Invaliden. In diesem Augenblick war Halleck fest davon überzeugt: Er hatte Krebs, er war davon zerfressen.

»*Bil-liiie!*«

»Ja, hier bin ich.« Seine Stimme klang ruhig. Fast.

»Gott, ich rufe dich schon eine Ewigkeit!«

»Entschuldige.« *Komm ja nicht rauf, Heidi. Du darfst mich nicht so sehen, sonst wirst du mich noch vor dem Zwölfuhrläuten in diese beschissene Mayo-Klinik stecken. Bleib da unten, wo du hingehörst. Bitte.*

»Du wirst doch nicht vergessen, den Termin mit Dr. Houston abzumachen, nicht wahr?«

»Nein«, rief er. »Ich werde es heute nachmittag tun.«

»Danke, Liebling«, rief sie leise herauf und zog sich Gott sei Dank wieder zurück.

Halleck pinkelte und wusch sich Gesicht und Hände. Als er das Gefühl hatte, daß er — mehr oder weniger — wieder wie er selbst aussah, ging er die Treppe hinunter. Er versuchte zu pfeifen.

Er hatte noch nie in seinem Leben soviel Angst gehabt.

6. Kapitel: 217

»*Wieviel* Gewicht?« fragte Dr. Houston. Halleck, entschlossen, nun, da er dem Mann direkt gegenüber saß, ehrlich zu sein, berichtete, daß er innerhalb von drei Wochen knapp dreißig Pfund abgenommen hätte. »*Donnerwetter!*« sagte Houston.

»Heidi macht sich ein wenig Sorgen. Sie wissen ja, wie Frauen...«

»Sie hat verdammt recht, sich Sorgen zu machen«, erwiderte Houston.

Michael Houston war der Prototyp eines Bewohners von Fairview: der gutaussehende Doktor mit weißem Haar und Malibu-Sonnenbräune. Wenn man ihn so an einem der sonnenbeschirmten Tische sitzen sah, die die äußere Bar des Country Clubs umsäumten, wirkte er wie eine jüngere Version von Marcus Welby, Doktor der Medizin. Im Augenblick saßen Halleck und er in dieser Bar am Swimmingpool, die auch das Wasserloch genannt wurde. Houston hatte eine rote Golfhose an, die von einem glänzend weißen Gürtel gehalten wurde. An den Füßen trug er weiße Golfschuhe. Sein Hemd war von Lacoste, die Uhr eine Rolex. Er trank eine *piña colada*. Einer seiner Standardwitze war es, dieses Getränk als ›Penis Colada‹ zu bezeichnen. Seine Frau und er hatten zwei unverschämt hübsche Mädchen und wohnten in einer der größeren Villen am Lantern Drive, nur einen Sprung vom Country Club entfernt. Wenn Jenny Houston betrunken war, pflegte sie damit anzugeben, bedeutete es doch, daß das Haus weit über hundertfünfzigtausend Dollar gekostet haben mußte. Houston fuhr einen viertürigen braunen Mercedes, sie einen Cadillac Cimarron, der aussah wie ein Rolls-Royce mit Hämorrhoiden. Ihre Kinder gingen auf eine Privatschule in Westport. Laut Fairview-Klatsch — der der Wahrheit meistens ziemlich nahe kam — hatten Michael und Jenny Houston sich auf einen *modus vivendi* geeinigt: Er war ein Frauenheld, sie fing schon nachmittags um drei mit ihren Whiskycocktails an. *Eben eine typische Fairview-Familie*, dachte Halleck, und plötzlich erfaßte ihn eine tiefe Müdigkeit und furchtbare Angst. Er kannte diese Leute zu gut oder glaubte es wenigstens, was auf dasselbe herauskam.

Er blickte auf seine glänzend weißen Schuhe hinunter: *Wem willst du eigentlich was vormachen? Du gehörst schließlich auch dazu.*

»Ich möchte Sie morgen in meiner Praxis sehen«, sagte Houston.

»Ich habe eine Verhandlung...«

»Vergessen Sie Ihre Verhandlung. Das hier ist wichtiger. Inzwischen erzählen Sie mir mal, ob Sie irgendwelche Blutungen haben. Im Mund? Im Darm?«

»Nein.«

»Sind Ihnen irgendwelche Blutungen am Schädel aufgefallen, wenn Sie sich gekämmt haben?«

»Nein.«

»Wie steht es mit Kratzern, die nicht heilen wollen? Oder Schorf, der einfach abfällt und sich dann nachbildet?«

»Nichts.«

»Großartig«, schloß Houston. »Übrigens habe ich heute achtundvierzig Schläge gespielt. Wie finden Sie das?«

»Ich finde, Sie werden wohl noch ein paar Jährchen brauchen, bis Sie sich zum Masters Turnier anmelden können«, antwortete Billy.

Houston lachte. Der Kellner trat an ihren Tisch. Houston bestellte sich noch eine ›Penis Colada‹ und Halleck ein Bier. Fast hätte er dem Kellner ein Diätbier aufgetragen — die Macht der Gewohnheit —, aber er biß sich auf die Zunge. Er brauchte das Diätbier jetzt genausowenig wie... wie Darmblutungen.

Houston beugte sich vor. Seine Augen waren trüb, und Halleck spürte diese Furcht wieder wie eine glatte, sehr dünne Stahlnadel, die mit vorsichtigen Stichen den Umfang seines Magens ausmaß. Ihm wurde elend bei dem Gefühl, daß etwas in seinem Leben sich verändert hatte, und zwar nicht zum Guten. Nein, ganz und gar nicht zum Guten. Er hatte jetzt unheimliche Angst. Die Rache des Zigeuners.

Houston hielt Billys Blick mit seinen trüben Augen fest, und Billy hörte ihn innerlich sagen: *Deine Chancen für Krebs stehen fünf zu sechs, Billy. Ich brauch nicht mal eine Röntgenuntersuchung, um das zu sehen. Ist dein Testament in Ordnung? Sind Linda und Heidi gut versorgt? Als verhältnismäßig junger Mann denkt man nie daran, daß einem das passieren könne, aber es ist nun mal so. Es kann einem passieren.*

Mit der ruhigen Stimme, mit der ein Mann wesentliche Informationen weitergibt, fragte Houston ihn: »Wie viele Sargträger braucht man, um einen Neger aus Harlem zu beerdigen?«

Billy schüttelte den Kopf und täuschte ein Lächeln vor.

»Sechs«, sagte Houston. »Vier, um den Sarg zu tragen, und zwei für sein Radio.«

Er lachte, und Billy tat so, als lachte er auch. Vor seinem inneren Auge sah er deutlich den Zigeuner vor sich, der draußen vor dem Gerichtsgebäude auf ihn gewartet hatte. Hinter ihm, am Bordstein, hatte ein großer, alter, zum Wohnwagen umgebauter Laster im Parkverbot gestanden. Die Wand des Aufbaus war mit seltsamen Zeichnungen bemalt, die sich um ein zentrales Bild rankten: eine nicht sehr gute Wiedergabe eines knienden Einhorns mit geneigtem Kopf. Vor ihm stand eine Zigeunerin mit einer Blumengirlande in den Händen. Der alte Mann trug eine grüngewebte Weste mit Knöpfen aus Silbermünzen. Als Billy jetzt beobachtete, wie Houston über seinen Witz lachte, wie der auf dem Hemd aufgedruckte Alligator an seiner Brust auf und ab sprang, dachte er: *Du kannst dich ja an viel mehr Einzelheiten von diesem Zigeuner erinnern, als du angenommen hattest. Du dachtest, du könntest dich nur an seine Nase erinnern, aber das stimmt ja gar nicht. Du erinnerst dich an fast jede verdammte Kleinigkeit.*

Kinder. Im Führerhaus des alten Lastwagens hatten Kinder gesessen und ihn mit ihren hohlen braunen Augen angesehen, Augen, die fast schwarz waren. »Dünner«, hatte der alte Mann zu ihm gesagt, und trotz seiner hornigen Haut war sein Streicheln fast so zärtlich gewesen wie das eines Liebhabers.

Ein Delaware-Nummernschild, dachte Billy plötzlich. *Sein Wagen hatte ein Delaware-Nummernschild. Und so einen Aufkleber, irgendwas über...*

Billy hatte eine Gänsehaut auf den Armen und glaubte einen Augenblick lang, schreien zu müssen, so laut zu schreien, wie eine Frau, die er an diesem Pool hatte kreischen hören, weil sie glaubte, daß ihr Kind am Ertrinken sei.

Billy mußte daran denken, wie sie die Zigeuner das erstemal gesehen hatten. Es war an dem Tag gewesen, an dem sie nach Fairview gekommen waren.

Sie hatten am Rande des Fairview-Stadtparks ihre Wagen abgestellt, und eine Horde Kinder war gleich zum Spielen auf die große Wiese gerannt. Die Zigeunerfrauen standen herum und tratschten und behielten dabei die Kinder im Auge. Sie waren bunt gekleidet, aber nicht in alte Bauernlumpen, wie man es sich nach den Hollywoodproduktionen der dreißiger und vierziger Jahre vorstellte, sondern in farbenfrohe Sommerkleider. Einige der Frauen trugen wadenlange Leinenhosen, die jüngeren Jordache- oder Calvin-Klein-Jeans. Sie sahen intelligent aus, vital und irgendwie gefährlich.

Ein junger Mann sprang aus einem VW-Minibus und fing mit einigen übergroßen Kegeln zu jonglieren an. Jeder braucht etwas, woran er glauben kann stand auf seinem T-Shirt geschrieben, Und ich glaube, ich brauche jetzt noch ein Bier. Unter seinem T-Shirt spielten die Muskeln, und auf seiner Brust hüpfte ein riesiges Kruzifix auf und ab. Wie von einem Magneten angezogen rannten die Fairview-Kinder auf ihn zu. Sie schrien aufgeregt durcheinander. Fairview-Mütter scheuchten ihre Kinder fort. Notfalls trugen sie sie. Andere waren nicht so schnell. Die älteren Stadtkinder näherten sich vorsichtig den Zigeunerkindern, die ihr Spiel unterbrachen und sie beobachteten. *Städter*, sagten ihre dunklen Augen. *Wir sehen euch Stadtkinder überall, wohin wir kommen.*

Wir kennen eure Augen und eure Haarschnitte; wir wissen, wie eure Zahnspangen in der Sonne blinken. Wir wissen nicht, wo wir morgen sein werden, aber wir wissen immer, wo ihr seid. Langweilen euch diese ewig gleichen Orte und ewig gleichen Gesichter nicht? Wir finden sie langweilig. Wir glauben, aus diesem Grund haßt ihr uns auch so.

Billy, Heidi und Linda Halleck waren an jenem Tag dort gewesen, zwei Tage, bevor Halleck weniger als eine Viertelmeile von dem Ort entfernt die alte Zigeunerin getötet hatte. Sie hatten ein Picknick gemacht und auf die Band gewartet, die das erste Open-Air-Frühjahrskonzert eröffnen sollte. Die meisten der auf dem Rasen verstreuten Leute waren aus demselben Grund in den Park gekommen, was die Zigeuner zweifellos wußten.

Linda war aufgestanden und hatte sich versonnen den Hintern ihrer Jeans abgewischt, um zu dem jungen Mann hinüberzugehen, der mit den Kegeln jonglierte.

»Linda, bleib hier!« hatte Heidi scharf befohlen. Sie zupfte am Kragen ihrer Strickjacke, ein Zeichen, daß sie nervös war. Billy nahm an, daß sie es gar nicht bemerkte.

»Warum, Mam? Es ist ein Jahrmarkt... wenigstens *glaube* ich, daß es so was ist.«

»Das sind Zigeuner«, hatte Heidi erwidert. »Geh nicht in ihre Nähe. Sie sind alle Betrüger.«

Linda hatte zuerst ihre Mutter, dann ihren Vater angesehen. Billy zuckte mit den Achseln. Sie stand da und blickte zu den Zigeunern hinüber, sich ihres verdrossenen Gesichtsausdrucks wohl ebenso unbewußt, dachte Billy, wie Heidi sich ihrer Hand, die den Kragen jetzt unablässig an ihren Hals rieb.

Der junge Mann warf die Kegel jetzt einen nach dem anderen durch die offene Seitentür in den Minibus zurück. Ein dunkelhaariges, lächelndes Mädchen fing sie auf und warf ihm jetzt einzeln fünf Gymnastikkeulen zu. Ihre Schönheit war fast überirdisch. Der junge Mann warf nun die Keulen durch die Luft, wobei er sich eine ab und zu grinsend unter den Arm steckte und laut: »*Hoi*!« rief.

Ein älterer Mann in einem Oshkosh-Latzoverall und einem karierten Hemd teilte Spielzeugflieger aus. Die schöne junge Frau, die die Kegel aufgefangen und die Keulen rausgeworfen hatten, sprang nun leichtfüßig aus dem VW-Bus. Sie hatte eine Staffelei unterm Arm. Als sie sie aufstellte, dachte Billy: *Jetzt wird sie ein paar billige Seestücke ausstellen, oder einige alte Bilder von Präsident Kennedy.* Doch statt eines Bildes befestigte sie eine Zielscheibe an der Staffelei. Jemand warf ihr aus dem Inneren des Busses eine Schleuder zu.

»Gina!« rief der jonglierende Jüngling und grinste breit. Dabei zeigte sich, daß seine Zahnreihen erhebliche Lücken aufwiesen. Linda setzte sich abrupt wieder hin. Ihre Vorstellung von Männerschönheit war durch lebenslange Fernseherziehung geprägt worden, und der Junge übte keinerlei Anziehungskraft mehr auf sie aus. Heidi hörte auf, an ihrem Kragen herumzufummeln.

Das Mädchen warf dem Jongleur die Schleuder zu, und er ließ eine der Keulen fallen und jonglierte statt dessen mit der Schleuder weiter. Halleck erinnerte sich daran, daß er das für unmöglich gehalten hätte. Der Junge jonglierte sie drei oder viermal durch die Luft, warf sie zu dem Mädchen zurück und brachte es irgendwie fertig, die fünfte Keule wieder aufzuheben, ohne die anderen vier dabei fallen zu lassen. Er erntete vereinzelten Applaus. Einige der Städter lächelten — einschließlich Billy —, aber die meisten blickten gelangweilt und abweisend.

Das Mädchen trat in einiger Entfernung vor die Zielscheibe, holte ein paar Stahlkugeln aus seiner Hemdtasche und schoß dreimal kurz hintereinander ins Ziel — *plop, plop, plop.* Sofort war sie von kleinen Jungen (und einigen Mädchen) umringt, die lauthals bettelten, auch mal schießen zu dürfen. Sie stellte sie geschwind und geschickt in einer Reihe auf wie eine gelernte Kindergärtnerin, die ihre Gruppe für die Pinkelpause organisierte. Zwei Zigeunerjungen in Lindas Alter hüpften aus einem alten Kombiwagen und machten sich daran, die verschossene Munition aus dem Gras aufzusammeln. Sie sahen sich ähnlich wie ein Ei dem anderen, offenbar Zwillinge. Einer von ihnen trug einen goldenen Ring im rechten Ohr, sein Bruder hatte das Gegenstück dazu im linken stecken. *Ob ihre Mutter sie wohl auf diese Weise auseinanderhält?* dachte Billy.

Es wurde nichts verkauft. Es war eindeutig niemand da, der etwas verkaufte. Keine Madame Azonka, die die Karten legte.

Trotzdem tauchte sehr bald ein Polizeiwagen auf, aus dem zwei Beamte stiegen. Einer von ihnen war Hopley, Fairviews Polizeichef, ein auf seine Weise gutaussehender Mann um die vierzig. Einige Aktivitäten wurden unterbrochen, und weitere Mütter benutzten diese Pause, um ihre faszinierten Kinder am Arm zu fassen und wegzuzerren. Die älteren protestierten, und Halleck sah, daß die Kleinen Tränen in den Augen hatten.

Hopley begann, mit dem Jongleur (dessen leuchtend rot und blau geringelte Keulen jetzt um seine Füße verstreut lagen) und dem alten Zigeuner in der Oshkosh-Latzhose den Ernst der Lage zu diskutieren. Oshkosh sagte etwas. Hopley schüttelte den Kopf. Dann sagte der Jongleur etwas und fing wild zu gestikulieren an. Dabei bewegte er sich drohend auf den Streifenbeamten zu, der Hopley begleitete. Die Szene erinnerte Billy an etwas, und einen Augenblick später fiel's ihm ein. Es war, als beobachtete er ein paar Baseballspieler, die mit dem Schiedsrichter über eine angebliche Fehlentscheidung stritten.

Oshkosh legte dem Jungen die Hand auf den Arm und zog ihn zwei, drei Schritte zurück – wodurch er den Eindruck noch verstärkte: Der Manager versuchte, die jungen Hitzköpfe davor zu bewahren, eine rote Karte einzukassieren. Der Junge sagte wieder etwas. Hopley schüttelte wieder den Kopf. Der junge Mann fing an zu brüllen, aber leider stand der Wind schlecht, so daß Billy nur Laute, aber keine Worte unterscheiden konnte.

»Was ist denn da los, Mam?« fragte Linda fasziniert.

»Nichts, Liebling«, antwortete Heidi. Sie war plötzlich eifrig damit beschäftigt, die Reste des Picknicks einzupacken. »Seid ihr mit dem Essen fertig?«

»Ja, danke. Daddy, was geschieht da?«

Einen Moment lag es auf seiner Zunge: *Was du da siehst, ist eine klassische Szene, Linda. Sie steht in einer Reihe mit dem* Raub der Sabinerinnen. *Diese hier wird* Die Vertreibung der Unerwünschten aus der Stadt *genannt.* Aber er spürte Heidis Augen auf seinem Gesicht. Sie hatte die Lippen zusammengepreßt. Offensichtlich meinte sie, daß dies nicht der richtige Augenblick für deplazierte Scherze war. »Nicht viel«, antwortete er deshalb. »Nur eine kleine Meinungsverschiedenheit.«

Im Grunde entsprach das der Wahrheit — es wurden keine Hunde losgelassen, keine Schlagstöcke sausten auf die Zigeuner nieder, und am Rande des Stadtparks stand keine grüne Minna. In einem dramatischen Trotzakt schüttelte der junge Zigeuner die Hand des Alten ab, sammelte seine Keulen wieder auf und fing von neuem zu jonglieren an. Aber seine Wut mußte seine Reflexe durcheinandergebracht haben, denn jetzt lieferte er eine erbärmliche Vorstellung. Zwei Keulen fielen fast gleichzeitig auf den Boden, eine auf seinen Fuß. Ein Kind lachte.

Hopleys Partner trat ungeduldig vor. Hopley, der sich durch all das nicht aus der Ruhe bringen ließ, zog ihn mit fast derselben Gebärde zurück, wie der Alte vorher den jungen Hitzkopf. Dann lehnte er sich gegen eine Ulme, klemmte die Daumen hinter seinen weiten Gürtel und schaute desinteressiert in die Gegend. Er gab dem anderen Polizisten eine Anweisung, woraufhin dieser ein Notizbuch aus seiner hinteren Hosentasche zog, seinen Daumen befeuchtete, das Buch öffnete und auf den nächsten Wagen zuschlenderte. Es war ein Cadillac Hearse, der vermutlich aus den frühen Sechzigern stammte. Er schrieb sich die Nummer auf. Er tat es mit großer Konzentration und wichtigtuerischer Miene. Als er mit dem Cadillac fertig war, ging er zu dem VW-Bus hinüber.

Oshkosh trat an Hopley heran und sprach eindringlich auf ihn ein. Hopley zuckte die Achseln und blickte zur anderen Seite. Der Streifenbeamte bewegte sich auf den Ford Sedan zu. Oshkosh ließ Hopley stehen und lief zu dem Jongleur. Er wechselte ein paar eindringliche Worte mit ihm, wobei seine alten Hände durch die warme Frühlingsluft wirbelten. Billy Halleck verlor jetzt auch das letzte Interesse an dieser Szene. Nichts als ein paar Zigeuner, die den Fehler gemacht hatten, auf ihrem ziellosen Weg in Fairview anzuhalten.

Der Jongleur drehte sich abrupt zum VW-Bus um und ließ die bunten Keulen einfach auf den Rasen fallen. (Der Bus stand übrigens genau hinter dem alten Wohnlaster, an dessen Wände das Einhorn mit der girlandehaltenden Zigeunerin gemalt waren.) Oshkosh beugte sich hinunter, um sie einzusammeln, wobei er ärgerlich auf Hopley einredete. Hopley zuckte wieder die Achseln, und Billy wußte, obwohl er keine telepathischen Fähigkeiten besaß, daß Hopley jede Sekunde dieser Vorstellung genoß. Das war so sicher wie das Amen in der Kirche.

Die junge Frau, die die Stahlkugeln mit der Schleuder auf die Zielscheibe geschossen hatte, versuchte den jungen Mann zu beruhigen, aber er stieß sie ärgerlich fort und kletterte in den VW-Bus. Einen Augenblick stand sie da und sah Oshkosh ratlos an, der mit den Armen voller Keulen auf sie zu kam. Dann stieg auch sie in den Bus. Halleck hatte zwar sein Interesse an den Zigeunern verloren, aber im Augenblick war er unfähig, den Blick von ihr abzuwenden. Ihr langes, schwarzes, naturgelocktes Haar trug sie offen. In ungebändigter Fülle floß es auf ihrem Rücken hinunter bis unter die Schulterblätter. Ihre bunt bedruckte Bluse und der gebügelte Rock mit der Kellerfalte mochten von *Sears* oder *J.C. Penny's* stammten, aber ihr Körper war so exotisch, als gehöre er einer Wildkatze — einem Panther, einem Geparden, einem Schneeleoparden. Als sie in den Bus stieg, teilte sich die hintere Falte für einen Augenblick, und er konnte die geschwungene Linie ihres inneren Schenkels sehen. In diesem Augenblick hatte er ein unbeschreibliches Verlangen nach ihr und sah sich in der schwärzesten Stunde der Nacht auf ihr liegen. Es war ein Urverlangen, das ganz aus der Tiefe kam. Er blickte zu Heidi hinüber. Sie hatte die Lippen jetzt so fest zusammengepreßt, daß sie dünne, weiße Linien bildeten. Ihre Augen waren ausdruckslos wie abgegriffene Münzen. Sie hatte seinen Blick nicht mitbekommen, aber sie hatte den Spalt in der Kellerfalte gesehen und vollkommen verstanden, was sich da offenbart hatte.

Der Bulle mit dem Notizbuch sah dem Mädchen nach, bis es im Bus verschwunden war. Dann klappte er das Buch zu, steckte es wieder in seine Hosentasche und gesellte sich zu Hopley. Die Zigeunerfrauen scheuchten ihre Kinder zu den Wohnwagen. Oshkosh, immer noch die Keulen auf den Armen, ging noch einmal auf Hopley zu, um etwas zu ihm zu sagen. Hopley schüttelte entschieden den Kopf.

Und das war's dann.

Ein zweiter Polizeiwagen kam langsam mit lahm blinkendem Blaulicht herangefahren. Oshkosh warf ihm einen Blick zu und sah sich dann noch einmal auf dem Fairview-Stadtparkgelände mit den teuren, sicherheitsgeprüften Spielplätzen und der Konzertbühne um. Von den knospenden Bäumen flatterten noch fröhliche Streifen von Kreppapiergirlanden; die Reste vom großen Ostereiersuchen am Wochende zuvor.

Oshkosh schlurfte zu seinem Wagen, der am Kopf der Autoschlange stand. Als der Motor dröhnend ansprang, heulten die anderen fast gleichzeitig auf. Die meisten husteten und röhrten. Halleck hörte eine stattliche Anzahl von Fehlzündungen und sah eine Menge neblig blauer Abgaswolken. Heulend und furzend setzte Oshkoshs Lastwagen sich in Bewegung. Die anderen folgten ihm in einer Reihe. Ohne Rücksicht auf den Stadtverkehr krochen sie auf dem Weg zur Innenstadt am Parkgelände entlang.

»Sie haben alle Lichter an«, rief Linda aufgeregt. »Meine Güte, es sieht aus wie eine Beerdigung!«

»Es sind noch zwei Schokoladentörtchen übrig«, sagte Heidi brüsk. »Nimm eins.«

»Ich will keins, ich bin satt. Daddy, werden diese Leute...«

»Du wirst nie 95 Zentimeter Busenumfang kriegen, wenn du nichts ißt«, bemerkte Heidi.

»Ich habe beschlossen, daß ich keinen 95 Zentimeter Busenumfang brauche«, antwortete Linda, die Große Dame markierend. Halleck verlor fast die Fassung, wenn sie das tat. »Heutzutage sind Hintern in.«

»Linda Joan *Halleck*!«

»Ich nehme eins«, warf Billy ein.

Heidi bedachte ihn mit einem kurzen, geringschätzigen Blick — *Oh, ist es wirklich das, was du willst?* — und warf ihm ein Törtchen in den Schoß. Dann zündete sie sich eine Zigarette an. Schließlich aß Billy beide Kuchen auf. Heidi rauchte während des Konzerts eine halbe Packung Zigaretten und ignorierte Billys ungeschickte Versuche, sie aufzuheitern, geflissentlich. Aber auf dem Heimweg wurde sie wieder freundlicher, und bald waren die Zigeuner vergessen. Wenigstens bis zur Nacht.

Als er in Lindas Schlafzimmer kam, um ihr einen Gutenachtkuß zu geben, fragte sie ihn: »Hat die Polizei diese Leute aus der Stadt verjagt, Dad?«

Billy dachte daran, wie er ihr vorsichtig ins Gesicht gesehen hatte. Ihre Frage hatte ihn geärgert und trotzdem hatte er sich geschmeichelt gefühlt. Sie rannte zu Heidi, um sie zu fragen, wie viele Kalorien in einem Stück Schokoladentorte seien; aber um etwas über die wesentlichen Dinge des Lebens zu erfahren, kam sie zu ihm. Er hatte manchmal das Gefühl, das sei nicht ganz fair.

Er hatte sich auf ihr Bett gesetzt und gedacht, daß sie immer noch sehr jung war und den sicheren Glauben hatte, immer auf der Seite der Guten zu stehen. Sie könnte verletzt werden. Eine Lüge könnte das vermeiden. Aber Lügen über solche Dinge wie die, die am Nachmittag im Fairview-Stadtpark passiert waren, hatten so eine Art, wieder auf die Eltern zurückzuschlagen und sie zu verfolgen — Billy konnte sich noch sehr deutlich daran erinnern, daß sein Vater ihm erzählt hatte, er würde vom Masturbieren zu stottern anfangen. Sein Vater war in fast jeder Hinsicht ein guter Mann gewesen, aber diese Lüge hatte Billy ihm nie verziehen. Und Linda hatte ihn schon über einen schweren Parcours geschickt — sie hatten die Homosexuellen, oralen Sex, Geschlechtskrankheiten und die Möglichkeit durchdiskutiert, daß es eventuell keinen Gott gäbe. Dieses Kind hatte ihn gelehrt, wie ermüdend Ehrlichkeit manchmal sein kann.

Plötzlich mußte er an Ginelli denken. Was hätte Ginelli seiner Tochter wohl gesagt, wenn er jetzt hier wäre? *Man muß die unerwünschten Leute aus der Stadt heraushalten, Liebes. Denn das ist das einzige, worauf es ankommt — »Haltet die Stadt sauber«.*

Aber das war mehr Ehrlichkeit, als er aufbringen konnte.

»Ja, ich glaube, das hat sie getan, Schatz. Es waren Zigeuner. Vagabunden.«

»Mam hat gesagt, sie wären Betrüger.«

»Eine Menge von ihnen verdienen sich Geld mit betrügerischen Spielen und falschen Zukunftsvorhersagen. Wenn sie in eine Stadt wie Fairview kommen, fordert die Polizei sie auf weiterzufahren. Normalerweise spielen sie sich dann auf und tun so, als wären sie beleidigt, aber im Grunde macht es ihnen nichts aus.«

Bäng! In seinem Kopf sprang eine kleine Signalflagge in die Höhe. Das war Lüge Nr. 1.

»Sie verteilen Zettel oder hängen Plakate auf, auf denen steht, wo sie zu finden sind — gewöhnlich handeln sie mit einem Farmer oder jemandem, der ein freies Feld außerhalb der Stadt besitzt, einen Preis aus und bleiben ein paar Tage dort. Danach ziehen sie weiter.«

»Warum kommen sie überhaupt hierher? Was tun sie?«

»Hmm... es gibt immer Leute, die sich gern die Zukunft vorhersagen lassen. Und es gibt gewisse Spiele. Glücksspiele. Normalerweise *sind* sie Betrüger.«

Vielleicht auch eine schnelle, exotische Bettnummer, dachte Billy. Er sah wieder die aufspringende Kellerfalle vor sich, als das Mädchen in den VW-Bus gestiegen war. *Wie würde sie sich bewegen?* Seine innere Stimme wußte die Antwort darauf: *Wie ein Ozean kurz vor dem Ausbruch eines Sturms, genau so.*

»Kaufen die Leute auch Drogen bei ihnen?«

Heutzutage braucht man keine Zigeuner mehr, um an Drogen heranzukommen, Kind, man kauft sie auf dem Schulhof.

»Haschisch vielleicht«, antwortete er. »Oder Opium.«

Er war als Teenager in diese Gegend von Connecticut gekommen und seitdem die ganze Zeit über dort geblieben —

in Fairview und in der Nachbarstadt Northport. Er hatte seit beinahe fünfundzwanzig Jahren keine Zigeuner mehr gesehen... nicht, seit er als Kind in North Carolina am Glücksrad fünf Dollar verloren hatte. Es war sein mühsam erspartes Taschengeld gewesen, von dem er eigentlich ein Geburtstagsgeschenk für seine Mutter kaufen wollte. Sie durften Kinder unter sechzehn eigentlich nicht bei sich spielen lassen, aber wenn man eine Münze oder einen großen Grünen bei sich hatte, konnte man jederzeit vortreten und ihn einsetzen. Einige Dinge veränderten sich wohl doch nie, und dazu gehörte vor allem die alte Binsenweisheit: Bei Geld hört die Freundschaft auf. Wenn man ihn am Tag zuvor danach gefragt hätte, hätte er wohl die Achseln gezuckt und die Meinung vertreten, daß es vermutlich gar keine herumziehenden Zigeuner mehr gäbe. Doch die streunende Rasse starb natürlich nie aus. Als Heimatlose kamen sie in die Stadt und verließen sie genauso wieder, Steppenläufer, die alle möglichen Geschäfte machten und sofort wieder Leine zogen, wenn sie ihre schmierigen Portemonnaies mit Dollars gefüllt hatten, die sie auf eine Weise verdienten, welche sie selbst verachteten. Sie hatten überlebt. Hitler hatte versucht, sie zusammen mit den Juden und den Homosexuellen auszurotten, aber er vermutete, daß sie auch tausend Hitlers überleben würden.

»Ich dachte, der Stadtpark wäre öffentlicher Allgemeinbesitz«, sagte Linda. »Das haben wir wenigstens in der Schule gelernt.«

»In gewisser Weise ist er das«, bestätigte Halleck. »Allgemein bedeutet, daß er sich im Besitz der Stadtbewohner befindet. Der Steuerzahler.«

Bong! Lüge Nr. 2. Die Steuern hatten in New England überhaupt nichts mit öffentlichen Grundstücken, deren Gebrauch oder Besitz zu tun. *Siehe die Fälle Richards gegen Jerram, New Hampshire, oder Baker gegen Olins (der ins Jahr 1835 zurückreichte) oder...*

»Die Steuerzahler«, wiederholte sie nachdenklich.

»Man braucht eine Genehmigung, um den Gemeindepark benutzen zu dürfen.«

Pling! Lüge Nr. 3. Diese Idee war schon 1931 über den Haufen geworfen worden, als eine Gruppe armer Kartoffelbauern während der Depression im Herzen von Lewistown, Maine, eine Zeltstadt errichtet hatte. Die Stadt hatte sich sofort an Roosevelts Oberstes Gericht gewandt und ohne Verhandlung ihr Recht erhalten. Denn die Kartoffelbauern hatten sich den Pettingill Park als Lagerplatz ausgesucht, und der war nun mal öffentlicher Gemeindebesitz.

»Es ist genauso, wenn der Zirkus kommt«, führte er aus.

»Warum haben die Zigeuner keine Genehmigung bekommen, Dad?« Sie klang jetzt schläfrig. Gott sei Dank.

»Nun, vielleicht haben sie's vergessen.«

Keine Chance, Lin. Nicht die geringste. Nicht, wenn es sich um den Gemeindeplatz vor dem Lantern Drive und dem Country Club handelt; nicht, wenn man für dieses Gelände bezahlt hat, genauso wie für die Privatschulen, die Computerprogramme auf brandneuen Apple- oder TRS-80-Geräten unterrichten, wie für die relativ saubere Luft und die Nachtruhe. Der Zirkus ist in Ordnung. Das Ostereiersuchen sogar noch besser. Aber Zigeuner? Laßt euch Zeit, aber beeilt euch. Wir erkennen Dreck, wenn wir ihn sehen. Nicht, daß wir ihn anfassen würden, Himmel, nein! Wir haben ja Reinmachefrauen und Hausmädchen, die ihn aus unseren Häusern entfernen. Und wenn er sich auf unserem Gemeindegelände zeigt, haben wir Sheriff Hopley.

Doch diese Wahrheiten waren nicht für ein Mädchen in der Unterstufe geeignet, dachte Halleck. Diese Wahrheiten lernte man in der Oberstufe oder im College. Vielleicht erfuhr man sie von den Freundinnen aus der Schülerinnenvereinigung, oder man wußte sie eben eines Tages einfach. *Diese Leute gehören nicht zu uns, Liebes. Bleib ihnen fern.*

»Gute Nacht, Daddy.«

»Gute Nacht, Lin.«

Er gab ihr noch einen Kuß und ging hinaus.

Regen schlug, von einer starken Windbö getrieben, an die Scheibe seines Bürofensters, und Halleck fuhr auf, als wäre er aus dem Schlaf hochgeschreckt. *Die gehören nicht zu uns,*

Liebes, dachte er noch einmal und lachte laut in die Stille hinein. Das Geräusch machte ihm Angst. Nur Verrückte lachen in einem leeren Zimmer. Verrückte machen das die ganze Zeit. Das macht sie ja gerade verrückt.

Gehören nicht zu uns.

Falls er es nie geglaubt haben sollte, jetzt tat er's.

Jetzt, wo er dünner wurde.

Halleck beobachtete Houstons Assistentin, die ihm drei Ampullen Blut aus dem linken Arm abnahm und sie dann der Reihe nach in einen Karton stellte. Einen Augenblick vorher hatte Houston ihm drei Stuhlpäckchen in die Hand gedrückt und ihm aufgetragen, sie mit der Post zu schicken. Halleck hatte sie brummend eingesteckt und sich dann über den Untersuchungsstuhl gebeugt. Jedesmal störte ihn an einer Darmuntersuchung die Demütigung, die in dieser Haltung lag, wesentlich mehr als das unangenehme Gefühl.

»Ganz ruhig«, sagte Houston und zog sich den Gummihandschuh über. »Solange Sie meine *beiden* Hände auf Ihren Schultern spüren, ist alles in Ordnung.«

Er lachte herzlich.

Halleck schloß die Augen.

Houston empfing ihn zwei Tage später — er hätte, so sagte er, darauf gedrungen, daß seine Blutproben vorrangig untersucht würden. Halleck setzte sich in den wie ein Wohnzimmer eingerichteten Raum (Bilder von Ozeanklippern an den Wänden, tiefe Ledersessel, dicker, grauer Wollteppich), in dem Houston seine Beratungen abhielt. Sein Herz schlug heftig, und er fühlte kalte Schweißtropfen an seinen Schläfen. *Ich werde nicht vor einem Mann weinen, der Negerwitze erzählt*, riß er sich grimmig zusammen, und das nicht zum erstenmal. *Wenn ich weinen muß, werde ich aus der Stadt herausfahren, den Wagen irgendwo parken und es da tun.*

»Es sieht alles ganz gut aus«, erklärte Houston sehr milde.

Halleck blinzelte. Seine Angst saß inzwischen so tief, daß er sicher war, sich verhört zu haben. »Wie bitte?«

»Es sieht alles gut aus«, wiederholte Houston. »Wenn Sie wollen, können wir noch mehr Tests machen, Billy, aber ich sehe im Augenblick nicht, wozu das gut sein sollte. Ihr Blut sieht sogar besser aus als bei den letzten beiden Untersuchungen. Der Cholesterinspiegel ist gesunken, das Triglycerin ebenso. Sie haben wieder abgenommen — die Schwester hatte heute morgen 217 Pfund gewogen — aber, was soll ich sagen? Sie sind immer noch fast dreißig Pfund zu schwer, das sollten Sie nicht vergessen. Hmm...« Er grinste. »Ich würde Ihr Geheimnis zu gern erfahren.«

»Es gibt keins«, antwortete Halleck. Er war verwirrt und zugleich unendlich erleichtert — so hatte er sich manchmal im College gefühlt, wenn er einen Test bestanden hatte, auf den er sich nicht vorbereitet hatte.

»Wir wollen uns mit einem endgültigen Urteil noch etwas zurückhalten, bis wir Ihre Hayman-Reichling-Serie gesehen haben.«

»Meine was?«

»Die Scheißpäckchen«, erklärte Houston und lachte herzlich. »Es könnte sich da noch etwas zeigen, aber ganz ehrlich, Billy, das Labor hat dreiundzwanzig verschiedene Tests mit Ihrem Blut durchgeführt, und alle waren positiv. Das ist schon überzeugend.«

Halleck seufzte zitternd und tief. »Junge, hab ich eine Angst ausgestanden«, sagte er.

»Es sind die Leute, welche keine Angst haben, die jung sterben«, erwiderte Houston. Er öffnete eine Schreibtischschublade und holte ein kleines Fläschchen daraus hervor, an dessen Kappe ein winziger Löffel an einem Kettchen baumelte. Halleck sah, daß der Löffelgriff wie die Freiheitsstatue geformt war. »Auch was?«

Halleck schüttelte den Kopf. Er war ganz zufrieden, da zu sitzen, wo er war, die Hände auf dem Bauch — auf seinem *reduzierten* Bauch — gefaltet, und zuzusehen, wie Fairviews erfolgreichster Familienarzt erst durchs linke, dann durchs rechte Nasenloch Kokain schnupfte. Er stellte das Fläschchen in die Schublade zurück und holte ein weiteres samt einem Päckchen Q-Tips daraus hervor. Dann stippte er ein

Q-Tip in das Fläschchen und benetzte damit beide Nasenlöcher.

»Destilliertes Wasser«, erklärte er. »Muß ein bißchen auf meine Stirnhöhlen aufpassen.« Er warf Billy einen verschwörerischen Blick zu.

Mit dem Zeug im Hirn hat er vermutlich schon Babys auf Lungenentzündung behandelt, dachte Halleck, aber der Gedanke hatte im Augenblick nichts Abstoßendes. Im Augenblick konnte er nicht umhin, Houston ein bißchen zu mögen. Houston hatte ihm die gute Nachricht mitgeteilt. Im Augenblick wollte er nichts weiter, als hier mit den Händen über dem kleiner gewordenen Bauch gefaltet sitzen und seine Erleichterung auskosten. Er probierte sie aus wie ein neues Fahrrad oder einen neuen Wagen. Es kam ihm vor, als würde er wie neugeboren aus Houstons Praxis heraustreten. Wenn ein Regisseur diese Szene verfilmen würde, würde er sie wohl musikalisch mit Strauß, *Also sprach Zarathustra* untermalen. Bei dem Gedanken mußte er zuerst lächeln, dann lachte er laut heraus.

»Lassen Sie mich mitlachen«, sagte Houston. »In dieser traurigen Welt brauchen wir jeden Witz, den wir kriegen können, Billy-Boy.« Er schniefte laut und befeuchtete sich die Nasenlöcher mit einem frischen Q-Tip.

»Ach nichts«, sagte Halleck. »Es ist nur... wissen Sie, ich hatte solche Angst. Ich war schon drauf und dran, mich mit dem Krebs abzufinden. Hab's wenigstens versucht.«

»Nun, vielleicht werden Sie das noch mal tun müssen«, erwiderte Houston, »aber nicht dieses Jahr. Ich brauche die Laborergebnisse Ihrer Hayman-Reichling-Serie nicht erst zu sehen, um Ihnen das zu versichern. Bei Krebs gibt es bestimmte Anzeichen. Besonders, wenn er schon dreißig Pfund von Ihnen verzehrt hat, läßt er sich nicht mehr übersehen.«

»Aber ich habe genausoviel gegessen wie vorher. Heidi habe ich gesagt, daß ich mehr trainiert hätte, und das stimmt auch, ein bißchen wenigstens. Aber sie hat darauf geantwortet, daß man nicht einfach dreißig Pfund verlieren könne, indem man sein Trainingsprogramm aufstockt. Sie sagte, das Fett würde dann nur fester, nicht mehr so schwabbelig sein.«

»Das stimmt nun ganz und gar nicht. Die neuesten Versuche haben gezeigt, daß sportliche Betätigung wesentlich wichtiger ist als eine Diät. Aber in Ihrem Fall, bei einem Mann, der ein so großes Übergewicht hat — eh, hatte — wie Sie, hat sie wohl nicht ganz unrecht. Man stelle sich einen richtig fetten Mann vor, der seine sportlichen Übungen radikal verdoppelt, und was kriegt er dafür? Den Idiotenpreis — eine gute, solide, zweitklassige Thrombose. Nicht ausreichend, um ihn umzubringen; gerade schlimm genug, daß er nie wieder alle achtzehn Löcher auf einmal spielen oder auf der großen Achterbahn drüben in *Seven Flags Over Georgia* fahren kann.«

Halleck dachte, daß das Kokain ihn sehr gesprächig machte.

»*Sie* verstehen es nicht«, fuhr er fort, »und *ich* verstehe es auch nicht. Aber in meinem Beruf sehe ich eine Menge Dinge, die ich nicht verstehen kann. Ein Freund von mir ist Neurochirug in New York. Er rief mich vor drei Jahren mal an mit der Bitte, mir einige außergewöhnliche Röntgenaufnahmen anzusehen. Ein Student der George-Washington-Universität war mit wahnsinnigen Kopfschmerzen zu ihm gekommen. Mein Kollege dachte, daß das alles sehr nach typischer Migräne klänge — der Kerl entsprach genau dem Migränetyp —, aber man will mit solchen Kopfschmerzen nicht herumpfuschen, schließlich können sie ein Symptom für irgendeine Art von Hirntumor sein, auch wenn der Patient keine üblen Gerüche ausstößt — das stinkt dann wie Scheiße oder vergammelte Früchte oder ranziges Popcorn oder was Sie wollen. Also machte mein Freund eine ganze Röntgenserie und ein EEG von dem Jungen und schickte ihn dann ins Krankenhaus, um eine Gehirnaxialtomographie anfertigen zu lassen. Wissen Sie, was sie herausgefunden haben?«

Halleck schüttelte den Kopf.

»Sie fanden heraus, daß dieser Knabe, der das drittbeste

Abitur gemacht hatte, der jedes Semester an der George-Washington-Universität auf der Bestenliste stand, fast überhaupt kein Gehirn hatte. Im Zentrum seines Schädels hing eine einzige, gedrehte Kordel von etwas festerer Hirnmasse − mein Kollege hat es mir auf den Röntgenaufnahmen gezeigt, sah aus wie eine Vorhangkordel aus Makramee −, das war schon alles. Diese Kordel hat vermutlich alle seine vegetativen Funktionen gesteuert, alles von der Atmung über den Herzschlagrhythmus bis hin zum Orgasmus. Nur ein winziges Seil aus Gehirnmasse. Der Rest des Schädels war mit einer cerebrospinalen Flüssigkeit gefüllt. Irgendwie können wir nicht begreifen, wie der Junge damit denken kann. Wie dem auch sei, er ist immer noch einer der besten an der Uni, hat immer noch seine Migräne und entspricht weiterhin genau dem Migränetyp. Wenn er nicht in seinen Zwanzigern, Dreißigern an einem Herzinfarkt stirbt, werden die Kopfschmerzen ab vierzig langsam aufhören.«

Houston zog die Schublade wieder auf, holte das Kokain heraus, nahm etwas davon und bot auch Halleck welches an. Halleck schüttelte den Kopf.

»Dann, vor ungefähr fünf Jahren«, setzte Houston seine Erzählung fort, »kam eine alte Dame in meine Praxis, die an Kieferschmerzen litt. Inzwischen ist sie gestorben. Wenn ich Ihnen den Namen der alten Hexe sagen würde, würden Sie sofort wissen, wen ich meine. Ich warf einen Blick in ihren Mund, und, Gott, der Allmächtige, ich konnte es nicht glauben. Sie hatte vor fast zehn Jahren ihre zweiten Zähne verloren − ich meine, das Baby marschierte sachte auf die neunzig zu −, und was sah ich? Einen dritten Satz Zähne, der da nachwuchs... insgesamt fünf. Kein Wunder, daß sie Kieferschmerzen hatte, Billy! Sie bekam tatsächlich einen dritten Satz Zähne. Und das im Alter von achtundachtzig Jahren!«

»Was haben Sie mit ihr gemacht?« fragte Halleck. Er hörte nur mit halbem Ohr zu − die Worte rauschten an ihm vorbei, beruhigend − wie sanfte Geräusche, wie die einlullende Musik, die einen von der Decke eines Supermarktes berieselt. Er beschäftigte sich immer noch mit seiner Erleichterung − Houstons Kokain war gewiß nur eine armselige Droge im Vergleich zum Erleichterungsrausch, den er empfand. Er dachte kurz an den alten Zigeuner mit der abfaulenden Nase, aber das Bild hatte seine dunkle, geheimnisvolle Macht verloren.

»Was ich mit ihr gemacht habe?« wiederholte Houston. »Jesus, was konnte ich denn schon machen? Ich habe ihr ein Mittel verschrieben, das nichts weiter war als eine verstärkte, puderige Form von *Num-Zit*, das Zeug, das man Babys auf den Keifer schmiert, wenn sie ihre Zähne kriegen. Bevor sie starb, hat sie noch drei weitere gekriegt – einen Schneidezahn und zwei Backenzähne.

Ich habe auch noch anderes gesehen, eine Menge. Jedem Arzt begegnen so komische Sachen, die er sich nicht erklären kann. Aber genug von Ripleys *Glaub's oder Glaub's nicht*. Es ist nämlich so, daß wir gottverdammt wenig über den menschlichen Stoffwechsel wissen. Es gibt Typen wie diesen Duncan Hopley... Kennen Sie Dunc?«

Halleck nickte. Fairviews Polizeichef, Zigeunerjäger, der aussah wie eine Dschungelversion von Clint Eastwood.

»Der frißt, als ob jede Mahlzeit seine letzte wäre«, erzählte Houston. »Heiliger Moses, ich habe noch nie einen Mann gesehen, der so wie ein Bär frißt. Aber er bleibt konstant auf hundertsiebzig Pfund, und da er gut eins fünfundachtzig groß ist, ist sein Gewicht genau richtig. Er hat einen hochfrisierten Stoffwechsel. Er verbrennt seine Kalorien zweimal so schnell wie zum Beispiel, sagen wir mal, Yard Stevens.«

Halleck nickte wieder. Yard Stevens war Besitzer und zugleich sein eigener Angestellter des *Heads Up*, Fairviews einzigem Friseurladen. Er wog um die dreihundert Pfund. Wenn man ihn sah, fragte man sich, ob seine Frau ihm wohl die Schuhe zuband.

»Yard ist ungefähr genauso groß wie Hopley«, sprach Houston weiter, »aber wenn ich ihm beim Lunch zusehe, bemerke ich nur, wie er in seinem Essen herumstochert. Vielleicht ist er einer von den heimlichen Essern. Könnte sein. Aber ich glaube nicht. Er hat ein hungriges Gesicht, wenn Sie wissen, was ich meine.«

Billy lächelte leicht und nickte. Er verstand. Yard Stevens

sah aus als ›würde Essen ihm nicht gut tun‹, wie seine Mutter immer zu sagen pflegte.

»Ich sage Ihnen noch was — aber das sind wahrscheinlich alte Schulweisheiten. Beide Männer rauchen. Yard Stevens behauptet, bei ihm wäre es eine Packung leichte Marlboro am Tag, was vermutlich eineinhalb oder zwei Packungen bedeutet. Duncan gibt pro Tag zwei Schachteln Camel an, was bedeutet, daß er aller Wahrscheinlichkeit nach drei oder dreieinhalb raucht. Ich meine, haben Sie Duncan schon mal ohne eine Zigarette in der Hand oder im Mundwinkel gesehen?«

Billy dachte nach und schüttelte den Kopf. Houston hatte sich inzwischen wieder mit Kokain bedient. »So, das reicht«, bemerkte er und schob die Schublade mit entschlossener Geste zu.

»Jedenfalls haben wir auf der einen Seite Yard, der pro Tag eineinhalb Schachteln teerarme, leichte Zigaretten raucht, und auf der anderen Seite Duncan, der pro Tag drei Packungen schwarze Sargnägel in sich hineinzieht — vielleicht auch mehr. Aber wer ist derjenige, der den Lungenkrebs zu sich einlädt, so daß er ihn von innen her zerfressen kann? Yard Stevens. Warum? Weil sein Stoffwechsel alles in sich aufsaugt. Und der Stoffwechselspiegel steht irgendwie mit dem Krebs in Zusammenhang.

Es gibt Ärzte, die behaupten, daß man Krebs heilen könne, wenn man den genetischen Code knacken könnte. Für einige Krebsarten mag das zutreffen. Aber wir werden ihn nie richtig heilen können, solange wir den Stoffwechsel nicht ganz kapiert haben. Was uns zu Billy Halleck, dem unglaublich schrumpfenden Mann, zurückführt. Oder vielleicht besser: dem unglaublich massenreduzierenden Mann. Nicht massen*produzierend*, sondern massen*reduzierend*.« Houston stieß ein einzigartiges, wieherndes Gelächter aus, und Billy dachte: *Wenn es das ist, was Kokain einem antut, bleibe ich vielleicht doch lieber bei meinen Schokoladentörtchen.*

»Sie wissen also nicht, warum ich abnehme?«

»Nein.« Houston schien diese Tatsache Vergnügen zu bereiten. »Aber ich vermute, daß Sie sich selbst dünn denken.

Das *gibt* es. Es kommt sogar ziemlich häufig vor. Jemand kommt in meine Praxis, weil er ernsthaft abnehmen möchte. Normalerweise ist etwas geschehen, das ihm Angst eingeflößt hat — Herzrhythmusstörungen oder ein kleiner Ohnmachtsanfall beim Tennisspielen oder beim Feder- oder Volleyball, irgendwas in der Art. Also verschreibe ich ihm eine sanfte, beruhigende Diät, mit der er über mehrere Monate hinweg zwei bis fünf Pfund pro Woche abnehmen kann. Auf diese Art kann man ohne Streß und Anstrengung zwischen sechzehn und vierzig Pfund verlieren. Soweit so gut. Doch die meisten nehmen viel mehr ab. Sie halten sich strikt an die Diät, aber sie verlieren wesentlich mehr Gewicht, als die Diät allein bewirken könnte. Es ist so, als stünde im Gehirn plötzlich ein Wachposten auf, der dort jahrelang geschlafen hat, und finge an, so etwas Ähnliches wie ›Feuer!‹ zu brüllen. Der Stoffwechsel wird schneller... weil dieser Wachposten ihm klar gemacht hat, er müsse noch fünf Pfund rausschaffen, bevor das ganze Haus abbrennt.«

»Na gut«, sagte Billy. Er wollte sich überzeugen lassen. Er hatte sich extra einen Tag freigenommen, und jetzt hatte er keinen sehnlicheren Wunsch, als so schnell wie möglich nach Hause zu fahren, um Heidi zu sagen, daß alles in Ordnung wäre, und sie dann die Treppe hinaufzuführen, um im Nachmittagssonnenlicht, das durch die Schlafzimmerfenster fallen würde, mit ihr Liebe zu machen. »Ich kauf's Ihnen ab.«

Houston stand auf, um ihn hinauszubegleiten. Halleck bemerkte amüsiert, daß er weißen Puderstaub unter der Nase hatte.

»Wenn Sie weiterhin abnehmen, werden wir eine totale Stoffwechselanalyse machen lassen«, sagte Houston. »Ich mag Ihnen den Eindruck vermittelt haben, daß diese Tests alle nichts taugten, aber im Grunde geben sie uns eine Menge Anhaltspunkte. Doch glaube ich kaum, daß es nötig sein wird. Meine Vermutung geht eher dahin, daß der Gewichtsverlust langsam von selbst aufhören wird — diese Woche fünf Pfund, drei Pfund die nächste, die Woche darauf noch eines —, und dann werden Sie auf die Waage steigen und feststellen, daß Sie wieder ein oder zwei Pfund zugenommen haben.«

»Sie haben mir einen Stein von der Seele genommen«, sagte Billy und drückte Houston fest die Hand.

Houston lächelte selbstgefällig, obwohl er eigentlich nichts getan hatte, als Halleck mit Phrasen abzuspeisen: Nein, er wüßte nicht, was mit Halleck los sei, aber nein, es sei kein Krebs. Puh! »Dafür sind wir ja da, Billy-Boy.«

Billy-Boy fuhr nach Hause zu seiner Frau.

»Er hat gesagt, daß alles in Ordnung ist?«

Halleck nickte.

Sie legte die Arme um ihn und drückte ihn fest an sich. Er spürte, wie ihre Brüste sich verführerisch an seinen Körper preßten.

»Willst du mit nach oben kommen?«

Sie sah ihn prüfend an. Das Licht in ihren Augen tanzte. »He, du bist wirklich gesund, nicht wahr?«

»Das kannst du glauben.«

Sie gingen nach oben und hatten fantastischen Sex. Eines der letzten Male.

Danach schlief Billy ein. Und er träumte.

7. Kapitel: Der Vogeltraum

*Der Zigeuner hatte sich in einen riesigen Vogel verwandelt. Einen
Geier mit abfaulendem Schnabel. Er zog seine Kreise über Fairview
und ließ grobkörnigen, aschengrauen Staub und Schornsteinruß
über die Stadt fallen, der unter seinen dunklen Fittichen hervor-
sprühte... oder waren es seine Flügelspitzen?*

*»Dünner«, krächzte der Zigeuner-Geier, während er über den
Gemeindepark hinwegsegelte, über das Village Pub, Waldenbooks
Buchhandlung an der Ecke Main und Devon Street, das Esta-Esta,
Fairviews bescheidenes italienisches Restaurant, über die Post, den
Bahnhof und Fairviews moderne öffentliche Bibliothek mit den glä-
sernen Wänden, um schließlich über die Salzmarschen auf die
Bucht hinauszufliegen.*

Dünner, *nur dieses eine Wort, aber Halleck begriff, daß es ein
mächtiger Fluch war, denn jeder Mensch in diesem reichen Ober-
klassen-in-New-ork-arbeitenden-und-auf-dem-Heimweg-noch-
schnell-ein-paar-Drinks-im-Club-einnehmenden-Vorort,   jeder
Mensch in dieser hübschen, kleinen New-England-Stadt im Herzen
des John-Cheever-Landes, jeder Mensch in Fairview war am Verhungern.*

*Er ging die Hauptstraße entlang, schneller und schneller, und
offenbar war er unsichtbar — die Logik von Träumen richtet sich
letztendlich danach, was der Traum verlangt — und furchtbar entsetzt von dem, was der Zigeunerfluch angerichtet hatte. Aus Fairview war eine Stadt geworden, in der nur noch Überlebende aus einem Konzentrationslager wohnten. Aus teuren Kinderwagen
schrien ihm Babys mit verfallenen Körpern und riesigen Köpfen
entgegen. Zwei Damen in exklusiven Modellkleidern taumelten
und torkelten aus dem Cherry on Top heraus, Fairviews Version
des guten alten Eissalons. Ihre Gesichter waren nur noch Haut und
Knochen, und ihre hervorspringenden Augenbrauen spannten sich
über bleicher, pergamentener Haut; die Kragen ihrer Kleider schlot-
terten um vorstehende, nur noch von Haut bedeckte Halsknochen*

und tief eingefallene Schulterblätter: eine grauenhafte Parodie jeglicher Verführungskunst.

Und da kam ihm Michael Houston entgegen, auf vogelscheuchenähnlichen Beinen torkelnd, den Saville-Row-Anzug um das unwahrscheinlich ausgemergelte Skelett flatternd, eine Kokainphiole in einer Skeletthand vor sich hertragend. »Auch was?« kreischte er Halleck zu mit der Stimme einer in der Falle gefangenen Ratte, die das letzte bißchen ihres miserablen Lebens mit diesem Gekreisch aushaucht. »Auch was? Es wird deinen Stoffwechsel ankurbeln, Billy-Boy! Auch was? Auch...«

Mit tiefem Grauen sah Halleck, daß die Hand, in der er die Phiole hielt, überhaupt keine Hand mehr war, sondern nur noch klappernde Knochen. Dieser Mann war ein aufgezogenes und leierndes Skelett.

Halleck drehte sich um und wollte wegrennen, aber, wie das in Alpträumen so ist, er konnte seinen Schritt nicht beschleunigen. Obwohl er sich auf dem Bürgersteig der Hauptstraße befand, hatte er das Gefühl, durch dicken, klebrigen Schlamm zu waten. Jeden Augenblick würde das Skelett, das einst Michael Houston gewesen war, nach ihm langen und ihn an der Schulter berühren. Vielleicht würde die knochige Hand ihn auch am Nacken fassen und sich festkrallen.

»Auch was! Auch was! Auch was!« quietschte Houstons durchdringende Rattenstimme. Sie kam näher und näher. Halleck wußte, würde er jetzt den Kopf umdrehen, stünde die furchtbare Erscheinung hinter ihm, nahe, sehr nahe — funkelnde Augen, die aus tiefen, nackten Knochenhöhlen hervorstachen, freigelegte Kieferknochen, die klappernd nach ihm schnappten.

Er sah, wie Yard Stevens aus seinem Heads Up herausstolperte. Sein beiger Barbierkittel schlackerte lose über seinem inzwischen nicht mehr existenten Bauch und Brustkasten. Yard krächzte mit einer grauenerregenden Krähenstimme vor sich hin, und als er sich zu Halleck umwandte, sah dieser, daß er überhaupt nicht Yard, sondern Ronald Reagan vor sich hatte. »Wo ist der Rest von mir?« kreischte er. »Wo ist der Rest von mir? Wo ist der Rest von mir?«

»Dünner«, flüsterte Michael Houston in Hallecks Ohr, und jetzt geschah das, was er die ganze Zeit befürchtet hatte: Diese Fingerknochen berührten ihn. Sie zupften und zerrten an seinem Ärmel, und Halleck glaubte, daß ihm dieses Gefühl den Verstand rauben würde. »*Dünner, viel dünner, sofort, toute suite, toot-de-sweet, dünn-de-dünn, sie war seine Frau, Billy-Boy, und du steckst ganz schön in Schwierigkeiten, Baby. Oh, Mann, steckst du in der Scheiße...*«

8. Kapitel: Billys Hose

Billy fuhr aus dem Schlaf hoch. Er atmete heftig und hatte eine Hand auf den Mund gepreßt. Heidi lag tief unter der Bettdecke vergraben neben ihm und schlief friedlich. Draußen wehte ein warmer Frühlingswind um die Dachsparren.

Halleck sah sich schnell und ängstlich im Zimmer um, um sicherzugehen, daß Michael Houston – oder etwa eine Vogelscheuchenversion seiner Person – nicht in einer Ecke auf ihn wartete. Es war nur sein Schlafzimmer, in dem er jeden Winkel kannte. Der Alptraum begann, sich zu verflüchtigen... aber der Eindruck war noch immer stark genug, daß er zu Heidi hinüberrutschte. Er berührte sie nicht – sie wachte sehr leicht auf –, aber er kam so in ihre Wärmezone und stahl sich einen Teil ihrer Bettdecke.

Nur ein Traum.

Dünner, erwiderte eine Stimme in seinem Unterbewußtsein unerbittlich.

Der Schlaf hüllte ihn wieder ein. Endlich.

Am Morgen nach diesem Alptraum zeigte die Badezimmerwaage 215 Pfund an, und Billy fühlte sich ganz hoffnungsvoll. Nur zwei Pfund. Kokain oder nicht, Houston hatte recht behalten. Der Prozeß verlangsamte sich. Er ging pfeifend die Treppe hinunter und aß drei Spiegeleier und ein halbes Dutzend Bratwürstchen zum Frühstück.

Auf der Fahrt zum Bahnhof tauchte der Alptraum vage wieder aus seinem Unterbewußtsein auf. Es war mehr ein Gefühl des *déjà vue* als eine eigentliche Erinnerung. Als er am *Heads Up* vorbeifuhr (das von Franks Delikatessenladen und dem Spielwarengeschäft *Toys Are Joys* eingerahmt war), blickte er aus dem Fenster und erwartete einen Augenblick lang, eine Ansammlung von torkelnden und stolpernden Skeletten auf der Straße zu sehen, so als ob das wohlhabende, vornehme Fairview sich über Nacht in Biafra verwandelt hätte. Aber die Leute auf den Bürgersteigen sahen alle ausgezeichnet aus, ja, viel besser als das. Yard Stevens winkte ihm in seiner vollen Körpermasse grüßend zu. Halleck winkte zurück und dachte bei sich: *Dein Stoffwechsel mahnt dich, mit dem Rauchen aufzuhören, Yard!* Er mußte darüber lächeln, und als der Zug in den Grand-Central-Bahnhof einfuhr, hatte er die letzten Erinnerungsfetzen an den Alptraum vergessen.

Da seine Sorge über den rapiden Gewichtsverlust sich gelegt hatte, wog Billy sich die nächsten vier Tage nicht und dachte auch nicht länger über die Angelegenheit nach... und dann wäre er beinahe der Lächerlichkeit preisgegeben gewesen, eine Situation, an der er nur haarscharf vorbeikam. Ausgerechnet im Gericht vor Richter Hilmer Boynton, der nicht mehr Sinn für Humor besaß als ein durchschnittlicher Landtruthahn. Es war dämlich; eins von diesen peinlichen Dingen, von denen man als Schulkind träumt, wenn man vor Angst nicht richtig schlafen kann.

Er wollte aufstehen, um Einspruch zu erheben, und da rutschte ihm langsam die Hose runter.

Er hatte sich schon halb erhoben, da spürte er, wie sie unaufhaltsam über seine Hüfte und die Pobacken glitt und an den Knien hängenblieb. Sofort setzte er sich wieder hin. In einem Anfall von nahezu totaler Klarsicht — einer dieser Augenblicke, die einen unaufgefordert überfallen und fast genauso schnell wieder vergessen sind — wurde Halleck klar, daß seine Bewegung wie ein bizarrer Hopser ausgesehen haben mußte. William Halleck, Rechtsanwalt vor Gericht, gab eine Bugs-Bunny-Einlage. Er fühlte, wie die Röte in seine Wangen stieg.

»Mr. Halleck, war das ein Einspruch oder eine Blähung?«

Die Zuschauer — Gott sei Dank nur sehr wenige — kicherten.

»Es ist nichts, Euer Ehren«, murmelte Halleck. »Ich... ich habe meine Meinung geändert.«

Boynton grunzte. Die Verhandlung schleppte sich dahin,

und Halleck schwitzte auf seinem Stuhl und fragte sich, wie um alles in der Welt er später aufstehen sollte.

Zehn Minuten später zog das Gericht sich zurück. Halleck blieb an seinem Verteidigertisch sitzen und tat so, als müsse er noch einen Stapel Papiere sortieren. Als der Saal so gut wie leer war, stand er, die Hände tief in den Taschen der Anzugjacke vergraben, auf und hoffte, daß diese Geste leger aussähe. In Wirklichkeit hielt er durch die Taschen seine Hose fest.

Allein in der Herrentoilette, zog er das Jackett aus und hängte es an einen Haken. Dann blickte er auf seine Hose hinab und zog den Gürtel heraus. Mit geschlossenem Reißverschluß rutschte sie bis zu den Knöcheln hinunter. Sein Kleingeld klirrte gedämpft, als die Taschen auf den Kacheln aufschlugen. Er setzte sich auf die Toilette und hielt den Gürtel hoch wie eine Schriftrolle. Es war, als könne er in ihm lesen. Der Gürtel erzählte ihm eine Geschichte, die alles andere als beruhigend war. Er hatte ihn vor zwei Jahren von Linda zum Vatertag geschenkt bekommen. Er hielt sich den Gürtel vor die Nase und spürte, wie sein Herz vor Angst schneller und schneller schlug.

Die tiefste Einkerbung dieses Ledergürtels lag genau hinter dem ersten Loch. Seine Tochter hatte ihn etwas zu klein gekauft, und Halleck erinnerte sich, daß er damals — reuevoll — gedacht hatte, daß dies ein verzeihlicher Optimismus ihrerseits gewesen war. Eine lange Zeit war der Gürtel jedoch ganz angenehm zu tragen gewesen. Erst nachdem er zu rauchen aufgehört hatte, war es immer schwieriger geworden, ihn zu schließen, selbst wenn er, zum Schluß, das erste Loch benutzte.

Nachdem er mit dem Rauchen aufgehört... aber bevor er die Zigeunerin überfahren hatte.

Jetzt zeigte der Gürtel weitere Einkerbungen auf: nach dem zweiten Loch... dem vierten... und dem fünften... schließlich nach dem sechsten, dem letzten.

Mit wachsendem Entsetzen stellte Halleck fest, daß die Einkerbungen hinter den letzten Löchern immer undeutlicher wurden. Sein Gürtel erzählte ihm eine kürzere und wahrere Geschichte, als es Michael Houston gelungen war. Der Gewichtsverlust dauerte immer noch an – und verlangsamte sich ganz und gar nicht; er wurde immer schneller. Er glaubte, sich zu erinnern, daß er erst vor zwei Monaten zum ersten Loch des Gürtels hatte Zuflucht nehmen müssen. Damals hatte er überlegt, daß er ihn bald als zu klein ablegen müßte. Und jetzt brauchte er ein siebtes Loch, eines, das nicht vorhanden war.

Er sah auf die Uhr und bemerkte, daß er bald in den Gerichtssaal zurückmußte. Aber es gab Wichtigeres auf der Welt als Richter Boyntons Entscheidung, ob ein letzter Wille nun in ein gerichtlich beglaubigtes Testament umgeschrieben wurde oder nicht.

Halleck lauschte aufmerksam. In der Herrentoilette war es ganz still. Er hielt die Hose mit einer Hand und trat aus der Zelle. Dann ließ er sie wieder fallen und betrachtete sich dabei in einem der Spiegel, die über den Waschbecken hingen. Er schlug die Hemdzipfel hoch, um einen besseren Blick auf den Bauch werfen zu können, der bis vor kurzem noch sein ganzer Kummer gewesen war.

Ein leiser Laut entschlüpfte seiner Kehle. Das war alles, aber es war genug. Die selektive Wahrnehmung war nicht mehr aufrechtzuerhalten; mit einem Schlag war alles zerstört. Er sah, daß der kleine Spitzbauch, der seinen Wanst ersetzt hatte, nun auch verschwunden war. Die Hose um die Knöchel, das Hemd und die aufgeknöpfte Weste weit über den Brustkorb hinaufgezogen, stand er vor dem Spiegel und konnte trotz dieser mehr als lächerlichen Pose den Tatsachen nicht mehr ausweichen. Sie waren mehr als deutlich. Daß man sich selbst über reale Fakten noch streiten kann, lernte man schnell im Anwaltsberuf – aber das, was ihm hier über das Faktische hinaus sinnbildlich aus dem Spiegel entgegentrat, war unwiderlegbar. Er sah aus wie ein Kind, das die Kleider seines Vaters angezogen hat. Halleck stand völlig aufgelöst vor dem Waschbecken und dachte hysterisch: *Hat jemand hier Uhu? Ich muß mir unbedingt einen falschen Schnurrbart ins Gesicht kleben!*

Er blickte wieder auf seine Hose hinunter, die sich um seine Schuhe bauschte, sah die schwarzen Nylonsocken, die halbwegs seine behaarten Waden bedeckten, und in seiner Kehle stieg ein würgendes, rauhes Gelächter auf. In diesem Augenblick glaubte er schlicht und einfach... alles. Der Zigeuner hatte ihn tatsächlich verflucht, aber es war kein Krebs. Krebs wäre viel zu schnell, viel zu freundlich gewesen. Es handelte sich um etwas anderes, und die Entfaltung der Krankheit hatte erst begonnen.

Im Geiste hörte er eine Zugführerstimme: *Nächster Halt, Anorexia Nervosa! Bitte alles aussteigen! Anorexia Nervosa!*

Geräusche drangen aus seinem Hals, ein Gelächter, das wie Schreien klang. Vielleicht waren es auch Schreie, die wie Gelächter klangen, war das so wichtig?

Mit wem kann ich darüber reden? Heidi? Sie wird mich für verrückt erklären.

Aber Billy Halleck war in seinem Leben nie bei klarerem Verstand gewesen.

Die Außentür der Herrentoilette wurde aufgerissen.

Halleck zog sich erschrocken in die Zelle zurück und verriegelte die Tür.

»Billy?« Sein Assistent John Parker.

»Ich bin hier drinnen.«

»Boynton kommt gleich zurück. Alles in Ordnung?«

Halleck hatte die Augen geschlossen. »Mir geht's gut.«

»Haben Sie wirklich Blähungen? Ist etwas mit Ihrem Magen?«

Schon gut, schon gut, es ist mein Magen.

»Ich geh kurz mal weg, um ein Paket aufzugeben. Bin in einer Minute wieder zurück.«

»Ist gut.«

Parker ging weg. Hallecks Aufmerksamkeit war ganz und gar von seinem Gürtel in Anspruch genommen. Er konnte nicht in Boyntons Gerichtsverhandlung zurückgehen und die Hose immer noch durch die Taschen festhalten. Was, um Himmels willen, sollte er tun?

Plötzlich fiel ihm sein Schweizer Taschenmesser ein — das gute alte Taschenmesser, das er, bevor er sich wog, immer aus der Hose genommen hatte. In der guten alten Zeit, bevor die Zigeuner nach Fairview gekommen waren.

Keiner hat euch Arschlöcher gebeten, zu uns zu kommen — hättet ihr nicht statt dessen nach Westport oder Stratford fahren können?

Er holte sein Messer aus der Tasche und bohrte ein siebtes Loch in den Gürtel. Es war zerfranst und unschön, aber es funktionierte. Dann zog er den Gürtel durch die Schlaufen, schnallte ihn fest und streifte das Jackett über. So verließ er die Zelle. Zum erstenmal wurde ihm bewußt, wie sehr ihm die Hose um die Beine — seine dünnen Beine — schlackerte. *Ob das auch schon anderen aufgefallen ist?* Eine neue, bohrende Verlegenheit befiel ihn. *Haben sie gesehen, wie schlecht meine Kleidung sitzt? Haben sie es gesehen und so getan, als wäre nichts? Haben sie darüber geredet...?*

Er spritzte sich kaltes Wasser ins Gesicht und verließ die Herrentoilette.

Als er den Gerichtssaal betrat, rauschte Richter Boynton gerade mit einem Rascheln seiner schwarzen Robe herein. Er blickte Billy strafend an, der eine matte Entschhuldigungsgeste andeutete. Boyntons Gesichtsausdruck blieb unverändert, die Entschuldigung wurde eindeutig abgelehnt. Die Monotonie begann von vorn. Irgendwie schaffte Billy es, den Tag zu überstehen.

In der folgenden Nacht, als Heidi und Linda fest schliefen, stellte er sich auf die Waage, sah hinunter, und konnte es nicht glauben. Er blickte die Zahlen lange, sehr lange an.

195.

9. Kapitel: 188

Am nächsten Tag fuhr er in die Stadt und kleidete sich neu ein. Den Einkauf erledigte er in fieberhafter Eile, so als ob neue Hosen, Hosen, die ihm richtig paßten, die Lösung aller Probleme wären. Er kaufte sich auch einen engeren Ledergürtel. Ihm fiel auf, daß die Leute ihn nicht mehr zu seiner Gewichtsabnahme beglückwünschten. Wann hatte *das* angefangen? Er wußte es nicht.

Er zog sich die neuen Sachen an. Er fuhr zur Arbeit und kam wieder nach Hause. Er trank zuviel, bediente sich beim Essen zweimal und verzehrte Nahrungsmengen, die er eigentlich gar nicht wollte und die ihm schwer im Magen lagen. Eine Woche verging, und dann saßen die Kleider nicht mehr so passend und glatt an seinem Körper, sondern fingen an zu beulen.

Er schlich sich zur Badezimmerwaage. Sein Herz pochte, seine Augen brannten, und der Kopf schmerzte. Später entdeckte er, daß er sich so stark auf die Unterlippe gebissen hatte, daß sie blutete. Der Anblick der Waage löste einen kindischen Schrecken aus — sie war zu einem Kobold in seinem Leben geworden. Er stand vielleicht volle drei Minuten vor ihr, kaute auf seiner Unterlippe und spürte weder den Schmerz noch den salzigen Blutgeschmack im Mund. Es war am Abend. Unten saß Linda vor dem Fernseher und sah sich *Three's Company* an. Heidi ging am Commodore-Computer in seinem Büro die wöchentlichen Haushaltsrechnungen durch.

Mit einem kleinen Satz hüpfte er auf die Waage.

188.

Er spürte, wie sein Magen sich in einer einzigen, schwindelerregenden Wendung umdrehte. Einen verzweifelten Augenblick lang schien es fast unmöglich, sich nicht zu übergeben. Er kämpfte verbissen dagegen an, um das

Abendessen bei sich zu behalten – jetzt brauchte er jede Nahrung, brauchte diese lebenswichtigen, gesunden Kalorien.

Schließlich ging die Übelkeit vorüber. Er sah auf die geeichte Skala hinunter und mußte dumpf daran denken, was Heidi damals gesagt hatte – *Sie zeigt nicht zuviel, sie zeigt eher zuwenig an.* Er mußte daran denken, daß Michael Houston ihm gesagt hatte, 217 wären immerhin noch dreißig Pfund über seinem Höchstgewicht.

Jetzt nicht mehr, Mikey, dachte er müde. *Jetzt bin ich . . . dünner.*

Er trat von der Waage herunter und empfand nun eine gewisse Erleichterung – die Art von Erleichterung, die ein zu Tode Verurteilter empfinden mochte, wenn er um zwei Minuten vor zwölf den Henker und den Priester vor seiner Zelle stehen sieht, wissend, daß das Ende gekommen ist und daß der Gouverneur das Urteil nicht widerrufen wird. Natürlich gab es noch einige Formalitäten zu erledigen, ja, gewiß, aber das war auch alles. Jetzt wurde es ernst. Wenn er mit den Leuten darüber reden würde, hielten sie ihn sicher für verrückt oder glaubten, er würde sich einen Scherz mit ihnen erlauben – heutzutage glaubte doch keiner mehr an Zigeunerflüche, und vielleicht hatte man es nie getan. Sie waren uninteressant geworden in einer Welt, die Hunderte von Marinesoldaten in Särgen aus dem Libanon hatte zurückkehren sehen, in einer Welt, die fünf IRA-Gefangenen dabei zugesehen hatte, wie sie sich zu Tode hungerten, ganz zu schweigen von anderen Grauenhaftigkeiten. Aber nichtsdestotrotz war es wahr. Er hatte die Frau des alten Zigeuners mit der abfaulenden Nase getötet, und sein zeitweiliger Golfpartner, der gute alte busengrapschende Richter Cary Rossington hatte ihn damit durchkommen lassen, ohne ihm auch nur auf die Finger zu klopfen. Folglich hatte der alte Zigeuner beschlossen, seine eigene Art von Gerechtigkeit an einem fetten weißen Rechtsanwalt aus Fairview und seiner Frau zu üben, die den falschen Tag dafür gewählt hatte, ihren Mann zum erstenmal im fahrenden Wagen zu wichsen. Es war eine Art von Gerechtigkeit, die ein

Mann wie sein zeitweiliger Freund Richard Ginelli vermutlich zu schätzen wüßte.

Halleck schaltete das Badezimmerlicht aus und ging die Treppe hinunter, wobei er sich wie ein Todeskandidat vorkam, der seine letzte Meile zurücklegte. *Keine Augenbinde, Pater... aber hat vielleicht jemand 'ne Zigarette für mich?* Er lächelte trübe.

Heidi saß an seinem Schreibtisch. Die Rechnungen hatte sie links von sich gestapelt, vor ihr leuchtete der grüne Bildschirm, das Kontobuch klemmte wie ein Notenblatt hinter der Tastatur. Ein ganz normaler Anblick an wenigstens einem der normalen Abende in der ersten Woche eines neuen Monats. Aber sie schrieb keine Schecks aus und rechnete auch keine Zahlenkolonnen zusammmen. Sie saß einfach da, eine Zigarette zwischen den Fingern, und als sie sich zu ihm umdrehte, sah Billy soviel Kummer in ihren Augen, daß es ihm einen beinahe körperlichen Schlag versetzte.

Er mußte wieder an die selektive Wahrnehmung denken, diese seltsame Fähigkeit, die Dinge, die man nicht sehen wollte, einfach nicht zu sehen... zum Beispiel die Tatsache, daß man seinen Gürtel enger und enger schnallte, um die viel zu weite Hose noch über der schmaler werdenden Taille halten zu können, oder die dunklen Ringe unter den Augen der eigenen Frau... oder die verzweifelte Frage, die in diesen Augen lag.

»Ja, ich nehme noch ab«, sagte er.

»Oh, Billy.« Sie atmete mit einem langen, zitternden Seufzer aus. Aber sie sah schon ein wenig besser aus, und Halleck nahm an, daß sie froh war, daß es jetzt ausgesprochen war. Sie hatte nicht gewagt, es anzusprechen, genauso wie keiner aus seinem Büro den Mut aufgebracht hatte, ihm offen ins Gesicht zu sagen: *Deiner Kleider sehen langsam so aus, als ließest du sie bei Omar, dem Zeltmacher, schneidern, Billy-Boy. Sag mal... du hast doch nicht irgendein Geschwür oder so was! Hat jemand dich mit dem Krebsstab berührt, Billy? Wurdest du angesteckt? Du hast einen großen, schwarzen, saftigen Tumor in dir, nicht wahr? So eine Art verrottender, menschlicher Giftpilz tief unten in deinen Eingeweiden, der dich langsam, aber sicher auf-*

frißt? O nein, so was sagte niemand zu ihm; das ließen sie einen lieber selbst herausfinden. Eines Tages vor Gericht springt man auf, um in der besten Perry-Mason-Manier ›Einspruch, Euer Ehren!‹ zu rufen, und dann verliert man die Hose, und keiner hatte es nötig, auch nur ein gottverdammtes Wort darüber zu verlieren.

»Tja«, sagte er und lachte ein wenig, wohl um die Scham zu überdecken.

»Wieviel?«

»Die Waage oben zeigt an, daß ich auf 188 runter bin.«

»Oh, *Himmel*!«

Er nickte zu ihrer Zigarette hin. »Kann ich eine davon haben?«

»Klar, wenn du willst. Billy, du wirst Linda nichts davon sagen — nicht ein Wort!«

»Ist gar nicht nötig«, antwortete er und zündete sich die Zigarette an. Beim ersten Zug wurde ihm schwindelig. Das war ganz gut so; der Schwindel war ein angenehmes Gefühl. Jedenfalls war er besser als das dumpfe Entsetzen, das sich mit dem Ende der selektiven Wahrnehmung eingestellt hatte. »Sie weiß, daß ich immer noch abnehme. Ich sehe es ihrem Gesicht an. Mir ist bis heute abend gar nicht richtig bewußt geworden, was ich die ganze Zeit gesehen habe.«

»Du mußt noch einmal zu Houston gehen«, sagte sie. Sie blickte immer noch furchtbar verängstigt, aber der verwirrte Ausdruck von Zweifel und Trauer war jetzt aus ihren Augen gewichen. »Diese Stoffwechseluntersuchungen...«

»Heidi, hör mir mal zu«, unterbrach er sie... und schwieg dann.

»Was?« fragte sie. »Was ist, Billy?«

Einen Augenblick lang war er versucht es ihr zu sagen, ihr alles zu erzählen. Etwas hielt ihn davon ab, und später war er sich nie mehr sicher, was es eigentlich gewesen war... nur, daß er in genau dem Augenblick, während er auf der Kante seines Schreibtisches saß und ihr ins Gesicht sah, während ihre Tochter im Nebenraum fernsah, während er eine von ihren Zigaretten in der Hand hielt, plötzlich einen Anfall von bestialischem Haß auf sie verspürte.

Die Erinnerung an das, was passiert war — was gerade in dem Augenblick passierte —, als die alte Zigeunerin vor ihnen auf der Straße auftauchte, stand blitzartig wieder vor seinen Augen. Heidi war zu seinem Sitz herübergerutscht und hatte ihren linken Arm um seine Schulter gelegt... und dann, als ihm noch gar nicht klar war, was da geschah, hatte sie den Reißverschluß seiner Hose heruntergezogen. Er hatte gespürt, wie ihre sanften und ach so geschickten Finger durch den Spalt und kurz darauf durch die Öffnung in seiner Unterhose geschlüpft waren.

In seiner Teenagerzeit hatte Billy Halleck gelegentlich (mit schwitzenden Händen und gierigen Augen) die Journale verschlungen, die seine Klassenkameraden als ›Streichelbücher‹ bezeichnet hatten. Und in diesen ›Streichelbüchern‹ war es bisweilen vorgekommen, daß eine ›heiße Biene‹ ihre ›wohl ausgebildeten Finger‹ um das ›ersteifende Glied‹ eines Mannes legte. Nichts weiter als gedruckte erotische Träume, natürlich... nur jetzt saß seine eigene Frau Heidi neben ihm und spielte mit seinem steifwerdendem Glied.

Und, bei Gott, sie fing tatsächlich an, ihn zu befriedigen. Er hatte ihr einen verwunderten Seitenblick zugeworfen und ihr leichtes Lächeln auf den Lippen gesehen.

»Heidi, was hast du...«

»Schhh. Sag jetzt nichts.«

Was war in sie gefahren? Sie hatte so etwas noch nie zuvor gemacht, und er hätte schwören können, daß ihr so ein Gedanke vorher nie in den Sinn gekommen wäre. Aber jetzt tat sie es, und die alte Zigeunerin war ihnen direkt vor den Wagen...:

Oh, komm, sag doch die Wahrheit! Wenn dir schon die Schuppen von den Augen fallen, kannst du dich auch gleich den Tatsachen stellen, findest du nicht? Es hat doch keinen Sinn, sich weiter zu belügen; dazu ist es jetzt zu spät. Bitte nur die Fakten, Madame.

Na gut, die Fakten. *Tatsache* war, daß Heidis unerwartetes Handeln ihn wahnsinnig, über alle Maßen erregt hatte, vermutlich, weil sie so unerwartet kam. Er hatte mit der rechten Hand zu ihr hinübergelangt, und sie hatte ihren Rock hochgezogen und einen vollkommen normalen, gelben Nylonslip freigelegt. Dieser Slip hatte ihn vorher noch nie erregt, aber jetzt tat er es... vielleicht war es auch die Geste, mit der sie den Rock hochgezogen hatte. Auch das hatte sie noch nie zuvor getan. *Tatsache* war, daß fünfundachtzig Prozent seiner Aufmerksamkeit von der Straße abgelenkt waren. In neun von zehn solcher Situationen wäre die Sache wahrscheinlich trotzdem gut ausgegangen. Unter der Woche waren Fairviews Geschäftsstraßen nicht nur ausgesprochen ruhig, sie schliefen geradezu. Doch lassen wir das mal beiseite. *Tatsache* war, daß er sich eben nicht in einer von neun anderen Situationen, sondern in dieser befunden hatte. *Tatsache* war, daß die alte Zigeunerin nicht zwischen dem gelben Subaru und dem grünen Firebird mit den Rennstreifen *hervorgeschossen* gekommen war; *Tatsache* war eher, daß sie einfach zwischen den beiden Wagen hervor auf die Straße *gegangen* war. In ihrer arthritischen Hand mit den Leberflecken hatte sie ein volles Einkaufsnetz gehalten. Es war so ein Einkaufsnetz gewesen, wie es die neuenglischen Hausfrauen zusätzlich in die Tasche steckten, wenn sie an der Hauptstraße einkaufen gingen. In diesem Einkaufsnetz hatte eine große Packung Waschpulver gesteckt, daran konnte Halleck sich noch gut erinnern. Sie hatte sich nicht umgesehen, das stimmte schon; aber die wichtigste *Tatsache* war, daß Halleck in dem Augenblick nicht schneller als fünfunddreißig Meilen in der Stunde gefahren war, und in dem Augenblick, als die alte Zigeunerin vor dem Olds aufgetaucht war, war er noch gute fünfzig Meter von ihr entfernt gewesen. Zeit genug, um zu bremsen, wenn man Herr der Lage gewesen wäre. Aber eine weitere *Tatsache* war leider, daß er sich in dem Moment kurz vor einem explosiven Orgasmus befunden hatte und daß seine gesamte Konzentration bis auf einen winzigen Bruchteil auf seinen Unterleib gerichtet gewesen war, wo Heidis Hand sich entspannte und wieder zusammenzog, wo sie in einem langsamen, köstlichen Rhythmus auf- und abglitt, innehielt, zudrückte, losließ und das Ganze von vorne. Seine Reaktion war hoffnungslos langsam gewesen und hoffnungslos spät. Und Heidis Hand hatte sich um seinen Penis verkrampft, hatte den durch den Schock hervorgerufenen Orgasmus erstickt, der sich dann doch in einer endlos langen Sekunde des Schmerzes und der Wollust entladen hatte, was zwar unvermeidlich, aber trotzdem grauenvoll gewesen war.

Dies waren die *Fakten*. Halt, Moment mal, Leute! Wartet noch mal einen Augenblick, Freunde! Es gab da noch zwei weitere Tatsachen, oder etwa nicht? Die erste *Tatsache* war, daß er, wenn Heidi sich nicht ausgerechnet diesen Tag ausgesucht hätte, um ein bißchen Autoerotik zu üben, Herr der Situation geblieben wäre und seine Verantwortung als Autofahrer voll erfüllt hätte. Dann hätte der Olds gute drei Meter vor der alten Dame gehalten. Die Reifen hätten zwar so laut gequietscht, daß die Mütter die Kinderwagen ganz schnell an den Straßenrand geschoben hätten, um nachzusehen, was da los wäre. Und er hätte wahrscheinlich die Scheibe runtergekurbelt und sie angeschnauzt: ›Warum passen Sie nicht auf, wo sie hinlaufen?‹, und die Alte hätte ihn wohl mit dieser besonderen Mischung von Unverständnis und Angst angesehen. Heidi und er hätten ihr wohl nachgeblickt, wie sie über die Straße gewatschelt wäre, beide mit klopfendem Herzen, und Heidi hätte vermutlich über die durcheinandergeratenen Einkäufe gemeckert, die einen fürchterlichen Dreck auf dem Teppichboden im Wagenfond verursacht hätten.

Aber es wäre alles gut gegangen. Es hätte keine Anhörung vor Gericht gegeben, und der alte Zigeuner mit der abfaulenden Nase hätte nicht vor dem Gerichtsgebäude auf ihn gewartet, um ihm über die Wange zu streicheln und ihm einen furchtbaren Fluch ins Ohr zu flüstern. Das war die erste nebensächliche *Tatsache* und die zweite, ebenso untergeordnete *Tatsache*, welche aus der ersten hervorging, war, daß eigentlich Heidi an allem schuld war. Es war alles ihre Schuld gewesen, wirklich alles! Er hatte sie schließlich nicht darum gebeten, das mit ihm zu machen, was sie getan hatte; er hatte nicht zu ihr gesagt: ›Sag mal, hast du nicht Lust, mich ein bißchen zu befriedigen, während wir so nach Hause fahren, Heidi? Es sind noch drei Meilen, also hast du Zeit genug.‹ Nein... sie hatte es einfach getan... und, was Wunder, ihr Timing war schauderhaft gewesen.

Ja, es war ihre Schuld gewesen, aber das hatte der alte Zigeuner nicht gewußt, und deshalb hatte Halleck den Fluch abbekommen und mittlerweile insgesamt einundsechzig Pfund in kürzester Zeit abgenommen. Und sie saß da und hatte dunkle Ringe unter den Augen und ihre Haut war viel zu bleich, aber diese dunklen Ringe würden sie nicht *töten*, nicht wahr? Nein. Und auch die bleiche Haut nicht. Der alte Zigeuner hatte nicht sie angefaßt.

Und so ging der Augenblick, in dem er ihr eigentlich seine Ängste eingestehen wollte, in dem er einfach zu ihr hatte sagen wollen: *Ich glaube, ich nehme soviel ab, weil ich verflucht worden bin* − so ging dieser Augenblick vorüber. Und im selben Moment schoß ein gewaltsamer, ungezügelter Haß aus seinem Unterbewußtsein hervor − ein emotionaler Felsblock, der bei einer Explosion in der Tiefe in die Höhe geschleudert worden war. Aber auch das verging.

Hör mir mal zu, hatte er gesagt, und wie eine gute Frau hatte sie ihm darauf geantwortet: *Was ist, Billy?*

»Ich werde Houston noch einmal aufsuchen«, sagte er, was nun überhaupt nicht das war, was er ursprünglich hatte sagen wollen. »Ich werde ihm sagen, er soll mich für die Stoffwechseluntersuchungen anmelden. Wie soll Einstein immer so schön gesagt haben: ›Scheiße, was soll's?‹«

»Oh, Billy«, sagte sie und streckte ihre Arme nach ihm aus. Er lehnte sich an sie, und weil ihm ihre Wärme Trost bot, schämte er sich über den flammenden Haß, den er einen Augenblick vorher noch gespürt hatte... doch während der folgenden Tage, als der Fairview-Frühling in seiner gemächlichen und zögernden Art in den Fairview-Sommer überging, kam dieser Haß immer wieder in ihm auf, obwohl er tat, was er konnte, um ihn abzuschalten oder zu unterdrücken.

10. Kapitel: 179

Er ließ sich von Houston einen Termin für die Stoffwechsel-untersuchungen geben. Houston klang weit weniger optimistisch, als er hörte, daß Halleck ständig weiter abgenommen und seit der letzten Untersuchung vor einem Monat neunundzwanzig Pfund verloren hatte.

»Es ist immer noch möglich, daß sich eine ganz normale Erklärung für das alles findet«, sagte er, als er drei Stunden später wieder anrief, um den Termin zu bestätigen und Billy die Informationen durchzugeben. Da wußte Billy alles, was er zu wissen brauchte. Die ›ganz normale Erklärung‹, der Houston sich so gut wie sicher gewesen war, war nun zur unbekannten Größe geworden.

»Aha«, sagte er und guckte auf die Stelle hinunter, an der einst sein Bauch gewesen war. Er hätte nie geglaubt, daß er diesen hervortretenden Wanst einmal vermissen würde, diesen Ballon, der schließlich so dick geworden war, daß er seine eigenen Schuhspitzen nicht mehr sehen konnte. Er hatte sich vorbeugen müssen, um nachzusehen, ob die Schuhe geputzt werden mußten. Er hätte es vor allem nicht geglaubt, wenn man es ihm an dem Tag gesagt hätte, an dem er, nach ein paar Drinks zuviel in der Nacht zuvor, die Treppe zum Gerichtssaal hinaufgekrochen war. Er hatte sich verbissen an seine Aktentasche geklammert, kalten Schweiß auf der Stirn gefühlt und sich gefragt, ob der Tag des Herzinfarkts nun gekommen sei, denn ein stechender Schmerz war ihm durch die linke Brusthälfte gefahren, hatte sich schließlich gelöst und war prickelnd den linken Arm hinuntergelaufen. Aber es war tatsächlich wahr, er *vermißte* seinen verdammten Bauch. Auch jetzt hatte er noch nicht so ganz begriffen, daß der Wanst auf gewisse Art sein *Freund* gewesen war.

»Wenn es eine ganz normale Erklärung dafür gibt«, sagte er zu Houston, »wie lautet die?«

»Das werden die Leute von der Klinik dir sagen«, antwortete Houston. »Wir hoffen es.«

Die Untersuchungen sollten in der Henry-Glassman-Klinik, einem kleinen Privatkrankenhaus in New Jersey, stattfinden. Man wollte ihn für drei Tage dabehalten. Der Kostenvoranschlag für Aufenthalt, Verpflegung und die Testserien, die man mit ihm vorhatte, ließ Billy innerlich drei Kreuze schlagen, daß er eine vollständige Krankenversicherung abgeschlossen hatte.

»Schick mir eine Gute-Besserungs-Karte«, sagte er frostig und legte auf.

Sein Krankenhaustermin war am 12. Mai — also in einer Woche. In der Zwischenzeit beobachtete er, wie er langsam immer mehr abbaute und versuchte, der Panik, die seine coole Haltung allmählich zerstört, Herr zu werden.

»Daddy, du verlierst zuviel Gewicht«, sagte Linda eines Abends beklommen beim Dinner. Halleck, wild entschlossen, nicht nachzugeben, hatte drei fette Koteletts mit Apfelsauce verdrückt. Und er hatte sich zwei Berge Kartoffelbrei genommen. Mit Sahnesauce. »Ich finde, wenn das eine Diät ist, solltest du damit aufhören.«

»Sieht das so aus, als ob ich eine Diät machte?« fragte Halleck und deutete mit der Gabel, von der noch Sauce tropfte, auf seinen Teller.

Er hatte es sehr sanft gesagt, aber in Lindas Gesicht fing es an zu zucken, und einen Augenblick später floh sie schluchzend, die Serviette vor die Augen gedrückt, vom Tisch.

Halleck blickte seine Frau ratlos an, und sie blickte ebenso ratlos zurück.

Auf diese Art geht die Welt unter, dachte er betroffen. *Nicht mit einem Knall, sondern mit einem ›Dünner‹.*

»Ich werde mit ihr reden«, sagte er und machte Anstalten aufzustehen.

»Wenn du so, wie du jetzt aussiehst, zu ihr gehst, wirst du sie zu Tode erschrecken«, sagte Heidi, und er spürte wieder eine Woge dieses grellen Hasses in sich aufsteigen.

186. 183. 181. 180. Es war, als radiere ihn jemand – der alte Zigeuner mit der abfaulenden Nase, zum Beispiel – mit einem seltsamen, übernatürlichen Radiergummi aus. Pfund für Pfund. Wann hatte er zum letztenmal 180 Pfund gewogen? Im College? Nein... wahrscheinlich seit seinem Abschluß an der Highschool nicht mehr.

In einer seiner schlaflosen Nächte zwischen dem fünften und dem zwölften Mai fiel ihm plötzlich eine Beschreibung des Voodoo-Zaubers wieder ein, die er einmal gelesen hatte – er funktionierte, weil das Opfer glaubte, daß er funktionierte. Kein großes, übernatürliches Geheimnis; nur die simple Kraft der Suggestion.

Vielleicht, dachte er, *vielleicht hat Houston recht. Ich denke mich selbst dünn... weil der alte Zigeuner will, daß ich das tue. Nur, ich kann jetzt nicht mehr damit aufhören. Ich könnte eine Million machen, wenn ich eine Antwort auf dieses Buch von Norman Vincent Peale schriebe...* Die Kraft des negativen Denkens.

Doch eine innere Stimme in ihm gab zu bedenken, daß die Idee der Suggestion, zumindest in diesem Fall, ein großer Unsinn sei. *Alles, was der Zigeuner zu dir gesagt hat, war ›Dünner‹. Er hat nicht etwa gesagt: ›Mit Hilfe der Kraft, die mir innewohnt, verfluche ich dich. Du wirst jede Woche zwischen sechs und neun Pfund abnehmen, bis du stirbst.‹ Er hat auch nicht gesagt: ›Ene-mene-mink-mank-pink-pank, bald wirst du einen neuen Ledergürtel brauchen, sonst wirst du deinen Einspruch vor Gericht in Unterhosen erheben.‹ Teufel, Billy, du hast dich ja nicht mal an das, was er gesagt hat, erinnert, bis das mit dem Abnehmen angefangen hat.*

Vielleicht war das der Augenblick, in dem es mir richtig klar geworden ist, bestritt Halleck dieses Argument, *aber...*

Und so tobte der Streit in ihm weiter.

Wenn die Gründe aber im Psychischen lägen, wenn es tatsächlich die Suggestionskraft *wäre,* dann blieb die Frage, was er dagegen tun konnte. Wie sollte er dagegen ankämpfen? Mal angenommen, er ginge zu einem Hypnotiseur – Quatsch, zu einem Psychiater! – und erklärte ihm sein Problem. Der Seelendoktor könnte ihn hypnotisieren und ihm einsuggerieren, daß der Fluch des Zigeuners wirkungslos war. Das könnte klappen.

Oder auch nicht.

Zwei Abende, bevor er sich in der Glassman-Klinik einfinden sollte, wog Billy sich noch einmal und blickte trübsinnig auf die Skala hinab — 179 Pfund. Und während er so auf der Waage stand und auf die schreckliche Zahl hinuntersah, kam ihm plötzlich eine vollkommen natürliche Einsicht — so, wie die Dinge oft ganz selbstverständlich auf der Bewußtseinsoberfläche auftauchen, wenn das Unterbewußtsein sie tage- und wochenlang durchgekaut hat — der Mensch, mit dem er wirklich über seine Ängste reden sollte, war Richter Cary Rossington.

Rossington war ein Busengrapscher, wenn er betrunken war, doch nüchtern war er ein verhältnismäßig sympathischer und verständnisvoller Kerl... bis zu einem gewissen Grad wenigstens. (Und zusammen mit allen anderen Konstanten des Universums — dem Sonnenaufgang im Osten, dem Sonnenuntergang im Westen, der Wiederkehr des Halleyschen Kometen — konnte man sicher sein, daß nach einundzwanzig Uhr *irgendwo* in New York Männer an einer Bartheke standen, Cocktails schlürften, grüne Oliven aus ihren Gläsern fischten und, mit größter Wahrscheinlichkeit, irgendwelchen Frauen von anderen Männern an den Busen faßten.) Außerdem war Rossington einigermaßen verschwiegen. Halleck nahm an, daß er möglicherweise in einem besoffenen Augenblick auf der einen oder anderen Party seine Diskretion über Billy Hallecks paranoid-schizoide Ängste in bezug auf Zigeuner und deren Flüche vergessen würde. Aber er glaubte ebenfalls, daß er, selbst in angetrunkenem Zustand, zweimal darüber nachdenken würde, ob er Billys Geschichte wirklich verbreiten sollte. Nicht, daß bei der Verhandlung irgend etwas Illegales geschehen war, es war ein hartes, kompromißloses Schulbuchverfahren gewesen, keine Zeugen waren beeinflußt, keine Beweisführung war auf den Kopf gestellt worden. Trotzdem, diese Geschichte war wie ein schlafender Hund, und so gewitzte

Kerle wie Cary Rossington pflegten solche Tiere nicht mit einem Fußtritt zu wecken. Es bestand jederzeit die Chance – unwahrscheinlich aber immerhin möglich –, daß die Frage nach Rossingtons Versäumnis, sich rechtzeitig für befangen zu erklären, wieder gestellt wurde. Oder die Tatsache, daß der den Unfall untersuchende Polizeibeamte sich nicht die Mühe gemacht hatte, Halleck ins Röhrchen blasen zu lassen, nachdem er gesehen hatte, wer der Fahrer (und wer das Unfallopfer) war. Und Rossington hatte vor seinem Richterstuhl aus nicht danach gefragt, warum dieser fundamentale Teil einer Unfallaufnahme unterlassen worden wäre. Es gab noch andere Nachforschungen, die er hätte anstellen können, aber er hatte es unterlassen.

Nein, Halleck glaubte seine Geschichte bei Rossington einigermaßen gut aufgehoben; jedenfalls, bis etwas Gras über die Zigeunersache gewachsen war... in fünf, vielleicht auch sieben Jahren. Doch im Augenblick war es dieses Jahr, worüber er sich Sorgen machte. Wenn er in diesem Tempo weitermachte, würde er, noch bevor der Sommer vorüber war, wie ein Flüchtling aus einem Konzentrationslager aussehen.

Er zog sich schnell wieder an, ging nach unten und holte sich seinen Anorak aus der Garderobe.

»Wohin gehst du?« fragte Heidi aus der Küche.

»Weg«, antwortete Billy. »Ich bin bald wieder zurück.«

Leda Rossington öffnete die Tür und sah Billy an, als ob sie ihn noch nie gesehen hätte. Das Deckenlicht im Flur hinter ihr betonte ihre hageren, aristokratischen Wangenknochen. Es fiel auf ihr schwarzes, streng zurückgekämmtes Haar, das die allerersten weißen Fäden aufwies (*Nein*, dachte Halleck, *nicht weiß, sondern silbern... Leda wird niemals etwas so Plebejisches wie weißes Haar haben*), und auf das rasengrüne Dior-Kleid, ein simples kleines Etwas, das vermutlich nicht unter fünfzehnhundert Dollar zu haben gewesen war.

Unter ihrem Blick fühlte er sich ausgesprochen unbehaglich. *Habe ich soviel abgenommen, daß sie mich nicht mehr erkennt?* Aber selbst bei seinem Verfolgungswahn in bezug

auf seine neue Erscheinung fand er das recht unwahrscheinlich. Sein Gesicht war hagerer geworden, ein paar neue
Kummerfalten hatten sich um seinen Mund gegraben, die
Ringe unter seinen Augen waren aufgrund seiner Schlaflosigkeit noch dunkler geworden, aber ansonsten trug er immer noch dasselbe alte Billy-Halleck-Gesicht. Die Orna-
mentlampe am Gartentor (ein schmiedeeisernes Faksimile
der New Yorker Straßenlaternen von 1880, Horchow Collec-
tion, 687 Dollar plus Versandkosten) warf nur einen schwachen Schimmer bis zur Haustür, vor der er stand. Und er
hatte seinen Anorak an. Sie konnte gar nicht sehen, wieviel
er abgenommen hatte... oder doch?

»Leda. Ich bin's. Billy Halleck.«

»Ja, natürlich. Hallo, Billy.« Ihre Hand schwebte, halb zur
Faust geballt, immer noch unter ihrem Kinn und strich in einer fragenden, nachdenklichen Geste über ihren Kehlkopf.
Ihr Gesicht war für eine Frau von neunundfünfzig bemer-
kenswert glatt, aber für ihren Hals hatten die Liftingopera-
tionen nicht viel tun können. Dort war die Haut locker und
faltig.

Vielleicht ist sie betrunken. Oder... Er mußte daran denken, wie Dr. Houston sorgfältig seine winzigen boliviani-
schen Schneewehen durch die Nase hochzog. *Drogen?
Leda Rossington? Kaum anzunehmen bei jemandem, der in einem Spiel mit zwei fehlenden Haupttrümpfen und einem ansonsten miserablen Blatt hoch reizen konnte... und dabei noch
gewann.* Und infolgedessen: *Sie hat Angst. Sie ist verzweifelt. Was ist hier los? Kann es irgendwie in Zusammenhang
stehen mit dem, was ich erlebe?*

Das war doch verrückt, na klar... und trotzdem spürte er
ein beinahe wahnsinniges Verlangen zu erfahren, warum
Leda Rossington ihre Lippen so zusammenpreßte, warum
die Ringe unter ihren Augen trotz der schwachen Beleuch-
tung und der besten Kosmetika, die man für Geld kaufen
konnte, genauso dunkel und ausgehöhlt wirkten wie die
unter seinen, warum die Hand, die jetzt am Kragen ihres
Diorkleides herumnestelte, leicht zitterte.

Billy und Leda Rossington sahen sich etwa fünfzehn Sekunden lang an. Es herrschte furchtbare Stille... Dann sagten sie genau gleichzeitig:

»Leda, ist Cary...« – »Cary ist nicht da, Billy. Er ist...«

Sie unterbrach sich. Er bedeutete ihr weiterzusprechen.

»Er wurde nach Minnesota gerufen. Seine Schwester ist sehr krank.«

»Das ist interessant«, meinte Billy. »Cary hat nämlich gar keine Schwester.«

Sie lächelte. Es war der Versuch, das wohlerzogene, schmerzliche Lächeln aufzusetzen, das höfliche Menschen für diejenigen parat haben, die sich unabsichtlich danebenbenehmen. Es gelang ihr nicht. Sie zog nur die Lippen etwas hoch – kein Lächeln, sondern eine Grimasse.

»Habe ich Schwester gesagt? Ach, es ist alles so ermüdend für mich – für *uns*. Ich meinte seinen Bruder. Sein...«

»Leda, Cary ist ein Einzelkind«, unterbrach Halleck sie freundlich. »Wir sind an einem versoffenen Nachmittag in der *Hastur Lounge* unsere gesamte Verwandtschaft durchgegangen. Muß so... hm, vier Jahre her sein. Kurz darauf ist das *Hastur* abgebrannt. Heute steht dort ein Kleiderladen. *King in Yellow*. Meine Tochter kauft ihre Jeans immer dort.«

Er wußte nicht, warum er weiterquasselte. Ganz vage hatte er das Gefühl, daß sein Gerede sie beruhigen könnte. Doch plötzlich sah er im Flurlicht und im schwachen Lichtschimmer, der von der schmiedeeisernen Straßenlaterne auf sie fiel, daß eine einzelne Träne eine schimmernd nasse Spur von ihrem rechten Auge bis zum Mundwinkel auf ihre Wange malte. Und auf dem unteren linken Augenlid glänzte es schon. Als Billy sie ansah, während seine Worte sich verhedderten, als er dann verwirrt aufhörte, blinzelte sie zweimal schnell hintereinander, und die Träne floß über. Auf ihrer linken Wange erschien eine zweite helle Spur.

»Geh weg«, sagte sie. »Bitte, Billy, geh weg. Stell mir keine Fragen. Ich will sie nicht beantworten. In Ordnung?«

Bill sah sie forschend an und entdeckte in ihren in Tränen schwimmenden Augen eine bestimmte Unerbittlichkeit. Sie hatte nicht die Absicht, ihm zu sagen, wo Cary war. Aus einem Impuls heraus, den er weder damals noch später begriff, ohne eine Überlegung oder die Hoffnung, etwas für sich dabei zu gewinnen, riß er den Reißverschluß seines Anoraks herunter und hielt die Jacke auf, so als wolle er sich nackt vor ihr präsentieren. Er hörte, wie sie überrascht Luft holte.

»Sieh mich an, Leda«, forderte er sie auf. »Ich habe siebzig Pfund abgenommen. Hörst du mich? *Siebzig Pfund*!«

»Das hat nichts mit mir zu tun!« rief sie mit leiser, rauher Stimme. Ihr Gesicht zeigte eine kränkliche, lehmartige Färbung. Das Rouge stach auf ihren Wangen hervor wie die grellroten Farbkleckse eines Clowns. Ihre Augen waren gerötet. Ihre Lippen gaben die perfekten weißen Zähne frei und bildeten ein erschrecktes, höhnisches Grinsen.

»Nein, aber ich muß mit Cary darüber sprechen«, bedrängte Billy sie hartnäckig. Er ging, den Anorak immer noch offen, die Verandatreppe bis zur obersten Stufe hinauf. *Ich muß*, dachte er. *Bisher war ich noch unsicher, aber jetzt weiß ich's.* »Bitte, Leda, sag mir, wo er ist. Ist er hier?«

Sie antwortete ihm mit einer Frage, und einen Augenblick lang konnte er daraufhin nicht mehr atmen. Mit einer tauben Hand klammerte er sich ans Verandageländer.

»Waren das die Zigeuner, Billy?«

Schließlich konnte er wieder einatmen. Er keuchte.

»Wo ist er, Leda?«

»Beantworte zuerst meine Frage. Waren es die Zigeuner?«

Jetzt, da sie da war — die Gelegenheit, es tatsächlich laut auszusprechen —, stellte er fest, daß er um die Worte ringen mußte. Er schluckte — schluckte kräftig — und nickte. »Ja. Ich glaube es. Ein Fluch. So etwas wie ein Fluch.« Er unterbrach sich. »Nein, nicht *so etwas wie ein Fluch*. Diese beschissenen Ausflüchte. Ich glaube, daß ein Zigeunerfluch auf mir liegt.«

Er wartete darauf, daß sie in hämisches Gelächter ausbräche — er hatte diese Reaktion in seinen Träumen schon so oft heraufbeschworen —, aber sie ließ nur den Kopf fallen und die Schultern sinken. Sie bildete ein solch erschütterndes Bild von Niedergeschlagenheit und Trauer, daß er trotz seines neuerlichen Schreckens ein beinahe schmerzliches

Mitleid für sie empfand — für ihre Verwirrung und ihre Angst. Er stieg die letzte Stufe zu ihr hinauf und berührte sie leicht am Arm... und fuhr dann entsetzt zurück, als er den lodernden, haßerfüllten Blick in ihren Augen sah, als sie den Kopf hob. Er trat sofort einen Schritt zurück, blinzelte... und mußte sich wieder am Verandageländer festhalten, sonst wäre er die Treppe hinuntergestürzt und auf seinem Hintern gelandet. Ihr Gesichtsausdruck war die vollkommene Entsprechung zu dem Haß, den er erst vor ein paar Nächten sekundenlang Heidi gegenüber verspürt hatte. Es schien ihm unerklärlich, ja beängstigend, daß jemand einen solchen Haß gegen ihn richten konnte.

»Du bist schuld!« fauchte sie ihn an. »Es ist alles deine Schuld. Warum mußtest du auch diese verdammte Zigeunerfotze überfahren! *Es ist alles deine Schuld*!«

Er sah sie an, unfähig zu sprechen. *Fotze?* dachte er verwirrt. *Habe ich Leda Rossington gerade das Wort Fotze sagen hören? Kaum zu glauben, daß sie so einen Ausdruck überhaupt kennt.* Und sein zweiter Gedanke: *Du siehst das ganz falsch, Leda. Es ist Heidis Schuld, nicht meine... und ihr geht es glänzend. Für sie ist alles in bester Ordnung. Sie hat der Hafer gestochen. Sie war ganz groß in Fahrt. Sie hat der Teufel geritten. Sie hat...*

Da veränderte sich Ledas Gesicht: sie sah ihn mit ruhiger, höflicher Ausdruckslosigkeit an.

»Komm rein«, sagte sie.

Sie brachte ihm den gewünschten Cocktail in einem übergroßen Glas. Auf das Cocktailstäbchen, ein winziges, vergoldetes Schwert — vielleicht war es auch massiv Gold — waren zwei grüne Oliven und zwei Silberzwiebelchen gespießt. Der Cocktail war sehr stark, aber im Augenblick hatte Halleck nichts dagegen... obwohl er von seinen Trinkgewohnheiten der letzten drei Wochen her wußte, daß er langsamer machen mußte, wenn er nicht bald ausrutschen wollte. Seine Alkoholverträglichkeit war parallel zu seinem Gewicht gesunken.

Trotzdem nahm er einen großen Schluck und schloß

dankbar die Augen, als der Schnaps in seinem Magen explodierte und Wärme durch seinen ganzen Körper strömte. *Gin. Wunderbarer, kalorienreicher Gin.*

»Er *ist* in Minnesota«, sagte sie mürrisch, als sie sich mit ihrem Cocktail hinsetzte. Er war, wenn überhaupt möglich, noch größer als seiner. »Aber er besucht keine Verwandten. Er ist in der Mayo-Klinik.«

»Der Mayo...«

»Er ist davon überzeugt, daß er Krebs hat«, fuhr sie fort. »Michael Houston konnte nicht herausfinden, was mit ihm los ist, und auch die New Yorker Dermatologen haben es nicht gekonnt, aber er ist immer noch davon überzeugt, daß er Krebs hat. Kannst du dir vorstellen, daß er zuerst geglaubt hat, es wäre Herpes? Er hat mir vorgeworfen, daß ich mir bei irgend jemandem einen Herpes aufgegabelt hätte.«

Billy sah verlegen zu Boden, aber das wäre gar nicht nötig gewesen. Sie sah stur über seine rechte Schulter hinweg, so als erzähle sie ihre Geschichte der Wand. Dabei nippte sie mit schnellen, vogelartigen Schlucken an ihrem Glas. Der Inhalt sank langsam, aber stetig.

»Als er damit kam, habe ich ihn ausgelacht. Ich habe gelacht und gesagt: ›Cary, wenn du *das* für einen Herpes hältst, dann weißt du weniger über Geschlechtskrankheiten als ich von der Thermodynamik‹. Ich hätte nicht lachen dürfen, aber es war eine Möglickeit... den Druck loszuwerden. Verstehst du das? Den Druck und die Anspannung. Ach was, Anspannung, den *Terror*.

Mike Houston verschrieb ihm Salben, die nicht halfen; dann gaben sie ihm Spritzen, die nichts bewirkten. Ich war diejenige, die an den alten Zigeuner denken mußte. Diesen Alten mit der halb zerfressenen Nase. Mir fiel wieder ein, wie er sich am Wochenende nach deiner Verhandlung auf dem Flohmarkt in Raintree plötzlich aus der Menge gelöst hatte, Billy. Er kam aus der Menge direkt auf uns zu und berührte ihn... er hat Cary angefaßt. Er hat ihm die Hand ans Gesicht gelegt und etwas zu ihm gesagt. Ich habe Cary damals gleich danach gefragt, ich habe ihn später, nachdem es sich ausgebreitet hatte, danach gefragt, doch er wollte es mir nicht sagen. Er schüttelte nur immer den Kopf.«

Halleck trank gerade seinen zweiten Schluck, als Leda ihr leeres Glas auf dem Tischchen neben sich abstellte.

»Hautkrebs«, sagte sie lakonisch. »Er ist davon überzeugt, daß es Hautkrebs ist, denn der läßt sich in neunzig von hundert Fällen heilen. Ich kenne seine Gedankengänge – wäre ja auch komisch, wenn es nicht so wäre, nicht wahr? Nachdem ich fünfundzwanzig Jahre mit ihm zusammengelebt habe, nachdem ich fünfundzwanzig Jahre lang mitangesehen habe, wie er auf dem Richterstuhl sitzt und Immobiliengeschäfte abwickelt und säuft und Immobiliengeschäfte abwickelt und den Frauen anderer Männer nachstellt und Immobiliengeschäfte abwickelt und... ach, Scheiße. Und ich sitze hier und überlege mir, was ich wohl zu seiner Beerdigung sagen würde, vorausgesetzt, jemand verpaßte mir eine Stunde vor dem Gottesdienst eine Dosis Pentothal. Ich glaube, dabei würde etwas herauskommen wie: ›Er hat eine Masse Grundbesitz in Connecticut aufgekauft, auf dem heute Einkaufszentren stehen, und er hat nach einer Menge BHs gegriffen und elendig viele *Wild Turkeys* gesoffen und mich als reiche Witwe zurückgelassen, und ich habe die besten Jahre meines Lebens mit ihm verbracht und besitze wesentlich mehr beschissene Blackglama-Nerze als ich je einen beschissenen Orgasmus gehabt hätte, also laßt uns endlich hier abhauen und in irgendein Rasthaus verschwinden, wo wir tanzen können, und nach einer Weile wird vielleicht jemand besoffen genug sein, um zu vergessen, daß mein Scheißdoppelkinn schon zigmal hinter meinen Scheißohren festgenäht worden ist – zweimal im bescheuerten Mexiko und einmal im beschissenen Deutschland, um genau zu sein – und endlich mal in *meinen* Scheiß-BH greifen. Oh, Scheiße! Warum erzähl ich dir eigentlich den ganzen Quatsch? Das einzige, wovon Männer wie du etwas verstehen, ist doch nur Ficken und Straferlaß und die Baseballergebnisse.«

Jetzt weinte sie wieder. Billy Halleck wußte nun, daß der Drink, den sie gerade genommen hatte, bei weitem nicht der erste an diesem Abend gewesen war. Er rutschte unangenehm berührt auf seinem großen Sessel hin und her und nahm einen kräftigen Schluck aus seinem Glas. Der Alkohol explodierte mit trügerischer Wärme in seinem Magen.

»Er ist deshalb so sehr davon überzeugt, daß er Hautkrebs hat, weil er es nicht zulassen kann, so lächerliche, altmodische, abergläubische Dinge aus Dreigroschenromanen wie Zigeunerflüche für wahr zu halten. Aber ganz tief in seinen Augen habe ich es gesehen, Billy. Im letzten Monat habe ich eine Menge Dinge gesehen. Besonders nachts. Jede Nacht wurde es ein kleines bißchen deutlicher. Ich glaube, das ist einer der Gründe, warum er gegangen ist. Er hat gesehen, daß ich es gesehen habe.

Nachfüllen?«

Billy schüttelte wie betäubt den Kopf und sah ihr nach, als sie an die Bar ging und sich einen neuen Cocktail mixte. Ihre Drinks waren extrem einfach. Sie goß das Glas einfach voll Gin und ließ ein paar Oliven hineinplumpsen. Während sie hinuntersanken, bildeten sich zwei aufsteigende Bläschenspiralen. Selbst von seinem Platz am anderen Ende des Zimmers aus konnte er den Gin riechen.

Was war mit Rossington los? Was war mit ihm geschehen? Einen Teil davon wollte Billy lieber nicht wissen. Houston hatte offenbar keine Verbindung zwischen dem, was mit Cary Rossington los war, und dem, was mit ihm passierte, hergestellt. Warum sollte er auch? Er wußte ja nichts von den Zigeunern. Außerdem bombardierte Houston sein Gehirn regelmäßig mit großen weißen Torpedos.

Leda kam zurück und setzte sich wieder.

»Wenn er anruft und sagt, daß er zurückkommt«, erklärte sie Billy ruhig, »dann fahre ich in unser Haus nach Captiva. Es wird dort zu dieser Jahreszeit bestialisch heiß sein, aber ich habe genug Gin, also werde ich die Temperaturen kaum wahrnehmen. Ich glaube nicht, daß ich es aushalten würde, noch einmal mit ihm allein zu sein. Ich liebe ihn immer noch — ja, auf meine Art tue ich das —, aber ich glaube, ich würde vergehen. Wenn ich mir vorstelle, daß er im Bett neben mir läge... mir vorstelle, daß er mich... mich *anfassen* könnte...« Sie zitterte. Ein paar Tropfen Gin fielen auf ihr Kleid. Sie trank den Rest in einem Zug aus und schnaubte danach wie ein durstiges Pferd, das gerade gierig seinen Trog leergesoffen hat.

»Leda, was ist los mit ihm? Was ist passiert?«

»Passiert? *Passiert*? Aber, mein lieber Billy, ich dachte, daß ich dir das schon längst gesagt hätte, oder daß du es irgendwie wüßtest.«

Billy schüttelte den Kopf. Er bekam langsam das Gefühl, daß er *überhaupt* nichts mehr wußte.

»An seinem Körper wachsen Schuppen. Cary kriegt am ganzen Körper Schuppen.«

Billy starrte sie mit offenem Mund an.

Leda erwiderte seinen Blick mit einem entsetzt amüsierten, trockenen Lächeln und schüttelte leicht mit dem Kopf.

»Nein − nein, das ist nicht ganz richtig. Seine Haut *verwandelt sich in* Schuppen. Er ist zu einem Fall von umgekehrter Evolution geworden. Ein Jahrmarktsmonster. Er verwandelt sich in einen Fisch... oder in ein Reptil.«

Plötzlich lachte sie, ein heiseres, kreischendes Gekrächze, das ihm das Blut in den Adern gerinnen ließ: *Sie taumelt am Abgrund des Wahnsinns entlang*, dachte er − und diese Entdeckung ließ ihn noch mehr frieren. *Sie wird auf jeden Fall nach Captiva fahren, egal, was passiert. Sie muß Fairview verlassen, wenn sie bei Verstand bleiben will. Ja.*

Leda schlug sich die Hand vor den Mund und entschuldigte sich, als ob sie gerülpst − oder gekotzt − hätte, anstatt zu lachen. Billy, im Augenblick unfähig, etwas zu sagen, nickte nur und stand auf, um sich nun doch an der Bar einen frischen Drink zu mixen.

Das Sprechen schien ihr nun, da er sie nicht mehr ansah, da er ihr den Rücken zukehrte, leichter zu fallen. Er hielt sich absichtlich länger dort auf.

11. Kapitel: Die Schuppen der Gerechtigkeit

Cary war sehr verärgert gewesen, als der Zigeuner ihn angefaßt hatte. Stinksauer. Am nächsten Tag war er gleich zu Allen Chalker, Raintrees Polizeichef, gegangen. Chalker, ein alter Pokerkumpel, hatte Verständnis für seinen Unmut gezeigt.

Die Zigeuner wären direkt aus Fairview nach Raintree gekommen, hatte er Cary erzählt. Er hätte erwartet, berichtete er, daß sie von selbst wieder abhauen würden. Sie hätten sich schon seit fünf Tagen in Raintree aufgehalten. Normalerweise reichten ihnen drei Tage − Zeit genug für alle Teenager, sich die Zukunft voraussagen zu lassen, und für einige verzweifelte impotente Männer sowie der gleichen Anzahl ebenso verzweifelter frigider Frauen in den Wechseljahren, in der Geborgenheit der Finsternis ins Lager zu schleichen und sich ihre Kräutersäfte, Mixturen und seltsam öligen Salben zu besorgen. Gewöhnlich erlahmte das Interesse der Städter an den Zigeunern nach drei Tagen. Schließlich hatte Chalker vermutet, daß sie noch den Flohmarkt am Sonntag abwarten wollten. Dieses Ereignis fand nur einmal im Jahr statt und zog eine Menge Leute aus allen vier umliegenden Städten an. Anstatt ihnen Vorhaltungen wegen ihres verlängerten Aufenthalts zu machen − Zigeuner, erklärte er, könnten so gemein und häßlich werden wie Wespen, wenn man in ihr Nest stach −, hatte er beschlossen, sie noch die vom Flohmarkt heimfahrenden Kunden bedienen zu lassen. Doch wenn sie am folgenden Montag nicht verschwunden wären, würde er ihnen Beine machen.

Das war aber nicht mehr nötig gewesen. Am folgenden Montagmorgen war die Bauernkoppel, auf der sie gelagert hatten, leergefegt bis auf ein paar Reifenspuren, leere Bier- und Limonadedosen (offenbar hielten die Zigeuner nichts von Connecticuts neuem Leergut-Recycling-Gesetz), die verkohlten Überreste mehrerer kleiner Feuerstellen und drei oder vier zerlumpte Decken, die so verlaust waren, daß der Deputy, den Chalker geschickt hatte, um nach dem Rechten zu sehen, nur mit einem Stock hineingepiekst hätte — einem *langen* Stock. Irgendwann zwischen Sonnenunter- und Sonnenaufgang hatten die Zigeuner das Feld geräumt, hatten Raintree den Rücken gekehrt, Patchin County hinter sich gelassen, waren, wie Chalker seinem Pokerkumpel anvertraute, soweit er wußte und wenn's nach ihm ginge, vom Erdboden verschwunden. Ein Glück, daß sie sie los waren.

Am Sonntagnachmittag hatte der alte Zigeuner Carys Gesicht berührt; am Montagvormittag war Cary zu Chalker gegangen, um den Alten anzuzeigen (welche rechtliche Grundlage er dafür gehabt haben könnte, war Leda Rossington nicht ganz klar); am Dienstagmorgen hatte der Kummer begonnen. Nach dem Duschen war Cary nur mit dem Bademantel bekleidet an den Frühstückstisch gekommen und hatte zu ihr gesagt: ›Sieh dir das mal an.‹

›Das‹ stellte sich als ein Flecken aufgerauhter Haut ein kleines Stückchen über seinem Solarplexus heraus. Er war eine Spur heller als die Haut in seiner Umgebung, die einen milchkaffeebraunen Ton aufwies. (Golf, Tennis, Schwimmen und regelmäßige UV-Bestrahlung im Winter hielten Carys Bräune ständig unverändert.) Sie fand, daß der rauhe Fleck gelblich aussähe. Wie die Hornhaut an den Füßen und Fersen, wenn sie bei heißem Wetter etwas austrocknete. Sie hatte die Stelle mit den Fingerspitzen berührt (hier schwankte ihre Stimme etwas) und die Hand schnell wieder zurückgezogen. Die Struktur war aufgerauht, beinahe wie Schiefer, und erstaunlich hart gewesen. *Gepanzert* — das war das Wort gewesen, das ihr damals ganz unwillkürlich in den Sinn gekommen war.

»Du glaubst doch nicht, daß dieser verdammte Zigeuner mir etwas verpaßt hat, oder?« hatte Cary sie besorgt gefragt. »Scherpilzflechte oder Blasengrind oder sonst eine vermaledeite Krankheit?«

»Liebling, er hat dich im Gesicht berührt und nicht an der

Brust«, hatte sie darauf erwidert. »Jetzt zieh dich schnell an, es gibt *brioches* zum Frühstück. Nimm den dunkelgrauen Anzug und den roten Schlips. Sei ein Schatz und zieh deine Dienstagssachen für mich an, ja? Wie lieb du bist.«

Zwei Abende später hatte er sie zu sich ins Badezimmer gerufen. Er hatte fast gekreischt, so daß sie ins Bad gerannt war. (*Unsere schlimmsten Offenbarungen erfahren wir alle im Badezimmer*, mußte Billy denken.) Cary hatte mit bloßem Oberkörper vor dem Spiegel gestanden und mit weitaufgerissenen Augen hineingestarrt. Sein Rasierapparat summte vergessen in einer Hand weiter.

Der harte gelbliche Hautflecken hatte sich ausgebreitet — er hatte jetzt ungefähr die Form eines Baumes angenommen, der seine Äste bis zu den Brustwarzen und seine Wurzeln nach unten bis zum Bauchnabel ausstreckte. Die veränderte Hautstruktur hob sich beinahe zwei Zentimeter über die normale Haut auf seinem Bauch. Sie hatte gesehen, daß sich tiefe Risse hindurchzogen. Manche wirkten tief genug, daß man den Rand eines Centstücks hätte hineinschieben können. Da hatte sie zum erstenmal gedacht, daß er langsam anfinge... schuppig auszusehen. Und dann hatte sie das Gefühl gehabt, daß ihr die Galle hochkäme.

»Was ist das?« hatte er sie fast angeschrien. »Leda, was *ist* das?«

»Ich weiß es nicht«, hatte sie ihm geantwortet und sich dabei gezwungen, ruhig zu wirken. »Aber soviel ist klar, du mußt Michael Houston aufsuchen. Morgen, Cary.«

»Nein, nicht morgen«, hatte er sich gewehrt und dabei weiterhin in den Spiegel auf die rauhe, gelbliche, wie Pfeilspitzen verformte Haut gestarrt. »Vielleicht ist es morgen schon wieder besser. Übermorgen, falls es sich nicht gebessert hat, aber nicht morgen.«

»Cary...«

»Gib mir die Niveacreme, Leda.«

Sie hatte ihm die Creme gereicht und war noch eine Weile neben ihm stehengeblieben + aber der Anblick, wie er die weiße, pappige Masse auf die verhornte gelbe Haut geschmiert hatte, das Kratzen, als er mit den Fingernägeln darüberfuhr, das war mehr gewesen, als sie ertragen konnte. Sie war ins Schlafzimmer geflohen. Das wäre das erstemal gewesen, berichtete sie Billy, das erstemal, daß sie aufrichtig froh über ihre getrennten Einzelbetten gewesen wäre, himmelfroh, daß er jetzt keine Möglichkeit hätte, sich im Schlaf umzudrehen und sie zu... zu berühren. Sie hatte stundenlang wach gelegen und immer wieder das Ritsch-Ratsch seiner Fingernägel gehört, wenn sie auf dieser seltsamen Haut auf- und abfuhren.

Am nächsten Abend hatte er ihr erzählt, daß es besser geworden sei; und in der Nacht darauf hatte er sogar behauptet, daß es sich wesentlich gebessert hätte. Sie hätte die Lüge in seinen Augen wohl bemerken müssen... sie hätte erkennen müssen, daß er sich selbst damit noch viel mehr belog als sie. Selbst in dieser extremen Situation war Cary derselbe selbstsüchtige Hurensohn geblieben, der er ihrer Meinung nach schon immer gewesen war. Aber es hätte nicht nur an Cary gelegen, fügte sie bitter hinzu, sich immer noch nicht von der Bar abwendend, an der sie schon seit einiger Zeit ziellos mit ihrem Glas herumhantierte. Über die Jahre hätte sie ihre eigene, hochspezialisierte Sorte von Selbstsucht entwickelt. Sie hatte sich fast genauso stark an diese Illusion geklammert, hatte sie ebenso gebraucht wie er.

In der dritten Nacht war er nur in seinen Pyjamahosen ins Schlafzimmer getreten. Sein Blick war sanft gewesen, verletzt und verblüfft. Sie hatte gerade einen Dorothy Sayers Mysteryroman noch einmal gelesen – das waren und blieben wohl für immer ihre Lieblingsbücher –, und er war ihr, als sie ihn gesehen hatte, einfach aus der Hand gefallen. Sie hätte laut geschrien, erklärte sie Billy, wenn sie nicht das Gefühl gehabt hätte, ihr wäre aller Atem genommen gewesen. Und Billy hatte Zeit, sich zu überlegen, daß keine menschliche Regung wahrhaft einzigartig ist, auch wenn man gerne dazu neigte, das zu glauben: Cary Rossington hatte offensichtlich dasselbe Selbsttäuschungsmanöver und das darauffolgende schreckliche Erwachen hinter sich, das er, Billy Halleck, selbst durchgemacht hatte.

Leda hatte gesehen, daß die harte gelbe Hautstruktur (die

Schuppen — als etwas anderes konnte man sie nun nicht mehr bezeichnen) jetzt Carys gesamte Brust und fast den ganzen Bauch bedeckte. Sie war so dick und häßlich wie Brandnarben. Die Risse zogen sich kreuz und quer hindurch. Sie waren tief und schwarz, in den Spalten in ein zartes Rosarot übergehend, aber sie hatte absolut nicht den Wunsch verspürt, genauer hinzusehen. Wollte man anfangs noch glauben, sie wären so zufällig verstreut wie die Risse eines Bombenkraters, so erzählten die Augen einem beim zweiten Hinsehen eine ganz andere Geschichte. Über jedem Rand hob sich die hornige, gelbe Haut ein Stückchen höher. Schuppen. Keine Fischschuppen, sondern große geriffelte Reptilienschuppen. Wie bei einer Eidechse oder einem Alligator oder einem Leguan.

Der braune, obere Bogen seiner linken Brustwarze war noch zu sehen. Der Rest lag unter der gelbschwarzen Schale begraben. Die rechte Brustwarze war völlig verschwunden. Ein gebogener Zweig dieses furchtbaren Baumes kroch unter seiner Achsel hindurch auf seinen Rücken zu wie die ausgreifende, unheilvolle Klaue eines unvorstellbaren Ungeheuers. Sein Bauchnabel war vergraben und...

»Er schob seine Pyjamahose ein Stück hinunter«, erzählte sie. Sie war jetzt bei ihrem dritten Cocktail angelangt und trank ihn mit den gleichen, vogelartig schnellen Schlückchen wie den ersten. Erneut rannen ihr Tränen übers Gesicht. »In dem Augenblick fand ich meine Stimme wieder. Ich schrie ihn an, er solle damit aufhören, und er hat es auch getan... aber nicht, bevor ich sehen konnte, daß die Baumwurzeln sich in seinen Geschlechtsbereich gegraben hatten. Sie hatten den Penis noch nicht erreicht... doch da, wo sie angekommen waren, hatte er seine Schamhaare verloren. Dort waren nur noch diese gelben Schuppen zu sehen. ›Ich dachte, du hättest gesagt, es wäre schon viel besser‹, sagte ich.

›Das habe ich auch ehrlich geglaubt‹, antwortete er kläglich. Am nächsten Tag hat er sich dann bei Houston angemeldet.«

Der ihm vermutlich von dem Collegestudenten ohne Gehirn und der alten Lady erzählt hat, die den dritten Satz Zähne kriegte, dachte Halleck. *Und der ihm etwas von seinen fantastischen Hirnputzern angeboten hat.*

Eine Woche später hatte Rossington das beste New Yorker Dermatologenteam aufgesucht. Sie erklärten ihm, daß sie sofort erkannt hätten, was mit ihm los sei, und darauf war eine Kur mit Gammabestrahlungen gefolgt. Die Schuppenhaut breitete sich unterdessen weiter und weiter aus. Es tue nicht weh, hatte Cary ihr berichtet. Er spüre zwar ein leichtes Jucken an der Grenze zwischen seiner alten, normalen Haut und dem abscheulichen Eindringling, aber das wäre auch alles. Die neue Haut wäre absolut gefühllos. Mit dem erschrockenen, schauerlichen Lächeln auf den Lippen, das mittlerweile sein einziger Gesichtsausdruck geworden war, erzählte er ihr, wie er sich einmal eine Zigarette angezündet und sie dann auf seinem Bauch ausgedrückt hätte. Langsam. Er hätte nichts dabei gespürt, keinen Schmerz, gar nichts.

Da hätte sie sich die Ohren zugehalten und geschrien, er solle endlich den Mund halten.

Die Dermatologen hatten Cary informiert, daß sie ein bißchen unsicher wären. »Was soll das heißen?« hatte er sie gefragt. »Ihr Kerle habt mir doch erzählt, daß ihr genau wüßtet, was mit mir los ist. Ihr habt gesagt, ihr wärt euch *sicher*!«

»Nun«, hatten sie darauf erwidert, »solche Dinge geschehen nun mal. Selten genug, ha, ha, sehr selten sogar, aber *jetzt* haben wir die Sache im Griff.« Alle neuerlichen Tests, erklärten sie, hätten ihre neuen Schlußfolgerungen bestätigt. Eine Hipovit-Kur — hochwirksame Vitamine für diejenigen, denen das hochdotierte Ärztelatein nicht so geläufig ist — und Hormoninjektionen wären genau das Richtige. Und während diese Behandlung im Gange war, zeigten sich die ersten Schuppen an Carys Hals... unter seinem Kinn... und schließlich in seinem Gesicht. Da gaben die Dermatologen endlich zu, daß sie am Ende ihrer Weisheit angelangt waren. Natürlich nur für den Augenblick. Keine Krankheit wie diese sei unheilbar. Moderne Medizin... Diätkuren... und murmel, murmel und so weiter... blah, blah, blah...

Cary war nicht mehr bereit, ihr zuzuhören, wenn sie mit ihm über den alten Zigeuner reden wollte. Einmal hatte er sogar die Hand gehoben, als ob er sie schlagen wolle... und dabei hatte sie die ersten hornigen Hautausbuchtungen auf dem zarten Gewebe zwischen seinem rechten Daumen und Zeigefinger entdeckt.

»*Hautkrebs*!« hatte er sie angeschrien. »Es ist *Hautkrebs, Hautkrebs, Hautkrebs*! Halt, um Himmels willen, endlich das Maul und red mir nicht mehr von diesem alten Scheusal!«

Selbstverständlich war er es, der wenigstens vernünftig dachte. Sie war natürlich die Dumme, die ständig von dämlichen Absurditäten aus dem vierzehnten Jahrhundert faselte... und doch hatte sie *gewußt*, daß all das von dem alten Zigeuner herrührte, der auf dem Raintree-Flohmarkt plötzlich aus der Menge getreten war und Carys Gesicht berührt hatte. Sie hatte es gewußt, und in seinen Augen hatte sie gesehen, selbst in dem Augenblick, in der er seine Hand gegen sie erhoben hatte, daß *er es ebenfalls wußte*.

Er hatte mit Glenn Petrie ausgemacht, daß dieser ihn während seiner Abwesenheit vertreten sollte. Petrie war entsetzt gewesen, daß sein alter Freund, sein Kollege und Golfpartner, Cary Rossington, plötzlich an Hautkrebs erkrankt war.

Danach, so berichtete Leda Rossington Billy Halleck, wären zwei Wochen gefolgt, die sie am liebsten vergessen hätte. Sie könne nur mit Mühe darüber sprechen. Cary hatte die meiste Zeit geschlafen wie ein Toter. Meistens oben im Schlafzimmer, manchmal in seinem großen, dick gepolsterten Sessel im Arbeitszimmer, manchmal auch einfach mit dem Kopf auf den Armen am Küchentisch. Jeden Nachmittag um vier hatte er zu trinken angefangen. Er hatte stundenlang mit einer offenen Whiskyflasche vor dem Fernseher gesessen, die er mit einer Hand hielt, welche sich allmählich immer mehr mit Schuppen überzog. Er hatte sich dämliche Komödien wie *Hogan's Heroes* und *The Beverly Hillbillies* angesehen, danach die regionalen und nationalen Nachrichten, hatte die noch blöderen Familienserien *The Jocker's Wild* und *Family Feud* angeglotzt, dann das dreistündige Hauptprogramm, gefolgt von noch mehr Nachrichten und den Spätfilmen, einen nach dem anderen. Das war bis drei, vier Uhr morgens so gegangen, und während der ganzen Zeit hatte er den Whisky wie Pepsicola direkt aus der Flasche getrunken.

Manchmal hatte er geweint. Sie war ins Wohnzimmer gegangen und hatte mitangesehen, wie er vor dem Fernseher saß und weinte, während der in dem großen Farbkasten eingefangene Warner Anderson so begeistert: ›Auf geht's ins Videoland!‹ rief, als würde er damit alle seine kleinen Freundinnen zu einer gemeinsamen Kreuzfahrt nach Aruba einladen. An anderen Abenden — Gott sei Dank nur sehr wenigen — hatte er Tobsuchtsanfälle gekriegt. Dann war er durchs Haus gerast wie General Custer in *Wounded knee*. Er war durch die Räume getorkelt, die Whiskyflasche ständig in der Hand, die nun keine richtige Hand mehr war, und hatte rumgebrüllt, daß er Hautkrebs habe, ob sie ihn verstehe, er habe, *verdammte Scheiße noch mal, Hautkrebs*, und den hätte er von dieser gottverdammten UV-Lampe gekriegt, und er würde diese Quacksalber, die ihm das angetan hätten, verklagen, in Grund und Boden würde er sie stampfen, diese Bastarde, würde sie gerichtlich verfolgen und fertigmachen, bis sie nur noch in vollgeschissenen Unterhosen vor dem Richterstuhl stehen könnten. Manchmal, wenn er in dieser Stimmung war, hatte er auch etwas zerschlagen.

»Schließlich fand ich heraus, daß er diese... diese Anfälle... immer an den Tagen bekam, an denen Mrs. Marley zu uns kam, um das Haus sauberzumachen«, sagte sie leise. »Weißt du, er ist immer auf den Dachboden gekrochen, wenn sie kam. Wenn sie ihn gesehen hätte, wäre die Geschichte in null komma nix in der Stadt herumgewesen. Ich glaube, in den Nächten nach diesen Tagen, die er allein im Dunkeln auf dem Dachboden verbracht hatte, hat er sich am meisten wie ein Ausgestoßener gefühlt. Dann muß er sich wie ein Monster vorgekommen sein.«

»Dann ist er also in die Mayo-Klinik gegangen«, folgerte Billy.

»Ja«, antwortete sie und sah ihn nach langer Zeit wieder

an. Sie wirkte betrunken und entsetzt. »Was wird aus ihm werden, Billy? Was *kann* aus ihm werden?«

Halleck schüttelte den Kopf. Er hatte nicht die geringste Ahnung und außerdem keine Lust, sich über diese Frage mehr Gedanken zu machen, als über das weltberühmte Pressefoto, auf dem ein südvietnamesischer General einem angeblichen Vietkongkollaborateur in den Kopf schießt. Komischerweise konnte er nicht begreifen, daß diese beiden Sachen etwas miteinander zu tun haben könnten.

»Hab ich dir schon erzählt, daß er einen Privatjet gechartert hat, um nach Minnesota zu fliegen? Er konnte es nicht mehr ertragen, daß Menschen ihn ansehen. Habe ich dir das erzählt, Billy?«

Er schüttelte wieder seinen Kopf.

»Was wird nun aus ihm werden?«

»Ich weiß es nicht«, antwortete Billy und dachte: *Und, nebenbei bemerkt, was soll nun aus mir werden, Leda?*

»Ganz zum Schluß, bevor er endlich aufgegeben hat und weggegangen ist, waren seine beiden Hände zu Klauen geworden. Seine Augen waren zwei... zwei kleine, sprühende, dunkelblaue Funken in zwei spitzen, schuppigen Hornlöchern. Seine Nase...« Sie stand auf und torkelte auf ihn zu. Dabei stieß sie an die eine Ecke des Beistelltisches. Sie traf ihn hart genug, daß er ein Stück zur Seite rutschte. *Jetzt spürt sie es nicht,* dachte Halleck, *aber morgen wird sie einen höllisch schmerzenden blauen Fleck am Oberschenkel haben, und wenn sie Glück hat, wird sie sich fragen, woher der kommen könnte.*

Sie grapschte nach seiner Hand. Ihre Augen waren zwei große, schimmernde Teiche, in denen sich das blanke Entsetzen spiegelte. Sie sprach mit einer grauenhaften, heiser atmenden Zuversicht, die ihm einen Schauer über den Nakken jagte. Ihr Atem roch nach Gin.

»Er sieht jetzt wie ein Alligator aus«, flüsterte sie an seinem Ohr. Ein beinahe intimes Geflüster. »Ja, genauso sieht er jetzt aus, Billy. Wie ein Untier, das gerade aus dem Schlamm an Land gekrochen ist und Menschenkleidung angezogen hat. Es war wirklich so, als würde er sich in ein

Krokodil verwandeln, und ich bin heilfroh, daß er weggegangen ist. *Froh*. Ich glaube, wenn er nicht gegangen wäre, wäre ich abgehauen. Ja. Ich hätte mir einfach eine Tasche vollgestopft und wäre... und wäre...«

Sie beugte sich immer weiter über ihn, und Billy, der diese Szene nicht mehr aushalten konnte, stand abrupt auf. Leda Rossington wankte auf ihren hohen Absätzen zurück, und er schaffte es gerade noch, sie an den Schultern zu pakken und aufzufangen... offenbar hatte auch er zuviel getrunken. Wenn er sie nicht erwischt hätte, wäre sie vermutlich mit dem Kopf an die Ecke der bronzegefaßten Glasplatte des Beistelltisches (*Trifles*, 587 Dollar plus Versandkosten) geschlagen, dieselbe Ecke, an der sie sich soeben den Oberschenkel gestoßen hatte... nur wäre sie dann anstatt mit einem großen blauen Flecken auf dem Oberschenkel gar nicht mehr aufgewacht. Als er in ihre halb wahnsinnigen Augen blickte, fragte er sich allerdings, ob Leda Rossington den Tod nicht sogar suchte.

»Leda, ich muß gehen.«

»Natürlich«, höhnte sie. »Bist nur gekommen, um die Sensationen zu hören, nicht wahr, mein lieber Billy?«

»Es tut mir leid«, sagte er. »Es tut mir wirklich leid, daß das alles passiert ist. Bitte glaube mir.« Und dann hörte er sich noch dämlicherweise hinzufügen: »Wenn du mit Cary sprichst, dann wünsch ihm gute Besserung von mir.«

»Es ist ziemlich schwierig, mit ihm zu sprechen«, sagte sie abwesend. »Es geht jetzt nämlich in seinem Mund los. Seine Gaumen werden immer dicker. Auf seiner Zunge wächst eine Platte. Ich kann zwar zu ihm sprechen, aber alles, was er zu mir sagt, alle seine Antworten, kommen wie ein — wie ein Grunzen heraus.«

Er ging rückwärts in den Flur, entfernte sich unauffällig von ihr, wollte sie endlich los sein, wollte ihre weiche, erbarmungslos kultivierte Stimme nicht mehr hören, mußte endlich ihren grauenhaft glitzernden Augen entkommen.

»Er wird wirklich einer«, sagte sie. »Ich meine, ein Alligator. Ich nehme an, daß sie ihn bald in ein Bassin stecken werden... sie werden darauf achten müssen, daß seine

Haut immer feucht bleibt.« Tränen standen in ihren geröteten Augen, und Billy beobachtete, wie der Gin aus ihrem Glas langsam auf ihren Schuh tropfte.

»Gute Nacht, Leda«, flüsterte er.

»Warum, Billy? Warum hast du diese alte Zigeunerin überfahren? Warum hast du dieses Unheil über Cary und mich gebracht? Warum?«

»Leda...«

»Komm doch in ein paar Wochen mal vorbei«, sagte sie. Billy fummelte hinter seinem Rücken wild nach dem Türknopf, während sie immer noch auf ihn zu kam und mit gewaltiger Willensanstrengung das höfliche Lächeln beibehielt. »Komm doch mal vorbei und laß mich sehen, wie du aussiehst, wenn du weitere vierzig, fünfzig Pfund abgenommen hast. Damit ich was zu lachen habe. Und ich werde lachen, Billy, lachen... und lachen... und lachen.«

Endlich fand er den Türknopf. Er drehte ihn. Die kühle Nachtluft strich lindernd über sein erhitztes, gerötetes Gesicht.

»Es tut mir leid, Leda. Gute Nacht...«

»*Behalt dein Es-Tut-mir-leid für dich*!« kreischte sie und warf ihm das Glas nach. Es zerschellte am rechten Türpfosten. »Warum mußtest du sie auch überfahren, du Mistkerl? Warum hast du all dies über uns gebracht? Warum? Warum? *Warum*?«

Halleck rannte bis zur Ecke Lantern Drive Park Lane und brach erschöpft auf der Bank im Wartehäuschen der Bushaltestelle zusammen. Schüttelfrost überfiel ihn, und sein Hals und Magen schmerzten von aufgestoßener, beißender Magensäure. Sein Herz raste wie wild vom Gin.

Ich habe sie überfahren und getötet, dachte er, *und jetzt nehme ich ständig ab und es hört einfach nicht auf. Cary Rossington, der die Anhörung geleitet hat, hat mich, ohne mir auch nur auf die Finger zu klopfen, damit durchkommen lassen, und er ist jetzt in der Mayo-Klinik. Er ist in der Mayo-Klinik, und wenn man seiner Frau Glauben schenken darf, sieht er aus wie jemand, der aus Maurice Sendaks Alligators All Around entflohen ist. Wer ist noch*

*daran beteiligt gewesen? Wer hat noch in irgendeiner Weise mit
dieser Sache zu tun gehabt, die in den Augen des Zigeuners nach
Rache verlangt?*

Er dachte an die beiden Polizisten, die die Zigeuner raus-
gescheucht hatten, als sie in die Stadt gekommen waren...
als sie sich erdreistet hatten, ihre Kunststücke auf dem öffentlichen Stadtparkgelände vorzuführen. Einer von ihnen
war ein Streifenbeamter im Dienst gewesen, der nur...

Nur die Anordnungen befolgt hatte.

Wessen Anordnungen? Aber natürlich, die Anordnungen
von Fairviews Polizeichef. Duncan Hopleys Anordnungen.

Die Zigeuner waren abgeschoben worden, weil sie keine
Erlaubnis hatten, auf dem Gemeindegelände zu lagern. Sie
hatten sehr wohl verstanden, daß die Motive für ihre Aus-
weisung tiefer lagen. Wollte man das Zigeunerpack aus der
Stadt haben, gab es eine Fülle von Verordnungen, die man
zu diesem Zweck einsetzen konnte. Landstreicherei. Öf-
fentliches Ärgernis. Spucken auf den Bürgersteig und was
sonst noch alles.

Die Zigeuner hatten mit einem Farmer verhandelt, der ein
Stückchen westlich außerhalb der Stadt wohnte. Ein verbit-
terter, alter Mann namens Arncaster. Solche abgelegenen
Farmen gab es überall, und überall gab es verbitterte alte
Farmer. Die Zigeuner fanden immer welche. *Ihre Nasen sind
darauf trainiert, Typen wie Arncaster schon sieben Meilen gegen
den Wind zu riechen*, dachte Halleck, als er auf der Bank im
Wartehäuschen kauerte, und die ersten Tropfen eines Früh-
lingsregens vereinzelt aufs Dach fielen. *Lediglich eine Frage
der Evolution. Dazu braucht man nur zwei Jahrtausende lang immer wieder vertrieben zu werden. Man spricht hier ein paar Leute
an, dort liest Madame Azonka vielleicht ein- oder zweimal umsonst
die Karten. Man schnüffelt herum und findet bald den Namen des
Mannes heraus, der ein Grundstück außerhalb der Stadt besitzt,
ansonsten aber ziemliche Schulden hat. Des Mannes, der keine große Vorliebe für die Stadt und ihre öffentlichen Verordnungen hegt,
des Mannes, der seine Obstgärten während der Jagdsaison nicht
umzäunt, weil er den Rehen lieber seine Äpfel, als den Jägern die
Rehe gönnt. Man kriegt den Namen heraus und findet den Mann*

immer, denn auch in der reichsten Stadt wohnt zumindest ein sol-
cher Arncaster, manchmal gibt es auch zwei oder drei zur Aus-
wahl.

Sie stellten ihre Autos und Wohnwagen im Kreis auf, genauso wie ihre Vorfahren vor zweihundert, vierhundert,
achthundert Jahren ihre Planwagen und Handkarren im
Kreis aufgebaut hatten. Sie erhielten eine Lagerfeuererlaubnis, und nachts gab es viel Gerede und Gelächter, und zweifellos wanderten eine oder zwei offene Flaschen im Kreis
herum.

Das wäre für Hopley alles noch akzeptabel gewesen,
dachte Halleck. So liefen die Dinge nun mal. Diejenigen, die
sich für das, was die Zigeuner anzubieten hatten, interessierten, konnten auf der West Fairview Road zu Arncasters
Hof hinausfahren, der war wenigstens außer Sichtweite.
Der Arncaster-Hof war nun mal ein Schandfleck — wie alle
Farmen, die von den Zigeunern aufgesucht wurden. Bald
darauf zogen sie dann nach Raintree oder nach Westport
weiter, und von dort aus den Augen und aus dem Sinn.

Nur, daß in diesem Fall, nach seinem Unfall also und
nachdem der alte Zigeuner lästig geworden und auf den
Stufen des Gerichtsgebäudes erschienen war, um Billy Halleck im Gesicht zu berühren, die Art, ›wie die Dinge nun
mal liefen‹, gar nicht mehr gut war.

Hopley hatte ihnen zwei Tage Zeit gegeben, wie Halleck
sich jetzt erinnerte, und als sie keine Anstalten zum Aufbruch machten, hatte er sie in *Bewegung* gesetzt. Zuerst hatte Jim Roberts ihnen die Feuerlizenz entzogen. Obwohl in
der Woche vorher fast jeden Tag einige kräftige Regenschauer niedergegangen waren, hatte Roberts ihnen weis-
gemacht, daß die Brandgefahr sich verdoppelt und verdrei-
facht hätte. Täte ihm leid. Und, übrigens, sie sollten doch
bitte daran denken, daß die Lagerfeuerbestimmungen genauso für Propangasherde, Grill- und Kohlenfeuer gälten.

Als nächstes machte Hopley einen Stadtspaziergang und
besuchte unterwegs die Geschäfte, in denen Lars Arncaster
auf Kredit einkaufte — und in denen sein Kredit meistens
beträchtlich überzogen war. Dazu gehörten die Eisenwaren-

handlung, der Lebensmittelladen an der Raintree Road, der Farmer Coop in Fairview Village und Normies Tankstelle. Ganz nebenbei hat er sicher auch bei Zachary Marchant in der Connecticut Union Bank reingeschaut... die Bank, bei der Arncasters eine Hypothek auf sein Grundstück aufgenommen hatte.

Gehörte alles zum Job. Mit dem einen trank man eine Tasse Kaffee, mit dem anderen aß man einen Happen zu Mittag — vielleicht etwas Einfaches wie ein paar Würstchen und Limonade an *Dave's Hot Dog Wagen* —, mit dem nächsten traf man sich auf ein Bier. Und bei Sonnenuntergang am nächsten Abend konnte man sicher sein, daß all diejenigen, die auf Grund eines Schuldscheines ein Stück von Arncasters Hintern beanspruchen durften, bei ihm angerufen und nebenbei erwähnt hätten, daß es wirklich *gut* wäre, wenn dieses verdammte Zigeunerpack endlich aus der Stadt verschwände... daß jeder aufrichtig *dankbar* dafür wäre.

Der Rest lief dann genauso ab, wie Hopley es erwartet hatte. Arncaster stiefelte zu den Zigeunern hinaus, zahlte ihnen den Rest des Betrages zurück, den sie für die Platzmiete ausgehandelt hatten, und stellte sich allen Protesten gegenüber, die von ihnen kamen, unerschütterlich taub. (Halleck dachte besonders an den jungen Jongleur mit seinen Bowlingkegeln, der die Unveränderbarkeit ihrer Lebenssituation offenbar noch nicht begriffen hatte.) Es war ja nicht etwa so, daß die Zigeuner einen unterzeichneten, rechtsgültigen Vertrag gehabt hätten, mit dem sie vor Gericht hätten gehen können.

Nüchtern mochte Arncaster ihnen wohl gesagt haben, sie sollten froh sein, daß er ihnen überhaupt den noch nicht in Anspruch genommenen Rest der Platzmiete zurückgezahlt hatte. Betrunken — Arncaster soff gut drei Sechserpack Bierdosen pro Abend — mochte er wohl ein bißchen mitteilsamer gewesen sein. Es gäbe einflußreiche Leute in der Stadt, die die Zigeuner los sein wollten. Auf ihn sei Druck ausgeübt worden, Druck, dem ein armer Dreckschlucker wie er, Lars Arncaster, einfach nicht gewachsen sei. Wenn schon die Hälfte der ›anständigen Bürger‹ in der Stadt das Messer gegen ihn zöge, dann könne er nun mal nichts dagegen machen. Nicht, daß einer dieser Zigeuner (von dem jungen Jongleur vielleicht abgesehen) diesen ausführlichen Vortrag gebraucht hätte.

Halleck stand auf und machte sich langsam durch den kalten, strömenden Regen auf den Heimweg. Im Schlafzimmer brannte noch Licht. Heidi wartete auf ihn.

Der Streifenbeamte wohl nicht, der bot keinen Anlaß zur Rache. Arncaster auch nicht. Der hatte die Chance gesehen, fünfhundert Dollar bar auf die Hand zu verdienen, und hatte sie weggeschickt, weil er nicht anders konnte.

Duncan Hopley?

Vielleicht. Ein sehr *großes* Vielleicht sogar. In gewisser Weise war Hopley ja nichts weiter als ein abgerichteter Hund, dessen wichtigste Befehle dahin gingen, Fairviews gut geölten *status quo* aufrechtzuerhalten. Aber Billy bezweifelte, daß der alte Zigeuner die Dinge mit einer einfallslosen, soziologischen Weltsicht betrachten würde, und das nicht nur, weil Hopley sie nach der Verhandlung so wirksam aus der Stadt gescheucht hatte. Das war er gewohnt. Aber Hopleys Unvermögen, einen Unfall ordentlich aufzunehmen, der eine Frau das Leben gekostet hatte...

Das war etwas ganz anderes, nicht wahr?

Unvermögen, einen Unfall ordentlich aufzunehmen? Daß ich nicht lache, Billy Halleck. Dieses Unvermögen war wohl eher eine Unterlassungssünde. Hopley hat nichts anderes getan, als die Sache zu verschleiern. Das fängt mit dem verdächtigen Versäumen des Alkoholtests an. Es war in jeder Hinsicht eine Vertuschung. Das weißt du, und Cary Rossington hat das auch gewußt.

Der Wind hatte aufgefrischt, und der Regen wurde stärker. Er sah, daß sich die Wasseroberfläche auf den Pfützen kräuselte. Unter den amberfarbenen Leuchtstoffröhren der Straßenlampen am Lantern Drive wirkte das Wasser seltsam blankgeputzt. Über ihm ächzten und knarrten Baumäste im Wind. Halleck blickte beunruhigt zum Himmel hinauf.

Ich sollte Duncan Hopley besuchen.

Etwas blitzte vor seinem inneren Auge auf, der Funke einer Idee. Er mußte wieder an Leda Rossingtons entsetztes, betrunkenes Gesicht denken... mußte daran denken, was sie gesagt hatte... *Es ist ziemlich schwierig, mit ihm zu sprechen, weißt du... es geht nämlich in seinem Mund los... alles, was er zu mir sagt, kommt wie ein Grunzen heraus...*

Schluß damit. Er hatte genug für heute.

»Wo warst du, Billy?«

Sie lag im Bett. Ein warmer Lichtstrahl fiel aus ihrer Leselampe auf sie. Jetzt legte sie ihr Buch auf die Bettdecke und sah ihn aufmerksam an, und Billy bemerkte wieder die dunkelbraunen Ringe unter ihren Augen.

Einen kurzen Augenblick dachte er daran, ihr rundheraus zu sagen: *Ich wollte Cary Rossington besuchen, aber da er nicht zu Hause war, lief es darauf hinaus, daß ich ein paar Drinks mit seiner Frau getrunken habe — ein paar furchtbare Drinks, wenn du's genau wissen willst. Du wirst nie erraten, was sie mir erzählt hat, meine liebe Heidi. Cary Rossington, der dir einmal um Schlag zwölf Uhr an einem Neujahrsabend an den Busen gegriffen hat, dieser Cary Rossington verwandelt sich langsam in ein Krokodil. Wenn er tot ist, kann man ihn als brandneues Produkt verwerten. He, Leute, kauft die neuartigen Richterlederhandtaschen.*

»Nirgendwo«, antwortete er. »Einfach draußen. Bin ein wenig rumgelaufen. Habe nachgedacht.«

»Du riechst, als wärst du auf dem Heimweg in die Wacholderbüsche gefallen.«

»Bin ich auch, im übertragenen Sinn. Aber es war *Andy's Pub*, in den ich hineingefallen bin.«

»Wie viele hast du gehabt?«

»Ein paar.«

»Riecht eher nach fünf.«

»Heidi, ist das ein Kreuzverhör?«

»Nein, Liebling. Aber ich wünschte, du würdest dir nicht soviel Sorgen machen. Die Ärzte werden schon herausfinden, was mit dir los ist, wenn sie die Stoffwechseltests gemacht haben.«

Sie wandte ihm ihr allzu ernstes, verängstigtes Gesicht zu. »Ich danke Gott dafür, daß es kein Krebs ist.«

Er dachte — und hätte es fast laut ausgesprochen —, daß es ganz nett für sie sein müßte, nicht betroffen zu sein. Es müßte doch ganz nett sein, die verschiedenen Abstufungen des Horrors zu beobachten. Er sagte es zwar nicht, aber seine Gefühle mußten ihm im Gesicht gestanden haben, denn ihr müder, jammervoller Ausdruck verstärkte sich.

»Es tut mir leid«, entschuldigte sie sich. »Es ist nur... weißt du, es ist sehr schwierig, etwas zu sagen, das du nicht gleich in den falschen Hals kriegst.«

Du weißt es, Baby, dachte er, und wieder blitzte der Haß in ihm auf. Heiß und ätzend. Zusätzlich zum Gin deprimierte er ihn und erzeugte ein körperliches Unwohlsein. Gleich darauf legte er sich wieder, und eine Art Scham erfüllte ihn. Carys Haut verwandelte sich in Gott weiß was. Offenbar etwas, das nur noch für die Raritätenshow in einem Zirkus geeignet schien. Duncan Hopley ging es vielleicht ausgezeichnet, aber möglicherweise erwartete ihn dort noch etwas viel, viel Schlimmeres. Himmel noch mal, abzunehmen war doch gar nicht so schlecht, oder?

Er zog sich aus und schaltete vorsorglich zuerst ihre Leselampe aus. Dann zog er sie in seine Arme. Sie versteifte sich. Als er schon glaubte, daß es heute wohl keinen Zweck hätte, wurde sie plötzlich weich. Er hörte ihre unterdrückten Schluchzer und dachte unglücklich: Falls es, wie die Sprichwörter sagen, doch wahr wäre, daß in der Not der Edelmut zu finden sei und der Charakter durch Kummer und Elend gebildet würde, leistete er in beidem schlechte Arbeit. »Heidi, es tut mir leid«, sagte er.

»Wenn ich doch nur etwas *tun* könnte«, schluchzte sie. »Wenn ich doch nur etwas für dich *tun* könnte, Billy.«

»Das kannst du«, beruhigte er sie.

Sie liebten sich. Er nahm sich innerlich vor: *Diesmal ist es nur für sie*, und mußte dann hinterher feststellen, daß es doch wieder für ihn gewesen war. Anstatt Leda Rossingtons geisterhaftes Gesicht und ihre entsetzten, in der Dunkelheit funkelnden Augen vor sich zu sehen, konnte er ruhig einschlafen.

Am nächsten Morgen registrierte die Waage 176 Pfund.

12. Kapitel: Duncan Hopley

Er hatte sich für den Klinikaufenthalt ein paar Tage freigeben lassen — Kirk Penschley war nur allzu bereit gewesen, seiner Bitte entgegenzukommen. Damit hatte er Billy auf eine Tatsache gestoßen, mit der er so bald nicht gerechnet hätte: Man wollte ihn los sein. Jetzt, da er statt eines Dreifachkinns nur noch eins aufwies, da seine Jochbeine zum erstenmal seit Jahren wieder zu sehen waren und auch seine anderen Gesichtsknochen mittlerweile deutlich hervortraten, war er zum Schreckgespenst der Firma geworden.

»Aber natürlich, ja, sofort«, hatte Penschley auf seine Frage geantwortet, noch bevor sie richtig ausgesprochen war. Er hatte die herzliche Tonart angeschlagen, in die Leute sich flüchten, wenn sie genau wissen, daß jemand in ernsthaften Schwierigkeiten steckt, und nichts damit zu tun haben wollen. Er hatte den Blick gesenkt und auf die Stelle gestarrt, an der früher Billys Bauch gesessen hatte. »Nimm dir soviel Zeit, wie du willst, Bill.«

»Drei Tage dürften genügen«, hatte Halleck darauf erwidert. Und jetzt rief er Penschley von einem Münzfernsprecher in *Barker's Coffee Shop* aus an und erklärte ihm, daß er noch ein paar Tage länger freihaben wolle. Ja, länger als drei Tage, richtig — aber vermutlich nicht nur für die Stoffwechseluntersuchungen. Wieder war dieser Funke einer Idee in ihm aufgeblitzt. Er war noch kein Hoffnungsschimmer, das nicht, aber immerhin *etwas*.

»Wie lange?« fragte Penschley ihn.

»Ich weiß nicht genau«, antwortete Halleck. »Zwei Wochen, einen Monat vielleicht.«

Einen Augenblick wurde es still am anderen Ende, und Halleck wußte, daß Penschley jetzt heraushörte, was er nicht sagte: *Was ich dir eigentlich sagen will, Kirk, ich komme nie mehr zurück. Sie haben schließlich doch Krebs bei mir diagnosti-*

ziert. Jetzt kommt das Kobalt, kommen die Drogen gegen die Schmerzen, das Interferon, wenn sie es kriegen können, das Laetril, wenn wir uns entschließen können, nach Mexiko abzuhauen. Das nächstemal, wenn du mich siehst, Kirk, werde ich mit einem Seidenkissen unterm Kopf in einer langen Kiste liegen.

Billy, der in den letzten sechs Wochen vor Angst kaum mehr richtig denken konnte, spürte einen Anflug von Zorn. *Verdammt noch mal, das ist nicht das, was ich sage. Jedenfalls jetzt noch nicht.*

»Kein Problem, Bill. Wir werden Ron Baker die Hood-Sache übergeben, und alles andere kann noch eine Weile liegenbleiben.«

Einen Dreck wirst du tun. Gleich heute nachmittag wirst du dem Stab alle anderen Fälle übergeben, und was die Hood-Sache betrifft, die hast du Ron Baker schon letzte Woche übertragen. Ron hat mich am Donnerstagnachmittag angerufen und gefragt, wohin Sally die verdammte Connecticut-Gaswerke-Akte gesteckt hat. Deine Vorstellung von ›herumliegen‹, Kirk, hat nur etwas mit sonnigen Sonntagnachmittagen und Grillhähnchen in deinem Ferienhaus in Vermont zu tun. Verarschen kann ich mich selber.

»Ich sehe zu, daß er die Akte bekommt«, sagte Halleck und konnte nicht widerstehen, noch hinzuzufügen: »Ich glaube, die Con-Gas-Aussagen hat er schon gekriegt.«

Nachdenkliche Stille in der Leitung, während Kirk Penschley dies verdaute. Dann: »Also... wenn ich irgendwas für dich tun kann...«

»Ja, das kannst du«, sagte Halleck. »Aber es hört sich ein bißchen bekloppt an.«

»Worum geht's?« Penschleys Stimme klang jetzt vorsichtig.

»Erinnerst du dich an meine Schwierigkeiten Anfang dieses Fühlings? An den Unfall?«

»Eh, ja...«

»Die Frau, die ich überfahren habe, war eine Zigeunerin. Hast du das gewußt?«

»Es stand in der Zeitung«, antwortete Penschley zögernd.

»Sie gehörte zu einer... hm, wie nennt man das? Truppe,

glaube ich. Sie gehörte zu einer Zigeunertruppe. Sie haben hier außerhalb von Fairview gelagert. Sie hatten mit einem ortsansässigen Farmer einen Preis ausgehandelt...«

»Moment mal, wart einen Augenblick«, unterbrach ihn Kirk Penschley. Seine Stimme war jetzt eine Spur aufgeregter, ganz im Gegensatz zu dem vorherigen, offiziellen Trauerton. Billy lächelte. Diese Tonart kannte er, und.sie gefiel ihm wesentlich besser. Er sah Penschley vor sich, fünfundvierzig Jahre alt, Glatze, knapp einen Meter sechzig groß, wie er eifrig nach dem gelben Notizblock und seinem geliebten, ganz fein schreibenden Filzstift griff. Wenn er auf Touren lief, war Penschley einer der hellsten, hartnäckigsten Köpfe, die er kannte.

»In Ordnung, weiter. Wie hieß dieser Farmer?«

»Arncaster. Lars Arncaster. Nachdem ich die Frau überfahren hatte...«

»Ihr Name?«

Halleck schloß die Augen und versuchte, sich daran zu erinnern. Es war komisch, die ganze Zeit hatte er nichts anderes im Kopf als diese Geschichte, aber an ihren Namen hatte er seit der Anhörung nicht einmal gedacht.

»Lemke«, sagte er schließlich. »Sie hieß Susanna Lemke.«

»L-e-m-p-k-e?«

»Ohne P.«

»Gut.«

»Nach dem Unfall mußten die Zigeuner feststellen, daß sie in Fairview nicht mehr allzu willkommen waren. Ich habe guten Grund zu glauben, daß sie von hier nach Raintree weitergefahren sind. Ich möchte wissen, ob du ihre Spur von da aus weiterverfolgen kannst. Ich möchte herausfinden, wo sie jetzt sind. Die Nachforschungen bezahle ich natürlich aus eigener Tasche.«

»Verdammt richtig, daß du das tun wirst«, sagte Penschley fröhlich. »Hm, wenn sie nach Norden, nach New England, weitergezogen sind, werden wir sie wahrscheinlich finden. Aber wenn sie nach Süden über New York nach New Jersey gefahren sind, dann weiß ich es nicht. Denkst du an eine Zivilklage, Billy?«

»Nein«, antwortete Halleck. »Aber ich muß mit dem Mann von dieser Frau reden. Falls er das überhaupt ist.«

»Oh«, sagte Penschley, und wieder konnte Billy seine Gedanken so deutlich lesen, als hätte er sie laut ausgesprochen: *Billy Halleck regelt seine Angelegenheiten. Er bringt seine Bücher in Ordnung. Vielleicht möchte er dem alten Zigeuner einen Scheck geben; vielleicht will er ihm auch nur noch einmal gegenüberstehen, will sich entschuldigen, und gibt dem Mann damit Gelegenheit, ihm eins aufs Auge zu hauen.*

»Vielen Dank, Kirk«, sagte Halleck.

»Nicht der Rede wert«, antwortete Penschley. »Sieh du nur zu, daß du wieder gesund wirst.«

»Ist gut.« Billy legte auf. Sein Kaffee war inzwischen kalt geworden.

Es überraschte ihn nicht besonders, Rand Foxworth, Fairviews stellvertretenden Polizeichef, in Hopleys Büro vorzufinden, von wo aus er die Angelegenheiten der Polizeiwache regelte. Er begrüßte Halleck einigermaßen herzlich, aber in seinen Augen war ein gehetzter Ausdruck. Hallecks geübtes Auge sah sofort, daß viel zu viele Papiere im Eingangskorb auf Foxworths Schreibtisch lagen, und im Ausgangskorb dementsprechend viel zu wenige. Foxworths Uniform war tadellos... aber seine Augen waren blutunterlaufen.

»Dunc hat eine kleine Grippe«, beantwortete er Billys Frage — doch diese Antwort hatte einen seltsamen Klang, so als wäre sie schon viele Male wiederholt worden. »Er ist schon ein paar Tage nicht mehr hier gewesen.«

»Oh«, sagte Halleck. »Eine Grippe.«

»Ja, eine Grippe«, bestätigte Foxworth und sein Blick forderte Billy auf, sich selbst einen Reim darauf zu machen.

Die Sprechstundenhilfe erklärte ihm, daß Dr. Houston gerade einen Patienten bei sich habe.

»Es ist dringend. Sagen Sie ihm bitte, daß ich nur eine Frage an ihn habe.«

Es wäre einfacher gewesen, ihn persönlich aufzusuchen,

aber Halleck hatte keine Lust, quer durch die ganze Stadt zu fahren. Jetzt saß er auf der Telefonbuchablage (etwas, das vor noch gar nicht so langer Zeit undenkbar gewesen wäre) in der Telefonzelle auf der der Polizeiwache gegenüberliegenden Straßenseite. Endlich kam Houston an den Apparat.

Seine Stimme war kühl, distanziert und mehr als nur verärgert. Halleck, der entweder fantastische Fähigkeiten entwickelt hatte, zwischen den Zeilen zu lesen, oder in der Tat in den letzten Wochen paranoid geworden war, hörte die Botschaft in dem unterkühlten Ton deutlich heraus: *Du bist nicht mehr mein Patient, Billy. Ich spüre da eine Art nicht mehr rückgängig machende Degeneration bei dir, die mich sehr nervös macht. Gib mir etwas, das ich diagnostizieren kann, etwas, wogegen ich dir etwas verschreiben kann, das ist alles, worum ich dich bitte. Wenn du mir das nicht bieten kannst, dann sehe ich keine weitere Geschäftsbasis mehr zwischen uns. Wir haben manch gute Golfpartie zusammen gespielt, aber ich glaube kaum, daß einer von uns beiden sagen würde, wir wären je miteinander befreundet gewesen. Ich besitze einen Sony-Piepser und eine Laborausrüstung im Werte von 200 000 Dollar, dazu eine Auswahl an Medikamenten, abrufbereit, eine Liste, die so lang ist... wenn mein Computer sie ausdrucken würde, würde sie sich vom Eingangstor des Country Clubs bis hin zur Ecke Lantern Drive Park Lane erstrecken. Mit diesen Hilfen im Rücken fühle ich mich chic. Damit fühle ich mich nützlich. Und dann kommst du daher und machst aus mir so etwas wie einen alten Landdoktor aus dem siebzehnten Jahrhundert, der nur ein paar Flaschen voller Blutegel gegen zu hohen Blutdruck und einen Schädelbohrer gegen Kopfschmerzen besitzt. Es gefällt mir aber nicht, mich so zu fühlen, mein lieber Bill. Darüber brauchen wir gar nicht lange zu reden. Hau ab. Ich will mit dir nichts mehr zu tun haben. Ich komme auf deiner Beerdigung vorbei, um dich im Sarg zu sehen... das heißt, wenn mein Piepser mich nicht gerade wegruft.*

»Moderne Medizin«, murmelte Halleck.

»Wie bitte? Sie müssen schon ein wenig lauter sprechen, Billy. Ich will Sie ja nicht zu kurz abfertigen, aber meine Assistentin hat sich krank gemeldet, und ich weiß heute gar nicht, wo mir der Kopf steht.«

»Nur eine Frage, Mike«, sagte Halleck. »Was ist mit Duncan Hopley los?«

Vollkommene Stille am anderen Ende der Leitung. Fast zehn Sekunden lang. Dann: »Wie kommen Sie auf die Idee, daß etwas mit ihm los sein könnte?«

»Er war nicht in seinem Büro. Rand Foxworth hat mir erzählt, er hätte eine Grippe, aber Foxworth lügt so schlecht, wie Impotente ficken.«

Eine weitere lange Pause. »Ihnen als Anwalt sollte ich eigentlich nicht erst sagen müssen, daß Sie mich dazu auffordern, meine Schweigepflicht zu verletzen, Billy. Ich könnte meinen Hals damit ganz schön in die Schlinge stecken.«

»Wenn zufällig jemand über das kleine Fläschchen stolpern sollte, das Sie in Ihrer Schreibtischschublade aufbewahren, könnten Sie Ihren Hals ebenfalls in die Schlinge bekommen. Eine Schlinge, die so hoch hängt, daß selbst ein Trapezkünstler Höhenangst bekäme.«

Schweigen. Als Houston wieder sprach, war seine Stimme eisig vor Zorn... aber es schwang auch ein Unterton von Furcht darin mit. »Ist das eine Drohung?«

»Nein«, antwortete Halleck müde. »Sie sollen sich nur nicht so blöd stellen, Mike. Sagen Sie mir, was mit Hopley los ist, und Sie haben Ihre Ruhe.«

»Warum wollen Sie das wissen?«

»Himmeldonnerwetter! Sie sind der lebende Beweis dafür, daß ein Mensch genauso blöd ist, wie er sein will, wissen Sie das, Mike?«

»Ich habe nicht die geringste Ahnung, was...«

»Während des letzten Monats haben Sie drei sehr seltsame Krankheiten hier in Fairview erlebt. Sie haben zwischen ihnen keinen Zusammenhang hergestellt. Irgendwie ist das ganz verständlich, schließlich sind alle drei ja auch sehr verschieden. Aber eines haben sie wiederum gemeinsam: ihre Absonderlichkeit nämlich. Ich muß mich doch fragen, ob nicht ein anderer Arzt — einer, der noch nicht in den Genuß von einer täglichen Kokaindosis im Werte von fünfzig Dollar gekommen ist, um sich damit das Gehirn zu vernageln —, ob dieser Arzt nicht trotz der unterschiedlichen

Symptome einen Zusammenhang zwischen ihnen gesehen hätte.«

»Jetzt machen Sie, verdammt noch mal, einen Punkt!«

»Nein, tue ich nicht. Sie haben danach gefragt, warum ich das wissen will, und, bei Gott, ich werde es Ihnen sagen. Ich nehme ständig weiter ab — selbst dann, wenn ich mir jeden Tag über achttausend Kalorien in den Hals stopfe. Cary Rossington hat irgend eine bizarre Hautkrankheit. Seine Frau sagt, daß er sich in eine Art Raritätenshowmonster verwandle. Er ist in der Mayo-Klinik. Jetzt will ich erstens wissen, was mit Duncan Hopley los ist, und zweitens, ob Sie in letzter Zeit noch weitere unerklärliche Fälle in Ihrer Praxis hatten.«

»Billy, es ist überhaupt nicht so, wie Sie denken. Sie scheinen da irgendeine verrückte Idee im Kopf zu haben. Ich weiß nicht, was es ist...«

»Nein, aber das macht nichts. Ich will eine Antwort. Wenn ich sie nicht von Ihnen bekomme, besorg' ich sie mir woanders.«

»Warten Sie einen Augenblick. Wenn wir schon darüber reden müssen, möchte ich lieber ins Büro gehen. Da bin ich ungestörter.«

Ein Klicken in der Leitung, während Houston den Apparat umschaltete. Halleck saß in der Telefonzelle, schwitzte und fragte sich, ob Houston ihn nicht einfach austrickste. Dann ein erneutes Klicken.

»Sind Sie noch da, Billy?«

»Ja.«

»Na gut.« Die Enttäuschung in seiner Stimme war nicht zu überhören. Irgendwie war er komisch. Er seufzte. »Duncan Hopley hat eine eitrige Akne.«

Halleck stand auf und öffnete die Zellentür. Plötzlich war ihm da drin zu heiß geworden. »*Akne*!«

»Pickel, Mitesser, Gerstenkörner. Das ist alles. Sind Sie nun zufrieden?«

»Sonst noch jemand?«

»Nein. Und, Billy, ich betrachte Pickel nicht gerade als etwas Absonderliches. Sie haben sich da ein wenig in etwas verrannt, was mir sehr nach einem Steven-King-Roman klingt, aber es ist ganz und gar nicht so. Duncan Hopley hat nur eine vorübergehende Hormonstörung. Und es ist für ihn auch nicht gerade etwas Neues. Seine Hautproblemgeschichte geht bis in die Zeit zurück, als er in der vierten Klasse war.«

»Sehr vernünftig gedacht. Aber wenn man Cary Rossington mit seiner Krokodilhaut und William J. Halleck mit seiner unfreiwilligen Anorexie wieder in die Gleichung mit hineinnimmt, hört es sich doch ein bißchen wie ein Steven-King-Roman an, finden Sie nicht?«

Geduldig antwortete Houston: »Sie haben ein Stoffwechselproblem, Bill. Und Cary... ich weiß nicht... ich habe schon eine Menge...«

»Seltsamer Dinge gesehen, ich weiß«, unterbrach Halleck ihn. War diese Kokain schnupfende Quasselstrippe wirklich zehn Jahre lang sein Hausarzt gewesen? Lieber Gott, war das tatsächlich wahr? »Haben Sie Arncaster in letzter Zeit gesehen?«

»Nein«, antwortete Houston unwillig. »Er gehört nicht zu meinen Patienten. Ich dachte, Sie hätten nur *eine* Frage?«

Natürlich ist er nicht dein Patient, dachte Billy genervt. *Er bezahlt seine Rechnungen nicht pünktlich, nicht wahr? Ein schicker Mann wie du, einer mit teurem Geschmack, kann es sich nicht leisten, auf Geld zu warten, nicht wahr?*

»Das ist wirklich die *letzte* Frage«, sagte er. »Wann haben Sie Duncan Hopley zum letztenmal gesehen?«

»Vor zwei Wochen.«

»Danke.«

»Das nächstemal melden Sie sich vorher an, Bill«, sagte Houston unfreundlich und legte auf.

Hopley wohnte selbstverständlich nicht am Lantern Drive, aber als Polizeichef verdiente er ganz gut. Er besaß einen adretten New-England-Holzbungalow in der Ribbonmaker Lane.

Billy parkte seinen Wagen in der Abenddämmerung in der Auffahrt, ging zur Tür und klingelte. Keine Antwort. Er klingelte wieder. Keine Antwort. Er lehnte sich gegen die Klingel. Keine Reaktion. Er lief zur Garage hinüber, schirmte mit beiden Händen das Gesicht ab und spähte durch das Garagentorfenster. Hopleys Wagen, ein konservativer, korduan-brauner Volvo war drinnen geparkt. FVW 1 stand auf dem Nummernschild. Daneben stand kein Zweitwagen. Hopley war Junggeselle. Halleck ging zur Haustür zurück und fing an, mit der Faust dagegenzudonnern. Er hämmerte ungefähr drei Minuten lang, und der Arm wurde ihm schon lahm, als er drinnen eine heisere Stimme brüllen hörte:

»Haun Sie ab! Ziehn Sie Leine!«

»Lassen Sie mich rein!« rief Halleck zurück. »Ich muß mit Ihnen reden!«

Keine Antwort. Nach einer Minute fing Halleck wieder an, gegen die Tür zu hämmern. Jetzt hörte er gar keine Reaktion mehr... doch als er abrupt innehielt, vernahm er ein raschelndes Geräusch, als ob sich hinter der Tür jemand bewegte. Er sah Hopley förmlich vor sich, wie er da hinter der Tür stand — wie er sich zusammen*kauerte* und darauf wartete, daß der hartnäckige, ungebetene Besucher endlich wegginge und ihn in Frieden ließe. Frieden, oder was immer in Hopleys Welt jetzt dafür gelten mochte.

Hallck öffnete seine hämmernde Faust. »Hopley, ich glaube, daß Sie da hinter der Tür stehen«, sagte er ruhig. »Sie brauchen nichts zu sagen. Hören Sie mir bitte nur zu. Hier ist Billy Halleck. Vor zwei Monaten war ich in einen Unfall verwickelt. Eine alte Zigeunerin lief einfach über die Straße, und...«

Bewegung hinter der Tür, ganz eindeutig jetzt. Ein Scharren und Rascheln.

»Ich habe sie überfahren und dabei getötet. Und jetzt verliere ich Gewicht. Ich mache keine Diät oder so was; ich nehme einfach ab. Bisher ungefähr siebzig Pfund. Wenn das nicht bald aufhört, werde ich als menschliches Skelett in einer Geisterbahn auftreten können.

Cary Rossington — Richter Rossington — hatte bei der vorläufigen Anhörung den Vorsitz. Er hat erklärt, daß es keinen Grund für einen Prozeß gäbe. Jetzt hat er eine ganz seltsame Hautkrankheit...«

Halleck glaubte, ein leises, überraschtes Aufatmen zu hören.

»... und er ist jetzt in der Mayo-Klinik. Die Ärzte haben ihm gesagt, daß er keinen Krebs habe, aber sie wüßten auch nicht, *was* es wäre. Rossington will lieber glauben, daß er Krebs hat, anstatt zu wissen, was es *wirklich* ist.«

Halleck schluckte. Er spürte ein schmerzendes Kratzen im Hals.

»Es ist ein Zigeunerfluch, Hopley. Ich weiß, wie abwegig das klingt, aber es ist die Wahrheit. Da war ein alter Mann dabei. Er hat mich angefaßt, als ich aus dem Gerichtsgebäude herausgekommen bin. Er hat auch Rossington angefaßt, als er mit seiner Frau den Flohmarkt in Raintree besucht hat. Hat er Sie auch angefaßt, Hopley?«

Ein langes, langes Schweigen... und dann drang ein einziges Wort an Hallecks Ohr. Es kam durch den Briefkastenschlitz wie ein Brief von zu Hause, der voller schlechter Nachrichten steckte:

»Ja...«

»Wann? Wo?«

Keine Antwort.

»Ich muß mit Ihnen darüber reden«, drängte Halleck verzweifelt. »Hopley, ich habe eine Idee. Ich glaube...«

»Sie können überhaupt nichts tun«, flüsterte Hopley. »Es ist alles schon viel zu weit fortgeschritten. Verstehen Sie mich, Halleck? Viel... zu... weit.«

Ein Seufzer — pergamenten, entsetzlich.

»Es wäre eine Chance!« rief Halleck wütend. »Sind Sie schon so weit hinüber, daß es Ihnen gar nichts mehr ausmacht?«

Keine Antwort. Halleck wartete. Er suchte nach noch mehr Worten, nach neuen Argumenten. Er fand keine. Hopley hatte schlichtweg nicht vor, ihn einzulassen. Er hatte sich schon abgewandt, als die Tür geöffnet wurde.

Er blickte auf den schwarzen Spalt zwischen Tür und Rahmen. Wieder hörte er die scharrenden Geräusche, die sich jetzt entfernten. Sie zogen sich in die Dunkelheit der Eingangshalle zurück. Seine Arme, sein Rücken, seine Schenkel überzogen sich mit einer Gänsehaut. Einen Augenblick lang wollte er am liebsten wegrennen — *Vergiß Hopley. Wenn jemand diesen Zigeuner finden kann, dann ist es Kirk Penschley. Laß Hopley in Frieden, du brauchst ihn nicht. Du brauchst dir nicht anzusehen, was aus ihm geworden ist.*

Halleck unterdrückte diese innere Stimme, langte nach dem Knopf an der Haustür des Fairview Polizeichefs, schob die Tür auf und trat ein.

Am anderen Ende der Halle sah er eine undeutliche Silhouette. Auf ihrer linken Seite öffnete sich eine Tür, und die Silhouette ging hindurch. Aus dem Zimmer schimmerte ein trübes Licht auf den Gang und warf für einen Augenblick einen langen, geisterhaften Schatten über den Boden. Der Schatten krümmte sich und kroch halb die Wand hoch. An dieser Wand hing eine eingerahmte Fotografie von Hopley, die aufgenommen worden war, als der Rotary Club in Fairview ihm einen Pokal überreicht hatte. Jetzt lag der mißgestaltete Kopf des Schattens wie ein böses Omen über der Fotografie.

Halleck ging die Halle entlang. Ihm war unheimlich zumute, da brauchte er sich gar nichts vorzumachen. Halb erwartete er schon, daß jeden Augenblick die Haustür hinter ihm zufallen und von außen abgeschlossen werden würde... *und dann wird der alte Zigeuner mich von hinten aus der Dunkelheit anspringen und mich packen, genau wie in den großen Horrorszenen in den schlechten Horrorfilmen. Sicher. Komm raus, du Arschloch! Zeig, was du kannst!*

Aber sein rasendes Herzklopfen hörte dadurch keineswegs auf.

Er bemerkte einen unangenehmen Geruch in Hopleys Haus — faulig, abgestanden, wie langsam vor sich hin gammelndes Fleisch.

Einen Augenblick blieb er vor der offenen Tür stehen. Das Zimmer sah aus wie ein Büro oder ein Wohnzimmer, aber das Licht war so schwach, daß er es nicht mit Sicherheit erkennen konnte.

»Hopley?«

»Kommen Sie rein«, flüsterte die Pergamentstimme.

Halleck betrat das Zimmer.

Es war Hopleys Wohnzimmer. Er entdeckte mehr Bücher in den Regalen, als er erwartet hätte. Auf dem Boden lag ein anheimelnder türkischer Teppich. Das Zimmer war klein und, unter anderen Umständen, sicherlich recht gemütlich.

In der Mitte stand ein heller Holztisch mit einer Schreibunterlage, darauf eine Schreibtischlampe, deren Schirm so weit nach unten gezogen war, daß er nur einen Zentimeter über der Unterlage schwebte. So entstand ein brutal konzentrierter Lichtkreis. Der Rest des Raumes war eine kalte Schattenlandschaft.

Hopley selbst bildete einen menschlichen Haufen in etwas, das ein Ohrensessel hätte sein können.

Halleck schritt über die Schwelle. In der nächsten Ecke sah er einen Stuhl und setzte sich darauf. Sofort wurde ihm bewußt, daß er sich genau den Sitzplatz ausgesucht hatte, der am weitesten von Hopley entfernt war. Er strengte seine Augen an, um ihn deutlicher erkennen zu können. Es war unmöglich. Der Mann war eine bloße Silhouette. Halleck rechnete schon damit, daß Hopley den Lampenschirm so drehte, daß das Licht seine, Hallecks, Augen blendete. Und dann würde Hopley sich in bester Bullenmanier wie in den *serie-noire*-Filmen der vierziger Jahre über ihn beugen und ihn anbrüllen: »*Wir wissen, daß Sie es getan haben, McGonigal! Hören Sie auf zu leugnen! Gestehen Sie! Gestehen Sie, und wir werden Sie eine rauchen lassen! Gestehen Sie, und Sie kriegen das Glas Wasser von uns! Gestehen Sie, und wir lassen Sie aufs Klo gehen!*«

Aber Hopley saß nur zurückgelehnt in seinem Ohrensessel. Als er seine Beine übereinanderschlug, ertönte ein leises Rascheln.

»Also? Sie wollten unbedingt reinkommen. Jetzt sind Sie da. Erzählen Sie mir Ihre Geschichte, Halleck, und sehen Sie zu, daß Sie dann wegkommen. Sie sind im Augenblick nicht gerade der Mensch, den ich am liebsten auf dieser Welt sehen möchte.«

»Ich bin auch nicht Leda Rossingtons Lieblingsmensch«, erwiderte Billy. »Aber, ehrlich gesagt, mich schert es einen Dreck, was sie von mir hält. Und auch, was Sie von mir denken. Sie glaubt, daß alles meine Schuld wäre. Vermutlich denken Sie dasselbe.«

»Wieviel hatten Sie denn intus, als Sie sie überfahren haben, Halleck? Ich wette, wenn Tom Rangely Sie in die Tüte hätte blasen lassen, wäre der kleine Ballon direkt zum Himmel hinaufgestiegen.«

»Nichts. Kein Alkohol, keine Drogen«, antwortete Billy. Sein Herz raste immer noch, aber jetzt mehr vor Zorn als vor Angst. Jeder Herzschlag jagte ihm einen stechenden Schmerz durch den Schädel. »Wollen Sie wissen, wie es wirklich passiert ist? Meine Frau, mit der ich seit sechzehn Jahren verheiratet bin, hat sich ausgerechnet diesen Tag ausgesucht, mich im fahrenden Auto zu wichsen. So was hat sie vorher noch *nie* getan. Ich habe keinen blassen Schimmer, warum sie es gerade an dem Tag tun mußte. Während Sie und Leda Rossington — und höchstwahrscheinlich auch Cary Rossington — so sehr damit beschäftigt sind, mir alle Schuld in die Schuhe zu schieben — denn schließlich bin ich ja hinterm Steuer gesessen —, habe ich mich die ganze Zeit damit befaßt, meine Frau zu beschuldigen. Denn sie hatte ja ihre Hand in meiner Hose. Vielleicht sollten wir alle einfach damit aufhören und es dem Schicksal oder der Bestimmung zuschreiben. Wir sollten es endlich sein lassen, uns mit der Schuldfrage zu beschäftigen.«

Hopley grunzte.

»Oder wollen Sie, daß ich Ihnen schildere, wie ich Tom Rangely auf den Knien angebettelt habe, mich keinen Alkoholtest, keine Blutprobe machen zu lassen? Wie ich an Ihrer Schulter geweint habe, daß Sie die Untersuchung vertuschen und diese Zigeuner endlich aus der Stadt schmeißen sollten?«

Jetzt grunzte Hopley nicht mal mehr. Er war nur ein schweigender, in sich zusammengesunkener Haufen in seinem Ohrensessel.

»Ist es für solche Spielchen nicht schon ein bißchen zu

spät?« fragte Billy. Seine Stimme war ganz heiser geworden. Überrascht stellte er fest, daß er den Tränen nahe war. »Meine Frau hat mir einen runtergeholt, richtig. Ich habe die alte Frau überfahren und getötet, richtig. Sie war mindestens fünfzig Meter vom nächsten Zebrastreifen entfernt und kam zwischen zwei geparkten Wagen hervor auf die Straße gerannt, richtig. Sie haben die Untersuchung vertuscht und die Zigeuner aus der Stadt verjagt, nachdem Cary Rossington mir schnell die Weste wieder reingewaschen hatte, auch richtig. Alles ganz große Scheiße! Wenn Sie sich schon da im Dunkeln verbergen und mir die Schuld zuschieben wollen, mein Freund, dann vergessen Sie bitte nicht, sich selbst eine Scheibe davon abzuschneiden.«

»Ein großartiges Plädoyer, Halleck. Wirklich großartig. Haben Sie Spencer Tracy in diesem Film über den Affenprozeß gesehen? Den müssen Sie gesehen haben!«

»Fahr zur Hölle!« sagte Billy und stand auf.

Hopley seufzte. »Setzen Sie sich!«

Billy Halleck blieb unsicher stehen. Zum Teil hätte er seine Wut am liebsten für seine eigenen, nicht so noblen Zwecke ausgenutzt. Dieser Teil drängte ihn, so schnell wie möglich aus dem Haus zu rennen, sein von ihm selbst provoziertes Eingeschnapptsein als Anlaß zu nehmen wegzukommen. Denn der dunkle, plumpe Menschenhaufen im Ohrensessel jagte ihm eine solche Angst ein, daß er sich fast in die Hosen machte.

»Spielen Sie sich hier nicht als frömmelnder Scheißkerl auf«, sagte Hopley. »Setzen Sie sich, um Himmels willen, wieder hin.«

Billy setzte sich. Sein Mund war ausgetrocknet, und in seinen Oberschenkeln zitterten unkontrolliert Muskeln.

»Sie sollen Ihren Willen haben, Halleck. Ich bin Ihnen ähnlicher, als Sie glauben. Auch ich gebe keinen blassen Furz auf ein *post mortem*. Sie haben recht. Ich habe mir dabei keine großen Gedanken gemacht. Ich hab's einfach getan. Es war nicht die erste Gammlerhorde, die ich aus der Stadt geschmissen habe. Und ich habe auch schon andere kleine Kosmetikeingriffe erledigt, wenn einer unserer hochangesehenen Bürger in der Scheiße steckte. Natürlich konnte ich nichts machen, wenn der Betreffende außerhalb der Stadtgrenzen in Schwierigkeiten geraten war... aber Sie wären überrascht zu hören, wie viele unserer großartigen Führungskräfte es immer noch nicht gelernt haben, daß man nicht da scheißt, wo man ißt.

Aber vielleicht überrascht Sie das gar nicht.«

Hopley stieß ein pfeifendes, keuchendes Gelächter aus, das Billy eine Gänsehaut über die Arme jagte.

»Gehört alles zum Dienst. Wenn nichts weiter geschehen wäre, dann würden weder Sie, noch Cary Rossington noch ich — keiner von uns würde sich noch daran erinnern, daß diese Zigeuner überhaupt existieren.«

Billy öffnete den Mund, um heftigst zu protestieren. Er wollte Hopley erklären, daß er diesen doppelten Schlag, den er gehört hatte, in seinem ganzen Leben nicht vergessen würde... und dann fielen ihm die vier Tage wieder ein, die er mit Heidi in Mohonk verbracht hatte. Wie hatten sie beide gelacht und gefressen wie die Scheunendrescher, was waren sie gewandert, hatten sich jede Nacht geliebt. Manchmal auch nachmittags. Wie lange nach dem Unfall war das gewesen? Zwei Wochen?

Er klappte den Mund wieder zu.

»Was geschehen ist, ist geschehen. Ich glaube, der einzige Grund, warum ich Sie reingelassen habe, ist, es ist gut zu wissen, daß man nicht der einzige ist, der an das glaubt, was hier passiert, egal wie irrsinnig es auch ist. Aber vielleicht habe ich Sie auch nur reingelassen, weil ich mich einsam fühle. Und ich habe Schiß, Halleck. Eine Menge Schiß. *Extrem* viel Schiß. Geht es Ihnen auch so?«

»Ja«, sagte Billy schlicht.

»Wissen Sie, wovor ich am meisten Angst habe? Ich kann hier ganz schön lange so weiterleben. Das macht mir Angst. Mrs. Callaghee kauft meine Lebensmittel ein und kommt zweimal die Woche, um das Haus zu reinigen und meine Wäsche zu waschen. Ich hab' den Fernseher und lese gerne. Meine Investitionen haben sich im Laufe der Zeit ganz gut amortisiert. Wenn ich mich ein bißchen einschränke, kann ich vermutlich ewig so weitermachen. Und wie viele Gelegenheiten hat ein Mann in meiner Situation schließlich, Geld auszugeben? Soll ich mir 'ne Yacht kaufen, Halleck? Mir vielleicht 'nen Jet chartern und mit meiner Tussie nach Monte Carlo fliegen, um mir dort im nächsten Monat die Grand-Prix-Rennen anzusehen? Was meinen Sie, Halleck? Auf wie vielen Partys werde ich noch willkommen sein, jetzt, da mir das ganze Gesicht wegrutscht?«

Billy schüttelte benommen den Kopf.

»Ja... ich könnte hier so weiter vor mich hin leben, und es würde... würde einfach immer weitergehen. So, wie das Gesicht jetzt schon ausläuft. Tag und Nacht. Und das macht mir Angst. Denn es ist falsch, so zu leben. Jeden Tag, an dem ich mich nicht umbringe, jeden Tag, an dem ich hier im Dunkeln sitze und mir die blöden Shows und Komödien ansehe, lacht dieser alte Zigeunerarsch mich aus.«

»Wann... wann hat er...?«

»Mich berührt? Vor knapp fünf Wochen. Als ob es darauf noch ankäme! Ich war nach Milford raufgefahren, um meine Mutter und meinen Vater zu besuchen. Ich hab' sie zum Mittagessen ausgeführt. Weil ich vorher schon ein paar Bier getrunken hatte und dann noch ein oder zwei zum Essen, wollte ich noch kurz aufs Klo, bevor wir wieder gingen. Die Tür war verriegelt. Ich habe gewartet. Dann öffnete sie sich, und *er* kam heraus. Ein sonderbarer alter Mann mit einer verfaulten Nase. Er berührte mich an der Wange und sagte irgendwas.«

»Was?«

»Ich hab's nicht gehört«, antwortete Hopley. »Gerade in dem Augenblick hat jemand in der Küche einen ganzen Stapel Teller fallen lassen. Aber ich muß es gar nicht wissen. Ich brauche ja bloß in den Spiegel zu gucken.«

»Sie wissen wohl nicht, ob die Zigeuner gerade in Milford gelagert haben?«

»Zufällig doch. Am nächsten Tag habe ich mich bei der Milforder Polizei danach erkundigt«, antwortete Hopley. »Nennen Sie es professionelle Neugier — ich hatte den alten

Zigeuner wiedererkannt; so ein Gesicht kann man einfach nicht vergessen, wenn Sie verstehen, was ich meine.«

»Ja«, bestätigte Billy.

»Sie hatten sich für vier Tage auf einer Farm im Osten von Milford niedergelassen. Dieselbe Art von Handel, wie sie ihn hier mit diesem schwindsüchtigen Arncaster abgeschlossen hatten. Der Beamte, mit dem ich gesprochen habe, hat mir gesagt, daß er sie sehr genau im Auge behalten hätte. Offenbar waren sie genau an dem Morgen wieder abgezogen.«

»An dem Morgen, nachdem der Alte Sie angefaßt hatte?«

»Genau.«

»Glauben Sie, der Alte hat irgendwie gewußt, daß Sie dort sein würden? Ich meine, in diesem speziellen Restaurant?«

»Ich bin mit meiner Familie noch nie dort gewesen«, sagte Hopley. »Es ist ein altes Haus, das gerade renoviert worden ist. Normalerweise gehen wir immer zu einem Südländer, der ganz am anderen Ende der Stadt liegt. Meine Mutter hatte die Idee. Sie wollte mal sehen, was man mit den Teppichen gemacht hatte, mit der Holzvertäfelung und was weiß ich. Sie wissen ja, wie Frauen sind.«

»Sie haben meine Frage nicht beantwortet. Glauben Sie, der Alte hat irgendwie gewußt, daß er Sie dort antreffen würde?«

Die im Ohrensessel zusammengesunkene Gestalt schwieg lange, nachdenklich. »Ja«, sagte Hopley schließlich. »Ja, das glaube ich. Noch irrsinniger, was, Halleck? Wie gut, daß niemand uns zuhört, nicht wahr?«

»Ja«, antwortete Billy. »Ist wohl so.« Ein leises, merkwürdiges Kichern entfuhr ihm. Es klang wie ein winziger Schrei.

»Also, was ist das für eine Idee, die Sie im Kopf haben, Halleck? Ich schlafe in letzter Zeit nicht viel, aber gewöhnlich fange ich um diese Zeit immer an, mich im Bett herumzuwälzen.«

Als er jetzt aufgefordert wurde, das, was er sich bisher nur im stillen zurechtgelegt hatte, in Worte zu fassen, kam es Billy plötzlich absurd vor – seine Idee war töricht. Eigentlich war es gar keine richtige Idee, sondern nur ein Wunschtraum.

»Die Firma, für die ich arbeite, beauftragt eine Privatdetektei«, sagte er. »Barton Detective Services, Inc.«

»Hab' schon von denen gehört.«

»Sie sollen die besten in dem Geschäft sein. Ich... Das heißt...«

Er spürte, wie Ungeduld von Hopley ausstrahlte, obwohl der Mann sich überhaupt nicht bewegte. Er raffte seinen ganzen Mut zusammen, was an Würde noch in ihm war, und sagte sich, daß er ebensogut wie Hopley darüber Bescheid wußte, was mit ihnen passierte. Warum sollte er nicht reden? Schließlich geschah mit ihm das gleiche.

»Ich will ihn finden«, sagte er fest. »Ich will ihn zur Rede stellen. Ich will ihm sagen, wie es passiert ist. Ich... ich glaube, ich möchte reinen Tisch machen. Obwohl... ich nehme an, wenn er schon in der Lage ist, uns das hier anzutun, dann weiß er es vielleicht sowieso schon.«

»Ja.«

Etwas ermutigt fuhr Billy fort: »Aber ich möchte ihm trotzdem meine Sicht der Dinge erklären. Daß es meine Schuld gewesen sei, ja, ich hätte in der Lage sein müssen, rechtzeitig zu bremsen. Und wenn die Dinge so gelaufen wären, wie es sein sollte, hätte ich auch rechtzeitig angehalten. Daß es die Schuld meiner Frau gewesen sei, weil sie mit mir das gemacht hat, was sie eben gemacht hat. Daß es Rossingtons Schuld sei, weil er mich reingewaschen hat, und Ihre Schuld, weil sie die Untersuchung vertuscht und die Zigeuner aus der Stadt geschmissen haben.«

Billy schluckte.

»Und dann werde ich ihm sagen, daß es auch *ihre* Schuld gewesen sei. Ja. Sie ist *einfach so auf die Straße gelaufen*, Hopley. Na gut, das ist nicht gerade ein Verbrechen, für das man mit der Gaskammer bestraft wird, aber der Grund, warum es gesetzeswidrig ist, ist ja gerade der, daß man dabei getötet werden kann, so wie sie getötet worden ist.«

»*Das* wollen Sie ihm sagen?«

»Ich *will* es nicht, aber ich werde es tun. Sie kam zwischen zwei geparkten Wagen hervor und hat sich in keiner Richtung umgesehen. In der ersten Schulklasse schon werden die Kinder eines besseren belehrt.«

»Irgendwie kann ich mir nicht vorstellen, daß diese Dame die ›Wachtmeister-Freundlich-Ausbildung‹ in ihrer ersten Klasse genossen hat«, entgegnete Hopley. »Irgendwie glaube ich nicht, daß sie überhaupt je in einer ersten Klasse *gewesen* ist, wissen Sie.«

»Dennoch«, sagte Billy widerspenstig. »Der gesunde Menschenverstand sagt einem doch...«

»Halleck, Sie müssen ganz versessen auf Bestrafung sein«, unterbrach ihn der Schatten, der Hopley war. »Im Augenblick nehmen Sie rapide ab. Wollen Sie sich auch noch den Grand Prix holen? Vielleicht wird er Ihnen das nächstemal den Darm verstopfen, oder Ihr Blut auf fünfzig Grad aufheizen, oder...«

»Ich werde nicht einfach in Fairview rumsitzen und zugucken, was passiert!« rief Billy böse. »Vielleicht kann er es wieder rückgängig machen. Haben Sie daran schon mal gedacht, Hopley?«

»Ich hab' eine Menge über das Zeug gelesen«, erwiderte Hopley. »Ich glaube, mir war fast vom ersten Augenblick an klar, was los ist. Von dem Augenblick an, als der erste Pickel sich über meinen Augenbrauen zeigte — dort haben alle meine Akneanfälle angefangen, als ich noch zur Schule ging, und damals hatte ich einige ganz hundsgemeine Anfälle, das kann ich Ihnen sagen. Also, ich hab's nachgelesen. Wie ich schon sagte, ich lese gern. Und ich muß Ihnen sagen, Halleck, es gibt zwar Hunderte von Büchern darüber, wie man einen Fluch oder eine Verwünschung über einen Menschen *ausspricht*, aber nur sehr wenige darüber, wie man sie wieder rückgängig macht.«

»Na gut. Vielleicht kann er's nicht. Möglich. *Höchstwahrscheinlich* sogar. Aber ich kann trotzdem zu ihm gehen, verdammt noch mal. Ich kann ihm gerade in die Augen sehen und zu ihm sagen: ›Du hast zu wenig Stücke aus der Torte herausgeschnitten, mein Lieber. Es fehlt noch eines für meine Frau und eines für *deine* Frau, und wenn wir schon dabei sind, wie wär's mit einem Stück für dich selbst? Wo warst du, als sie einfach so auf die Straße rannte, ohne sich umzugucken, wohin sie lief? Falls sie den Stadtverkehr nicht gewohnt war, dann mußt du das doch gewußt haben! Also, wo warst du? Warum warst du nicht zur Stelle, um sie an die Hand zu nehmen und zur nächsten Ampel an der Kreuzung zu führen? Warum...«

»Es reicht«, unterbrach ihn Hopley. »Säße ich in der Jury, Sie hätten mich überzeugt, Halleck. Aber Sie vergessen dabei den wichtigsten Faktor.«

»Und welcher wäre das?« fragte Billy steif.

»Die Natur des Menschen. Wir mögen zwar die Opfer von übernatürlichen Kräften geworden sein, aber womit wir es hier eigentlich zu tun haben, das ist die Natur des Menschen. Als Polizist – Verzeihung, ehemaliger Polizist – könnte ich Ihnen nicht eifriger zustimmen. Es gibt nur verschiedene Grautöne, die ineinander übergehen. Ein grauer Schatten in den nächsthelleren oder nächstdunkleren. Aber Sie glauben doch nicht ernsthaft, daß ihr *Ehemann* Ihnen diesen Mist abkaufen wird, oder?«

»Ich weiß es nicht.«

»Aber *ich* weiß es, Halleck«, sagte Hopley scharf. »Ich weiß es. Ich kann die Gedanken des Kerls so gut lesen, daß es mir manchmal so vorkommt, als hätte ich genau die richtige Antenne dafür. Sein ganzes Leben war ein einziges Herumziehen. Jedesmal ist er aus einer Stadt vertrieben worden, sobald die ›anständigen Bürger‹ sich soviel Haschisch und Marihuana beschafft hatten, wie sie wollten, sobald sie alle Zehner, die sie verschwenden wollten, am Glücksrad verspielt hatten. Sein ganzes Leben lang hat er sich mitanhören müssen, daß ein Schuft ›dreckiger Zigeuner‹ genannt wird. Die ›anständigen Bürger‹ leben in ihrer Heimat verwurzelt; er hat keine Heimat. Dieser Kerl, Halleck, mußte mitansehen, wie damals, in den dreißiger und vierziger Jahren, aus Jux seine Zelte angezündet wurden, und vielleicht sind dabei auch alte Leute und Babys mitverbrannt. Er hat mitangesehen, wie seine Töchter oder die Töchter seiner Freunde einfach genommen und vergewaltigt worden sind, denn wie alle ›anständigen Bürger‹ wissen, ficken die Zigeuner wie die Kaninchen, und auf ein paar Babys mehr oder weniger kommt es dabei ja wohl nicht an, und selbst wenn, wen kümmert das schon? – um mal eine Phrase zu dreschen. Er hat mitangesehen, wie seine Söhne oder die Söhne seiner Freunde so zusammengeschlagen worden sind, daß kaum noch ein Funken Leben in ihnen steckte... und warum? Weil die Väter dieser ›Großschnauzen, die sie zusammenschlugen, ein bißchen Geld bei den Glücksspielen verloren hatten. Es ist immer dasselbe: Man kommt in die Stadt, das ›anständige Volk‹ nimmt sich, was es braucht, und dann wird man wieder verjagt. Manchmal bekommt man eine Woche Zwangsarbeit auf der ortsansässigen Erbsenfarm oder einen Monat beim Straßenbau aufgebrummt. Und dann, Halleck, zusätzlich zu all dem anderen Mist, kommt der letzte Peitschenhieb: Dieser erstklassige Rechtsanwalt, dieser angesehene Mann mit dem Dreifachkinn und den Kiefern einer Bulldogge überfährt deine Frau auf offener Straße. Sie ist siebzig, vielleicht fünfundsiebzig Jahre alt, und vielleicht ist sie nur so schnell auf die Straße gerannt, um möglichst bald nach Hause zu kommen, weil sie dringend mal aufs Klo mußte und sich sonst in die Hose gemacht hätte. Alte Knochen splittern wie Glas. Und du lungerst herum und denkst dir, vielleicht diesmal, nur *dieses eine Mal*, muß es doch ein wenig Gerechtigkeit geben... ein winziges bißchen Gerechtigkeit, das ein Leben voller Gemeinheiten wieder gutmachen soll...«

»Hören Sie auf«, bat Billy heiser. »Bitte, hören Sie auf damit, ja?« Er strich sich besorgt über die Wange, weil er annahm, daß er fürchterlich schwitzte. Aber er hatte keine Schweißtropfen auf den Wangen; es waren Tränen.

»Nein«, widersprach Hopley mit bösartiger Herzlichkeit. »Sie haben das alles verdient, und sie sollen es hören. Ich sage Ihnen ja nicht, daß sie nicht weitermachen sollten, Halleck – Daniel Webster hat die Jury für den Satan überreden können –, also, was zum Teufel, ich glaube, es ist alles möglich. Aber ich glaube auch, daß Sie sich da ein bißchen zu sehr an zu viele Illusionen klammern. Dieser Kerl ist *wahnsinnig* vor Wut, Halleck. Der *rast*! Vielleicht liegt er mittlerweile sogar schon unter der Erde, was weiß ich, aber falls nicht, würde ich Ihnen raten, machen Sie sich lieber gleich auf den Weg in die Bridgewater Nervenheilanstalt. Der Kerl ist auf Rache aus, und wenn einer Rache will, dann schert er sich nicht um die verschiedenen Grautöne. Wenn Ihre Frau und Ihre Kinder bei einem Flugzeugabsturz ums Leben gekommen sind, dann wollen Sie sich auch nicht lange anhören, wie auf Grund von Schaltplan A der Schalter B falsch eingestellt worden ist und der Navigator C gerade von einer Fliege D gestört wurde, während Fluglotse E den falschen Augenblick gewählt hat, um aufs Scheißhaus F zu gehen. Sie werden nur noch den Wunsch haben, die gesamte Fluglinie auf Schadenersatz zu verklagen... oder einfach jemanden mit ihrem Gewehr abzuknallen. Sie werden einen *Sündenbock* haben wollen, Halleck. Sie werden jemandem ganz gewaltig weh tun wollen. Und jetzt tut man uns weh. Schlecht für uns. Gut für ihn. Vielleicht kapiere ich die ganze Sache doch ein bißchen besser als Sie, Halleck.«

Langsam, sehr langsam kroch seine Hand über den Tisch auf den Lampenschirm zu. Er drehte ihn so, daß das Licht auf sein Gesicht fiel. Haleck hörte ein dumpfes, nach Luft schnappendes Geräusch, und merkte erst einen Augenblick später, daß es von ihm gekommen war.

Er hörte Hopleys Stimme wieder: *Was meinen Sie, Halleck? Auf wie vielen Partys werde ich noch willkommen sein, jetzt, da mir das ganze Gesicht wegrutscht?*

Hopleys Gesichtshaut war eine rauhe, fremdartige Landschaft. Bösartig rote Geschwüre in der Größe von Teetassen wuchsen an seinem Kinn, seinem Hals, auf seinen Armen und auf den Handrücken. Auf seinen Wangen und seiner Stirn brachen kleinere Vulkane von Eiterpusteln auf, und seine Nase war eine fantastische Seuchenzone für Mitesser geworden. Gelblicher Eiter quoll hervor und floß in krummen Kanälen zwischen den stolz hervorragenden Hügeln seines Fleisches dahin. Hier und da tropfte Blut.

Grobe, schwarze Haare, Barthaare, wuchsen in Büscheln in ganz verrückten Nestern an seinem Hals und Kinn. Hallecks überforderter, schockierter Verstand machte sich erst nach einer Weile klar, daß in diesem Gesicht, in dem so ein verheerender Aufruhr herrschte, das Rasieren schon seit einiger Zeit unmöglich sein mußte.

Und hilflos eingebettet in der Mitte dieser roten, tröpfelnden Kraterlandschaft glühten Hopleys starrende Augen.

Sie sahen Billy an. Eine endlose Zeit lang, wie es ihm vorkam. Sie lasen seinen Abscheu und sein stummes Entsetzen.

Endlich nickte Hopley, so als wäre er befriedigt, und drehte den Lampenschirm wieder nach unten.

»O Gott, Hopley, das tut mir leid.«

»Das braucht's nicht«, antwortete Hopley, und wieder lag diese bösartige Herzlichkeit in seiner Stimme. »Bei Ihnen geht es nur langsamer, aber Sie kommen schon noch dahin. Meine Dienstpistole liegt in der dritten Schreibtischschublade von unten. Wenn es zu schlimm wird, werde ich sie gebrauchen, egal, wie es dann auf meinen Kontobüchern aussieht. Gott haßt die Feiglinge, hat mein Vater immer gesagt. Ich wollte, daß Sie mich sehen, Halleck, damit Sie verstehen. Ich weiß, wie er sich jetzt fühlt, der alte Scheißkerl. Und ich würde ihm nicht erst lange, hübsche Verteidigungsreden halten. Ich würde mir nicht erst die Mühe machen, die süße Vernunft walten zu lassen. Ich würde ihn umbringen für das, was er mir angetan hat, Halleck.«

Die entsetzliche Silhouette rutschte auf dem Sessel hin und her. Billy hörte, wie Hopley sich mit dem Finger über die Wange kratzte, und dann hörte er das unsagbare, Übelkeit verursachende Geräusch von aufbrechenden Eiterpusteln. *Rossington kriegt Schildpattschuppen am ganzen Körper, Hopley ist am Verrotten, und ich schwinde langsam dahin,* dachte er. *Lieber Gott, laß dies ein Traum sein, laß mich meinetwegen auch verrückt sein, wenn's sein muß ... aber laß dies nicht geschehen.*

»Ich würde ihn ganz langsam umbringen«, sagte Hopley. »Ich will Ihnen die Details ersparen.«

Billy versuchte, etwas zu sagen. Es kam nur ein trockenes Krächzen heraus.

»Ich verstehe, warum Sie so denken, aber ich habe für Ihre Mission nur sehr wenig Hoffnung, Halleck«, sagte Hopley dumpf. »Warum denken Sie nicht daran, ihn umzubringen? Warum nicht, Halleck?«

Billy hatte genug. Er floh aus Hopleys dunklem Wohnzimmer und stieß sich die Hüfte an seinem Schreibtisch. Er hatte wahnsinnige Angst, daß Hopley seine Hand ausstrekken und er mit dieser entsetzlichen Monstrosität in Berührung kommen würde.

Hopley blieb sitzen.

Halleck rannte in die klare Nachtluft hinaus und atmete tief durch. Er hatte den Kopf gesenkt. Seine Knie zitterten.

13. Kapitel: 172

Während der restlichen Woche dachte er öfter nervös daran, Ginelli bei den *Three Brothers* anzurufen. Ginelli schien ihm eine Art von Antwort auf alles zu sein — *was* für eine Art von Antwort, das wußte er allerdings nicht. Aber schließlich ließ er es bleiben und fuhr für seine Stoffwechseluntersuchungen in die Glassman-Klinik. Wäre er, wie Hopley, unverheiratet und allein gewesen (Hopley hatte ihn in den letzten Nächten übrigens öfter in seinen Träumen besucht), hätte er die ganze Sache abgeblasen. Aber er mußte an Heidi denken... und an Linda — Linda war nun wirklich eine unbeteiligte Zuschauerin, die von alledem nichts verstand. Also fand er sich brav in der Klinik ein und verbarg sein unheimliches Wissen vor den anderen, wie ein Mann eine Drogensucht versteckt.

Schließlich war die Klinik ja kein so unangenehmer Ort, und während er sich dort aufhielt, kümmerten sich Kirk Penschley und Barton Detective Services, Inc. um seine Angelegenheiten. Er hoffte es wenigstens.

Er wurde also untersucht und getestet. Er trank eine fürchterliche, nach Kreide schmeckende Barium-Lösung. Er wurde geröntgt. Man fertigte eine Gehirnaxialtomographie von ihm an, machte ein EEG, ein EKG und eine vollständige Stoffwechselanalyse. Ärzte, die die Klinik besuchten, wurden an ihm vorbeigeführt, als wäre er ein seltenes Tierexemplar in einem Zoo. *Ein Riesenpanda oder vielleicht der letzte der Drontenvögel*, dachte er, während er mit einem ungelesenen *National Geographic* im Solarium saß. Er hatte große Pflaster auf den Handrücken, denn man hatte unzählige Nadeln in ihn hineingestochen.

Am zweiten Morgen in der Klinik, während er die zweite Testrunde über sich ergehen ließ, fiel ihm plötzlich auf, daß er seine Rippen sehen konnte. Zum erstenmal seit... seit der Highschool? Nein, überhaupt. Seine Knochen stellten sich ihm jetzt vor. Sie zeichneten sich unter seiner Haut ab, traten triumphierend in Erscheinung. Nicht nur die Rettungsringe über seinen Hüften waren verschwunden, die Schaufeln seiner Beckenknochen waren jetzt ganz deutlich zu sehen. Er legte die Hand auf die Hüfte und fand, daß der Knochen sich wie die Gangschaltung seines allerersten Wagens, eines Pontica Jahrgang 1957, anfühlte. Er lachte ein bißchen, und dann stachen ihm die Tränen in die Augen. Das war jetzt alle Tage so. Mal auf, mal ab, heiter bis wolkig, gelegentliche Regenschauer möglich.

Ich würde ihn ganz langsam umbringen, hörte er Hopley wieder sagen. *Ich will Ihnen die Details ersparen.*

Warum eigentlich? fragte Billy sich, als er sich schlaflos in einem Klinikbett mit den Stützen für Körperbehinderte an den Seiten wälzte. *Sonst hast du mir ja auch nichts erspart.*

Während seines drei Tage Aufenthaltes in der Klinik nahm er sieben Pfund ab. *Nicht viel*, dachte er nun lakonisch mit seiner eigenen Art von Galgenhumor. *Nicht viel. Weniger als das Gewicht einer mittelgroßen Zuckertüte. Bei diesem Tempo werde ich erst... Donnerwetter!... erst Anfang Oktober zu einem Nichts zusammengeschrumpft sein.*

172, sang er in Gedanken. 172 heute. Wenn du ein Boxer wärst, hättest du damit die Schwergewichtsklasse verlassen und wärst zum Mittelgewicht übergetreten... Magst du dich nicht mal im Weltergewicht versuchen, Billy? Im Leichtgewicht? Bantamgewicht? Wie wär's mit dem Fliegengewicht?

Blumen kamen. Von Heidi. Aus der Firma. Linda schickte ihm ein kleines Biedermeiersträußchen. Auf die Karte hatte sie mit ihrer runden, ausladenden Handschrift geschrieben: *Bitte, werde bald gesund, Daddy — ich hab dich lieb, Lin*. Halleck weinte, als er das las.

Am dritten Tag durfte er sich wieder anziehen. Er traf sich mit den drei Ärzten, die für seinen Fall zuständig waren. In seinen Jeans und einem MEET-ME-IN-FAIRVIEW-T-Shirt fühlte er sich gleich viel weniger verletzlich. Es war erstaunlich, wieviel es ihm bedeutete, aus den gottverdammten Krankenhausklamotten heraus zu sein. Er hörte ihnen aufmerksam zu, dachte an Leda Rossington und verkniff sich ein grimmiges Lächeln.

Sie wußten genau, was ihm fehlte; sie standen ganz und gar nicht vor einem Rätsel. *Au contraire*, sie waren so aufgeregt, daß sie sich fast in die Hosen machten. Nun ja, ein wenig Vorsicht wäre schon angebracht. Sie wüßten vielleicht noch nicht *ganz* genau, was ihm fehlte, noch nicht, aber es handelte sich mit Gewißheit um eine von zwei (eventuell auch drei) Möglichkeiten. Eine davon wäre eine seltene Auszehrungskrankheit, die man noch niemals außerhalb von Mikronesien gesehen hätte. Die zweite wäre eine seltene Stoffwechselkrankheit, die bisher noch nicht richtig erforscht wäre. Die dritte – allerdings nur eine Möglichkeit! – wäre eine psychologische Form der nervösen Anorexie, aber diese letzte wäre so selten, daß man sie bisher nur vermutet hätte, aber noch nicht tatsächlich beweisen könnte. An dem aufflackernden Licht in ihren Augen merkte er, daß sie für diese Möglichkeit optierten. Sie würden ihre Namen danach in der medizinischen Fachpresse lesen können. In jedem Fall handelte es sich bei Billy Halleck um ein *rara avis*, und die Ärzte benahmen sich wie kleine Kinder am Weihnachtsabend.

Letzten Endes lief es darauf hinaus, daß sie ihn noch ein oder zwei (vielleicht auch drei) Wochen dabehalten wollten. Sie würden ihm seine Krankheit schon austreiben, und zwar gründlich. Sie dächten zuerst an eine Serie von Megavitaminen, (sicherlich!) plus einer Serie Proteininjektionen (selbstverständlich!) und an eine große Anzahl weiterer Tests (zweifelsohne!).

Er hörte ein professionelles Äquivalent von bestürztem Geheule – und sie heulten *buchstäblich* auf –, als Billy ihnen in aller Ruhe erklärte, daß er ihnen zwar herzlich danke, aber leider die Klinik verlassen müsse. Sie protestierten. Sie diskutierten. Sie hielten ihm Vorträge. Und Billy, der in letzter Zeit immer öfter das Gefühl hatte, er hätte doch den Verstand verloren, kam dieses Ärztetrio langsam so vor wie die drei Stooges. Unheimlich. Halb erwartete er schon, daß sie sich gegenseitig puffen und in die Seiten knuffen, daß sie in dem kostbar ausgestatteten Büro, ihre weißen Kittel hinter ihnen herflatternd, herumtoben und die teure Einrichtung zerschlagen würden, daß sie sich im Brooklyn-Akzent anschreien würden.

»Zweifellos fühlen Sie sich im Augenblick ganz wohl, Mr. Halleck«, gab einer von ihnen zu bedenken, »schließlich hatten Sie ja, wie man Ihrer Akte entnehmen kann, ein bedenkliches Übergewicht. Aber ich muß Sie warnen. Das, was Sie jetzt fühlen, kann täuschen. Wenn Sie weiterhin so abnehmen, werden Sie bald mit der Entwicklung von Mundblutungen rechnen müssen, mit ernsthaften Hautproblemen...«

Wenn Sie wirklich ernsthafte Hautprobleme sehen wollen, sollten Sie sich mal Fairviews Polizeichef ansehen, dachte Halleck. *Entschuldigung, Expolizeichef.*

Er beschloß, ganz spontan und ohne besonderen Anlaß, wieder mit dem Rauchen anzufangen.

»... mit ähnlichen Krankheiten wie Skorbut und Beriberi«, fuhr der Arzt mit gewichtiger Miene fort. »Sie werden außerordentlich anfällig für alle Arten von Infektionen sein, von einer simplen Erkältung über Bronchitis bis zur Tuberkulose. *Tuberkulose*, Mr. Halleck«, betonte er eindrücklich. »Wenn Sie aber hierbleiben...«

»Nein«, unterbrach Billy. »Bitte, verstehen Sie, ich habe nicht einmal die Wahl.«

Einer der beiden anderen Ärzte massierte sich behutsam die Schläfen, als hätte er plötzlich rasende Kopfschmerzen bekommen. Konnte schon sein – es war der Arzt, der die Idee von der psychologischen Anorexie in die Diskussion gebracht hatte.

»Was können wir sagen, um Sie zu überzeugen, Mr. Halleck?«

»Nichts.« Unaufgefordert tauchte das Bild des alten Zigeuners wieder vor ihm auf – er spürte die sanfte, streichelnde Berührung seiner Hand, das leichte Kratzen seiner rauhen Hornhaut an den Fingerknöcheln.

Ja, dachte er. *Ich werde wieder rauchen. Etwas echt Teuflisches. Camel oder Pall Malls oder diese Teufelsdinger, die Chester-*

fields. Warum nicht? Wenn diese gottverdammten Doktoren schon
so aussehen wie Larry, Curly und Moe, dann wird's Zeit, etwas
zu unternehmen.

Sie baten ihn, einen Augenblick zu warten, und verließen
gemeinsam das Büro. Billy war's ganz recht, auf sie zu warten. Er spürte, daß er in seinem verrückten Theaterstück eine Zäsur erreicht hatte, das Auge des Hurrikans, und auch
damit war er ganz zufrieden... damit, und mit dem Gedanken an die vielen Zigaretten, die er von nun an rauchen
würde, vielleicht gleich zwei auf einmal.

Sie kamen zurück, mit grimmigen Gesichtern aber in gewisser Weise auch exaltiert − Männer, die entschlossen waren, ihr letztes Opfer zu bringen. Sie würden ihn umsonst
dabehalten, sagten sie: Er bräuchte nur die Laborkosten zu
übernehmen.

»Nein«, antwortete Billy geduldig. »Sie verstehen nicht.
Meine Krankenversicherung übernimmt sowieso alle Ko-
sten, ich habe das nachgeprüft. Die Sache ist die, ich gehe.
Ich haue ganz einfach ab. Verdufte.«

Sie starrten ihn verständnislos an. Dann wurden sie wütend. Billy lag es schon auf der Zunge, ihnen vorzuhalten,
wie sehr sie ihn an die drei Stooges erinnerten, aber das wäre eine ausgesprochen schlechte Idee. Es hätte die Sache nur
noch komplizierter gemacht. Diese Typen waren es nicht
gewohnt, daß man sich ihnen widersetzte, daß man gegen
ihre Beschwörungsgesänge immun war. Er hielt es nicht für
ausgeschlossen, daß sie Heidi anrufen und ihr klarmachen
würden, daß nun eine Diskussion über seine Zurechnungs-
fähigkeit an der Tagesordnung wäre. Und Heidi könnte auf
sie eingehen.

»Wir würden Ihnen auch die Laborkosten noch bezahlen«, sagte einer von ihnen in unmißverständlichem Dies-
ist-unser-letztes-Angebot-Ton.

»Ich gehe«, sagte Billy. Seine Stimme war sehr ruhig, aber
er sah, daß sie ihm endlich glaubten. Vielleicht war es gerade diese Ruhe, die sie davon überzeugte, daß die Sache
nicht am Geld scheiterte, sondern daß er echt wahnsinnig
geworden war.

»Aber, *warum*? *Warum*, Mr. Halleck?«

»Weil...«, antwortete Billy, »... Sie glauben zwar, daß Sie mir helfen können, aber... äh... meine Herren, Sie können es nicht.«

Als er in ihre ungläubigen, verständnislosen Gesichter blickte, dachte Billy, daß er sich noch nie im Leben so einsam gefühlt hätte.

Auf dem Heimweg hielt er vor einem Tabakladen und kaufte sich eine Schachtel Chesterfield Kings. Nach den ersten drei Zügen wurde ihm so schwindelig und übel, daß er die ganze Packung wegschmiß.

»Soweit also dieses Experiment«, sagte er laut zu sich selbst im Auto und weinte und lachte gleichzeitig. »Also gut, Kinder. Zurück ans alte Zeichenbrett.«

14. Kapitel: 156

Linda war nicht zu Hause.

Die vertrauten winzigen Fältchen um Heidis Mund und Augen hatten sich unter der Anspannung der letzten Woche vertieft. (*Sie* raucht wie eine Dampflok, stellte Billy fest, eine Vantage 100 nach der anderen.) Heidi erzählte ihm, daß sie Linda zu ihrer Tante Rhoda ins Westchester County geschickt hätte.

»Ich habe das aus mehreren Gründen getan«, erklärte sie. »Zunächst einmal, weil... weil sie Ruhe vor dir brauchte... vor dem, was mit dir passiert. Sie muß sich erholen. Sie war schon halb wahnsinnig. Es ging soweit, daß ich ihr nicht mehr klarmachen konnte, daß du keinen Krebs hast.«

»Sie sollte sich mit Cary Rossington zusammentun«, murmelte Billy und ging in die Küche, um die Kaffeemaschine einzuschalten. Er brauchte dringend eine Tasse — stark, schwarz und ohne Zucker. »Es scheint da eine Seelenverwandtschaft zwischen ihnen zu geben.«

»Was? Ich kann dich nicht hören.«

»Schon gut. Laß mich erst mal den Kaffee aufsetzen.«

»Sie schläft nicht mehr«, fuhr Heidi fort, als er aus der Küche zurückkam. Sie rang nervös die Hände. »Verstehst du das denn nicht?«

»Doch«, antwortete Billy, und er verstand es auch... aber trotzdem hatte er das Gefühl, als bohre sich ein kleiner Stachel in sein Herz. Er fragte sich, ob Heidi dann auch verstehen könnte, daß er Linda jetzt genausosehr brauchte wie sie; ob sie dann auch verstehen könnte, daß auch Linda jetzt einen großen Anteil daran haben könnte, ihn zu trösten und zu unterstützen. Aber, Trost hin oder her, er hatte kein Recht, Lindas Selbstvertrauen und seelisches Gleichgewicht zu zerstören. In diesem Punkt hatte Heidi recht. Egal, wieviel ihn das auch kosten mochte.

Er fühlte wieder diesen lodernden Haß in sich aufsteigen. Mammi hatte die Tochter aus dem Haus geschickt, sobald Daddy angerufen und seine Rückkehr angekündigt hatte. Und warum das? Weil Daddy, das Schreckgespenst, wieder nach Hause kam! Renn doch nicht weg, mein Kind, und schrei nicht! Es ist doch bloß der *Dünne Mann*...

Warum gerade an diesem *Tag, Heidi? Warum mußtest du dir ausgerechnet* diesen *Tag aussuchen?*

»Billy? Ist alles in Ordnung mit dir?« Heidis Stimme klang merkwürdig zurückhaltend.

Himmelherrgott, du blöde Gans! Du bist mit dem unglaublich zusammenschrumpfenden Mann verheiratet, und alles, was dir dazu einfällt, ist, mich zu fragen, ob mit mir alles in Ordnung ist!

»Mir geht es den Umständen entsprechend gut. Warum?«

»Weil du gerade... Du hast einen Augenblick lang ganz komisch ausgesehen.«

So, habe ich das? Habe ich das wirklich? Warum gerade an dem Tag, Heidi? Warum hast du dir gerade den Tag ausgesucht, um deine Finger in meine Hose zu stecken? Nach all den Jahren der Prüderie, nach all diesem Immer-nur-im-Dunkeln-Herumfummeln?

»Ich glaube, ich fühle mich jetzt die ganzen Tage über immer ein bißchen komisch«, sagte er und wies sich im stillen zurecht: *Du mußt damit aufhören, mein Freund. Es hat keinen Sinn. Was geschehen ist, ist geschehen.*

Aber das war gar nicht so leicht. Besonders dann nicht, wenn sie so wie jetzt vor ihm stand, eine Zigarette nach der anderen rauchte und dabei vollkommen gesund und munter wirkte, und wenn...

Aber du mußt damit aufhören, Billy! Hilfe!

Heidi wandte sich von ihm ab und drückte ihre Zigarette in einem Kristallaschenbecher aus.

»Und die zweite Sache ist die, daß du mir etwas verheimlichst, Billy. Etwas, das mit dieser Geschichte zu tun hat. Du redest manchmal im Schlaf. Und die letzten Nächte bist du lange unterwegs gewesen. Ich will es jetzt wissen. Ich habe ein *Recht* darauf, daß du mit mir darüber sprichst.« Sie fing an zu weinen.

»Du willst es wissen?« fragte Billy. »Du willst es wirklich wissen?« Er spürte, wie sich ein hämisches Grinsen über sein Gesicht ausbreitete.

»Ja! Ja!«

Also erzählte Billy es ihr.

Am nächsten Tag rief Houston ihn an. Nach einem langen, nichtssagenden Prolog kam er endlich zur Sache. Heidi sei bei ihm. Er und sie hätten sich ausführlich miteinander unterhalten. (Halleck wollte ihn schon danach fragen, ob er auch ihr ein Löffelchen voll weißen Schnees angeboten habe, unterließ es dann aber lieber.) Im Grunde lief der Monolog darauf hinaus: Beide hielten ihn für total verrückt.

»Mike«, antwortete Billy ruhig. »Der alte Zigeuner ist *real*! Er hat uns alle drei angefaßt: Cary Rossington, Duncan Hopley und mich. Klar, ein Mann wie Sie glaubt natürlich nicht an das Übernatürliche, das verstehe ich — aber Sie werden an induktive und deduktive Schlußfolgerungen glauben, das ist so sicher wie das Amen in der Kirche. Also müssen Sie auch diese Möglichkeit in Betracht ziehen: Alle drei sind wir von ihm' angefaßt worden, und jetzt haben wir alle drei eine mysteriöse, ganz üble Krankheit. Bevor Sie also davon ausgehen, daß ich verrückt sei, sollten Sie wenigstens mal den logischen Zusammenhang ins Auge fassen.«

»Billy. Es *gibt* keinen Zusammenhang.«

»Ich habe nur...«

»Ich habe mit Leda Rossington gesprochen. Und sie hat mir erzählt, daß Cary sich in der Mayo-Klinik befindet und dort auf Hautkrebs behandelt würde. Sie meinte, daß der Krebs zwar schon ziemlich weit fortgeschritten wäre, die Ärzte aber sicher wären, daß sie Cary bald wieder hinkriegen würden. Außerdem hat sie mir noch gesagt, daß sie Sie seit der Weihnachtsparty bei den Gordons nicht mehr gesehen hätte.«

»Sie lügt.«

Houston schwieg... und dieses Geräusch im Hintergrund? War das etwa Heidi, die da weinte? Billys Hand krallte sich um den Hörer, bis seine Fingerknöchel weiß wurden.

»Haben Sie sie persönlich oder bloß am Telefon gesprochen?«

»Am Telefon. Aber ich sehe nicht, welchen Unterschied das machen sollte.«

»Wenn Sie sie gesehen hätten, würden Sie's wissen. Sie sieht aus wie eine Frau, die zu Tode erschreckt worden ist.«

»Hören Sie, wenn sie gerade erfahren hat, daß ihr Mann an Hautkrebs leidet und daß der Krebs schon ein gefährliches Stadium erreicht hat?!«

»Haben Sie mit Cary gesprochen?«

»Cary liegt auf der Intensivstation. Leute, die auf der Intensivstation liegen, dürfen nur unter extremen Umständen Anrufe entgegennehmen.«

»Mein Gewicht beträgt nur noch einhundertundsiebzig Pfund«, sagte Billy. »Das ist ein Nettoverlust von dreiundachtzig Pfund. Ich würde das schon ziemlich extrem nennen.«

Schweigen am anderen Ende, abgesehen von dem Geräusch, das sich wie Heidis Weinen anhörte.

»Werden Sie mit ihm sprechen? Wollen Sie es versuchen?«

»Wenn seine Ärzte ihm einen Anruf erlauben, und wenn er sich bereit erklärt, mit mir zu sprechen, dann ja. Aber, Billy, Ihre Halluzination da...«

»DAS IST KEINE HALLUZINATION!« *Schrei nicht, um Gottes willen, tu bloß das nicht.*

Billy schloß die Augen.

»Also gut, also gut«, sagte Houston besänftigend. »Ihre *Idee*. Gefällt Ihnen dieses Wort besser? Ich wollte Ihnen ja nur sagen, daß Ihnen Ihre Idee da nicht viel weiterhelfen wird. Im Gegenteil, sie kann sogar die Ursache für Ihre Psycho-Anorexie sein, falls das die Krankheit ist, an der Sie leiden — und Dr. Yount scheint mir davon überzeugt zu sein. Sie...«

»Hopley«, sagte Billy leise. Auf seinem Gesicht brach plötzlich Schweiß aus. Er wischte sich mit dem Taschentuch über die Stirn. Blitzartig tauchte Hopleys Gestalt wieder vor ihm auf: dieses Gesicht, das kein Gesicht mehr, sondern eine Reliefkarte der Hölle war; absurd wuchernde Entzündungen, tröpfelnde Nässe, und dann dieses unsagbare *Geräusch*, als Hopley sich mit dem Fingernagel über die Wange gekratzt hatte...

Houston schwieg jetzt sehr lange.

»Reden Sie mit Duncan Hopley. Er kann Ihnen bestätigen, daß...«

»Das geht nicht mehr, Billy. Duncan Hopley hat sich vor zwei Tagen umgebracht. Während Sie in der Glassman-Klinik waren. Er hat sich mit seiner Dienstpistole erschossen.«

Halleck drückte die Augen ganz fest zu. Er schwankte. Er fühlte sich wie nach den ersten drei Zügen an der Chesterfield. Er kniff sich ganz fest in die Wange, damit er nicht in Ohnmacht fiel.

»Dann wissen Sie es also«, sagte er mit immer noch geschlossenen Augen. »Sie wissen es... oder irgend jemand muß es wissen. Jemand muß ihn gesehen haben.«

»Grand Lawlor hat ihn gesehen«, berichtete Houston. »Ich habe gerade vor ein paar Minuten mit ihm telefoniert.«

Grand Lawlor. Billys verwirrter, gehetzter Verstand begriff einen Moment lang überhaupt nichts − er glaubte, daß Houston sich etwas verhaspelt und das Wort *Grand Jury** falsch ausgesprochen hätte. Dann fiel der Groschen. Grand Lawlor war der Beamte, der in diesem Bezirk ungeklärte Todesfälle zu untersuchen hatte. Und jetzt fiel's ihm auch wieder ein. Ja, Grand Lawlor hatte ein- oder zweimal vor dem Großen Geschworenengericht ausgesagt, als er, Billy, dabeigewesen war.

Bei solchen Gedanken kriegte er fast einen Lachkrampf. Er legte seine Hand ganz fest, über die Sprechmuschel und hoffte, daß Houston sein Gekicher nicht hören konnte. Wenn er es nämlich hörte, hielt er ihn mit Sicherheit für bekloppt.

---

* Großes Geschworenengericht, A.d.Ü.

Und das käme dir sehr gelegen, mich für bekloppt zu halten, nicht wahr, Mike? Denn wenn ich nun doch beschlösse, über dein winziges Fläschchen und das Elfenbeinlöffelchen zu plaudern, während alle mich für verrückt hielten, na, dann würde mir ja niemand mehr glauben, nicht wahr? Um Himmels willen, nein...

Das wirkte. Sein Kichern verging.

»Sie haben ihn nicht gefragt, ob...«

»Ob ich nach Einzelheiten im Zusammenhang mit seinem Tod gefragt habe? Nach dieser Horrorgeschichte, die Ihre Frau mir da erzählt hat? Darauf können Sie Gift nehmen!« Houstons Stimme wurde einen Moment lang ganz etepetete. »Sie sollten verdammt froh darüber sein, daß ich dichtgehalten habe, als er mich fragte, warum ich das wissen wollte.«

»Was hat er Ihnen gesagt?«

»Daß Hopleys Gesicht zwar in einem chaotischen Zustand gewesen war, aber nicht im Ansatz so schlimm wie die Horrorvision, die Sie Heidi da aufgetischt haben. Aufgrund von Grands Beschreibung nehme ich an, daß es sich bei Hopley um einen bösartigen Ausbruch von Akne gehandelt hat, was ja gerade im Erwachsenenalter besonders schlimm ist. Eine Krankheit übrigens, die ich bei ihm seit eh und je behandelt habe, seit er im Jahre 1974 zum erstenmal in meine Praxis gekommen ist. Dieser Ausbruch muß ihn ziemlich deprimiert haben, was mich nicht wundert – ich muß sagen, daß eine Akne im Erwachsenenalter, zumal, wenn sie so bösartig ausbricht, eines der psychologisch schädlichsten, aber nicht tödlichen Übel ist, die ich kenne.«

»Sie glauben also, daß sein Aussehen ihn deprimiert und daß er sich deshalb umgebracht hätte?«

»Im wesentlichen, ja.«

»Lassen Sie mich das mal festhalten«, sagte Billy. »Sie behaupten also, daß dies ein mehr oder weniger normaler Ausbruch von Akne im Erwachsenenalter gewesen ist, womit er sich schon seit Jahren herumgeschlagen hat... aber gleichzeitig nehmen Sie an, daß er sich auf Grund seines unerträglichen eigenen Spiegelbildes erschossen hat. Das ist eine *merkwürdige* Diagnose, Mike.«

»Ich habe nie behauptet, daß es die Akne allein gewesen

ist«, widersprach Houston. Er klang verärgert. »Das Schlimme an diesen Problemen ist, daß sie immer paarweise auftreten, in Trios, ja in ganzen Scharen. Es kommt niemals eines nach dem anderen. Die Psychiater haben die höchste Selbstmordrate pro zehntausend Angehörigen ihres Berufsstandes, Billy, aber die Polizisten stehen ihnen darin nicht sehr nach. Vermutlich hat sich eine Kombination von mehreren Faktoren ergeben — und der Akneausbruch könnte dabei der Tropfen gewesen sein, der das Faß um Überlaufen gebracht hat.«

»Sie hätten ihn sehen sollen«, erwiderte Billy grimmig. »Das war kein Tropfen. Das war der ganze verdammte Ozean.«

»Da er uns keinen Abschiedsbrief hinterlassen hat, werden wir es wohl niemals erfahren, nicht wahr?«

»Jesus«, sagte Billy und fuhr sich mit der freien Hand nervös durch die Haare. »Jesus Christus.«

»Außerdem tun die Gründe für Duncan Hopleys Selbstmord hier nichts zur Sache.«

»Für mich schon«, widersprach Billy. »Und ob.«

»Es kommt mir aber eher so vor, als ob es hier in Wirklichkeit um etwas anderes geht. Ihre Psyche spielt Ihnen einen bösen Streich, Billy. Sie sind in eine Schuldfalle getappt. Sie haben da eine Meise, eine, die Ihnen etwas über Zigeunerflüche einflüstert... und als Sie in jener Nacht zu Duncan Hopley gegangen sind, da haben Sie einfach etwas gesehen, was gar nicht existierte.« Er hatte jetzt einen warmherzigen Mir-können-Sie-alles-sagen-Ton angeschlagen. »Haben Sie vorher zufällig noch mal kurz in *Andy's Pub* hineingesehen, um noch ein paar Gläser zu trinken? Sie wissen schon, nur, um sich für die Begegnung ein wenig Mut zu machen?«

»Nein.«

»Sind Sie sicher? Heidi hat mir gesagt, daß Sie sich in letzter Zeit sehr häufig bei Andy aufgehalten und dort einige Stunden verbracht hätten.«

»Wenn das wahr wäre«, konterte Billy kaltschnäuzig, »dann müßte Ihre Frau mich ja wohl dort gesehen haben, glauben Sie nicht?«

Es folgte ein langes Schweigen. Dann sagte Houston tonlos: »Das war verdammt tief unter der Gürtellinie, Billy. Aber, das ist, ehrlich gesagt, genau der Kommentar, den ich von einem Mann erwarte, der unter äußerster psychischer Belastung steht.«

»Äußerste psychische Belastung, psychische Anorexie, ihr Typen habt wohl für alles euren Fachausdruck. Aber Sie hätten ihn sehen sollen! Sie hätten sehen sollen, wie er...« Billy unterbrach sich. Er mußte wieder an die entzündeten Pusteln auf Hopleys Wangen denken, an die Nase, die in dieser grausamen Landschaft, in diesem zerstörten Gesicht fast nicht mehr zu erkennen gewesen war.

»Billy, verstehen Sie denn nicht, daß Ihre Psyche krampfhaft nach einer logischen Erklärung für das sucht, was mit Ihnen geschieht? Sie fühlt sich schuldig wegen dieser Zigeunerin, und deshalb...«

»Der Fluch war vorbei, nachdem er tot war«, hörte Billy sich plötzlich sagen. »Vielleicht hat es deshalb nicht mehr so schlimm ausgesehen. Es ist genauso wie in den Werwolffilmen, die wir uns als Kinder angesehen haben, Mike. Wenn der Werwolf schließlich getötet ist, wird er wieder ganz zum Menschen!«

Aufregung ersetzte die Verwirrung, die ihn befallen hatte, als er die Nachricht von Duncan Hopleys Tod und seiner mehr oder weniger ganz normalen Hautkrankheit gehört hatte. Seine Gedanken überschlugen sich jetzt auf ganz neuen Wegen, erforschten sie eilig, wägten die Möglichkeiten und Wahrscheinlichkeiten gegeneinander ab.

Wohin geht so ein Fluch, wenn der Verfluchte schließlich ins Gras beißt? Scheiße. Ebensogut könnte man danach fragen, wohin der letzte Atemzug eines sterbenden Menschen geht. Oder seine Seele. Weg, natürlich. Er geht einfach weg. Weg, weg, weg. Gibt es da vielleicht auch einen Weg, ihn weggehen zu lassen?

Rossington — der war der erste. Rossington da draußen in der Mayo-Klinik, der sich verzweifelt an den Gedanken klammerte, daß er Krebs hatte, weil die Alternative um so vieles schrecklicher war. Würde er sich, wenn er starb, auch wieder zurückverwandeln, wieder normal werden...?

Ihm wurde bewußt, daß Houston schon eine Weile schwieg. Und wieder hörte er das Geräusch im Hintergrund, unangenehm vertraut... ein Schluchzen. Schluchzte Heidi etwa so?

»Warum heult sie?« fragte er grob.

»Billy...«

»Geben Sie sie mir mal!«

»Billy, wenn Sie sich *hören* könnten...«

»*Verflucht noch mal, geben Sie sie mir!*«

»Nein, das werde ich nicht tun. Nicht, solange Sie sich so aufführen.«

»Hören Sie mal, Sie lächerlicher, kleiner Kokain schnupfender...«

»*Billy! Schluß jetzt!*«

Houston brüllte so laut, daß Billy den Hörer einen Augenblick lang vom Ohr weghielt. Als er ihn wieder ansetzte, hatte das Schluchzen aufgehört.

»Jetzt hören Sie mir mal gut zu«, sagte Houston. »Es gibt keine Werwölfe und Zigeunerflüche! Ich komme mir schon ganz dämlich vor, daß ich Ihnen das überhaupt sagen muß, Bill!«

»Mann, können Sie denn nicht verstehen, daß gerade das ein Teil des Problems ist?« fragte Billy sanft. »Verstehen Sie denn nicht, daß genau dies der Grund ist, warum die Kerle die ganzen letzten zwanzig Jahrhunderte damit durchkommen konnten?«

»Billy. *Wenn* irgendein Fluch auf Ihnen liegt, dann hat Ihr eigenes Unterbewußtsein Ihnen den auferlegt! Alte Zigeuner können überhaupt niemanden verfluchen. *Aber Ihr eigenes Unterbewußtes, in der Gestalt eines alten Zigeuners, kann es.*«

»Mich, Hopley und Rossington«, ergänzte Billy lakonisch. »Und das auch noch zur gleichen Zeit. Mike, Sie sind derjenige, der hier einen blinden Fleck hat. Zählen Sie doch mal eins und eins zusammen.«

»Wenn man es zusammenzählt, kommt ein Zufall dabei heraus, mehr nicht. Wie oft sollen wir noch um den heißen Brei herumreden, Billy? Lassen Sie sich von den Ärzten helfen. Hören Sie damit auf, Ihre Frau in den Wahnsinn zu treiben.«

Einen Augenblick war er fast versucht, einfach nachzugeben und Houston zu glauben – es lag soviel Vernunft und gesunder Menschenverstand in seiner Stimme, so wütend sie auch klang, daß sie irgendwie tröstlich auf ihn wirkte.

Doch dann fiel ihm wieder ein, wie Hopley den Schirm der Schreibtischlampe so gedreht hatte, daß das Licht ihm direkt aufs Gesicht gefallen war. Und er hörte Hopley wieder sagen: *Ich würde ihn ganz langsam umbringen. Ich will Ihnen die Details ersparen.*

»Nein«, sagte er deshalb. »In der Glassman-Klinik können sie mir nicht helfen, Mike.«

Houston seufzte schwer. »Wer kann es denn, Bill? Der alte Zigeuner etwa?«

»Wenn ich ihn finden kann, vielleicht«, antwortete Billy. »Und da ist noch jemand, der mir vielleicht helfen kann. Ein Pragmatiker, genau wie Sie.«

Ginelli. Der Name war ihm plötzlich, während des Sprechens, gekommen.

»Aber ich glaube, in erster Linie muß ich mir selber helfen.«

»Das *erzähle* ich Ihnen ja die ganze Zeit!«

»Oh? Ich hatte den Eindruck, Sie hätten mir gerade eben geraten, in die Glassman-Klinik zurückzugehen.«

Houston seufzte wieder. »Ich glaube, Ihr Gehirn hat auch ganz schön an Gewicht verloren. Haben Sie eigentlich mal daran gedacht, was Sie Ihrer Frau und Ihrer Tochter alles zumuten? Haben Sie daran schon mal gedacht, Billy?«

Hat Heidi Ihnen eigentlich erzählt, was sie mit mir *gemacht hat, als der Unfall passierte?*, wäre Billy fast herausgeplatzt. *Hat sie Ihnen das noch nicht erzählt, Mike? Sie sollten sie mal danach fragen. Aber ja!*

»Billy?«

»Heidi und ich, wir werden darüber reden«, sagte Halleck ruhig.

»Aber, versuchen Sie ja nicht...«

»Ich finde, wenigstens in einem Punkt haben Sie recht, Mike.«

»Ja? Schön für mich. Und das wäre?«

»Wir sind schon zu lange um den heißen Brei herumgeschlichen«, antwortete Billy und legte auf.

Sie sprachen nicht darüber.

Billy versuchte es zwar ein paarmal, aber Heidi schüttelte nur mit blassem, gefaßtem Gesicht den Kopf und sah ihn vorwurfsvoll an. Sie antwortete ihm nur einmal.

Und zwar drei Tage nach dem Telefongespräch, das er mit Houston geführt hatte, das Gespräch, das Heidis Schluchzen als Hintergrundmusik begleitet hatte.

Sie hatten gerade ihr Abendessen beendet.

Halleck hatte wieder seine gewöhnliche Holzfällerportion verdrückt – drei Hamburger mit Brötchen, Gurken, Ketchup und allem Drum und Dran, vier Maiskolben (mit Butter), einen Berg Pommes frites und zwei Pfirsichtörtchen mit Vanillesoße zum Nachtisch. Sein Appetit war nicht besonders groß, aber er hatte eine alarmierende Entdeckung gemacht – wenn er nichts aß, nahm er noch schneller ab.

Heidi war nach seinem Gespräch – Streit – mit Houston blaß und still nach Hause gekommen. Ihr Gesicht war von den Tränen, die sie in Houstons Sprechzimmer vergossen hatte, noch ganz verquollen gewesen. Da er selbst ganz nervös und unglücklich gewesen war, hatte er weder zu Mittag noch zu Abend etwas gegessen... und als er sich dann am anderen Morgen gewogen hatte, war er um fünf Pfund auf 167 herunter.

Er hatte die Zahl angestarrt und plötzlich einen Schwarm Motten gefühlt, die in seinem Magen herumzuflattern schienen.

Fünf Pfund, hatte er gedacht. *Mein Gott, fünf Pfund an einem einzigen Tag!*

Seitdem hatte er keine Mahlzeit mehr ausgelassen.

Im Augenblick deutete er auf seinen leergeputzten Teller mit den säuberlich abgenagten Maiskolben und den Soßenresten von Hamburgern, Salat und Pommes frites, sowie auf die Vanillesauce des Nachtischs.

»Sieht das nach einer *Anorexia nervosa* aus, Heidi?« fragte er sie. »Sag mir's, sieht das danach aus?«

»Nein«, antwortete sie widerwillig. »Nein, aber...«

»Ich habe den ganzen letzten *Monat* soviel gegessen«, fuhr er fort. »Und während dieses Monats habe ich an die siebzig Pfund abgenommen. Würdest du mir bitte mal erklären, wie mein Unterbewußtsein diesen Trick zustande bringt? Zwei Pfund pro Tag abzunehmen bei einer täglichen Zufuhr von gut und gerne sechstausend Kalorien?«

»Ich... ich weiß es nicht... aber Mike... Mike sagt...«

»Du weißt es nicht, und ich weiß es nicht«, sagte Billy und warf ärgerlich seine Serviette auf den Teller. Sein Magen ächzte und stöhnte unter dem Gewicht der Speisen, die er gerade in sich hineingestopft hatte. »Und Michael Houston weiß es genausowenig.«

»*Aber, wenn es ein Fluch ist, warum geschieht mir denn nichts?*« schrie sie ihn unvermittelt an. Obwohl ihre Augen vor Wut funkelten, sah er schon die Tränen, die dahinter standen.

Betroffen, erschrocken und für einen Augenblick nicht fähig, sich zu beherrschen, schrie er zurück: »*Weil er es nicht gewußt hat, deshalb! Das ist der einzige Grund! Er hat es nicht gewußt!*«

Heulend stieß sie den Stuhl zurück, fiel fast darüber und floh aus dem Zimmer, die Hände gegen die Stirn gepreßt, als hätte sie soeben hämmernde Kopfschmerzen bekommen.

»Heidi!« rief er ihr nach und sprang so schnell auf, daß sein Stuhl nach hinten überkippte. »Heidi, komm zurück!«

Ihre Schritte hielten nicht auf der Treppe. Er hörte eine Tür zuschlagen — nicht ihre Schlafzimmertür. Es war viel zu weit hinten auf dem Flur. Lindas oder das Gästezimmer.

Er tippte sofort auf das Gästezimmer und behielt recht. In der Woche, bevor er fortfuhr, schlief sie nicht mehr bei ihm.

Diese Woche — die letzte, bevor er fuhr — war in seiner Erinnerung ein einziger verworrener Alptraum. Das blieb auch so, als er später versuchte, darüber nachzudenken. Das Wetter war heiß und drückend schwül geworden, so als hätten die Hundstage sie in diesem Jahr früher heimgesucht. Selbst die Bäume am frischen, kühlen Lantern Drive mit seinen sündhaft teuren Villen schienen zu welken. Billy Halleck aß und schwitzte, schwitzte und aß...

Und sein Gewicht sank langsam aber sicher weiter, und das ließ sich durch nichts aufhalten. Am Ende dieser Woche, als er sich bei Avis einen Wagen mietete, um die Interstate 95 nach Maine und New Hampshire hinaufzufahren, hatte er wieder elf Pfund abgenommen. Jetzt wog er nur noch 156.

Während dieser Woche riefen ihn immer wieder die Ärzte aus der Glassman-Klinik an. Und auch Michael Houston versuchte es ununterbrochen. Heidi sah ihn nur mit anklagenden, dunkel umringten Augen an und sagte nichts. Als er davon sprach, Linda anzurufen, erwiderte sie bloß mit dünner, müder Stimme: »Mir wäre es lieber, wenn du das nicht tätest.«

Am Freitag, einen Tag, bevor er losfuhr, rief Houston ihn noch einmal an.

»Michael«, sagte er und schloß die Augen. »Ich nehme schon keine Anrufe aus der Glassman-Klinik mehr entgegen. Ich werde auch von Ihnen keinen Anruf mehr annehmen, wenn Sie nicht mit diesem Mist aufhören!«

»Das würde ich gerade jetzt nicht tun«, sagte Houston eindringlich. »Ich möchte, daß Sie mir jetzt ganz genau zuhören, Billy. Es ist äußerst wichtig.«

Billy hörte sich Houstons neuen Quatsch ohne große Überraschung an. Er empfand nur Zorn und eine tiefe Enttäuschung darüber, von allen verraten zu sein. Aber das hatte er ja schließlich kommen sehen.

Heidi hatte Houston noch einmal aufgesucht. Sie hatten eine sehr gründliche Unterredung miteinander gehabt, die wohl mit noch mehr Tränen geendet hatte. Danach hatte Houston ein langes Gespräch mit den drei Stooges in der

Glassman-Klinik geführt (»Keine Sorge, Billy, läuft alles unter Dienstgespräch!«). Houston hatte Heidi dann wieder zu sich gebeten. Sie waren alle der Meinung, daß Billy vielleicht von einer Serie psychologischer Tests profitieren könnte.

»Und ich möchte Sie dringendst bitten, sich diesen Tests aus eigenem freien Willen zu unterziehen«, schloß Houston.

»Darauf verwette ich meinen Arsch. Und ich wette *auch*, daß ich schon weiß, wo diese Tests stattfinden sollen. In der Glassman-Klinik. Na, hab ich den Blumentopf gewonnen?«

»Nun, wir dachten, das wäre der logische — «

»Ah, ja, ich verstehe. Und während sie in meinem Gehirn rumwühlen, werden die Barium-Spritzen selbstverständlich fortgesetzt, stimmt's?«

Houston schwieg vielsagend.

»Und wenn ich nein sage?«

»Heidi hat eine Rechtsgrundlage«, antwortete Houston vorsichtig. »Sie verstehen, was ich meine?«

»Ich verstehe«, sagte Billy. »Sie reden davon, daß Sie und Heidi und die drei Stooges sich zusammensetzen werden, um mich nach Sunnyvale Acres, Korbflechten-ist-unsere-Spezialität, einweisen zu können.«

»Das hört sich ziemlich melodramatisch an, Billy. Sie macht sich sehr große Sorgen um Linda, ebenso wie um Sie.«

»Wir machen uns beide Sorgen um Linda«, erwiderte Billy. »Und ich mache mir auch um Heidi Sorgen. Es gibt Augenblicke, da bin ich so stinksauer auf sie, daß es mich ganz krank macht, aber hauptsächlich liebe ich sie immer noch, also mache ich mir auch Sorgen um sie. Sehen Sie, Mike, sie hat Sie in gewisser Weise irregeführt.«

»Ich weiß nicht, wovon Sie sprechen.«

»Ich weiß, daß Sie das nicht wissen. Und ich habe auch nicht vor, es Ihnen zu sagen. Sie wird es vielleicht tun — aber ich glaube eher, daß sie es unterlassen wird. Sie will nur eines: So schnell wie möglich vergessen, daß die ganze Sache überhaupt geschehen ist. Und wenn sie Sie in bestimmte Details einweihen würde, wäre ihre Ruhe wieder empfindlich gestört. Sagen wir's mal so, Heidi hat ihre eigene Schuldfalle, mit der sie zurechtkommen muß. Ihr Zigarettenkonsum ist von einer Schachtel auf zweieinhalb pro Tag gestiegen.«

Eine lange Pause am anderen Ende – und dann kehrte Houston wieder zu seinem ursprünglichen Thema zurück: »Wie dem auch sei, Billy, Sie müssen einsehen, daß diese Tests im Interesse aller Betei...«

»Leben Sie wohl, Mike«, sagte Billy und legte leise den Hörer auf.

15. Kapitel: Zwei Telefonate

Billy rannte den Rest des Nachmittags aufgeregt im voll klimatisierten Haus herum und warf in jedem Spiegel und jeder polierten Oberfläche einen Blick auf sein neues Selbst. *Die Art, wie wir uns selbst wahrnehmen, hängt mehr von der Wahrnehmung unserer Körperausmaße ab, als wir gemeinhin annehmen.*

Der Gedanke hatte für ihn durchaus nichts Tröstliches.

Mein eigenes Wertgefühl hängt davon ab, wieviel Luft ich beim Herumlaufen verdränge. Himmel, welch ein erniedrigender Gedanke. Dieser Mr. T. könnte sich einen Einstein unter den Arm klemmen und den ganzen Tag damit herumwandern wie mit einem... mit einem Schulbuch. Aber macht das diesen Mr. T. in irgendeiner Form besser, macht es ihn gewichtiger?

Ein quälendes T.S.-Eliot-Echo hallte leise wie eine weit entfernte Kirchenglocke am Sonntagmorgen in seinem Kopf nach: *Das habe ich nicht gemeint. Das habe ich ganz und gar nicht gemeint.* Was ja wohl auch stimmte. Die Vorstellung von Körpergröße als Ausdruck von Würde, Intelligenz oder auch als Beweis für Gottes Fürsorge war spätestens, als der fettleibig umherwatschelnde William Howard Taft das Präsidentenamt dem schlanken beinahe hageren – Woodrow Wilson überlassen mußte, ausgestorben.

Die Art, wie wir die Realität wahrnehmen, hängt in einem größeren Maß von der Wahrnehmung unserer Körpermasse ab, als wir gemeinhin glauben.

Ja – die Realität. Das kam dem Kern der Sache schon näher. Wenn man mitansah, wie man selbst Pfund für Pfund wie eine komplizierte Mathematikaufgabe von der Tafel weggewischt wurde, Strich für Strich, Rechenschritt für Rechenschritt, dann hatte das einigen Einfluß auf die eigene Realitätswahrnehmung.

Er war fett gewesen – nein, nicht nur massig, keine paar

Pfund Übergewicht, sondern fett wie eine Sau. Dann war er eine Zeitlang untersetzt gewesen, beinahe ganz normal, (falls es so etwas überhaupt gab — doch die drei Stooges von der Glassman-Klinik schienen ja davon auszugehen) und danach dünn. Jetzt fing das Dünnsein langsam an, in ein weiteres Stadium überzugehen: Dürrsein. Und was kam danach? Auszehrung, vermutlich. Und danach etwas, das noch außerhalb seiner Vorstellungskraft lag.

Er machte sich keine ernsthaften Sorgen, daß man ihn bald in eine Irrenanstalt einweisen würde. Solche Prozeduren dauerten. Aber das letzte Gespräch mit Houston hatte ihm deutlich gezeigt, wie weit die Dinge schon fortgeschritten waren und wie undenkbar es war, daß ihm auch nur ein Mensch glauben würde — weder jetzt noch irgendwann. Er hätte gern Kirk Penschley angerufen. — ein fast nicht zu bezähmender Drang trieb ihn dazu, obwohl er genau wußte, daß Kirk ihn sofort anrufen würde, sobald eine der drei Agenturen, die die Firma unter Vertrag hatte, etwas herausgefunden hatte.

Statt dessen wählte er eine andere New Yorker Nummer, eine, für die er in seinem Adreßbuch bis auf die letzte Seite zurückblättern mußte, um sie zu finden. Seit den ersten Augenblicken dieser Geschichte war Richard Ginellis Name immer wieder in seinen Gedanken aufgetaucht und dann wieder verschwunden — jetzt war der Zeitpunkt gekommen, ihn anzurufen.

Nur für alle Fälle.

»Three Brothers«, meldete sich eine Stimme am anderen Ende. »Unsere Spezialitäten sind heute abend Kalbfleisch in Marsalasauce und Fettuccine Alfredo nach Art des Hauses.«

»Mein Name ist William Halleck. Ich hätte gern mit Mr. Ginelli gesprochen, wenn er im Augenblick zu erreichen ist.«

Die Stimme schien einen Moment zu zögern und wiederholte dann: »Halleck?«

»Ja.«

Der Hörer wurde hingelegt. Billy hörte in weiter Ferne Töpfe und Pfannen klappern. Jemand fluchte auf italienisch. Jemand anderer lachte. Wie alles in letzter Zeit drangen auch diese Geräusche wie aus weiter Ferne zu ihm.

Schließlich wurde der Hörer wieder aufgenommen.

»William!« Wie so oft mußte Billy denken, daß Ginelli der einzige Mensch auf dieser Welt war, der ihn William nannte. »Wie geht es dir, *paisan?*«

»Ich habe abgenommen.«

»Na, das ist ja großartig«, sagte Ginelli. »Du warst zu dick, William. Das muß ich dir schon mal sagen; viel zu dick. Wieviel hast du abgenommen?«

»Zwanzig Pfund.«

»He! Gratuliere! Dein Herz wird es dir danken. Ganz schön hart, soviel abzunehmen, nicht wahr? Brauchst mir gar nichts zu erzählen, ich kenne das. Diese miesen Kalorien klammern sich ganz gemein fest. Bei Kerlen wie dir hängen sie irgendwann mal vorn über den Gürtel. Bei Südländern wie mir reißt einem eines Tages der Hosenboden auf, wenn man sich nach vorn beugt, um die Schuhe zuzuschnüren.«

»Eigentlich war's gar nicht so schlimm.«

»Auch gut. Du kommst zu uns, zu den *Three Brothers*, William. Ich werde dir mein ganz persönliches Spezialgericht kochen. Neapolitanisches Hühnchen. Dadurch wirst du alles Gewicht, das du verloren hast, bei einer Mahlzeit wieder zunehmen.«

»Könnte gut sein, daß ich mal darauf zurückkomme«, sagte Halleck mit dem Anflug eines Lächelns. Er betrachtete sich im Spiegel an seiner Bürowand, und plötzlich kam es ihm so vor, als zeigte er beim Lächeln zu viele Zähne, als säßen diese Zähne viel zu weit vorne. Das Lächeln verschwand sofort.

»Ja, gut, ich meine es nämlich ernst. Du fehlst mir, William. Wir haben uns zu lange nicht gesehen. Und das Leben ist kurz, *paisan*. Ich meine, es ist *kurz*, hab ich recht?«

»Ja, ist wohl so.«

Ginellis Stimme wurde eine Spur tiefer. »Ich habe gehört, daß du da oben in Connecticut Schwierigkeiten gehabt hast.« Er betonte Connecticut so, als wäre es ein gottverlassener Ort irgendwo in Grönland. »Hat mir sehr leid getan.«

»Wie hast du das herausgefunden?« fragte Billy verblüfft. Soweit er wußte, hatte nur eine knappe, beiläufige Meldung über den Unfall im *Fairview Reporter* gestanden, ohne Namensnennung. Die New Yorker Zeitungen hatten jedenfalls nichts davon berichtet.

»Ich halte eben meine Ohren offen«, antwortete Ginelli. *Denn die Ohren offenzuhalten ist das, worauf es wirklich ankommt*, dachte Halleck und fröstelte.

»Genau damit habe ich im Augenblick Probleme.« Er wählte seine Worte ganz vorsichtig. »Sie sind . . . es sind keine Schwierigkeiten mit dem Gesetz . . . diese Frau — weißt du von dieser Frau?«

»Ja. Ich hab' gehört, sie soll eine Zigeunerin gewesen sein.«

»Ja, stimmt. Sie hatte einen Mann. Er hat . . . er bereitet mir einige Probleme.«

»Wie heißt er?«

»Lemke, glaube ich. Ich will versuchen, allein damit fertig zu werden, aber ich dachte . . . vielleicht könnte ich . . .«

»Klar. Sicher. Jederzeit. Ruf mich an. Vielleicht kann ich was für dich tun. Vielleicht auch nicht. Vielleicht entscheide ich auch, daß ich dir überhaupt nicht helfen möchte. Ich meine, Freunde sind eben Freunde, und Geschäft bleibt nun mal Geschäft. Du verstehst doch, wie ich das meine?«

»Ja, das verstehe ich.«

»Manchmal gehen Freundschaft und Geschäft ganz gut zusammen, aber manchmal auch nicht, hab' ich recht?«

»Ja.«

»Versucht dieser Kerl, dir was anzutun?«

Halleck zögerte. »Ich möchte im Augenblick lieber noch nicht soviel darüber reden, Richard. Diese Sache ist ziemlich eigenartig. Aber, ja, er setzt mir ganz schön zu. Ziemlich hart sogar.«

»Ach, Scheiße, William, wir sollten jetzt darüber reden!« Die Betroffenheit in Ginellis Stimme war spontan und echt. Halleck spürte warme Tränen auf seinen Lidern und rieb sich mit einer Hand kräftig über die Wange.

»Ich... ich weiß das zu schätzen – wirklich. Aber ich möchte zunächst einmal versuchen, das alleine durchzustehen. Mir ist noch gar nicht richtig klar, welche Hilfe ich mir von dir erhoffe.«

»Wenn du mich anrufen willst, ich bin immer zu erreichen, William. In Ordnung?«

»In Ordnung. Und danke.« Er zögerte wieder. »Richard, sag mal – bist du abergläubisch?«

»Ich? Du fragst einen alten Spaghettifresser wie mich, ob ich abergläubisch sei? Mich, der ich in einer Familie aufgewachsen bin, in der die Mutter und die Großmutter und sämtliche Tanten ständig die Heilige Maria gepriesen und alle Heiligen angebetet haben, von denen man je gehört hat, und dazu noch eine ganze Horde, von denen man noch nie was gehört hat, die jedesmal, wenn einer starb, den Spiegel verhängt und das Zeichen zur Abwendung des Bösen Blicks gemacht haben, sobald ihnen eine Krähe oder eine schwarze Katze über den Weg gelaufen ist? Mir? *Mir* stellst du so eine Frage?«

»Ja«, sagte Halleck und mußte trotz der Tränen lachen. »Ich stelle dir so eine Frage.«

Richard Ginellis Stimme klang bei der Antwort hart, gepreßt und gänzlich humorlos: »Ich glaube nur an zwei Dinge, William: Geld und Gewehre. Daran glaube ich. Du darfst mich da gerne zitieren. Abergläubisch? Ich nicht, *paisan.* Du mußt dich da in der Person geirrt haben.«

»Das ist gut«, sagte Billy, und plötzlich strahlte er über das ganze Gesicht. Es war das erste richtige Lächeln, das er seit fast einem Monat spürte, und es tat gut – es tat *verdammt* gut.

Am selben Abend, kurz nachdem Heidi nach Hause gekommen war, rief Penschley an.

»Deine Zigeuner haben uns ein fröhliches Jagen bereitet«, leitete er munter seinen Bericht ein. »Deine Gebühren haben sich bisher schon auf fast zehntausend Dollar angehäuft, Bill. Zeit, das Ganze fallen zu lassen, findest du nicht?«

»Sag mir erst mal, was ihr rausgefunden habt«, antwortete Halleck. Seine Hände schwitzten.

Penschley fing in seiner trockenen ›erfahrener-Staatsmann‹-Manier zu berichten an.

Die Zigeunergruppe war zuerst in Greno, einer Stadt, in Connecticut, zirka dreißig Meilen nördlich von Milford, gesichtet worden. Nach einer Woche war sie aus Greno verjagt worden und hatte sich danach nach Pawtucket in der Nähe von Providence, Rhode Island, begeben. Nach Pawtucket kam Attleboro, Massachusetts.

In Attleboro war einer von ihnen wegen Ruhestörung verhaftet, kurz darauf aber auf Grund einer lächerlichen Kaution wieder freigelassen worden.

»Folgendes muß passiert sein«, sagte Penschley. »Da war ein Kerl aus der Stadt, ein ziemlich bulliger Typ, der vierteldollarweise über zehn Dollar am Glücksrad verloren hatte. Er hat dem Mann, der das Rad bediente, erzählt, daß das Rad getürkt sei und daß er es ihnen heimzahlen würde. Zwei Tage später sah er zufällig, wie der Zigeuner aus einem Tag und Nacht geöffneten Geschäft auf die Straße trat. Erst wurden ein paar böse Worte gewechselt, und dann folgte eine Schlägerei auf einem nahegelegenen Parkplatz. Unter den Stadtleuten gab es ein paar Zeugen, die aussagten, daß der Stadtkerl den Streit angefangen hätte. Aber es gab noch ein paar Zeugen mehr, die sich dafür verbürgten, daß es der Zigeuner gewesen wäre. Auf jeden Fall wurde der Zigeuner festgenommen. Als er die Kaution vorlegte, war die städtische Polizei erleichtert. Das ersparte ihnen eine Menge Prozeßkosten und veranlaßte vor allem die Zigeuner, schleunigst die Stadt zu verlassen.«

»So läuft das immer, nicht wahr?«, sagte Billy. Sein Gesicht war plötzlich brennend heiß geworden. Er war ziemlich sicher, daß der Mann, der in Attleboro verhaftet worden war, der junge Jongleur mit seinen Bowlingkegeln gewesen war, der schon im Fairview-Stadtpark eine ähnliche Vorstellung gegeben hatte.

»Ja, so ziemlich«, bestätigte Penschley. »Die Zigeuner kennen das schon. Die Bullen sind heilfroh, wenn der Kerl erst mal weg ist. Dann brauchen sie keinen großen Bericht zu schreiben und keine Fahndung einzuleiten. Es ist wie mit dem Staubkorn, das einem ins Auge fliegt. In dem Augenblick ist das Staubkorn das einzige, woran man denken kann. Dann fängt das Auge an zu tränen und spült es wieder heraus. Und wenn der Schmerz erst einmal vorbei ist, dann achtet man nicht mehr darauf, wohin das Staubkorn gekommen ist, oder?«

»Ein Staubkorn? Ist es das, was er für die Welt darstellt?«

»Für die Attleboro-Polizei war er genau das und nicht mehr. Willst du jetzt den Rest hören, Bill, oder sollen wir vorher erst noch eine Weile über die Notstände bei den diversen Minderheitsgruppen moralisieren?«

»Gib mir bitte den Rest durch.«

»Danach ließen die Zigeuner sich in Lincoln, Massachusetts, nieder. Dort blieben sie drei Tage, bevor sie wieder rausgeschmissen wurden.«

»War es die ganze Zeit über dieselbe Gruppe? Seid ihr da sicher?«

»Ja. Immer dieselben Fahrzeuge. Ich habe hier eine Liste mit den polizeilichen Kennzeichen — hauptsächlich Texas- und Delaware-Nummernschilder. Willst du sie haben?«

»Später. Wie geht's weiter?«

Es gab nicht mehr viel zu erzählen. Die Zigeuner waren in Revere, nördlich von Boston, aufgetaucht, zehn Tage dort geblieben und dann aus freien Stücken weitergezogen. Vier Tage in Portsmouth, New Hampshire... danach waren sie einfach aus dem Blickfeld verschwunden.

»Wir können ihre Fährte wieder aufnehmen, wenn du willst«, sagte Penschley. »Im Augenblick sind wir erst weniger als eine Woche hinter ihnen her. Es sind drei erstklassige Detektive von Barton Detective Services auf sie angesetzt, und alle drei glauben, daß die Zigeuner sich mit Sicherheit noch irgendwo in Maine herumtreiben. Sie sind immer parallel zur Interstate — 95 die gesamte Küste von Connecticut hinaufgezogen — sagenhaft! Sie kommen schon den ganzen Weg die Küste herauf. Mindestens von Carolinas. Das hat der Greely-Mann herausgefunden, der ihre Spur zurückverfolgt hat. Fast wie ein Wanderzirkus. Sie werden vermutlich die Haupttouristenorte von Südmaine abklappern. Ogunquit und Kennebunkport, sich dann nach Boothbay Harbor hocharbeiten und in Bar Harbor wahrscheinlich aufhören. Wenn die Touristensaison zu Ende geht, werden sie nach Florida oder an die Golfküste von Texas zurückkehren, um dort zu überwintern.«

»Ist ein alter Mann bei ihnen?« fragte Halleck, der den Hörer jetzt fest umklammerte. »So um die achtzig? Mit einer fürchterlichen Nase – sie ist ganz wund. Krebs oder so was!«

Ein Blättergeraschel, das ewig zu dauern schien.

»Taduz Lemke«, sagte Penschley ruhig. »Der Vater von der Frau, die du überfahren hast. Ja, er ist bei ihnen.«

»*Vater*?« keuchte Halleck. »Das kann nicht sein, Kirk! Sie war schon *alt*. Mindestens siebzig, wenn nicht fünfundsiebzig –«

»Taduz Lemke ist einhundertundsechs Jahre alt.«

Halleck verschlug es für einen Moment die Sprache. Seine Lippen bewegten sich, aber das war auch alles. Er sah aus wie ein Mann, der gerade von einem Gespenst geküßt worden ist. Dann konnte er nur seine eigenen Worte wiederholen: »Das kann nicht sein!«

»Ein Alter, um das wir ihn zweifellos alle beneiden können«, sagte Penschley, »aber durchaus nicht unmöglich. Sie sind heute alle registriert, mußt du wissen. Sie ziehen nicht mehr so wie früher in Karawanen durch Osteuropa – obwohl ich mir gut vorstellen kann, daß die Älteren unter ihnen wie dieser Lemke sich manchmal danach sehen, daß es noch so wäre. Ich habe hier einige Fotos für dich... Sozialversicherungsnummern... Fingerabdrücke, wenn du sie haben willst. Lemke hat verschiedentlich behauptet, daß er einhundertundsechs Jahre alt wäre, manchmal auch hundertacht und gelegentlich mal hundertzwanzig. Ich nahme an, daß einhundertsechs so ungefähr stimmen muß, denn das paßt auch mit den Informationen auf seiner Sozialversicherungskarte zusammen, die die Barton-Agenten uns beschaffen konnten.

Susanna Lemke ist seine Tochter gewesen, daran besteht kein Zweifel. Und er selbst ist als ›Präsident der Taduz Company‹ eingetragen, aber frag mich nicht, was das heißen soll. Vermutlich ist das die Firma, die die verschiedenen Glücksspiellizenzen besitzt, die sie erwerben mußten... was wiederum heißt, daß Lemke das Oberhaupt des Stammes oder der Bande — oder wie immer sie sich nennen mögen — ist.«

Seine *Tochter*? Lemkes *Tochter*? Das veränderte in Billys Augen alles. Angenommen, jemand hätte Linda auf offener Straße wie einen herumstreunenden Köter überfahren? Angenommen, es wäre Linda gewesen, die da...?

»... ihn lieber abschließen?«

»Häh?« Er versuchte, sich wieder auf Kirk Penschley zu konzentrieren.

»Ich habe gefragt, ob du sicher bist, daß du noch weitermachen willst, oder ob wir den Fall nicht lieber abschließen sollten. Er kommt dich teuer zu stehen, Bill.«

»Bitte, laß sie noch ein wenig dranbleiben«, sagte Halleck. »Ich rufe dich in vier Tagen an — nein, lieber drei —, um nachzufragen, ob ihr bis dahin den Ort gefunden habt, an dem sie sich gerade aufhalten.«

»Das brauchst du nicht«, antwortete Penschley. »Falls — *wenn* — die Barton-Leute sie finden sollten, wirst du der erste sein, der es erfährt.«

»Ich werde nicht mehr hier sein«, sagte Halleck langsam.

»Oh?« Penschleys Antwort klang absichtlich unverbindlich. »Wo wirst du dann sein?«

»Unterwegs«, erklärte Halleck leise und legte den Hörer auf. Er saß vollkommen still. Seine Gedanken schwirrten wie verwirrte Hummeln durch seinen Kopf. Seine Finger — seine sehr *dünnen* Finger — trommelten ruhelos auf die Schreibtischplatte.

16. Kapitel: Billys Brief

Heidi ging am nächsten Vormittag kurz nach zehn aus dem Haus. Sie schaute nicht kurz in Billys Zimmer rein, um ihm zu sagen, wohin sie ging und wann sie zurückkäme — diese liebenswerte, vertraute Gewohnheit gab es zwischen ihnen nicht mehr.

Billy saß an seinem Schreibtisch und beobachtete, wie der Olds rückwärts aus der Einfahrt setzte und langsam auf die Straße fuhr. Einen winzigen Augenblick lang wandte Heidi den Kopf, und ihre Blicke schienen sich zu begegnen: seiner verstört und verängstigt, ihrer vorwurfsvoll anklagend:

Du hast mich dazu gebracht, unsere Tochter aus dem Haus zu schicken. Du lehnst die professionelle Hilfe, die du brauchst, einfach ab. Unsere Freunde fangen an, hinter unserem Rücken über uns zu reden. Du scheinst jemanden zu suchen, der dich als Copilot ins Ha-ha-Land manövriert — und ich bin dazu auserkoren... ich scheiß auf dich, Billy Halleck, mach deinen Kram allein und laß mich zufrieden! Brenn in der Hölle, wenn du Lust dazu hast, aber du hast kein Recht, mich darum zu bitten, mit dir gemeinsam in dieses Inferno zu steigen.

Es war natürlich nur Einbildung. Sie konnte ihn so weit im Schatten des Zimmers ja gar nicht sehen.

Alles nur Einbildung, aber es tat weh.

Nachdem der Olds nicht mehr zu sehen war, spannte Billy einen Briefbogen in seine Olivetti und schrieb ›Liebe Heidi‹ auf die oberste Zeile. Es war der einzige Teil des Briefes, der ihm keine Schwierigkeiten bereitete. Alle anderen Sätze tippte er, einen nach dem anderen, mit langen Pausen, und tief im Innersten hoffte er, daß sie noch rechtzeitig zurückkäme, während er seine Sachen packte. Aber sie kam nicht. Schließlich zog er den Bogen aus der Maschine und las den Brief noch einmal durch:

Liebe Heidi,

wenn Du diese Zeilen liest, bin ich schon fort. Ich weiß noch nicht genau, wohin und auch nicht für wie lange. Aber ich hoffe, daß, wenn ich zurückkomme, alles vorüber ist. Dieser ganze Alptraum der letzten Zeit.

Heidi, Michael Houston hat in allem unrecht. Leda Rossington hat mir *wirklich* erzählt, daß der alte Zigeuner – er heißt übrigens Taduz Lemke – Cary angefaßt hat, und sie hat mir auch *wirklich* erzählt, daß auf Carys Haut jetzt Schuppen wachsen. Und Duncan Hopley war *wirklich* über und über mit Pickeln und Pusteln bedeckt...

Houston weigert sich konstant, eine ernsthafte Untersuchung dieser logischen Kette, die ich ihm zur Untermauerung meiner Vermutungen vorgelegt habe, anzustellen. Und er weigert sich noch standhafter, diese logische Kette mit den unerklärlichen Dingen in Zusammenhang zu bringen, die jetzt mit mir geschehen (155 heute morgen; jetzt sind's beinahe hundert Pfund). Er kann sich das nicht leisten – es würde bei ihm alles über den Haufen werfen, wenn er das machen würde. Er sähe mich lieber für den Rest meines Lebens in irgendeiner Irrenanstalt eingesperrt, als auch nur die *Möglichkeit in Erwägung zu ziehen*, daß dies alles auf Grund des Zigeunerfluchs geschehen konnte. Die Vorstellung, daß es so etwas Absonderliches wie Zigeunerflüche gibt – irgendwo auf dieser Welt, besonders aber hier in Fairview, Connecticut –, ist ein schreiender Widerspruch zu alledem, woran Houston bis jetzt geglaubt hat. Seine Götter kommen aus kleinen Fläschchen, nicht aus der Luft.

Aber ich glaube, irgendwo ganz tief in Deinem Innersten bist auch Du fähig, an diese Möglichkeit zu glauben. Ich glaube, daß ein Teil Deines Zornes, den Du in der letzten Woche auf mich verspürt hast, daher kommt, daß ich auf einer Meinung bestanden habe, *von der Dein eigenes Herz Dir sagt, daß sie der Wahrheit entspricht*. Du darfst mir gerne vorwerfen, ich würde hier den Amateurpsychologen spielen, aber ich habe mir folgendes dabei gedacht: Die Tatsache, daß nur einer von uns beiden für etwas bestraft wird, an dem wir gemeinsam beteiligt waren, führt mich dazu, an diesen Fluch zu glauben. Ich will damit sagen, daß Du Deinerseits Deinen Teil der Schuld verdrängst... und, weiß Gott, Heidi, der feige Teil in meiner Seele hat den Wunsch, daß Du, wenn ich schon durch diesen höllischen Verfall untergehen muß, eigentlich genau so etwas durchmachen solltest... das Unglück liebt nun mal Gesellschaft. Ich nehme an, daß wir alle so einen hundertprozentig durchtriebenen, mit Gold übertünchten Bastard in uns stecken haben, der so sehr mit unserem guten Teil verwoben ist, daß wir uns niemals ganz davon werden befreien können.

Aber es gibt auch noch eine andere Seite in mir, und diese andere Seite liebt Dich, Heidi. Sie würde niemals wünschen, daß Dir auch nur das geringste Leid geschieht. Dieser gute Teil hat eine intellektuelle, logisch denkende Seite, und das ist der Grund, warum ich wegfahre. Ich muß den Zigeuner finden. Ich muß Taduz Lemke finden und ihm sagen, was ich mir während der letzten Wochen ausgedacht habe. Es ist sehr leicht, jemanden zu beschuldigen, und es ist sehr leicht, sich rächen zu wollen. Aber wenn man die Dinge einmal etwas näher betrachtet, stellt man allmählich fest, daß jedes Ereignis immer ganz eng mit dem nächsten Ereignis verknüpft ist. Manche Dinge geschehen einfach, weil sie geschehen. Dieser Gedanke gefällt uns allen wohl nicht so gut, weil wir dann nicht mehr so leicht einen anderen schlagen können, um uns dadurch Erleichterung zu verschaffen. Wir müssen einen anderen Weg suchen; aber keiner dieser anderen Wege wird so einfach sein.

Ich will ihm sagen, daß gewiß keine böse Absicht hinter alledem gesteckt hat. Ich möchte ihn bitten, das, was er mit mir getan hat, rückgängig zu machen... vorausgesetzt, daß es überhaupt in seiner Macht liegt. Aber ich habe herausgefunden, daß mir vor allem eines am Herzen liegt: Ich möchte mich bei ihm entschuldigen. Für mich... für dich... und für ganz Fairview. Ich weiß heute eine ganze Menge mehr über Zigeuner als vorher, verstehst Du? Man könnte es wohl so ausdrücken, daß mir die Augen geöffnet worden sind. Ich halte es nur für fair, wenn ich Dir auch gleich noch eine andere Sache mitteile, Heidi — falls er den Fluch rückgängig machen kann, falls ich herausfinden sollte, daß ich nach alledem doch noch eine Zukunft habe, auf die ich mich freuen kann — dann werde ich diese Zukunft nicht in Fairview verbringen. Ich habe die Nase voll von Andy's Pub, vom Lantern Drive, dem Country Club und dieser gesamten dreckigen, scheinheiligen Stadt. Wenn ich diese Zukunft tatsächlich habe, dann hoffe ich, daß Linda und Du, daß ihr beide mich an einen anderen, saubereren Ort begleitet und dort mit mir zusammenleben werdet. Wenn Du nicht willst oder nicht kannst, werde ich trotzdem gehen. Wenn Lemke nichts für mich tun kann oder will, habe ich wenigstens das beruhigende Gefühl, alles versucht zu haben, was in meiner Macht steht. Dann komme ich wieder nach Hause und werde mich bereitwillig in die Glassman-Klinik begeben, wenn Du es dann immer noch wünschst.

Wenn Du möchtest, kannst Du diesen Brief gerne Mike Houston oder den Glassman-Ärzten zeigen. Ich glaube, sie werden mir zustimmen, daß das, was ich jetzt unternehme, eine sehr gute Therapie sein kann. Na ja, werden sie sagen, schließlich könnte die Gegenüberstellung mit Lemke genau die Buße sein, die er braucht, um seine Selbstbestrafung, wenn es denn so etwas ist, auszumerzen (sie reden doch dauernd von der psychologischen Anorexie, wobei sie offenbar davon ausgehen, daß man sich so schuldig fühlen kann, daß man selbst seinen Stoffwechselzyklus hochtreibt, bis er zigtausend Kalorien pro Tag verbrennt). Oder, werden sie sagen, es gibt noch zwei andere Möglichkeiten: Entweder wird dieser Lemke ihn auslachen und ihm klarmachen, daß er noch nie in seinem Leben einen Fluch über jemanden ausgesprochen hat. Dadurch wird er den psychischen Angelpunkt zerstören, um den meine ›fixe Idee‹ sich dreht. Oder aber, dieser Lemke wird seine Chance sehen, daraus Kapital zu schlagen, mir etwas vorlügen und mir versichern, daß er mich tatsächlich verflucht hat. Dann wird er mir für eine ›Wunderkur‹ Geld abknöpfen — was, so mögen sie denken, genau das Richtige für mich sein könnte. Eine Wunderkur gegen einen wundersamen Fluch kann äußerst wirkungsvoll sein!

Ich habe durch Kirk Penschley ein paar Detektive engagiert, die für mich herausgefunden haben, daß die Zigeuner immer an der Interstate-95 entlang nach Norden weitergezogen sind. Ich hoffe, daß ich sie in Maine erwischen werde. Sollte sich etwas Entscheidendes ereignen, werde ich Dich sofort benachrichtigen. In der Zwischenzeit werde ich versuchen, Dich nicht weiter in Versuchung zu führen. Aber glaube mir bitte, daß ich Dich von ganzem Herzen liebe.

Billy

Er steckte den Brief in einen Umschlag, schrieb Heidis Namen auf die Vorderseite und lehnte ihn gegen das Frühstückstablett auf dem Küchentisch. Danach bestellte er ein Taxi, das ihn zum Hertz-Autovermietungsbüro nach Westport brachte. Als er auf den Haustürstufen stand und auf das Taxi wartete, hoffte er immer noch im stillen, daß Heidi nach Hause käme, damit sie noch einmal über die Dinge, die er ihr im Brief geschrieben hatte, reden könnten.

Erst, nachdem das Taxi in die Auffahrt eingebogen war und er endlich auf dem Rücksitz saß, gestand er sich ein, daß ein Gespräch mit Heidi zu diesem Zeitpunkt sicher nicht sehr gut verlaufen wäre — seine Fähigkeit, mit Heidi zu reden, gehörte jetzt der Vergangenheit an, gehörte zu der Zeit, in der er in dieser *fetten* Stadt gelebt hatte... und das in mehr als einer Hinsicht, und ohne sich dessen bewußt zu sein. All das gehörte jetzt der Vergangenheit an. Wenn es für ihn eine Zukunft gab, dann lag diese im Norden, eine ganze Strecke die Autobahn hinauf irgendwo in Maine, und er sollte sich lieber beeilen, die Zigeuner noch zu erwischen, bevor er zu einem Nichts zusammengeschrumpft war.

17. Kapitel: 137

Er übernachtete in Providence. Vom Hotel aus rief er im Büro an, erreichte aber nur den Auftragsdienst und hinterließ eine Nachricht für Kirk Penschley: Ob Penschley ihm bitte alle erhältlichen Unterlagen einschließlich aller Fotografien der Zigeuner und der Zulassungsnummern ihrer Fahrzeuge ins Sheraton Hotel nach South Portland, Maine, schicken könne.

Der Auftragsdienst wiederholte die Nachricht korrekt — für Billy ein kleines Wunder. Danach ging er auf sein Zimmer. Die Fahrt von Fairview nach Providence hatte zwar weniger als hundert Meilen gedauert, aber er war doch ziemlich erschöpft. Zum erstenmal seit Wochen schlief er eine Nacht tief und traumlos. Am nächsten Morgen bemerkte er als erstes, daß im Hotelbadezimmer keine Waage stand. Gott sei gedankt, dachte er, für die kleinen Dinge.

Er zog sich rasch an und unterbrach sich nur einmal erstaunt, als er feststellte, daß er beim Schuhezubinden fröhlich vor sich hinpfiff. Um halb neun befand er sich schon wieder auf der I-95, und abends gegen halb sieben betrat er das Sheraton, das einem riesigen Einkaufszentrum gegenüberlag.

Dort erwartete ihn eine Nachricht von Penschley: *Informationen unterwegs, aber es ist etwas schwierig. Kann noch ein oder zwei Tage dauern.*

Na großartig, dachte er. *Zwei Pfund pro Tag, Kirk, was, zum Teufel, soll's? Innerhalb von drei Tagen kann ich das Gewicht eines normalen Bierkastens verlieren. Gib mir fünf Tage, und ich bin um das Gewicht eines mittelgroßen Mehlsacks erleichtert. Laß dir ruhig Zeit, mein Freund, warum auch nicht?*

Das South Portland Sheraton war rund gebaut, und Billys Zimmer hatte die Form eines Tortenstücks. Seinem überstrapazierten Geist, der soweit mit allem ganz gut fertig geworden war, war es plötzlich unmöglich, sich in einem abgerundeten, spitz zulaufenden Schlafzimmer zurechtzufinden. Er war autobahnmüde und hatte Kopfschmerzen. Ein Restaurant war im Augenblick mehr, als er ertragen konnte... besonders, wenn es spitz zulief. Er bestellte sich also sein Dinner beim Zimmerservice.

Er war gerade aus der Dusche getreten, als der Kellner an die Tür klopfte. Schnell warf er sich den Bademantel über, den das Hotelmanagement rücksichtsvollerweise zur Verfügung stellte (in der Tasche steckte eine Karte mit der Aufschrift: Du sollst nicht stehlen!) und rief: »Einen Augenblick!«, während er das Zimmer durchquerte.

Dann öffnete er die Tür... und mußte zum erstenmal die unangenehme Empfindung durchmachen, die ein echtes Raritätenshowmonster haben mochte. Der Kellner war ein Junge von knapp neunzehn Jahren mit strubbeligen Haaren und hohlen Wangen, eine Art Imitation der britischen Punkrocker. Selbst kein Preis-Bodybuilder. Er blickte Billy kurz mit dem abwesenden Blick an, mit dem er wohl bei jeder Schicht Hunderte von Männern in Hotelbademänteln taxierte. Das Desinteresse würde sich etwas aufhellen, wenn er die Höhe des Trinkgeldes in Augenschein nähme, aber das wäre auch alles. Doch seine Augen weiteten sich plötzlich in einem Ausdruck von Überraschung und dem Anflug von Entsetzen. Sofort kehrte der desinteressierte Blick zurück. Aber Billy hatte es gesehen.

Entsetzen. Es war fast Entsetzen gewesen.

Und die Überraschung war immer noch vorhanden – versteckt zwar, aber sie war immer noch da. Billy glaubte, sie gerade deshalb erkennen zu können, weil sich noch eine andere Komponente eingeschlichen hatte – Faszination.

Die beiden erstarrten einen Augenblick lang gefangen in der unbehaglichen, unerwünschten Partnerschaft zwischen Gaffer und Begafftwerdendem. Billy wurde schwindelig. Er mußte daran denken, wie Duncan Hopley in seinem gemütlichen, fast völlig verdunkelten Haus in der Ribbonmaker Lane gesessen hatte.

»Na, nun bringen Sie's schon rein«, sagte er brüsk und

brach damit den Bann etwas übertrieben heftig. »Oder wollen Sie die ganze Nacht da draußen stehenbleiben?«

»Oh, nein, Sir«, sagte der Zimmerkellner hastig, »entschuldigen Sie bitte.« Heiße Röte war ihm ins Gesicht geschossen. Billy hatte Mitleid mit ihm. Schließlich war er kein Punkrocker und auch kein reichlich pflichtvergessener Jugendlicher, der in den Zirkus gekommen war, um mal echte Krokodile zu sehen, sondern nur ein Collegestudent mit einem Sommerjob, der von einem ungewöhnlich hageren Mann überrascht war, welcher an irgendeiner Krankheit leiden mochte oder auch nicht.

Der alte Kerl hat mich auf mehr als eine Weise verflucht, dachte Billy.

Dieses Kind hatte keine Schuld daran, daß er, Billy Halleck, ehemals Einwohner von Fairview, Connecticut, so viel Gewicht verloren hatte, daß er jetzt die Qualifikation zum Jahrmarktsmonster hatte. Er gab ihm einen Dollar extra Trinkgeld und sah zu, daß er ihn so schnell wie möglich los wurde. Dann ging er ins Bad zurück und betrachtete sich im Spiegel. Langsam, wie ein Exhibitionist in seinen eigenen vier Wänden, schlug er den Bademantel auseinander. Er hatte den Mantelgürtel ganz locker gebunden gehabt, so daß seine ganze Brust und der halbe Bauch zu sehen gewesen waren. Ganz verständlich, daß der Kellner, schon als er nur soviel wahrgenommen hatte, geschockt gewesen war. Hätte er ihn ganz gesehen, wäre der Schock wohl noch verständlicher gewesen.

Jede einzelne Rippe stand deutlich hervor. Seine Schlüsselbeine waren nur mehr exquisit gezeichnete, von dünner Haut überzogene Erhebungen. Seine Jochbeine wölbten sich hervor. Das Brustbein bildete einen dicken Knoten, der Bauch darunter ein hohles Loch. Die Beckenknochen sahen aus wie eine umgekehrt in der Luft hängende Wünschelrute. Grausam. Seine Beine waren noch so, wie er sie in Erinnerung hatte, lang und gut mit Muskeln bepackt. Die Knochen waren noch vergraben. Dort hatte er ja sowieso nie viel Fett angesetzt. Doch oberhalb der Gürtellinie entwickelte er sich tatsächlich zu einem Schreckgespenst – ein *lebendes Skelett*.

Hundert Pfund, dachte er. *Mehr braucht es nicht, um den versteckten Elfenbeinmann aus dem Keller zu locken. Jetzt weißt du, wie schmal der Pfad zwischen dem ist, was du immer für selbstverständlich gehalten und von dem du stillschweigend angenommen hast, daß es dir immer erhalten bleibt, und diesem Wahnsinn hier. Wenn du dich das jemals gefragt haben solltest, jetzt weißt du's. Du siehst immer noch normal aus — na ja, ziemlich normal — jedenfalls solange du deine Kleider anhast. Aber wie lange wird es noch dauern, bis du solche Blicke wie den, den der Kellner dir vorhin zugeworfen hat, auf dich ziehst, obwohl du angezogen bist? Eine Woche? Zwei Wochen?*

Seine Kopfschmerzen waren schlimmer geworden, und obwohl er vorhin einen Riesenhunger gehabt hatte, pickte er jetzt nur im Essen herum. Er schlief schlecht und stand früh auf. Diesmal pfiff er nicht beim Anziehen.

Billy war der gleichen Ansicht wie Kirk Penschley und die Barton-Detektive, die Zigeuner würden sich immer an der Küste halten. Während des Sommers war die Küste *der* Ort in Maine, wo *action* war, weil dort die Touristen waren. Sie kamen, um hier im Wasser zu schwimmen, da es meistens zu kalt war, um sich in der Sonne zu baden, die kaum zu sehen war (an vielen Tagen blieb das Wetter kalt und regnerisch, aber die Touristen schienen sich irgendwie nie daran erinnern zu können), um Hummer und Krabben zu essen, um Aschenbecher mit aufgemalten Seemöwen zu kaufen, um die Sommertheater in Ogunquit und Brunswick zu besuchen, die Leuchttürme von Portland und Pemaquid zu fotografieren oder einfach auch nur so in Städten wie Rockport, Camden und, natürlich, Bar Harbor, die gerade in Mode waren, herumzuhängen.

Die Touristen hielten sich an der Küste auf und somit auch die Dollars, die nur darauf warteten, aus ihren Brieftaschen zu flattern. Dort würden auch die Zigeuner zu finden sein — aber wo genau?

Billy stellte eine Liste von etwas mehr als fünfzig Seebadeorten zusammen und ging nach unten in die Hotelhalle. Der Barmann kam aus New Jersey und kannte sich nur in Ashbury Park gut aus. Aber er fand eine Kellnerin, die ihr ganzes Leben in Maine verbracht hatte, die Küste wie ihre Westentasche kannte und gern bereit war, etwas darüber zu erzählen.

»Ich bin auf der Suche nach ein paar Leuten und bin mir auch ziemlich sicher, daß sie sich irgendwo in einem Badeort aufhalten — aber in keinem so protzigen. Mehr so was wie... wie...«

»Sie meinen eine Art *honky-tonk*-Stadt?« fragte sie.

Billy nickte.

Sie beugte sich über die Liste. »Old Orchard Beach«, sagte sie sofort. »Das ist die *honky-tonkieste* Stadt von allen. So, wie es da bis zum Labor Day zugeht, werden Ihre Freunde überhaupt nicht auffallen, es sei denn, jeder hat drei Köpfe auf den Schultern.«

»Noch andere?«

»Hm... im Sommer sind alle Küstenstädte ein bißchen flippig«, antwortete sie. »Nehmen Sie zum Beispiel mal Bar Harbor. Jeder, der mal von Bar Harbor gehört hat, glaubt, daß es eine wirklich fetzige, vornehme Stadt ist... anspruchsvoll... voller reicher Leute, die nur im Rolls-Royce herumfahren.«

»Aber es ist nicht so?«

»Nein. Frenchman's Bay vielleicht, aber nicht Bar Harbor. Im Winter ist es einfach eine verschlafene kleine Stadt, in der die tägliche Zehn-Uhr-fünfundzwanzig-Fähre das Aufregendste ist, was passiert. Aber im Sommer ist Bar Harbor eine verrückte Stadt. Wie Fort Lauderdale zu Frühlingsanfang — voller Punks und Skinheads und pensionierter Hippies. Wenn man in Northeast Harbor auf der Anhöhe steht und der Wind in die richtige Richtung bläst, braucht man nur tief einzuatmen und schon ist man bekifft von dem ganzen Dope, das in Bar Harbor in der Luft hängt. Die Hauptattraktion ist — bis zum Labor Day — der große Straßenkarneval. Die meisten Städte, die Sie auf Ihrer Liste haben, sind so, Mister. Aber Bar Harbor steht ganz oben, verstehen Sie?«

»Ich hab's gehört«, antwortete Billy lächelnd.

»Früher habe ich mich im Juli, August öfters dort rumgetrieben, aber heute nicht mehr. Jetzt bin ich zu alt dafür.«

Billys Lächeln wurde wehmütig. Die Kellnerin sah höchstens wie dreiundzwanzig aus.

Er gab ihr fünf Dollar; und sie wünschte ihm schöne Ferien und viel Glück bei der Suche nach seinen Freunden. Billy nickte, aber zum erstenmal war er in diesem Punkt nicht mehr so optimistisch.

»Hätten Sie was gegen einen kleinen Rat einzuwenden, Mister?«

»Ganz und gar nicht«, antwortete Billy in der Annahme, sie hätte eine gute Idee, in welcher Stadt er am besten anfangen sollte — obwohl er *das* schon für sich selbst entschieden hatte.

»Sie sollten mal 'n bißchen Fett ansetzen«, sagte sie. »Essen Sie Mehlspeisen. Das ist das, was meine Mutter Ihnen raten würde. Essen Sie eine Menge Mehlspeisen. Nehmen Sie mal wieder ein paar Pfund zu.«

An seinem dritten Tag in South Portland erhielt er einen dicken, braunen Umschlag voller Fotografien und den Informationen über die Fahrzeuge. Er blätterte die Fotos langsam durch und betrachtete jedes einzeln. Da war der junge Mann, der mit den Bowlingkegeln jongliert hatte; er hieß ebenfalls Lemke, Samuel Lemke. Er blickte mit einer kompromißlosen Offenheit in die Kamera, einer Offenheit, die Bereitschaft zu Freundschaft und Lebensfreude wie zu Zorn und Mißmut verriet. Und dort das junge Mädchen, das so zielsicher mit der Kugelschleuder ins Schwarze getroffen hatte, als die Polizeibeamten aufgekreuzt waren — ja, sie war genauso schön, wie er es damals vermutet hatte. Sie hieß Angelina Lemke. Er legte ihr Foto neben das von Samuel Lemke. Bruder und Schwester. Die Enkelkinder von Susanna Lemke? Die Urenkel von Taduz Lemke?

Hier der ältere Mann, der die Spielzeugflieger ausgeteilt hatte — Richard Crosskill. Es gab auch noch andere Crosskills. Stanchfields. Starbirds. Und noch mehr Lemkes. Und dann... fast ganz zuletzt...

Das war er. Seine Augen, eingebettet in ein Netz winziger Fältchen, waren dunkel und ausgeglichen. Sie blickten ihn voll klarer Intelligenz an. Er hatte ein Taschentuch über den Kopf gebunden, das über der linken Wange geknotet war. Im Winkel seines eingefallenen Mundes klemmte eine Zigarette. Die Nase: eine einzige, offene, schwärende Wunde. Der Horror.

Billy starrte das Bild wie hypnotisiert an. Etwas an dem alten Mann schien ihm altvertraut, irgendeine Verbindung, die er aber nicht ganz festmachen konnte. Dann kam's. Taduz Lemke erinnerte ihn an die alten Männer in den Kefir-Reklamen, die im russischen Georgien lebten, starke, filterlose Zigaretten rauchten, siebzigprozentigen Wodka soffen und ein atemberaubendes Alter von hundertdreißig, hundertfünfzig, ja, hundertsiebzig Jahren erreichten. Und dann fiel ihm eine Zeile aus Jerry Jeff Walkers Schlager *Mr. Bojangles* ein: cEr sah mich an mit Augen, aus denen das Alter sprach...

Ja. Genau das fand er im Gesicht von Taduz Lemke − er hatte die Weisheit des Alters in seinen Augen. Ein Hauch von Ewigkeit. In diesen Augen entdeckte Billy ein tiefes Wissen, das die gesamten Erkenntnisse des zwanzigsten Jahrhunderts in den Schatten stellte. Er zitterte plötzlich.

Als er an diesem Abend auf die Waage im Bad seines spitz zulaufenden Zimmers stieg, wog er noch 117 Pfund.

18. Kapitel: Die Suche

Old Orchard Beach hatte die Kellnerin gesagt. *Das ist die honky-tonkieste Stadt von allen.* Der Angestellte an der Rezeption hatte ihre Aussage bestätigt. So auch das Mädchen in der Touristeninformationsstelle am Highway vier Meilen hinter der Stadt, obwohl sie sich dagegen verwahrt hatte, es so unverblümt auszudrücken. Billy lenkte seinen Mietwagen also Richtung Old Orchard Beach, das achtzehn Meilen weiter südlich lag.

Schon eine Meile vor dem Strand schlich der Verkehr nur noch langsam, Stoßstange an Stoßstange, die Straße entlang. Die meisten Autos in dieser Parade hatten kanadische Nummernschilder. Darunter waren viele asthmatische Veteranen, groß genug, ganze Footballteams zu transportieren. Die meisten Menschen, die Billy sah, egal ob im kriechenden Verkehr oder auf den Bürgersteigen, waren so spärlich bekleidet, wie das Gesetz es gerade noch erlaubte, manche stellten auch – in Mini-Bikinis und winzigen Badehosen – eine Unmenge von vor Sonnenöl glänzendem Fleisch zur Schau.

Billy hatte seine Blue-Jeans, ein weißes Hemd mit offenem Kragen und sein Sportjackett an, und obwohl die Klimaanlage auf Volltouren lief, schwitzte er hinter dem Steuer wie ein Berserker. Aber er hatte nicht vergessen, wie der Zimmerkellner ihn angestarrt hatte. Er würde kein Kleidungsstück mehr ablegen, und wenn seine Turnschuhe abends voller Schweißlachen stünden.

Der Verkehr kroch durch die Salzmarschen, schlich an gut zwei Dutzend Hummer- und Krabbenverkaufsbuden vorbei und wand sich dann durch ein Gebiet, das dicht mit Sommerhäuschen bebaut war. Sie standen eng zusammengedrängt. In den Vorgärten saßen ähnlich spärlich bekleidete Leute auf ihren Gartenstühlen und aßen, lasen in irgendwelchen Taschenbüchern oder schauten nur dem endlos fließenden Verkehr zu.

Himmel, dachte Billy, *wie halten die bloß den ganzen Abgasgestank aus?* Doch dann fiel ihm ein, daß sie es vielleicht ganz gern so mochten. Vielleicht war das sogar der Grund, warum sie lieber hier als am Strand saßen. Es erinnerte sie an zu Hause.

Die Sommerhäuser wichen Motels mit Reklameschildern: ON PARLE FRANCAIS ICI und TAUSCHE KANADISCHE DOLLAR ZUM NENNWERT AB 250 DOLLAR und MITTERNACHTSPORNOS IM KABELFERNSEHEN und NUR DREI MINUTEN ZUM STRAND BON JOUR À NOS AMIS DE LA BELLE PROVENCE!

Dann wurden die Motels seltener; es folgte eine Hauptstraße, an der größtenteils Andenkenläden standen, Geschäfte, in denen verbilligte Fotoapparate zu kriegen waren, und natürlich die Warenhäuser für schmutzige Literatur. Jugendliche in abgeschnittenen Jeans und Bikinioberteilen schlenderten den Bürgersteig auf und ab. Manche hielten sich an den Händen, andere blickten völlig gelangweilt durch dreckige Fensterscheiben auf die Auslagen. Einige bahnten sich mit lahmem Schwung auf ihren Skateboards einen Weg durch die Menge der Spaziergänger. Halleck stellte fasziniert und bestürzt zugleich fest, daß jeder in dieser Menge Übergewicht hatte, und jeder — selbst die Kinder auf den Skateboards — schien etwas zu essen: hier eine Ecke Pizza, dort ein Sandwich, eine Tüte Kekse oder Popcorn, ein Eis oder Zuckerwatte. Er sah einen fetten Mann, dem das Hemd aus seiner ausgebeulten grünen Bermudahose hing. Er hatte schlapperige Ledersandalen an und kaute schmatzend an einem fast vierzig Zentimeter langen Hotdog. In seinem Mundwinkel hing ein Rest, der von einer Zwiebel oder vom Sauerkraut stammte. In den Wurstfingern seiner linken Hand hielt er noch zwei weitere Hotdogs, und Billy hatte die Vision, es handele sich hierbei um einen Zauberkünstler, der dem Publikum rote Gummibälle präsentierte, um sie kurz darauf verschwinden zu lassen.

Als nächstes kam der Midway. Gegen den Himmel türmte sich eine Riesenachterbahn. Eine gigantische Nachbildung eines Wikingerboots schwang in steiler werdenden Halbkreisen auf und ab, und die im Inneren angeschnallten Passagiere kreischten und quietschten. Zu Hallecks Linken dröhnten Glocken und blitzten in großem Bogen Lichter auf, zu seiner Rechten bumsten Teenager in gestreiften T-Shirts mit ihren Autoscootern gegeneinander. Direkt unter dem großen Lichterbogen stand ein junges Paar, das sich küßte. Sie hatte die Arme um seinen Hals geschlungen. Er hatte eine Hand auf ihren Po gelegt. In der anderen hielt er eine Budweiserdose.

Tja, dachte Billy. *Genau hier ist es. Hier muß es sein.*

Er parkte den Wagen auf einem brütend heißen Schotterparkplatz, bezahlte dem Wächter siebzehn Dollar für einen halben Tag, steckte sein Portemonnaie von der Hosen- in die innere Jackentasche und begann mit der Suche.

Zuerst kam es ihm so vor, als ob der Gewichtsverlust sich in den letzten Tagen gesteigert hätte. Alle starrten ihn an. Aber seine Vernunft machte ihm sofort klar, daß es wohl eher an seiner Kleidung lag als daran, wie er *unter* diesen Kleidern aussah.

Die Leute würden dich genauso anstarren, wenn du Mitte Oktober in Badehose und T-Shirt auf dem Boulevard auftauchen würdest, Billy. Nimm's nicht so tragisch. Du bist einfach jemand, der die Blicke auf sich zieht, und hier gibt es eine ganze Menge zu sehen.

Und das stimmte. Er sah eine dicke, ja fette Frau in einem schwarzen Bikini. Ihre tief gebräunte Haut glänzte vor Sonnenöl. Ihr Unterkörper war sehr üppig, das Spiel ihrer kräftigen Oberschenkelmuskeln fast mythisch zu nennen. Und irgendwie erregend. Sie stampfte wie ein Ozeandampfer auf den weitgestreckten weißen Strand zu, und ihre Pobacken wackelten dabei wie aufgewühlte Wogen. Er sah einen schon grotesk fetten Pudel, dessen Locken für den Sommer kurzgeschoren waren. Seine hechelnde Zunge — mehr grau als rot — hing ihm weit aus dem Hals. Er saß im Schatten einer Pizzabude. Er sah zwei Faustkämpfe. Er sah eine riesige Seemöwe mit fleckigen grauen Schwingen und ausdruckslosen, schwarzen Augen, die sich in die Menge stürzte und einem kleinen Jungen in einer Sportkarre den fettigen Hamburger aus der Hand schnappte.

Und hinter all dem lag der elfenbeinweiße, sichelförmige Old Orchard Strand, von dem jetzt so gut wie nichts zu sehen war. Er war fast vollständig mit erholungsbedürftigen Sonnenbadern bedeckt, die die Mittagssonne eines Frühsommertages ausnutzten. Doch sowohl der Strand als auch der Atlantik, der sich dahinter erstreckte, wurden irgendwie durch das erotisch pulsierende Leben auf dem Midway überdeckt und entwürdigt. Ein Gewirr von Menschen mit Nahrungsmitteln in den Händen, die rasch in der Sonne austrockneten, das Geschrei der Straßenhändler (»Ich rate Ihr Gewicht!« hörte Billy zu seiner Linken. »Wenn ich es um fünf Pfund verfehle, gewinnen Sie einen Dollar!«), die heiseren Schreie der Achterbahnfahrer, die plärrende Rockmusik, die aus den Bars auf die Straßen drang.

Billy fühlte sich plötzlich der Wirklichkeit enthoben — außerhalb seiner selbst, als erlebte er gerade einen dieser Augenblicke von Astralprojektion, wie sie in den billigen Schicksalsmagazinen beschrieben werden. Namen wie Heidi, Penschley, Linda, Houston hatten plötzlich einen falschen, blechernen Klang, so als hätte jemand sie aus dem Stegreif für eine miese Geschichte erfunden. Er hatte das Gefühl, als könnte er hinter die Kulissen schauen, könnte dort die Scheinwerfer, Kameras und Bühnenbildner, ja, eine unvorstellbare ›reale Welt‹ entdecken. Der Seeduft schien von all den menschlichen Gerüchen erstickt zu werden. Die Geräusche kamen von ganz weit her, so als strömten sie durch einen sehr langen Korridor.

Astralprojektion, so'n Quatsch, meldete sich eine gedämpfte Stimme. *Du stehst kurz vor einem Sonnenstich, mein Freund.*

Das ist lächerlich. Ich habe noch nie im Leben einen Sonnenstich gehabt.

Na, ich glaube, wenn man so schnell hundertzwanzig Pfund verliert, wird der innere Thermostat ganz schön durcheinandergebracht. Du wirst jetzt sofort aus der Sonne verschwinden, sonst landest du noch irgendwo in einer Notaufnahmestation und mußt deine Blutgruppe und deine Versicherungsnummer angeben.

»Na gut, du hast mich überredet«, murmelte Billy laut, und ein kleiner Junge, der sich gerade ein Stück Schokolade nach dem anderen in den Mund stopfte, drehte sich um und warf ihm einen scharfen Blick zu.

Vor ihm lag eine Bar mit dem Namen *The Seven Seas*. An der Tür klebten zwei Schilder: VOLLKLIMATISIERT, ANGENEHM KÜHL stand auf dem einen und WIR SCHLIESSEN ZUR HAPPY HOUR auf dem anderen. Billy ging hinein.

The Seven Seas war nicht nur angenehm kühl, es herrschte hier auch eine gesegnete Ruhe. Ein Schild an der Jukebox besagte: IRGEND SO EIN ARSCHLOCH HAT MIR LETZTE NACHT EINEN TRITT VERPASST, UND JETZT SPIELE ICH NICHT MEHR. Darunter drückte eine französische Übersetzung dasselbe Gefühl aus. Allerdings waren beide Zettel so alt und vergilbt, daß die fragliche ›letzte Nacht‹ durchaus schon einige Jahre her sein konnte. Ein paar Kunden saßen an den Tischen, hauptsächlich ältere Männer, die so ähnlich wie Billy angezogen waren – mehr für die Straße als für den Strand. Einige spielten Dame oder Backgammon. Fast alle trugen einen Hut.

»Kann ich Ihnen helfen«, fragte der Barkeeper, der auf ihn zukam.

»Ein Bier, bitte.«

»Sofort.«

Das Bier kam. Billy trank es langsam und beobachtete das Gedränge auf dem Bürgersteig durch die Barfenster. Ruhig lauschte er dem Gemurmel der alten Männer. Er spürte, wie ein Teil seiner Kraft – ein Teil seines *Realitätsbewußtseins* wieder zurückkehrte.

Der Barkeeper kam wieder. »Noch eins?«

»Ja, bitte. Und ich hätte gern ein Wort mit Ihnen gesprochen, wenn Sie einen Augenblick Zeit hätten.«

»Worüber?«

»Über ein paar Leute, die vielleicht hier durchgekommen sind.«

»Was meinen Sie mit hier? Die *Seven Seas*?«

»Old Orchard.«

Der Keeper lachte. »Soweit ich das überblicke, kommt hier im Sommer halb Maine und ganz Kanada durch, mein Sohn.«

»Es handelt sich um Zigeuner.«

Der Keeper grunzte und brachte Billy eine neue Flasche Bier.

»Sie meinen das Treibgut. Jeder, der im Sommer nach Old Orchard kommt, ist einer von ihnen. Diese Bar hier ist ein bißchen anders. Die meisten, die hierherkommen, leben das ganze Jahr über in Old Orchard. Aber die Leute da draußen...« Er tat sie mit einer Bewegung aus dem Handgelenk ab. »Treibgut. Genau wie Sie, Mister.«

Billy hielt das Glas schräg und ließ das Bier langsam hineinlaufen. Dann legte er eine Zehn-Dollar-Note auf die Theke. »Ich weiß nicht, ob wir uns richtig verstehen. Ich spreche von wirklichen, echten Zigeunern, nicht von Touristen oder Sommerfrischlern.«

»Echte... oh, das müssen die Leute sein, die draußen bei dem alten Salzschuppen gecampt haben.«

Billys Herz schlug schneller. »Darf ich Ihnen mal ein paar Fotos zeigen?«

»Hat keinen Zweck. Ich habe sie nicht gesehen.« Er blickte einen Augenblick auf den Zehner, dann rief er: »Lon! Lonnie! Kommst du mal einen Augenblick rüber?«

Einer der alten Männer, die an den Fenstern saßen, stand auf und schlurfte zur Theke. Er hatte eine graue Baumwollhose und ein weißes Hemd an. Beides war ihm viel zu groß. Auf seinem Kopf saß ein Strohhut mit einem schmalen Rand. Sein Gesicht wirkte sehr müde. Nur die Augen waren lebendig. Er erinnerte Billy an jemanden, und nach einer Weile kam er drauf. Der alte Mann sah genau so aus wie der Schauspieler und Lehrer Lee Strasberg.

»Das ist Lon Enders!« stellte der Barkeeper ihn vor. »Er hat ein kleines Haus außerhalb der Stadt, ganz in der Nähe des alten Salzschuppens. Lon kriegt alles mit, was in Old Orchard vor sich geht.«

»Ich bin Billy Halleck.«

»Angenehm.« Enders' Stimme klang trocken wie Papier.

Er setzte sich auf den Barhocker neben Billy, das heißt, er schien gar nicht richtig zu sitzen. Seine Knie knickten nur irgendwie ein, als sein Hintern sich über dem Sitzpolster postierte.

»Möchten Sie ein Bier?« fragte Billy.

»Kann nicht«, raschelte die Papierstimme, und Billy drehte unmerklich den Kopf etwas zur Seite, um dem Schwall seines süßlichen Atems auszuweichen. »Hatte meins für heute schon. Der Doktor sagt, mehr darf ich nicht. Magen kaputt. Wenn ich 'n Auto wäre, wäre ich reif für den Schrotthaufen.«

»Oh«, murmelte Billy.

Der Barkeeper wandte sich von ihnen ab und fing an, den Geschirrspüler mit Biergläsern zu beladen. Enders betrachtete die Zehn-Dollar-Note. Dann sah er Billy an.

Halleck erklärte seine Geschichte nochmals, während Enders verträumt in die hinteren Schatten des Lokals blinzelte. Leise, wie ein im Traum vernommener Klang, klingelten die Glöckchen an der Eingangstür des Ladens nebenan.

»Sie waren hier«, sagte er, als Billy ausgeredet hatte. »Ja, ja, sie waren hier. Ich hatte schon seit sieben Jahren keine Zigeuner mehr gesehen. Und diesen Haufen vielleicht schon zwanzig Jahre nicht mehr.«

Billys rechte Hand umfaßte das Bierglas immer fester. Er mußte sich dazu zwingen, den Griff zu lockern, sonst hätte er es zerbrochen. Langsam, vorsichtig stellte er es auf der Theke ab.

»Wann? Sind Sie sicher? Haben Sie eine Ahnung, wohin sie gefahren sein könnten? Können Sie...?«

Enders hob seine Hand — sie war so weiß wie die eines Mannes, der eben ertrunken aus einem Brunnen gezogen wurde, und Billy kam sie fast durchsichtig vor.

»Langsam, mein Freund«, sagte er mit seiner Flüsterstimme. »Ich werde Ihnen sagen, was ich weiß.«

Mit derselben bewußten Anstrengung zwang Billy sich, zu schweigen und einfach zu warten.

»Ich werde den Zehner nehmen, denn Sie sehen so aus, als ob Sie ihn entbehren könnten, mein Freund«, flüsterte

Enders. Er steckte ihn in die Hemdtasche und schob dann den Daumen und Zeigefinger seiner linken Hand in den Mund, um seine obere Zahnplatte zurechtzuschieben. »Ich hätte auch umsonst geredet. Teufel, wenn man feststellt, daß man alt wird, würde man manchmal gern jemand dafür bezahlen, daß er einem zuhört... würden Sie Timmy bitte fragen, ob er mir ein Glas Eiswasser bringt? Ich schätze, selbst das eine Bier war schon zuviel – es brennt verdammt im Magen, das, was davon noch übriggeblieben ist –, aber es ist hart für einen alten Mann, auf all seine Vergnügungen zu verzichten, selbst wenn sie ihm gar kein Vergnügen mehr bereiten.«

Billy rief den Barkeeper zu sich, und er brachte Enders das Eiswasser.

»Alles in Ordnung, Lon?« fragte er, als er es hinstellte.

»Es ist mir schon besser, aber auch schon schlechter gegangen«, antwortete Enders und nahm das Glas in die Hand. Einen Augenblick lang dachte Billy, es wäre zu schwer für ihn. Aber der Alte schaffte es bis zum Mund, obwohl er dabei ein paar Tropfen verschüttete.

»Wollen Sie mit dem Kerl reden?« fragte Timmy ihn.

Das kalte Wasser schien Enders wieder zu beleben. Er setzte das Glas ab, warf Billy einen kurzen Blick zu und sah dann den Barkeeper an. »Ich finde, jemand sollte es tun«, sagte er. »Er sieht zwar noch nicht ganz so schlimm aus wie ich... aber er ist auf dem besten Weg dahin.«

Enders wohnte in einer kleinen Rentnersiedlung an der Cove Road. Die Cove Road gehörte, wie er sagte, ›zum echten Kern von Old Orchard – zu dem Teil, für den die Gauner sich nicht interessierten‹.

»Gauner?« fragte Billy.

»Die Menge, mein Freund, die Menge. Meine Frau und ich sind 1946 in diese Stadt gekommen, gleich nach dem Krieg. Habe seitdem hier gelebt. Hab' es gelernt, einen Betrüger von einem Meister zu unterscheiden – armer, einsamer Tommy McGhee, bist nun auch schon viele Jahre tot. Hab' mir damals die Stimme aus dem Leib geschrien. Ja, ja.

Was Sie jetzt noch davor hörn, ist alles, was von ihr übrig ist.«

Und wieder dieses leise Lachen, sanft und mild wie der Hauch einer kühlen Morgenbrise.

Wie es schien, hatte Enders so ziemlich alle Leute kennengelernt, die in irgendeiner Weise mit dem Sommerkarneval in Old Orchard zu tun hatten — die Händler, die Straßenverkäufer, die Zeltaufbauer, die Glashinauswerfer (Andenkenhändler), die Mädchen für alles (nicht fest angestellte Automechaniker), die Jahrmarktsleute, Rausschmeißer, Kuppler und Zuhälter. Manche waren Leute, die das ganze Jahr über dort lebten und die er seit Jahrzehnten kannte, oder solche, die jeden Sommer wie Zugvögel wiederkehrten. Sie waren eine stabile, fast liebevolle Gemeinschaft, welche die Sommertouristen nie zu Gesicht bekam.

Er kannte auch einen Großteil der Leute, die der Barkeeper als ›Treibgut‹ abgestempelt hatte. Das waren die echten Nichtseßhaften, diejenigen, die für eine oder zwei Wochen auftauchten, um in der fieberhaften Feierlaune der Stadt einige Geschäfte zu machen und dann schnell weiterziehen.

»Und Sie können sich an *alle* erinnern?« fragte Billy zweifelnd.

»Oh, ich könnte es nicht, wenn es jedes Jahr andere Leute wären«, flüsterte Enders. »Aber so ist der fahrende Handel nicht beschaffen. Sie erscheinen nicht so regelmäßig wie die Hafenarbeiter oder die Geldmacher, aber auch sie haben ein bestimmtes Muster. Du siehst 1957 einen Typen auf dem Bürgersteig auf und ab wandern und Hula-Hoop-Reifen verkaufen, die er über dem Arm hängen hat. 1960 siehst du ihn wieder, nur daß er jetzt teure Armbanduhren für drei Dollar das Stück an den Mann bringt. Sein Haar ist jetzt vielleicht schwarz statt blond, weil er glaubt, daß die Leute ihn so nicht wiedererkennen. Und ich glaube, sie tun's auch nicht, selbst wenn sie 1957 schon dagewesen sind, denn sie gehen sofort wieder auf ihn zu und lassen sich reinlegen. Aber wir kennen ihn. Wir kennen diese Sorte. Nichts ändert sich, abgesehen von den Waren, die sie verhökern, und das, was sie verkaufen, ist immer ein bißchen außerhalb des Gesetzes.

Die Dealer, ja, die sind anders. Es gibt zu viele von ihnen, und sie landen immer im Gefängnis oder sterben weg. Auch die Huren. Sie werden zu schnell alt, als daß man sich gern an sie erinnert. Aber Sie wollten ja über die Zigeuner reden. Ich glaube, wenn man mal so drüber nachdenkt, dann sind sie das älteste Treibgutvolk, das es gibt.«

Billy zog den Umschlag mit den Fotos aus der Brusttasche seines Sportjacketts und breitete sie sorgsam wie ein Pokerblatt auf der Theke aus: Angelina Lemke. Samuel Lemke. Richard Crosskill. Maura Starbird.

Taduz Lemke.

»Ah!« Der alte Mann auf dem Barhocker sog scharf den Atem ein, als Billy das letzte Foto hinlegte. Und dann sprach er das Bild direkt an, so daß Billy ein kühler Schauer über den Rücken lief: »Teddy, du alter Hurenmeister!«

Er blickte zu Billy auf und lächelte, aber Billy Halleck ließ sich nicht narren — der alte Mann hatte Angst.

»Hab' ich mir doch gedacht, daß er es war«, raunte der Alte. »Ich habe nichts weiter gesehen als einen Schatten in der Dunkelheit — das war vor drei Wochen. Nichts als einen Schatten in der Dunkelheit, aber ich dachte... nein... ich habe es *gewußt*...«

Wieder hob er zittrig das Eiswasser an den Mund und verschüttete dabei noch mehr davon. Diesmal auf seine Hemdbrust. Die plötzliche Kälte ließ ihn nach Luft schnappen.

Der Barkeeper kam herüber und bedachte Billy mit einem feindseligen Blick. Enders hob zerstreut die Hand, um anzuzeigen, daß mit ihm alles in Ordnung wäre. Timmy zog sich wieder zu seinem Geschirrspüler zurück. Enders drehte das Foto von Taduz Lemke um. Auf der Rückseite stand: *Aufgenommen in Attleboro, Mass., Mitte Mai 1983.*

»Und er ist nicht einen Tag älter geworden, seit ich ihn und seine Freunde hier getroffen habe. Das war im Sommer 1963.«

Sie hatten ihr Lager hinter Herks Salzlager und Hummerschuppen an der Route 27 aufgeschlagen. Sie waren vier Tage und vier Nächte geblieben. Am fünften Morgen waren sie einfach verschwunden. Die Cove Road lag ganz in der Nähe. Enders erzählte, er wäre am zweiten Abend nach ihrer Ankunft die halbe Meile zum Lager hinausgewandert, weil er sie sehen wollte. (Billy konnte sich kaum vorstellen, wie dieser klapperige Mann es einmal um den Block schaffen wollte, aber er ließ es sich nicht anmerken.) Er hätte sie sehen wollen, berichtete Enders, weil sie ihn an die gute alte Zeit erinnerten, als ein Mann sein Geschäft noch in Ruhe führen konnte, wenn er eins hatte, als *John Law** sich noch aus der Sache raushielt und ihn allein wirtschaften ließ.

»Ich habe eine ganze Weile am Straßenrand gestanden«, fuhr er fort. »Es war ein ganz gewöhnliches Zirkus- oder Zigeunerlager — je mehr die Dinge sich verändern, desto mehr bleiben sie sich gleich. Früher waren es mal Zelte, heute sind es eben Laster, Campingwagen und solches Zeug. Aber was da drinnen vor sich geht, das ist immer das gleiche. Eine Frau, die die Zukunft vorhersagt. Zwei, drei Frauen, die den Damen Spezialpülverchen verkaufen... zwei, drei Männer, die den Herren ihre Salben andrehen. Ich vermute, daß sie länger bleiben wollten, aber ich hab' gehört, daß sie für einige reiche Kanadier einen Hundekampf arrangiert hatten und daß der Staat Wind davon bekommen hat.«

»Einen *Hunde*kampf!«

»Die Leute wollen Wetten abschließen, mein Freund, und die Fahrenden sind immer bereit, die Kämpfe zu arrangieren, bei denen gewettet werden soll — das ist ja eins der Dinge, wofür diese Branche geschaffen ist. Hunde oder Hähne mit Stahlsporen oder vielleicht sogar zwei Männer. Dazu benutzen sie diese klitzekleinen Messerchen, die fast wie Spikes aussehen. Jeder beißt in das eine Ende eines Schals, und wer seins als erster fallen läßt, hat verloren. Die Zigeuner nennen das den ›fairen Kampf‹.«

---

* ›law‹ = Gesetz, hier durch den Vornamen personifiziert, A.d.Ü.

Enders starrte auf sein Spiegelbild an der Rückwand der Bar — auf sich und durch sich hindurch.

»Ja, ja, es war genau wie in den alten Zeiten«, sagte er träumerisch. »Ich konnte ihr Fleisch riechen. Sie haben eine bestimmte Art, es zu räuchern. Den grünen Pfeffer und das Olivenöl, das sie so lieben. Es riecht ranzig, wenn es aus dem Kanister fließt, und süß, sobald es kocht. Ich konnte sie in ihrer komischen Sprache reden hören, und ich hörte dieses *Tak, Tak, Tak* von Messern, die auf eine Zielscheibe geworfen wurden. Jemand buk auf die ganz alte Art Brot. Auf heißen Steinen.

Es war genauso wie in den alten Zeiten, aber ich war's nicht mehr. Ich hab' mich gefürchtet. Nun ja, die Zigeuner haben mir *immer* ein bißchen Angst eingejagt — aber der Unterschied zu heute: Damals wäre ich trotzdem zu ihnen gegangen. Teufel, schließlich war ich ein Weißer oder etwa nicht? Früher wäre ich einfach breitbeinig ans Lagerfeuer getreten, nach dem Motto ›ihr könnt mich mal‹, und hätte ihnen ein Bier oder ein paar Glimmstengel abgekauft, nur, um mich mal umsehen zu können. Aber die alten Zeiten haben mich zum alten Mann gemacht, mein Freund, und wenn ein alter Mann Angst hat, dann geht er nicht einfach so mir nichts dir nichts auf eine Sache los. Nicht mehr so wie in den Zeiten, als er gerade das Rasieren gelernt hatte.

Ich stand also im Dunkeln mit dem Salzschuppen auf der einen und dem Lager mit all diesen Lastwagen und Campingwagen und Kombiwagen auf der anderen Seite und beobachtete, wie sie vor dem Feuer auf und ab gingen, hörte sie reden und lachen, roch ihr Essen. Und dann ging plötzlich die hintere Tür von einem Lastwagen auf — auf der Seite war eine Frau aufgemalt und ein weißes Pferd, das ein Horn an der Stirn stecken hatte, so ein, wie nennt man die noch...«

»Einhorn«, half Billy nach, und seine Stimme klang fremd, als käme sie von woanders, von jemand anderem. Diesen Laster kannte er gut; er hatte ihn zum erstenmal an dem Tag gesehen, an dem die Zigeuner sich im Fairview-Stadtpark niedergelassen hatten.

»Jemand stieg aus«, fuhr Enders fort. »Ich sah nur einen Schatten und eine glimmende Zigarettenkippe, aber ich wußte, wer es war.« Er tippte mit seinem bleichen Finger auf die Fotografie, auf der der Mann mit dem Taschentuch um den Kopf abgebildet war. »Er. Ihr Kumpel.«

»Sind Sie sicher?«

»In dem Augenblick zog er kräftig an der Kippe, und ich konnte... das da sehen.« Er deutete auf die Überreste von Taduz Lemkes Nase, aber er berührte die matte Bildoberfläche nicht ganz, so als ob er eine Ansteckung fürchtete.

»Haben Sie mit ihm gesprochen?«

»Nein«, antwortete Enders. »Aber er hat mit mir gesprochen. Ich stand da im Dunkel und ich schwöre zu Gott, daß er nicht mal in meine *Richtung* geblickt hat. Aber er hat gesagt: ›Du vermißt deine Frau ganz schön, Flash, eh? Es wird alles gut, du bist jetzt bald bei ihr‹. Dann schnippte er die Kippe aus den Fingern und marschierte aufs Feuer zu. Ich sah den Ring in seinem rechten Ohr einmal kurz im Widerschein der Flammen aufblitzen. Das war alles.«

Er wischte sich mit einer Hand ein paar kleine Wassertropfen vom Kinn und sah Billy an.

»Flash haben sie mich früher genannt, als ich damals, in den fünfziger Jahren, an der Pier gearbeitet habe, mein Freund. Seit Jahren hat mich schon niemand mehr so genannt. Ich stand total im Schatten, aber er hat mich gesehen und mich bei meinem alten Namen gerufen — ich glaube, die Zigeuner nennen das meinen Geheimnamen. Sie legen verdammt viel Wert darauf, den Geheimnamen eines Mannes zu kennen.«

»So, tun sie das?« fragte Billy mehr sich selber.

Timmy, der Barkeeper, schlenderte wieder zu ihnen herüber. Jetzt sprach er Billy offen an, freundlich aber bestimmt... auf Enders achtete er gar nicht. »Er hat sich den Zehner redlich verdient, Mister. Lassen Sie ihn in Ruhe. Es geht ihm nicht besonders, und diese kleine Unterhaltung hier tut ihm nicht gerade gut.«

»Ich bin in Ordnung, Timmy«, sagte Enders.

Timmy sah ihn gar nicht an, sondern blickte Halleck unverwandt in die Augen. »Ich möchte, daß Sie die Bar verlassen«, sagte er immer noch in seiner sachlich-freundlichen Art. »Ihr Aussehen gefällt mir nicht. Sie sehen so aus, als brächten Sie Unglück über diesen Ort. Das Bier ist umsonst. Nur gehen Sie.«

Billy sah den Barkeeper an. Er fühlte sich ein wenig ängstlich und auch ein bißchen gedemütigt. »In Ordnung«, sagte er. »Nur noch eine Frage, dann werde ich gehen.« Er wandte sich an Enders. »Wohin sind sie gefahren?«

»Ich weiß es nicht«, antwortete der Alte, ohne zu zögern. »Zigeuner hinterlassen keine Nachsendeadressen, mein Freund.«

Billys Schultern sackten nach vorn.

»Aber ich war wach an jenem Morgen, als sie abgefahren sind. Ich habe nur noch einen sehr leichten Schlaf, und ihre Laster und Autos sind nicht gerade mit Schalldämpfern ausgestattet. Ich habe gesehen, wie sie vom Highway 27 auf die Route 1 Richtung Norden abgebogen sind. Mein Tip wäre... Rockland.« Der Alte seufzte tief und zitternd, und Billy beugte sich besorgt vor. »Rockland oder vielleicht auch Boothbay Harbor. Ja. Und mehr weiß ich nicht, mein Freund, außer, daß ich vor Schiß den ganzen Weg hinunter in meinen linken Tennisschuh gepinkelt habe, weil er mich mit meinem Geheimnamen angesprochen hat.« Lon Enders fing unvermittelt zu weinen an.

»Mister, würden Sie *bitte* gehen?« forderte Timmy ihn auf.

»Bin schon weg«, sagte Billy. Er blieb nur noch kurz stehen, um dem Alten die schmale, beinahe ätherische Schulter zu drücken.

Draußen traf die Sonne ihn wie ein Hammer. Es war jetzt mitten am Nachmittag, und sie neigte sich schon gen Westen. Nach links blickend entdeckte er seinen Schatten. Er war so dürr wie ein von Kindern gezeichnetes Strichmännchen, ausgegossen wie blaue Tinte auf dem heißen weißen Sand.

Er wählte die Vorwahl 203.

Sie legen verdammt viel Wert darauf, den Geheimnamen eines Mannes zu kennen.

Dann wählte er 555.

Ich möchte, daß Sie die Bar verlassen. Ihr Aussehen gefällt mir nicht.

Er wählte 9231 und hörte zu, wie das Telefon in der *fetten Stadt* zu läuten anfing.

Sie sehen so aus, als brächten Sie Unglück...

»Hallo?« Die erwartungsvolle, etwas atemlose Stimme gehörte nicht Heidi sondern Linda. Billy lag auf seinem Bett in dem tortenstückförmigen Hotelzimmer und schloß die Augen. Plötzlich kamen ihm die Tränen. Er sah sie vor sich, wie sie mit ihm den Lantern Drive entlanggegangen war und aufmerksam zugehört hatte, während er mit ihr über den Unfall gesprochen hatte — ihre alten Shorts, die langen, fohlengleichen Beine.

Was wirst du ihr sagen, Billy-Boy? Daß du den ganzen Tag am Strand verbracht und ungeheuer geschwitzt hast? Daß du zwei Bier zum Lunch getrunken und ein riesiges Abendessen, bestehend nicht aus einem sondern zwei Sirloin-Steaks, gegessen hast? Und daß du trotzdem statt der gewöhnlichen zwei Pfund drei pro Tag abgenommen hast?

«Hallo?«

Daß du Unglück über den Ort bringen würdest? Daß es dir leid tat, daß du gelogen hast, aber alle Eltern würden mal lügen?

»Hallo? Ist da jemand? Bobby, bist du's?«

Immer noch mit geschlossenen Augen sagte er: »Hier ist Dad, Linda.«

»*Daddy?*«

»Liebling, ich kann jetzt nicht sprechen.« *Weil ich weinen muß.* »Ich nehme immer noch ab, aber ich glaube, ich habe Lemkes Spur gefunden. Sag das bitte deiner Mutter. Ich glaube, ich habe Lemkes Spur gefunden. Kannst du das behalten?«

»Daddy, *bitte* komm nach Hause!« Sie weinte. Billys Hand um den Hörer wurde weiß. »Du fehlst mir, und ich werde mich nicht noch mal von *ihr* wegschicken lassen.«

Jetzt hörte er dumpf Heidis Stimme im Hintergrund: »Lin? Ist das Dad?«

»Ich liebe dich, Schatz«, sagte er. »Und ich liebe deine Mutter.«

»*Daddy* . . .«

Ein kurzes Stimmengewirr. Dann war Heidi am Telefon. »Billy? Billy, bitte, hör jetzt damit auf und komm zu uns nach Hause.«

Billy legte sanft den Hörer auf, rollte sich auf den Bauch und verbarg das Gesicht in der Armbeuge.

Am nächsten Morgen bezahlte er seine Rechnung im South Portland Sheraton und machte sich auf der U.S. 1 auf den Weg nach Norden. Diese lange Küstenautobahn fängt in Fort Kent, Maine, an und endet in Key West, Florida. Rockland oder vielleicht auch Boothbay Harbot hatte der alte Mann im *Seven Seas* ihm gesagt, aber Billy ging kein Risiko ein. Er hielt an jeder zweiten oder dritten Tankstelle am rechten Straßenrand; er hielt an Supermärkten, vor denen alte Männer auf Campingstühlen saßen und auf Zahnstochern oder Streichhölzern herumkauten. Er zeigte seine Fotos jedem, der sie sehen wollte. Er wechselte zweihundert Dollar Travellerschecks in Zweidollarnoten um und verteilte diese wie ein Mann, der für eine schlecht gehende Radiosendung wirbt. Hauptsächlich zeigte er vier Fotos vor. Eins von Angelina, dem Mädchen mit der olivbraunen Haut und den vielversprechenden Augen, eins vom umgebauten Cadillac Hearse, eins vom VW-Bus, auf dem das Mädchen mit dem Einhorn gemalt war, und das von Taduz Lemke.

Wie Lon Enders hatten die Leute Schwierigkeiten, mit diesem umzugehen. Sie wollten es nicht anfassen.

Aber sie waren sehr hilfsbereit, und Billy hatte keine Schwierigkeiten, den Zigeunern die Küste hinauf zu folgen. Es lag nicht an den außerstaatlichen Nummernschildern. Im Sommer gab es in Maine eine Unmenge von fremden Nummernschildern zu sehen. Es war eher die Art, wie die Lastwagen und Autos in der Kolonne fuhren, immer Stoßstange an Stoßstange; die farbenfrohen Bilder auf den Seitenwänden; und natürlich die Zigeuner selbst. Die meisten Leute, mit denen Billy sprach, behaupteten, daß die Kinder oder

Frauen etwas gestohlen hätten, aber niemand schien so recht zu wissen, was eigentlich abhanden gekommen war, und soweit Billy feststellte, hatte auch niemand wegen dieser angeblichen Diebstähle die Polizei gerufen.

Hauptsächlich erinnerten sie sich an den alten Zigeuner mit der abfaulenden Nase — wer ihn einmal gesehen hatte, vergaß ihn nicht mehr.

Als er mit Lon Enders im *Seven Seas* gesessen hatte, war er noch drei Wochen hinter den Zigeunern gewesen. Der Besitzer von Bobs Selbstbedienungstankstelle konnte sich nicht mehr erinnern, an welchem Tag er all ihre Lastwagen und Kombiwagen und Campingbusse einen nach dem anderen aufgetankt hatte, er wußte nur noch, daß sie ›stanken wie die Indianer‹. Billy dachte, daß Bob selbst mal ein Bad gebrauchen könnte, behielt das aber lieber für sich. Der Collegestudent, der im Falmouth-Getränke-Shop auf der anderen Straßenseite arbeitete, konnte sich noch ganz genau an das Datum erinnern — es war der zweite Juni gewesen, sein Geburtstag, und er hatte schlechte Laune gehabt, weil er an dem Tag hatte arbeiten müssen. Billy sprach am zwanzigsten Juni mit ihm, also lag er jetzt nur noch achtzehn Tage hinter ihnen. Die Zigeuner hatten versucht, nördlich von Brunswick einen geeigneten Lagerplatz zu finden, waren aber von dort vertrieben worden. Am 4. Juni hatten sie sich in Boothbay Harbor niedergelassen. Natürlich nicht am Strand, aber sie hatten einen Farmer gefunden, der bereit war, ihnen ein Heufeld auf dem Kenniston Hill für zwanzig Dollar pro Nacht zu vermieten.

Sie waren nur drei Tage in der Gegend geblieben — die Sommersaison hatte noch nicht so richtig angefangen, und die Geschäfte gingen schlecht. Dieser Farmer hieß Washburn. Als Billy ihm Taduz Lemkes Foto zeigte, nickte er und bekreuzigte sich schnell und (Billy war ziemlich sicher) unbewußt.

»Ich habe noch nie einen alten Mann gesehen, der sich so schnell bewegte wie er. Ich habe gesehen, daß er mehr Holzscheite auf den ausgestreckten Armen tragen konnte als einer meiner Söhne.« Washburn zögerte und fügte dann hinzu: »Ich mochte ihn nicht. Es war nicht nur die Nase. Himmel, mein Großvater hatte Hautkrebs, und bevor der ihn umgebracht hat, hatte er ein Loch so groß wie ein Aschenbecher in seine Wange gefressen. Man konnte direkt hineingucken und zusehen, wie er sein Essen kaute. Na ja, *das* hat uns nicht gerade gefallen, aber wir mochten unseren *Opa*, wenn Sie verstehen, was ich meine.« Billy nickte. »Aber dieser Kerl... ich konnte ihn nicht leiden. Ich fand, daß er wie ein Scheißkerl aussah.«

Billy wollte schon fragen, was der Farmer mit diesem Ausdruck meinte, aber dann fand er es unnötig. Er konnte es an Farmer Washburns Augen ablesen. Ein Scheißkerl, ein Buhmann, ein Schreckgespenst.

»Ja, das ist er«, sagte er sehr ernst.

»Ich habe also beschlossen, sie weiterzuschicken«, erzählte Washburn Billy. »Zwanzig Mäuse pro Nacht, nur, um ein bißchen Abfall und Unrat wieder wegzuräumen, ist ein ganz guter Verdienst, aber meine Frau hatte Angst vor ihnen, und ich hatte auch ein wenig Schiß. Also ging ich am nächsten Morgen raus zu ihnen, um ihnen die Nachricht mitzuteilen, bevor ich den Mut verlor, aber da waren sie schon im Aufbruch. Ich war ganz schön erleichtert.«

»Und sie sind wieder nach Norden gefahren.«

»Ja, Sir, das sind sie. Ich habe genau dort auf dem Hügel gestanden...« er deutete mit dem Finger in die Richtung, »... und habe gesehen, wie sie auf die U.S.1 bogen. Ich habe ihnen nachgesehen, bis ich sie aus den Augen verlor. Und ich war froh, als sie endlich weg waren.«

»Ja. Kann ich mir vorstellen.«

Washburn warf Billy einen kritischen, leicht besorgten Blick zu. »Möchten Sie nicht einen Augenblick ins Haus kommen und ein Glas Buttermilch trinken, Mister? Sie sehen ziemlich blaß aus.«

»Vielen Dank. Aber ich möchte noch vor Sonnenuntergang in der Gegend von Owls Head sein.«

»Suchen Sie nach ihm?«

»Ja.«

»Hm, ich hoffe, daß er Sie nicht auffrißt, wenn Sie ihn finden, Mister. Ich fand, daß er ziemlich hungrig ausgesehen hat.«

Billy hatte am einundzwanzigsten Juni mit Washburn gesprochen — der erste offizielle Sommertag, aber die Straßen waren gestopft voll mit Touristen und er mußte weit ins Land hineinfahren, bis nach Sheepscott, um noch ein Motel mit freien Zimmern zu finden. Die Zigeuner waren am Morgen des achten aus Boothbay Harbor abgefahren.

Nur noch dreizehn Tage hinter ihnen.

Er hatte zwei schlechte Tage, an denen es so schien, als wären sie über den Rand der Welt gefallen. Weder in Owl's Head noch in Rockland waren sie gesehen worden, obwohl beides Haupttouristenorte waren. Tankwarte und Kellnerinnen schüttelten den Kopf, als sie sich die Fotos ansahen.

Grimmig den Drang bekämpfend, seine kostbaren Kalorien über die Reling zu kotzen — er war noch nie ein guter Seemann gewesen —, nahm Billy die Inselfähre von Owl's Head nach Vinalhaven, aber auch dort waren die Zigeuner nicht gewesen.

Am Abend des dreiundzwanzigsten rief er Kirk Penschley an und hoffte, von ihm neue Informationen zu erhalten. Doch als Penschley sich meldete, hörte er einen eigenartigen Doppelklick in der Leitung, gerade als Penschley ihn fragte: »Wie geht es dir, Billy-Boy? Und vor allem, *wo* bist du?«

Billy hängte schnell wieder auf. Er schwitzte. Er hatte gerade noch das letzte freie Zimmer in Rocklands Harborview Motel erwischt und er wußte, daß es zwischen Rockland und Bangor sicher kein anderes Zimmer mehr geben würde, aber kurzentschlossen meldete er sich wieder ab und fuhr weiter, auch auf die Gefahr hin, daß er die Nacht in irgendeiner Seitenstraße im Auto schlafen mußte. Dieser Doppelklick. Der hatte ihm ganz und gar nicht gefallen. Dieses Geräusch hörte man manchmal, wenn die Leitung abgehört wurde oder wenn jemand versuchte, den Anruf zurückzuverfolgen.

Heidi hat deine Papiere unterzeichnet, Billy.

Das ist doch das Blödeste, was ich je gehört habe.

Sie hat sie unterzeichnet, und Houston hat seinen Kaiser Wilhelm darunter gesetzt.

Gebt mir verdammt noch mal ein bißchen Zeit.

Los, Billy, bloß weg von hier.

Er fuhr. Abgesehen von Heidi, Houston und dem Abhörgerät war es sowieso das Beste, was er hatte tun können. Als er sich morgens um zwei im Bangor Ramada Inn eintrug, zeigte er dem Angestellten an der Rezeption seine Fotos – das war ihm mittlerweile zur Gewohnheit geworden –, und der junge Mann nickte sofort.

»Ja, ja. Ich habe mein Mädchen zu ihnen gebracht, damit sie ihr die Zukunft vorhersagen«, erzählte er. Er nahm das Bild von Angelina Lemke zur Hand und verdrehte die Augen. »Mann, die konnte wirklich gut mit ihrer Schleuder umgehen. Und sie sieht so aus, als ob sie auch noch ganz andere Dinge recht gut beherrscht, Sie wissen schon, was ich meine.« Er wedelte mit seiner Hand, als wollte er Wassertropfen von seinen Fingerspitzen abschütteln. »Mein Mädchen hat nur einmal gesehen, wie ich sie angesehen habe, und hat mich sofort aus dem Lager weggezogen.« Er lachte.

Noch vor einem Augenblick war Billy so müde gewesen, daß er nur ans Bett denken konnte, doch jetzt war er wieder hellwach. Sein Magen verkrampfte sich vor Nervosität.

»Wo? Wo sind sie gewesen? Oder sind sie immer noch...?«

»Nein, nein, sie sind nicht mehr da. Sie haben bei Parsons' ihr Lager aufgeschlagen, aber jetzt sind sie wieder weg. Ich habe vor ein paar Tagen mal nachgesehen.«

»Ist das eine Farm?«

»Nein – es ist der Stall, in dem immer der Flohmarkt abgehalten wurde, bis er abgebrannt ist.« Er warf Billy einen komischen Blick zu. Billys Sweatshirt hing eingefallen über seinen Bauch, die Wangenknochen bildeten scharfe Kontruen in seinem Gesicht, in dem die Augen wie Kerzenflammen brannten. »Eh... möchten Sie ein Zimmer?«

Am nächsten Morgen fand er Parsons' Flohmarkthalle — es war ein ausgebranntes Ziegelgebäude in der Mitte eines riesigen, verlassenen Parkplatzes, der sich über gut zehn Quadratkilometer zu erstrecken schien. Langsam schlenderte er über den krümeligen Schotter. Seine Absätze machten ein klickendes Geräusch. Hier sah er einige leere Bierdosen, dort ein paar Sodaflaschen. Da eine Käserinde voller Ameisen. Und dazwischen eine einzige glänzende Stahlkugel. (»Hoi, Gina!«, hörte er eine geisterhafte Stimme in seinem Kopf rufen.) Er sah einige zusammengerollte Überreste von geplatzten Luftballons und zwei Pariser, die den Luftballons erstaunlich ähnlich sahen.

Ja, sie waren hier gewesen.

»Alter Mann, ich rieche dich«, flüsterte Billy in den leeren Rumpf der Halle hinein. Die hohlen Löcher, die früher wohl mal die Fenster gewesen waren, starrten den dürren Vogelscheuchenmann mit milder Verachtung an. Der Ort sah gespenstisch aus, aber Billy hatte keine Angst. Sein Zorn war zurückgekehrt — und er trug ihn jetzt wie einen Mantel. Zorn auf Heidi, Zorn auf Taduz Lemke und Zorn auf sogenannte Freunde wie Kirk Penschley, die eigentlich auf seiner Seite stehen sollten, sich aber gegen ihn stellten. Es entweder schon getan hatten oder bald tun würden.

Aber das machte nichts. Er war auch allein dazu in der Lage, selbst wenn er nur noch hundertdreißig Pfund wog, den alten Zigeuner zu finden. Dafür reichte es allemal.

Und was würde dann passieren?

Wir werden es ja sehen, oder?

»Alter Mann, ich rieche dich«, sagte Billy nochmals und ging an der Seite der Halle entlang. An der Tür hing ein Maklerschild. Billy holte sein Notizbuch aus der Hosentasche und schrieb sich die Adresse auf.

Der Makler hieß Frank Quigley, aber er bestand darauf, daß Billy ihn Biff nannte. An seinen Bürowänden hingen Fotos von ihm aus seiner Highschoolzeit. Auf den meisten trug er einen Footballhelm. Auf Biffs Schreibtisch lag ein Haufen bronzener Hundekacke. Am Sockel war ein winziges Schild angebracht: DER FRANZÖSISCHE FÜHRERSCHEIN.

Ja, bestätigte Biff, er hatte Parsons' Halle mit Mr. Parsons Genehmigung an die Zigeuner vermietet. »Er hat wohl gedacht, daß es hinterher dort auch nicht schlimmer aussehen könne als vorher«, sagte Biff Quigley. »Und ich glaube, da hatte er gar nicht so unrecht.«

Er lehnte sich in seinem Drehstuhl zurück. Seine Augen musterten Billys Gesicht unablässig, maßen den Abstand zwischen seinem Hals und seinem Hemdkragen. Über der Taille hing das Hemd wie eine schlaffe Flagge an einem windstillen Tag. Biff verschränkte die Hände hinter dem Kopf, kippte den Stuhl zurück und legte die Füße auf den Schreibtisch, direkt neben die bronzene Hundescheiße.

»Nicht, daß sie nicht zum Verkauf ausgeschrieben wäre, wissen Sie. Das da draußen ist ausgezeichnetes Industriegelände. Früher oder später wird mal einer mit genügend Fantasie hier aufkreuzen und dort ein verdammt gutes Geschäft machen. Yessir, ein verdammt gutes...«

»Wann haben die Zigeuner die Gegend verlassen, Biff?«

Biff Quigley nahm die Hände vom Kopf und beugte sich vor. Der Stuhl machte ein quietschendes Geräusch... *Squoink!* »Würde es Ihnen was ausmachen, mir zu sagen, warum Sie das wissen wollen?«

Billys Lippen — sie waren jetzt dünner und straffer geworden — verzogen sich zu einem scheußlich knöchernen, beinahe totenkopfähnlichen Grinsen. »Ja, Biff, das würde mir etwas ausmachen.«

Biff zuckte einen Moment zusammen, nickte dann aber und lehnte sich wieder in seinen Stuhl zurück. Seine staubigen Mokassins landeten wieder auf dem Tisch. Er schlug die Beine übereinander und tippte mit einer Fußspitze nachdenklich auf den Hundehaufen.

»Gut so, Bill. Ein Mann sollte seine Angelegenheiten für sich behalten. Vor allem sollte er seine *Gründe* für sich behalten.«

»Gut«, sagte Billy. Er spürte den Zorn erneut in sich aufsteigen, bekämpfte ihn aber. Es hatte keinen Sinn, auf diesen widerwärtigen Mann mit seinen staubigen Mokassins, seinem ungehobelten Slang und seinem föhngetrockneten Jay-Cees-Haarschnitt wütend zu sein. »Da wir einer Meinung sind...«

»Aber es kostet Sie trotzdem zweihundert Mäuse.«

»Was?« Billy klappte der Unterkiefer herunter. Einen Augenblick lang war seine Wut so groß, daß er sich nicht rühren, geschweige denn etwas sagen konnte. Das war für Biff Quigley nur von Vorteil, denn wenn Billy sich jetzt hätte bewegen können, wäre er ihm sicher an die Kehle gesprungen. Mit seinem Gewicht hatte er in den letzten zwei Monaten eine große Portion seiner Selbstbeherrschung verloren.

»Nicht für die Informationen, die ich Ihnen gebe«, sagte Quigley eilig, »die kriegen Sie umsonst. Die zweihundert sind für die Information, die ich denen *nicht* gebe.«

»Die Sie wem... nicht... geben?« konnte Billy gerade noch herausbringen.

»Ihrer Frau«, antwortete Biff. »Und Ihrem Arzt, und einem Mann, der behauptet, daß er für ein Detektivbüro namens Barton Detective Services arbeitet.«

Wie ein Blitz zog alles klar und deutlich an Billy vorbei. Die Dinge standen nicht nur so schlecht, wie er es sich in seinem paranoiden Kopf eingebildet hatte; es war noch viel schlimmer. Heidi und Mike Houston waren zu Kirk Penschley gegangen und hatten ihn davon überzeugt, daß Billy Halleck tatsächlich wahnsinnig sei. Penschley hatte die Barton-Agentur immer noch engagiert, um die Zigeuner zu suchen, aber sie arbeitete jetzt wie Astronauten auf der Suche nach Saturn, damit sie den Titan untersuchen – oder ihn in die Glassman-Klinik zurückbringen konnten.

Er sah den Barton-Detektiv förmlich vor sich, wie er vor ein paar Tagen genau auf diesem Stuhl gesessen und mit Quigley geredet hatte. Er hatte ihn wohl gewarnt, daß bald ein zaundürrer Mann namens Billy Halleck bei ihm auftauchen würde. Wenn dies geschähe, sollte er bitte diese Nummer anrufen.

Darauf folgte eine noch klarere Vision: Halleck sah sich selbst, wie er über Biffs Schreibtisch sprang, im Springen nach dem bronzenen Hundehaufen griff und ihm damit den Schädel einschlug. Er sah es mit grausamer, bestialischer Deutlichkeit: Wie die Haut aufriß, das Blut in fein sprühenden Tröpfchen nach oben schoß (und dabei einige der gerahmten Fotos befleckte), wie der weiße Schädelknochen einbrach und dadurch die physikalische Struktur dieses kriecherischen Gehirns preisgab; und dann sah er noch, wie er diese Hundescheiße dahin zurückwarf, wohin sie gehörte – und woher sie im übertragenen Sinne ja auch gekommen war.

Quigley mußte ihm seine Gedanken – jedenfalls einen Teil davon – vom hageren Gesicht abgelesen haben, denn er machte eine besorgte Miene. Eilig verschwanden seine Füße vom Tisch, und seine Hände fielen vom Nacken. Der Stuhl stieß wieder sein Ferkelgequietsche aus.

»Nun, nun... wir können ja noch mal darüber reden...« fing er an, und Billy sah, wie die sauber manikürte Hand über dem Knopf der Haussprechanlage schwebte.

Sein Ärger verpuffte abrupt. Er war nur noch erschüttert und kaltblütig. Eben noch hatte er die Vison gehabt, wie er diesem Ekel den Schädel zertrümmerte und das nicht etwa auf irgendeine verschwommene Art, sondern mit der hautnahen Realität eines Technicolorfilms mit Dolby-Sound. Und der gute alte Biff hatte genau mitgekriegt, was in ihm vorgegangen war.

Was ist bloß aus dem alten Billy geworden, der für Brot für die Welt gespendet und den Weihnachtspunsch am Heiligen Abend zubereitet hat?

Sein Verstand kehrte zurück: *Tja, das war eben der alte Billy Halleck, der in der* fetten Stadt *gelebt hat. Er ist weggezogen. Auf und davon. Ohne eine Nachsendeadresse zu hinterlassen.*

»Das ist wohl nicht nötig«, sagte er und nickte zur Haussprechanlage.

Die Hand schwankte etwas, bewegte sich dann aber zur Schreibtischschublade, als wäre das von Anfang an ihr Ziel gewesen. Biff brachte eine Schachtel Zigaretten zum Vorschein.

»Hab' nicht mal dran gedacht, ha, ha... rauchen Sie, Mr. Halleck?«

Billy nahm eine Zigarette, betrachtete sie einen Augenblick und beugte sich dann vor, um sich Feuer geben zu lassen. Nach dem ersten Zug fühlte er sich benebelt. »Danke.«

»Und was die zweihundert angeht, vielleicht hatte ich da unrecht.«

»Nein – Sie haben recht«, sagte Billy entschieden. Er hatte auf dem Weg hierher Travellerschecks im Wert von dreihundert Dollar eingetauscht, weil er sich schon gedacht hatte, daß er Schmiergelder bräuchte – aber es wäre ihm nie in den Sinn gekommen, daß er jemanden aus solchen absurden Gründen schmieren müßte. Er holte seine Brieftasche heraus, zählte vier Fünfzigdollarnoten ab und warf sie neben den Hundehaufen auf Biffs Schreibtisch. »Und Sie werden den Mund halten, wenn Penschley Sie anruft?«

»Oh, ja, Sir!« Biff nahm das Geld und legte es mit der Zigarettenschachtel in die Schublade. »Das wissen Sie doch!«

»Ich hoffe es«, sagte Billy. »Aber jetzt erzählen Sie mir von den Zigeunern.«

Es war eine kurze Geschichte, der er leicht folgen konnte. Das Komplizierte waren hier nur die Präliminarien gewesen. Die Zigeuner waren am zehnten Juli in Bangor eingetroffen. Samuel Lemke, der junge Jongleur, und ein Mann, dessen Beschreibung auf Richard Crosskill paßte, waren zu Biff ins Büro gekommen. Nach einem Telefongespräch mit Parsons und einem weiteren mit dem Polizeichef hatte Richard Crosskill ein normales Standardformular für eine kurzfristig zu erneuernde Aufenthaltserlaubnis unterzeichnet – die Frist betrug in diesem Fall vierundzwanzig Stunden. Crosskill hatte als Sekretär der Taduz Corporation unterschrieben, während der junge Lemke die ganze Zeit mit verschränkten Armen im Türrahmen von Biffs Büro gestanden hatte.

»Und wieviel Silber haben die Ihnen heimlich zugesteckt?« fragte Billy.

Biff zog die Augenbrauen hoch. »Wie bitte?«

»Ich meine, Sie haben zweihundert von mir kassiert. Dazu kommen vermutlich noch hundert von meiner besorgten Frau und meinen Freunden, die Ihnen der Barton-Detektiv übergeben haben dürfte, als er Sie neulich besucht hat – ich frage mich nun, wieviel die Zigeuner ausgespuckt haben. Sie sind bei dem Ganzen ziemlich gut weggekommen, egal, von welcher Seite man es betrachtet, nicht wahr, Biff?«

Biff sagte einen Augenblick lang nichts. Dann fuhr er mit seinem Bericht fort, ohne auf Billys Frage einzugehen.

Crosskill war zwei Tage später wiedergekommen, um die Erlaubnis neu zu unterzeichnen. Am dreizehnten kam er nochmals, doch inzwischen hatte Biff einen Anruf vom Polizeichef und von Parsons erhalten. Die Beschwerden der anliegenden Einwohner waren allmählich eingetrudelt. Der Polizeichef fand, daß es für die Zigeuner langsam an der Zeit wäre zu verschwinden. Parsons dachte genauso, war aber bereit, sie noch ein paar Tage bleiben zu lassen, wenn sie einwilligten, eine höhere Platzmiete zu bezahlen – zum Beispiel fünfzig Dollar pro Nacht anstelle von dreißig.

Crosskill hörte sich den Vorschlag aufmerksam an und schüttelte den Kopf. Wortlos verließ er das Büro. Aus einer Laune heraus war Biff noch am selben Nachmittag zur ausgebrannten Halle hinausgefahren. Er war gerade noch rechtzeitig gekommen, um die Zigeunerkarawane abfahren zu sehen.

»Sie haben die Richtung zur Chamberlain-Brücke eingeschlagen«, sagte er, »und das ist alles, was ich weiß. Wie wär's, wenn Sie jetzt endlich verschwinden würden, Bill? Um ehrlich zu sein, Sie sehen aus wie eine Reklame für einen Ferienaufenthalt in Biafra. Wenn ich Sie ansehe, kriege ich das kalte Grausen.«

Billy hielt immer noch die Zigarette zwischen den Fingern, obwohl er nicht noch einmal daran gezogen hatte. Jetzt lehnte er sich vor und drückte sie auf dem Hundekakkehaufen aus. Der Stummel fiel qualmend auf Biffs Schreibtisch. »Um ehrlich zu sein«, sagte er zu Biff, »mir geht es mit Ihnen ganz genau so.«

Die Wut war wieder da. Er marschierte hastig aus Quigleys Büro, bevor etwas ihn in die falsche Richtung trieb und er seine Hände doch noch eine fürchterliche Sprache sprechen ließ, die sie irgendwie zu kennen schienen.

Das war am vierundzwanzigsten Juni gewesen. Am dreizehnten hatten die Zigeuner Bangor in Richtung Chamberlain-Brücke verlassen. Er lag nur noch elf Tage hinter ihnen. Näher... immer näher... aber immer noch viel zu weit weg.

Er entdeckte, daß die Route 15, die auf der Brewer Seite der Brücke begann, auch Bar-Harbour-Straße genannt wurde. Sah so aus, als ob er nun doch noch dorthinkäme. Aber er würde unterwegs mit keinem Makler mehr sprechen und in keinem Erste-Klasse-Motel mehr absteigen. Falls die Barton-Leute ihm immer noch voraus waren, konnte es gut sein, daß Kirk noch ein paar weitere Agenten eingesetzt hatte, die nach ihm Ausschau hielten.

Am dreizehnten waren die Zigeuner die vierundvierzig Meilen rauf nach Ellsworth gefahren und hatten dort eine Lagererlaubnis für drei Tage erhalten. Danach hatten sie den Penobscott River überquert und waren in Bucksport gelandet, wo sie sich ebenfalls drei Tage aufgehalten hatten, bevor sie weiter die Küste hinauffuhren.

All das erfuhr Billy am fünfundzwanzigsten. Am Abend des neunzehnten hatten die Zigeuner Bucksport verlassen.

Jetzt war er nur noch eine Woche hinter ihnen.

Bar Harbor war genau die verrückte, in Saus und Braus lebende Stadt, als welche die Kellnerin sie beschrieben hatte, und Billy fand, daß sie ihm auch schon den Hauptmakel dieses Ferienortes angedeutet hatte: *Die Hauptattraktion ist — bis zum Labor Day — der große Straßenkarneval. Die meisten der Städte, die Sie auf Ihrer Liste haben, sind so, Mister, aber Bar Habor steht ganz oben, verstehen Sie? ... Früher habe ich mich im Juli, August öfters dort rumgetrieben, aber heute nicht mehr. Jetzt bin ich zu alt dafür.*

Ich auch, dachte Billy, auf einer Parkbank sitzend. Er hatte eine leichte Baumwollhose und ein T-Shirt mit dem Aufdruck BANGOR HAT SEELE an. Darüber trug er sein Sportjackett, das von seinen knochigen Schultern über den Rücken hing. Er schleckte ein Eis und zog zu viele Blicke auf sich.

Er war müde — besorgt hatte er festgestellt, daß er in letzter Zeit *immer* müde war, es sei denn, die Wut hatte ihn gerade mal wieder gepackt. Als er am Vormittag den Wagen abgestellt hatte, hatte er beim Aussteigen wieder so einen Augenblick von alptraumhaftem *déjà vue* erlebt. Seine Hose war ihm wieder über die Hüften nach unten gerutscht — *excusez-moi*, dachte er, wegen meiner nicht mehr vorhandenen Hüften. Die Cordhose hatte er sich in einem Armee/Marine-Secondhandshop in Rockland gekauft. Die Taille war Größe achtundzwanzig. Der Verkäufer hatte ihm (leicht nervös) erklärt, daß er bald Schwierigkeiten bekommen würde, Hosen von der Stange zu kaufen. Er hätte schon jetzt um die Taille eine Jungengröße, aber für seine Beine bräuchte er immer noch Größe zweiunddreißig. Es gäbe allerdings nicht viele Dreizehnjährige, die die stolze Höhe von ein Meter achtundachtzig erreichten.

Jetzt saß er also auf der Parkbank, schleckte erschöpft ein Pistazieneis und wartete darauf, daß seine Kräfte zurückkehrten. Unterdessen versuchte er herauszufinden, was ihm an dieser netten kleinen Stadt mißfiel, in der man keinen Parkplatz fand und kaum auf dem Bürgersteig gehen konnte.

Old Orchard war eine vulgäre Stadt; aber dieses Vulgäre war direkt und irgendwie aufregend gewesen; man wußte, daß die Preise, die man in den Wurfbuden gewann, Tinnef waren und sofort auseinanderfielen, wenn man sie in die Hand nahm. Man wußte, daß die Souvenirs, die man sich kaufte, in dem Augenblick kaputtgehen würden, wenn man sich weit genug vom Laden entfernt hatte, um nicht mehr zurückzurennen und dem Verkäufer die Hölle heiß zu machen, bis er das Geld wieder rausrückte. In Orchard gab es viele alte Frauen, und die meisten waren fett. Einige von ihnen trugen extrem knappe Bikinis, aber die meisten hatten Badeanzüge an, die wohl noch aus den fünfziger Jahren stammten. Wenn diese Frauen an einem vorübergingen, hatte man das Gefühl, daß sie genauso unter Druck standen, wie ein U-Boot, das weit unter seiner Tiefengrenze über den Meeresboden kreuzte. Wenn nur eine Naht von diesem schillernden, wundersamen Material risse, würde das Fett nur so fließen.

Der Geruch, der die Luft erfüllt hatte, stammte von Pizza, Eiscreme, gebratenen Zwiebeln, und ab und zu hatte sich ein Kind übergeben, das zu lange auf dem Karussell geblieben war. Die meisten der Wagen, die langsam durch die Hauptstraße geschlichen waren, hatten Rostflecken an den Türen, waren alt und alle ein bißchen zu groß gewesen. Einige hatten Öl verloren.

Old Orchard war ein vulgärer Ort gewesen, aber es hatte eine gewisse abblätternde Unschuld gehabt, die er an Bar Harbor vermißte.

Hier standen so viele Dinge ganz im Gegensatz zu Old Orchard, daß Billy das Gefühl hatte, er wäre durch einen Spiegel getreten — es gab nur ganz wenige alte Frauen und schon gar keine dicken. Kaum eine Frau trug einen Badeanzug. Die Bar-Harbor-Uniform schien aus Tenniskleidung und weißen Turnschuhen oder verblichenen Jeans, Rugbyhemden und modernen Bootsschuhen zu bestehen. Billy sah nur wenige alte Wagen und darunter kaum amerikanische Marken. Statt dessen viele Saabs, Volvos, BMW's, Hondas. Alle hatten ihre Aufkleber: SPALTET HOLZ STATT ATOME oder U.S. RAUS AUS EL SALVADOR oder LEGALISIERT DIE DROGEN. Und auch das Fahrradvolk war anwesend — man schlängelte sich elegant auf teuren Zehngangrädern durch den kriechenden Stadtverkehr, trug entspiegelte Sonnenbrillen und Sonnenvisiere, lächelte breit mit strahlend weißen, künstlichen Zähnen und lauschte seinem Sony-Walkman. Unterhalb der Stadt, im Hafen, stand ein Wald von Masten — nicht die dicken, farblosen Masten von Arbeitsbooten, sondern schlanke weiße Segelmasten von teuren Jachten, die am Labor Day wohl aufs Trockendock gelegt wurden.

Die Menschen, die sich in Bar Harbor rumtrieben, waren jung, intelligent, der Mode entsprechend liberal und reich. Sie schienen die Nächte durchzufeiern. Billy hatte sich telefonisch im Frenchman's Bay Motel ein Zimmer reserviert und hatte die ganze Nacht bis auf die wenigen Morgenstunden wach gelegen und auf die Rockmusik gelauscht, die aus sieben oder acht Bars auf die Straße gedröhnt war. Die Zeitungsmeldungen über zusammengefahrene Autos und Verkehrsübertretungen − hauptsächlich Geschwindigkeitsüberschreitungen − im Lokalanzeiger waren beeindruckend und auch ein bißchen entmutigend.

Billy beobachtete ein Frisbee, das über die wie Studenten gekleidete Menge flog und dachte: *Willst du wissen, warum diese Stadt und diese Leute dich so deprimieren? Ich werd's dir sagen. Sie studieren, um mal in solchen Städten wie Fairview zu leben, darum. Sie beenden das College und heiraten Frauen, die ungefähr bis zu dem Zeitpunkt ihre ersten Erfahrungen und ihre ersten Analyserunden hinter sich haben, und lassen sich dann an den Lantern Drives Amerikas nieder. Sie werden beim Golfspielen rote Hosen tragen, und an jedem Neujahrsabend wird es eine Menge Gelegenheiten geben, den Frauen an den Busen zu grapschen.*

»Ja, ja, das ist schon deprimierend«, murmelte er laut, und ein vorbeigehendes Pärchen warf ihm einen komischen Blick zu.

Sie sind noch hier.

Ja. Sie waren noch hier. Der Gedanke war so natürlich, so hundertprozentig überzeugend, daß er ihn weder überraschte noch sonderlich aufregte. Er hatte eine Woche hinter ihnen gelegen − unterdessen konnten sie bis hinauf in die Arktis gefahren sein oder den halben Rückweg schon wieder hinter sich haben. Ihren üblichen Verhaltensweisen nach zu schließen, müßten sie schon lange weg sein. Wenigstens nicht mehr in Bar Harbor, wo sogar die Andenkenläden wie exklusive Auktionshäuser an der Ostküste aussahen. Diese Stadt war zu stilbetont, um eine lumpige Zigeunerbande so lange zu dulden. Stimmte alles. Aber − sie waren immer noch hier, und er wußte es.

»Alter Mann, ich rieche dich«, flüsterte er.

Natürlich riechst du ihn. Das sollst *du ja gerade.*

Der Gedanke erzeugte einen Augenblick Unbehagen. Halleck stand auf, warf den Rest seiner Eiscreme in den Papierkorb und ging noch einmal zum Eisverkäufer zurück. Der Mann schien nicht sonderlich erfreut, Billy wiederzusehen.

»Ich frage mich, ob Sie mir wohl helfen könnten«, fing Billy an.

»Nein, Mann, das glaube ich ganz und gar nicht«, antwortete der Verkäufer prompt, und Billy entdeckte Ablehnung in seinen Augen.

»Sie wären vielleicht überrascht.« Billy spürte eine tiefe Ruhe in sich und ein Gefühl von Vorherbestimmung — kein *déjà vue*, nein, echte Prädestination. Der Eisverkäufer wollte sich abwenden, aber Halleck nagelte ihn mit seinem Blick fest. Plötzlich fühlte er, daß ihm das jetzt möglich war, so als wäre er selbst ein Teil dieser übernatürlichen Kraft geworden. Er zog seine Fotografien aus der Tasche — sie waren jetzt zerknittert und schweißfleckig. Dann breitete er sein gewöhnliches Pokerblatt aus, ein Bild neben dem anderen.

Der Verkäufer sah sich die Fotos an, und Billy spürte weder Überraschung noch Freude, als der Blick des Mannes Erkennen verriet — nur eine schwache Furcht, so wie vor dem Schmerz, der einen erwartet, sobald die örtliche Betäubung ihre Wirkung verliert. Die Luft roch deutlich nach salzigem Seetang. Über dem Hafenbecken kreischten Möwen.

»*Dieser* Typ«, sagte der Eisverkäufer und starrte fasziniert auf das Foto von Taduz Lemke. »*Dieser* Typ -- was für ein Spuk!«

»Sind sie noch in der Gegend?«

»Jaaa«, antwortete der Verkäufer. »Ja, ich glaube, sie sind noch hier. Die Bullen haben sie zwar am zweiten Tag rausgeschmissen, aber sie konnten ein Feld von einem Farmer in Tecknor mieten — das ist die nächste Stadt im Inland. Ich habe sie öfters gesehen. Die Bullen sind jetzt soweit, daß sie sie wegen eingeschlagener Rücklichter und solchen Sachen aufschreiben. Man sollte meinen, daß sie den Hinweis kapieren.«

»Danke.« Billy sammelte seine Fotos wieder ein.

»Möchten Sie noch ein Eis?«

»Nein danke.« Die Furcht hatte sich verstärkt — aber auch der Zorn war immer noch da, ein summender, pulsierender Ton, der alle anderen Gefühle untermalte.

»Würde es Ihnen dann etwas ausmachen weiterzugehen,

Mister? Sie sind nicht gerade eine gute Reklame fürs Geschäft.«

»Nein«, antwortete Billy. »Das bin ich wohl nicht.«

Um viertel nach neun an diesem Abend parkte Billy seinen Mietwagen auf der leicht ansteigenden Route 37-A, die nach Nordwesten aus Bar Harbor hinausführt. Er stand auf einem Hügel. Der Seewind zerwühlte sein Haar und ließ seine losen Kleider um den Körper flattern. Hinter sich hörte er, vom Wind herübergetragen, die Klänge der soeben beginnenden nächtlichen Rock-'n'-Roll-Party in Bar Harbor.

Unter sich zu seiner Rechten konnte er das große Lagerfeuer sehen. Es war von Lastwagen, Personenwagen und kleineren Bussen umgeben. Im inneren Kreis saßen Menschen – ab und zu trat jemand ans Feuer – ein Schattenriß. Er hörte ihre Unterhaltung, gelegentliches Lachen.

Er hatte sie eingeholt.

Der alte Mann sitzt da unten und wartet auf dich, Billy – er weiß, daß du da bist.

Ja. Selbstverständlich. Der alte Mann hätte seinen Stamm auch über den Rand der Erde führen können – das traute Halleck ihm ohne weiteres zu –, wenn er es gewollt hätte. Aber das hätte ihm keinen Spaß gemacht. Statt dessen hatte er Billy von Old Orchard hierhergezogen. *Das* war es, was er gewollt hatte.

Wieder die Furcht – sie trieb durch ihn hindurch und füllte seine hohlen Stellen wie dunkler Rauch – es schien, daß es jetzt lauter hohle Stellen in ihm gab. Aber seine Wut war immer noch da.

Es ist ja auch genau das, was ich gewollt habe – und vielleicht gelingt es mir, ihn zu überraschen. Die Angst erwartet er bestimmt. Aber der Zorn... der könnte eine Überraschung für ihn sein.

Billy blickte noch mal kurz zu seinem Wagen zurück. Dann schüttelte er den Kopf. Er kletterte den grasbewachsenen Abhang hinunter und machte sich auf den Weg zum Feuer.

19. Kapitel: Im Zigeunerlager

Er blieb einen Augenblick hinter dem Laster mit dem an der Seite aufgemalten Einhorn und dem Zigeunermädchen stehen. Ein dunkler Schatten unter anderen, aber doch unbeweglicher als die, welche von den unbeständigen Flammen geworfen wurden. Er stand ganz still und lauschte auf ihre gedämpfte Unterhaltung. Jemand lachte laut. Ab und zu krachte explodierend ein Zapfen im Feuer.

Ich kann nicht da hinausgehen, sagte eine beharrliche Stimme in ihm mit endgültiger Gewißheit. Furcht lag in dieser Gewißheit, Furcht vermischt mit unklaren Regungen von Scham und Anstand − er konnte jetzt nicht mehr in ihre Kreise einbrechen, konnte ihre Unterhaltung und ihre Privatatmosphäre am Feuer nicht stören und wollte es genausowenig, wie er seine Hose in Hilmer Boyntons Gerichtssaal verlieren wollte. Letztendlich war er der Übeltäter. Er war...

Dann tauchte Lindas Gesicht vor ihm auf. Er hörte, wie sie ihn bat, nach Hause zu kommen, wie sie dabei weinte.

Ja, er war wohl der Übeltäter, aber er war bei weitem nicht der einzige.

Und wieder stieg der Zorn in ihm hoch. Er versuchte, ihn unter Kontrolle zu bringen, etwas Nützliches daraus zu machen, was ihm helfen würde − schlichter Ernst wäre genug, dachte er. Da trat er zwischen dem Laster und dem Kombiwagen, der dahinter geparkt war, hervor. Unter seinen Gucci-Schuhen raschelte leise das trockene Timothy-Gras. Er stellte sich in ihre Mitte.

Sie bildeten tatsächlich konzentrische Kreise: zuerst der äußere Kreis ihrer Autos und Lastwagen, darinnen die Runde der Frauen und Männer, die um das Feuer saßen, welches wiederum in einem rund gegrabenen Loch brannte, das von einem Kreis aus Steinen umgeben war. Daneben steckte ein zirka anderthalb Meter hoher, abgeschnittener Ast, auf dessen Spitze ein gelbes Blatt Papier aufgespießt war – die Lagerfeuererlaubnis, vermutete Billy.

Die jüngeren Frauen und Männer lagerten auf dem flach getretenen Gras oder auf Luftmatratzen. Viele ältere Leute saßen auf Aluminiumcampingstühlen, die mit Plastikstreifen bezogen waren. Eine alte Frau lehnte sich, auf viele Kissen gestützt, in einem Liegestuhl zurück. Um ihre Beine war eine Decke gewickelt. Sie rauchte eine selbstgedrehte Zigarette und klebte grüne S&H-Rabattmarken in ein Heft.

Drei neben dem Feuer liegende Hunde richteten sich halb auf und fingen zu knurren an. Ein junger Mann sah böse zu Billy hinauf und schob das rechte Vorderteil seiner Weste zur Seite, um einen mit Nickel verzierten Revolver in einem Schulterhalfter preiszugeben.

»*Enkelt*!« befahl einer der älteren Männer scharf und legte dem Jungen die Hand auf den Arm.

»*Bodde har?*«

»*Just det – han och Taduz!*«

Der junge Mann betrachtete Billy eingehend, der jetzt in ihren Kreis getreten war, – völlig fehl am Platz mit seinem viel zu weiten Sportjackett und seinen Stadtschuhen. Der Junge zeigte keine Furcht, nur einen Ausdruck vorübergehender Überraschung und – Billy hätte es schwören können – Mitleid. Dann ging er weg und blieb nur unterwegs einmal kurz stehen, um einem der Hunde einen Tritt zu verpassen und kurz »*Enkelt*!« zu brummen. Der Hund fiepte einmal, und dann waren alle drei still.

Jetzt holt er den alten Mann, dachte Billy.

Er blickte in die Runde. Die Unterhaltung war verstummt. Sie musterten ihn mit ihren dunklen Zigeuneraugen, und keiner sagte ein Wort. *So muß es sein, wenn du wirklich deine Hose im Gerichtssaal verlierst*, dachte er, aber das stimmte natürlich überhaupt nicht. Jetzt, da er tatsächlich vor ihnen stand, war seine Gefühlsverwirrung verschwunden. Die Angst war noch da und auch der Zorn, aber beide schlummerten irgendwo tief in seinem Innern.

Und da ist noch etwas. Sie sind nicht überrascht, dich hier zu sehen … und es wundert sie auch gar nicht, wie du jetzt aussiehst.

Dann stimmte es also; dann entsprach alles der Wahrheit. Keine psychische Anorexie; keine exotische Krebsart. Billy glaubte, daß diese ruhigen, dunklen Augen selbst Michael Houston überzeugt hätten. Sie wußten, was mit ihm geschehen war. Und sie wußten, wie es enden würde.

Sie starrten sich gegenseitig an, die Zigeuner und der dünne Mann aus Fairview, Connecticut. Und plötzlich, völlig ohne Grund, fing Billy an zu lächeln.

Die alte Frau im Liegestuhl stöhnte auf und machte schnell das Zeichen gegen den bösen Blick in seine Richtung.

Schritte näherten sich, und die Stimme einr jungen Frau war zu hören. Sie sprach hastig und zornig. »*Vad sa han! Och plotsligt brast han dybbuk, Papa! Alskling, grat inte! Snalla dybbuk! Ta mig Mamma!*«

Taduz Lemke trat barfüßig und in einem grauen Nachthemd, das bis an seine knochigen Knie reichte, in den hellen Schein des Feuers. Neben ihm, in einem weichen Baumwollnachthemd, das sich bei jedem Schritt sanft um ihre runden Hüften schmiegte, lief Angelina Lemke.

»*Ta mig Mamma! Ta mig…*« Da entdeckte sie Billy mitten im Kreis, musterte seine schlackernde Sportjacke, seine ausgebeulten Hosen, deren hintere Taschen schon unter dem Jackensaum heraushingen. Sie schleuderte ihre Hand in seine Richtung und drehte sich dann wieder zu dem alten Mann um mit einer Geste, als wolle sie ihn angreifen. Die anderen sahen passiv und gelassen zu. Im Feuer explodierte ein Kiefernzapfen. In winzigen Spiralen sprühten Funken auf.

»*Ta mig Mamma! Va Dybbuk! Ta mig inte till mormor! Ordo! Vu'derlak!*«

»*Sa hon lagt, Gina*«, erwiderte der alte Mann. Seine Stimme und sein Gesicht strahlten gelassene Ruhe aus. Mit seiner gekrümmten Hand strich er ihr über das glatte, fließende Haar, das jetzt bis zur Hüfte hinabfiel. Bisher hatte Taduz Lemke Billy nicht einmal angesehen. »*Vi ska stanna.*«

Einen Augenblick lang sanken ihre Schultern ein, und in dem Moment kam sie Billy trotz ihrer üppigen Rundungen sehr jung vor. Dann fuhr sie wieder auf ihn los, und die Wut in ihrem Gesicht flammte auf, als hätte jemand Benzin in Feuer gegossen.

»*Du verstehst unsere lingo nicht, Mister*?« fauchte sie ihn an. »Ich habe zu altem Papa gesagt, daß du die alte Mamma getötet hast. Ich habe gesagt, du bist ein Teufel und wir sollten dich töten!«

Der Alte legte ihr die Hand auf den Arm. Sie schüttelte ihn ab und rannte auf Billy los. Ihre nackten Füße huschten haarscharf am Feuer vorbei. Ihr Haar flatterte hinter ihr her.

»*Gina, verkligen glad*!« rief jemand besorgt, aber sonst sagte niemand etwas. Der gelassene Ausdruck auf dem Gesicht des Alten blieb unverändert. Er beobachtete sie wie ein nachsichtiger Vater sein eigenwilliges Kind.

Sie spuckte Billy ins Gesicht — eine enorme Menge warmen weißen Speichels, als ob sie den ganzen Mund vollgehabt hätte. Billy spürte ihn auf seinen Lippen. Er schmeckte nach Tränen. Sie blickte mit ihren riesigen schwarzen Augen zu ihm hoch, und trotz allem, was inzwischen passiert war, trotz allem, was er inzwischen verloren hatte, merkte er, daß er sie immer noch begehrte. Und sie merkte es auch, das spürte er — ihre dunklen Augen blickten fast befriedigt.

»Wenn es sie zurückbringen würde«, sagte er zu ihr, »dann dürften Sie mich so lange anspucken, bis ich darin ertrinke.« Seine Stimme kam überraschend klar und deutlich. »Aber ich bin kein *dybbuk*. Weder ein *dybbuk*, noch ein Dämon, noch ein Ungeheuer. Was Sie hier sehen...« er hob beide Arme, so daß der Feuerschein einen Augenblick durch seine ausgebreitete Jacke leuchtete, wodurch er wie eine übergroße, aber ausgesprochen unterernährte Fledermaus wirkte »... ist alles, was ich bin.«

Einen Augenblick lang sah sie verunsichert, beinahe ängstlich aus. Auch wenn ihre Spucke immer noch seine Wange herunterlief, war die Zufriedenheit aus ihrem Blick gewichen, und dafür war Billy recht dankbar.

»Gina!« Es war Samuel Lemke, der Jongleur. Er stand

plötzlich neben dem Alten und schnallte den Gürtel seiner Jeans zu. Dazu hatte er sich ein T-Shirt mit einer aufgedruckten Fotografie von Bruce Springsteen übergeworfen. *»Enkelt men tillrackligt*!«

»Du bist ein Mörder, ein Bastard!« schrie sie Billy an und ging den Weg zurück, den sie gekommen war. Ihr Bruder versuchte, den Arm um sie zu legen, doch sie schüttelte ihn ab und marschierte in die Dunkelheit. Der Alte drehte sich um und blickte ihr nach. Dann endlich richtete er seine Augen auf Billy Halleck.

Einen Moment lang starrte Billy nur auf das eitrige Loch in seinem Gesicht, doch dann wurden seine Augen unwillkürlich von den Augen des Alten angezogen. Hatte er mal gedacht, daß dies die Augen des Alters wären? Sie waren noch etwas mehr als das... und auch etwas weniger. Er entdeckte Leere in ihnen, und diese Leere offenbarte ihre fundamentale Wahrheit. Nicht das oberflächliche Wissen, das auf ihnen glänzte wie Mondschein auf einem dunklen Teich. Sondern Leere, so steif und vollkommen, wie es der Raum zwischen den Galaxien sein mochte.

Lemke winkte Halleck mit dem krummen Zeigefinger, und wie im Traum ging Billy langsam um das Lagerfeuer herum auf den alten Mann in seinem dunkelgrauen Nachthemd zu.

»Kannst du *Rom* verstehen?« fragte der Alte ihn, als Billy direkt vor ihm stand. Sein Ton war fast intim, doch seine Stimme hallte deutlich durch das stille Lager, in dem sonst nur das Knacken des trockenen Holzes im Feuer zu hören war.

Billy schüttelte den Kopf.

»In Romani nennen wir einen wie dich *skummade igenom*, was soviel wie ›weißer Mann aus der Stadt‹ bedeutet.«

Er lächelte und zeigte dabei nikotingelbe Zahnstümpfe. Das dunkle Loch, das einst seine Nase gewesen war, dehnte und spannte sich.

»Aber es hat auch die Bedeutung seines Klanges – *ignoranter Abschaum*.« Endlich ließen seine Augen Billy los; er schien jegliches Interesse an ihm verloren zu haben. »Geh jetzt wieder fort, weißer Mann aus der Stadt. Du hast hier nichts zu suchen. Wir haben nichts mit dir zu tun. Wenn wir etwas miteinander gehabt haben, dann ist es erledigt. Geh dahin zurück, woher du gekommen bist.«

Er drehte sich um und wollte weggehen.

Einen Augenblick stand Billy mit offenem Mund da und merkte undeutlich, daß der Alte ihn hypnotisiert haben mußte – er hatte das so leicht fertiggebracht wie ein Farmer seine Hühner zum Einschlafen bringt, indem er ihnen den Kopf unter die Flügel steckt.

ERLEDIGT? schrie eine Stimme plötzlich in ihm auf. *Die ganze Fahrerei, die ganze Herumsucherei, all die Fragen, die nächtlichen Alpträume, all diese Tage und Nächte, das sollte damit* ERLEDIGT *sein? Und du willst einfach hier rumstehen und kein Wort dazu sagen? Willst dich einfach einen ignoranten Abschaum nennen und ihn dann ruhig zu Bett gehen lassen?*

»Nein, es ist nicht erledigt«, rief er mit lauter, rauher Stimme.

Jemand schnappte überrascht nach Luft. Samuel Lemke, der den Alten auf dem Weg zum Campingbus stützte, blickte erstaunt zurück. Nach einer Weile drehte auch Taduz Lemke sich um. Sein Gesicht zeigte Überdruß und ein wenig Belustigung. Aber für einen winzigen Moment glaubte Billy auch einen Anflug von Staunen darin gelesen zu haben.

In seiner Nähe griff der Junge, der Billy zuerst entdeckt hatte, wieder unter die Weste nach seinem Revolver.

»Sie ist sehr schön«, rief Billy. »Gina.«

»Halt's Maul, weißer Mann aus der Stadt!« zischte Samuel Lemke. »Ich dulde nicht, daß du den Namen meiner Schwester in den Mund nimmst!«

Billy beachtete ihn gar nicht. Er sah nur Taduz Lemke an. »Ist sie deine Enkelin? Deine Urenkelin?«

Der Alte musterte ihn aufmerksam, als wüßte er noch nicht, ob etwas dahintersteckte oder nicht – etwas mehr als das Geheul des Windes in einer leeren Höhle. Dann wandte er sich wieder ab und ging ein paar Schritte weiter.

»Vielleicht hast du noch eine Minute Zeit, damit ich dir

die Adresse von *meiner* Tochter aufschreiben kann«, sagte Billy mit erhobener Stimme. Er brauchte sich nicht allzusehr anzustrengen dabei. Das war gar nicht nötig, um ihr die genügende Schärfe eines Befehls zu verleihen. Diese Schärfe, die er in vielen Jahren im Gerichtssaal eingeübt hatte. »Sie ist zwar nicht so schön wie eure Gina, aber wir finden sie recht hübsch. Vielleicht könnten die beiden sich über das Thema Gerechtigkeit Briefe schreiben. Was hältst du davon, Lemke? Werden sie sich darüber unterhalten können, nachdem ich so tot bin wie deine Tochter? Wer wird denn nun herausfinden können, bei wem die Schuld wirklich lag? Unsere Kinder? Unsere Enkelkinder? Nur noch einen Augenblick, ich schreib' mal schnell ihre Adresse auf. Es dauert nicht lange. Ich werde sie auf die Rückseite deiner Fotografie schreiben, die habe ich zufällig bei mir. Wenn sie sich in diesem Chaos nicht zurechtfinden, können sie sich ja eines Tages gegenüberstellen und sich gegenseitig erschießen, und dann haben *ihre* Kinder den nächsten Versuch frei. Was denkst du, alter Mann... hat das vielleicht mehr Sinn als diese Scheiße hier?«

Samuel legte dem Alten seinen Arm um die Schulter. Lemke befreite sich und schritt wieder langsam auf Halleck zu. In seinen Augen standen jetzt Tränen der Wut. Seine gichtigen Hände ballten und öffneten sich. Alle anderen beobachteten sie schweigend und furchtsam.

»Du hast meine Tochter auf offener Straße überfahren«, sagte er. »Du hast meine Tochter auf offener Straße überfahren, und jetzt hast du... du hast *borjade rulla* genug, hierher zu mir ins Lager zu kommen und zu mir zu sprechen. Ich weiß, wer es getan hat. Ich habe ihn bestraft. Meistens drehen wir uns um und verlassen die Stadt. Ja, meistens machen wir es so. Aber manchmal bekommen auch wir unsere Gerechtigkeit.« Er hob seine knorrige Hand direkt vor Hallecks Augen. Plötzlich schnappte sie zur Faust zusammen. Einen Augenblick später tropfte daraus Blut hervor. Die anderen fingen an zu murmeln, aber es war weder Furcht noch Überraschung noch Zustimmung herauszuhören.

»*Romani* Gerechtigkeit, *skummade igenom*. Die beiden anderen habe ich schon erledigt. Dieser Richter, er ist vor zwei Tagen aus dem Fenster gesprungen. Er ist...« Taduz Lemke schnippte mit den Fingern und blies dann über seinen Daumenballen, als läge eine winzige Feder darauf.

»Hat Ihnen das Ihre Tochter zurückgegeben, Mister Lemke? Ist sie zu Ihnen zurückgekehrt, als Cary Rossington da oben in Minnesota auf dem Boden aufgeschlagen ist?«

Lemkes Lippen zitterten. »Ich brauche sie nicht zurück. Gerechtigkeit bringt die Toten nicht zu uns zurück, weißer Mann. Gerechtigkeit ist einfach Gerechtigkeit. Du solltest lieber von hier verschwinden, bevor ich dir etwas anderes antue. Ich weiß, was deine Frau mit dir im Auto gemacht hat. Glaubst du etwa, ich hätte das Zweite Gesicht nicht? Ich habe das Zweite Gesicht. Da kannst du jeden hier fragen. Ich habe das Gesicht von einhundert Jahren.«

Die um das Feuer Sitzenden murmelten bestätigend.

»Es ist mir egal, wie lange du dieses Gesicht schon hast«, sagte Halleck. Er langte bewußt nach der Schulter des Alten und griff fest zu. Von irgendwoher hörte er wütendes Gemurmel. Samuel Lemke rannte vorwärts. Taduz Lemke wandte den Kopf und spuckte ein einziges Wort in Romani aus. Der junge Mann blieb verwirrt und unsicher stehen. Auf den meisten Gesichtern um das Lagerfeuer breitete sich Verwirrung und Unsicherheit aus, aber das sah Halleck nicht. Er sah nur Taduz Lemke. Er beugte sich hinunter, näher, immer näher zu seinem Gesicht, bis seine Nase fast das schwammige, verschrumpelte Gewucher berührte, das von Lemkes Nase übriggeblieben war.

»Ich scheiß' auf deine Gerechtigkeit«, sagte er. »Du hast von Gerechtigkeit soviel Ahnung wie ich von Düsenturbinen. Nimm es von mir.«

Lemke starrte ihm in die Augen — diese schreckliche Leere. »Laß mich los, oder ich mache es noch schlimmer«, sagte er ruhig. »So viel schlimmer, daß du denkst, ich hätte dich das erstemal gesegnet.«

Plötzlich breitete sich wieder das Lächeln auf Billys Gesicht aus — ein knöchernes, breites Grinsen, das aussah wie eine auf den Rücken gekippte Mondsichel. »Nur zu«, höhnte er. »Versuch's. Aber weißt du, ich glaube nicht, daß du das kannst.«

Der alte Mann starrte ihn wortlos an.

»Denn das erstemal habe ich dir dabei geholfen«, fuhr Halleck fort. »In dem Punkt hatten die anderen nämlich recht — es besteht eine Art Partnerschaft zwischen uns, nicht wahr? Zwischen dem Verflucher und dem Verfluchten. Wir waren alle drei mit dir daran beteiligt. Hopley, Rossington und ich. Aber ich steige jetzt aus, mein Alter. Meine Frau hat mir in meinem großen, teuren Wagen einen runtergeholt, das stimmt. Aber deine Tochter ist wie ein ganz gewöhnlicher, unachtsamer Fußgänger einfach so, ohne auf eine Ampel oder einen Zebrastreifen zu achten, auf die Straße gerannt, das stimmt nämlich auch. Wenn sie bei der Ampel rübergegangen wäre, würde sie heute noch leben. Auf beiden Seiten sind Fehler gemacht worden. Sie ist tot, und ich kann niemals zu dem alten Leben zurückkehren, das ich vorher geführt habe. Es gleicht sich also aus. Sicher, es ist nicht der beste Ausgleich, den diese Welt je gesehen hat, aber es gleicht sich aus. In Las Vegas haben sie dafür einen Spezialausdruck — sie nennen das einen *Push*. Das hier ist ein Push, alter Mann. Laß es damit gut sein.«

Als Halleck zu lächeln angefangen hatte, war zunächst eine eigenartige, fremde Furcht in Lemkes Augen gestiegen, aber jetzt hatte sein unerbittlicher Zorn sie wieder verdrängt. »Ich werde den Fluch *niemals* von dir nehmen, weißer Mann aus der Stadt«, schimpfte er. »Ich werde mit ihm auf den Lippen sterben.«

Halleck beugte sich noch weiter zu seinem Gesicht hinunter, so daß ihre Stirnen sich fast berührten. Er konnte die Ausdünstung des Mannes riechen — eine Mischung von Spinnweben, Tabak und abgestandenem Urin. »Dann mach's schlimmer! Na los! Mach es — wie hast du vorhin gesagt? —, mach es so, daß ich mich das erstemal gesegnet gefühlt hätte!«

Lemke starrte ihn immer noch an, doch jetzt spürte Halleck, daß Lemke der Unterlegene war. Plötzlich drehte der Alte sich zu Samuel um.

»Enkelt av lakan och kanske alskade! Just det!«

Samuel Lemke und der junge Mann mit der Pistole zogen Halleck von ihm weg. Taduz Lemkes eingefallene Brust hob und senkte sich heftig; sein spärliches Haar war zerzaust.

Er ist es nicht gewohnt, daß man ihn anfaßt — und er ist es nicht gewohnt, daß man im Zorn zu ihm spricht.

»Es ist ein Push«, rief Halleck, während man ihn wegzog. »Hast du mich gehört?«

Lemkes Gesicht verzerrte sich. Plötzlich, es war schrecklich anzusehen, war er dreihundert Jahre alt. Ein entsetzlicher Lazarus.

»Kein Puuusch!« schrie er Billy nach und schüttelte die Faust. *»Kein Puuusch! Niemals! Du stirbst dünn, Stadtmensch! Du wirst genauso sterben*!« Er legte beide Fäuste zusammen, und Halleck spürte fürchterliche Seitenstiche, als ob er zwischen diesen Fäusten zerquetscht würde. Einen Augenblick lang bekam er keine Luft. Es fühlte sich an, als würden seine Eingeweide zusammengepreßt. *»Du stirbst dünn*!«

»Es ist ein Push!« wiederholte Halleck darum kämpfend, nicht nach Luft zu schnappen.

»Kein Puuusch!« brüllte der Alte. In seiner Wut über den fortgesetzten Widerspruch hatte sich ein Netz von roten Adern über sein Gesicht gezogen. »Schmeißt ihn hinaus!«

Sie zogen ihn durch den Kreis. Taduz Lemke stand aufrecht da und sah ihnen zu. Die Hände hatte er in die Seiten gestemmt, das Gesicht war eine versteinerte Maske.

»Bevor sie mich von hier wegschleppen, Alter, sollst du wissen, daß mein Fluch über deine Familie kommen wird«, rief Halleck, und trotz der Schmerzen in seiner Brust war seine Stimme laut, ruhig, ja fast fröhlich. »Der Fluch des weißen Mannes aus der Stadt.«

Er hatte den Eindruck, daß Lemkes Augen sich eine Spur weiteten. Aus den Augenwinkeln sah er, daß die alte Frau mit der Decke um die Beine und den Rabattmarken im Schoß wieder das Zeichen gegen den bösen Blick machte.

Die beiden jungen Männer blieben einen Augenblick stehen; Samuel Lemke stieß ein kurzes, verwirrtes Lachen aus. Vermutlich belustigte ihn die Idee, daß ein weißer, Obere-Mittelklasse-Anwalt aus Fairview, Connecticut, den Mann verfluchen wollte, der vermutlich der älteste Zigeuner in ganz Amerika war. Noch vor zwei Monaten hätte Halleck selbst darüber gelacht.

Aber Taduz Lemke lachte nicht.

»Denkst du etwa, daß Männer wie ich keine Macht hätten zu verfluchen?« fragte Halleck. Er hob seine Hände — seine dünnen, ausgezehrten Hände — in Kopfhöhe und spreizte langsam die Finger. Er sah aus wie der Direktor eines Varietés, der das Publikum auffoder, doch endlich mit dem Applaus aufzuhören. »Wir haben die Macht. Wenn wir mal damit anfangen, sind wir ganz gut im Verfluchen. Laß mich nicht erst damit anfangen!«

Hinter dem alten Mann bewegte sich etwas — ein weißer Blitz, Nachthemd und schwarze Haare.

»Gina!« rief Samuel Lemke überrascht.

Billy sah sie ins Licht treten. Er sah, wie sie die Schleuder hob, den Gummi zurückzog und ihn dann losließ — es war eine einzige, fließende Bewegung, wie ein Maler, der eine Linie auf einer weißen Leinwand zieht. Er glaubte, den flüssigen silbrigen Flug der Stahlkugel zu erkennen, als sie über den Kreis schoß, aber das war mit Sicherheit bloß Einbildung.

Dann spürte er einen heißen, stechenden Schmerz in seiner linken Hand. Er war so schnell wieder fort wie er gekommen war. Er hörte, wie die Stahlkugel am Lastwagen hinter ihm abprallte. Fast im selben Moment bemerkte er, daß er das wutverzerrte Gesicht des Mädchens sehen konnte, aber nicht etwa durch seine gespreizten Finger, sondern durch seine Handfläche hindurch. Dort war ein sauberes, rundes Loch.

Sie hat mit der Schleuder auf mich geschossen, dachte er. *Heiliger Himmel, das hat sie wirklich getan!* Blut, im Feuerschein fast so schwarz wie Teer, rann an seinem Handgelenk hinunter und durchtränkte den Saum seines Jackenärmels.

»*Enkelt*!« kreischte sie. »Hau ab, *eyelak*! Hau ab, du Mörder, du *Bastard*!«

Dann warf sie die Schleuder nach ihm. Sie landete direkt neben dem Feuer. Eine kleine Wünschelrute mit einem Gummistück so groß wie eine Augenklappe an der Stelle, an der sie sich gabelte. Danach floh sie hysterisch schreiend zu den Wagen.

Niemand rührte sich. Die Leute am Feuer, die beiden Jungen, der alte Mann und Halleck selbst − sie standen wie versteinert. Man hörte ein Türenknallen. Dann kamen ihre Schreie nur noch gedämpft. Und Halleck spürte immer noch keinen Schmerz.

Auf einmal, ohne sich dessen bewußt zu sein, hielt Halleck dem Alten seine blutende Hand vors Gesicht. Der Alte wich zurück und machte das Zeichen gegen den bösen Blick. Halleck schloß die Hand zur Faust, wie der Alte es vorher getan hatte. Blut tropfte daraus hervor, wie sie es vorher bei Taduz gesehen hatten.

»Der Fluch des weißen Mannes wird Sie ereilen, Mr. Lemke! Darüber steht nichts in den Büchern geschrieben, aber ich sage Ihnen, daß es wahr ist − und *Sie* glauben *mir*.«

Der Mann stieß kreischend eine Flut von Romaniwörtern aus. Halleck fühlte sich so gewaltsam zurückgezerrt, daß sein Kopf nach hinten flog. Seine Füße hoben vom Boden ab.

Sie werfen mich ins Feuer. Himmel, sie werden mich darin rösten...

Statt dessen wurde er den Weg, den er gekommen war, zurückgetragen. Zuerst durch den Kreis (die Leute überschlugen sich fast, um ihm auszuweichen), dann zwischen den beiden Wohnlastern hindurch. In einem hörte er das konservierte Gelächter einer Fernsehsendung.

Der Mann mit dem Revolver grunzte. Halleck wurde wie ein Mehlsack (ein sehr leichter Mehlsack) hin und her geschaukelt und flog dann ein Stück durch die Luft. Er landete unsanft im trockenen Timothy-Gras hinter den geparkten Lastwagen. Das tat weit mehr weh als das Loch in seiner Hand; er hatte überhaupt keine Fettpolster mehr. Beim Sturz fühlte es sich so an, als klapperten seine Knochen im Körper durcheinander wie lose Stangen in einem alten

Transporter. Er versuchte aufzustehen, aber zunächst einmal gelang ihm das nicht. Er stöhnte.

Samuel Lemke kam noch einmal auf ihn zu. Das glatte, junge Gesicht war völlig ungerührt. Er langte in seine Hosentasche und zog etwas daraus hervor. Halleck hielt es für einen kurzen Stock und erkannte es erst, als Lemke die Klinge aufspringen ließ.

Er streckte seine blutende Hand aus, und Lemke zögerte. Sein Gesicht hatte jetzt einen Ausdruck, den Billy von seinem Badezimmerspiegel her kannte: Angst.

Sein Begleiter murmelte ihm etwas zu.

Lemke zögerte immer noch. Er blickte auf Halleck herab. Dann klemmte er die Klinge wieder in den dunklen Holzgriff zurück. Er spuckte in Hallecks Richtung. Einen Augenblick später waren beide verschwunden.

Billy blieb eine Weile liegen und versuchte, das Ganze zu rekonstruieren, sich einen Reim darauf zu machen... aber das war nur ein Juristentrick und nützte ihm hier, an diesem dunklen Ort, überhaupt nichts. Dafür fing seine Hand ihm nun unmißverständlich zu erzählen an, was passiert war. Sehr bald würde sie noch viel mehr schmerzen. Es sei denn, sie änderten ihre Meinung doch noch und kamen noch einmal zurück. Sie könnten alle Schmerzen mit einem Schlag beenden, und das für immer.

Das brachte ihn auf die Beine. Er rollte vornüber und zog die Knie an seinen ehemaligen Bauch. Dann ruhte er einen Augenblick aus, die linke Wange fest ins Gras gepreßt, den Hintern steil in der Luft, während ihn eine Woge von Übelkeit überspülte. Fast wäre er ohnmächtig geworden. Als es vorüber war, gelang es ihm, auf die Füße zu kommen und in die Richtung zu stolpern, in der sein Wagen stand. Zweimal fiel er hin. Beim zweitenmal dachte er schon, es wäre unmöglich, daß er jemals wieder aufstehen würde. Aber irgendwie — hauptsächlich, indem er an Linda dachte, die jetzt wohl ruhig und unschuldig in ihrem Bett schlief — schaffte er es dann doch. Jetzt spürte er das Brennen in seiner Hand. Ein rotes, heißes Brennen, das sich über seinen Unterarm zum Ellenbogen ausbreitete.

Eine Ewigkeit später hatte er den Mietwagen erreicht und fummelte nach dem Schlüssel. Er hatte ihn in die linke Tasche gesteckt, so daß er jetzt mit der Rechten quer über seinen Unterleib langen mußte, um an ihn heranzukommen.

Er startete den Wagen und blieb dann einen Moment ruhig sitzen. Seine blutende Hand lag mit der Innenfläche nach oben auf seinem linken Oberschenkel wie ein toter Vogel. Er blickte auf den Kreis von Last- und Campingwagen hinunter, auf das flackernde Feuer. Ein uraltes Lied fiel ihm ein: *Um das Feuer ein Tanz, nach einer Zigeunermelodie; es hat verzaubert mich ganz, deine Bewegung, du Süße, wie nie...*

Langsam hob er die linke Hand vor seine Augen. Durch das runde Loch in der Mitte fiel geisterhaftes grünes Licht vom Armaturenbrett.

Ja, wirklich, sie hat mich verzaubert, dachte er und fuhr los. Mit beinahe klinischer Ungerührtheit fragte er sich, ob er es wohl bis zum Frenchman's Bay Motel schaffen würde.

Irgendwie klappte es.

20. Kapitel: 118

»William? Was ist los?«

Ginellis Stimme, die zuerst ganz verschlafen und beinahe wütend geklungen hatte, war plötzlich hellwach und besorgt. Billy hatte seine Privatnummer unter der von den *Three Brothers* in seinem Adreßbuch gefunden. Er hatte einfach gewählt, ohne sich viel davon zu erhoffen, fast sicher, daß sie im Laufe der Jahre irgendwann mal ausgetauscht worden wäre.

Seine linke Hand lag mit einem Taschentuch umwickelt in seinem Schoß. Sie hatte sich in eine Art Radiosender verwandelt, der jetzt pausenlos fünfzigtausend Watt Schmerzsignale pro Sekunde ausstrahlte — bei der geringsen Armbewegung war die Hölle los. Schweißperlen standen auf seiner Stirn. Und immer wieder tauchten Kreuzigungsvisionen vor ihm auf.

»Es tut mir leid, daß ich dich in deiner Wohnung störe, Richard«, sagte er. »Und das noch so spät.«

»Ach, Scheiß drauf, was ist passiert?«

»Tja, also das Wichtigste ist im Augenblick, daß man mir durch die Hand geschossen hat. Mit einer...« Er bewegte sich unruhig, die Hand brannte lodernd, seine Lippen verzerrten sich. »... mit einer Stahlkugel.«

Schweigen am anderen Ende.

»Ich weiß, wie blöde das klingt; aber es ist wahr. Die Frau hat mit einer Schleuder geschossen.«

»Jesus! Was...?« Eine Frauenstimme im Hintergrund. Ginelli redete kurz auf italienisch mit ihr und kam dann wieder an den Hörer. »Und das ist kein Scherz, William? Dir hat tatsächlich so eine Hure mit einer Schleuder eine Stahlkugel durch die Hand geschossen?«

»Ich rufe normalerweise keine Leute um...« Er sah auf seine Uhr und wurde wieder vom Schmerz geschüttelt.

... »Um drei Uhr in der Frühe an, um ihnen Witze zu erzählen. Ich habe die letzten drei Stunden hier gesessen und gehofft, daß ich es bis zu einer menschlicheren Uhrzeit aushalte. Aber die Schmerzen...« Er lachte. Verletzt. Hilflos. Verwirrt. »Die Schmerzen sind sehr, sehr schlimm.«

»Hat das mit der Sache zu tun, wegen der du mich schon mal angerufen hast?«

»Ja.«

»Waren es die Zigeuner?«

»Ja. Richard...«

»Ja? Na, dann kann ich dir eins versprechen. Nach dieser Sache werden sie mit dir keine Fisimatenten mehr machen.«

»Richard. Ich kann nicht allein zum Arzt gehen und ich bin... ich habe starke Schmerzen.« *Billy Halleck, großer Meister im Untertreiben.* »Kannst du mir etwas schicken? Vielleicht mit dem Bundesexpress? Irgendein schmerzstillendes Mittel?«

»Wo bist du?«

Billy zögerte einen kurzen Augenblick. Dann schüttelte er den Kopf. Jeder Mensch, dem er bisher vertraut hatte, hielt ihn für verrückt. Es war mehr als wahrscheinlich, daß seine Frau und sein Chef inzwischen schon alle Hebel in Bewegung gesetzt hatten, die im Staate Connecticut erforderlich waren, um einen Mann gegen seinen Willen in eine Anstalt einzuweisen. Zumindest würden sie es bald tun. Jetzt hatte er einfach nur noch zwei Möglichkeiten. Darin lag eine gewisse Ironie. Entweder er vertraute diesem mit Drogen handelnden Schurken, den er fast sechs Jahre lang nicht gesehen hatte, oder er gab vollständig auf.

Er schloß seine Augen und sagte: »Ich bin in Bar Harbor, Maine. Frenchman's Bay Motel, Zimmer siebenunddreißig.«

»Eine Sekunde.«

Ginellis Stimme entfernte sich wieder vom Hörer. Billy hörte ihn gedämpft Italienisch sprechen. Er hielt die Augen geschlossen. Schließlich war Ginelli wieder dran.

»Meine Frau erledigt ein paar Anrufe für mich«, erklärte er. »Du weckst jetzt gerade einige Leute in Norwalk, *paisan.* Ich hoffe, du bist zufrieden.«

»Richard, du bist ein Gentleman«, sagte Billy. Seine Stimme war heiser, die Worte klangen verzerrt. Er räusperte sich. Ihm war es zu kalt. Seine Lippen waren zu trocken. Er versuchte, sie mit der Zunge zu benetzen, aber auch seine Zunge war wie ausgetrocknet.

»Du bleibst ganz still sitzen, mein Freund.« Wieder war sein Ton sehr besorgt. »Hast du mich verstanden? Ganz still. Wenn du willst, kannst du dir eine Decke umwickeln, aber mehr auch nicht. Du bist angeschossen worden. Du hast einen Schock.«

»Mach keine Witze«, sagte Billy und lachte wieder. »Ich stehe jetzt seit gut zwei Monaten unter Schock.«

»Wovon redest du?«

»Vergiß es.«

»Na gut. Aber wir müssen miteinander reden, William.«

»Ja.«

»Ich... wart mal 'nen Augenblick.« Italienisch, leise, entfernt. Halleck schloß wieder die Augen und lauschte auf die Schmerzsendung aus seiner Radiohand. Nach einer Weile kam Ginelli wieder ans Telefon. »Ein Mann wird dir ein Schmerzmittel vorbeibringen. Er...«

»He, Richard, das ist nicht...«

»Sag mir nicht, wie ich meinen Job zu erledigen habe, William, du hörst jetzt einfach zu. Der Mann heißt Fander. Er ist kein Arzt, wenigstens nicht mehr, aber er wird dich mal unter die Lupe nehmen und feststellen, ob du nicht auch Antibiotika brauchst. Er wird noch vor Tagesanbruch bei dir sein.«

»Richard, ich weiß nicht, wie ich dir danken soll.« Tränen liefen ihm über die Wangen. Er wischte sie zerstreut mit der rechten Hand weg.

»Ich weiß, daß du das nicht weißt«, antwortete Ginelli. »Du bist schließlich kein Spaghettifresser. Denk bloß immer an den lieben Onkel Richard: schön brav sitzen bleiben.«

Fander traf kurz vor sechs ein. Er war ein kleiner Mann, dessen Haar frühzeitig weiß geworden war. In einer Hand trug er einen ledernen Landarztkoffer. Er musterte Billys dürren, ausgemergelten Körper lange und schweigend, dann wikkelte er vorsichtig das Taschentuch von seiner Hand. Billy mußte sich mit der Rechten den Mund zuhalten, um einen Schrei zu ersticken.

»Heben Sie sie bitte mal hoch«, forderte Fander ihn auf, und Billy gehorchte. Die Hand war gräßlich angeschwollen. Die Haut spannte sich straff und durchscheinend. Einen Augenblick lang sahen Fander und Billy sich durch das Loch in der Handfläche an. Ein dunkler Ring aus verkrustetem Blut hatte sich darum gebildet. Fander nahm eine Stablampe aus der Tasche und leuchtete damit hindurch. Dann schaltete er sie wieder aus.

»Sauber und ordentlich«, sagte er. »Wenn es wirklich eine Stahlkugel war, ist die Gefahr einer Infektion wesentlich geringer, als wenn es eine Schrotkugel gewesen wäre.«

Er schwieg einen Augenblick nachdenklich.

»Es sei denn, das Mädchen hat was draufgeschmiert, bevor es geschossen hat.«

»Tröstlicher Gedanke«, krächzte Billy.

»Ich werde nicht dafür bezahlt, Leute zu trösten«, erwiderte Fander kühl. »Besonders dann nicht, wenn ich nachts um halb vier aus dem Bett geschmissen werde und meinen Schlafanzug in einem leichten Flugzeug, das in elftausend Fuß Höhe auf und ab hüpft, mit dem Anzug wechseln darf. Sie sagten, es wäre eine Stahlkugel gewesen?«

»Ja.«

»Dann ist vermutlich alles in Ordnung. Man kann eine Stahlkugel nicht gut in Gift tränken, wie die Jivaro-Indianer es bei ihren Holzpfeilspitzen mit Curare tun. Und es ist auch nicht sehr wahrscheinlich, daß die Frau noch etwas hinaufgepinselt hat, wenn tatsächlich alles so spontan geschehen ist, wie Sie sagen. Die Wunde sollte gut verheilen. Ohne Komplikationen.« Er holte ein Desinfektionsmittel, Gazestreifen und eine elastische Bandage aus seinem Koffer. »Ich werde sie jetzt zustopfen und danach verbinden. Das Zustopfen wird brennen wie die Hölle, aber glauben Sie mir, auf lange Sicht werden Sie noch viel schlimmere Schmerzen bekommen, wenn ich sie offen lasse.«

Er warf Billy wieder einen prüfenden Blick zu — nicht so sehr den mitfühlenden Blick eines Doktors, dachte Billy, eher den kalten, abschätzigen eines Engelmachers. »Die Hand wird nur das geringste Ihrer Probleme sein, wenn Sie nicht wieder zu essen anfangen.«

Billy sagte nichts.

Fander hielt seine Augen noch einen Moment fest und fing dann an, die Wunde zu behandeln. Ab diesem Punkt war das Sprechen für Billy sowieso unmöglich. Sein Schmerzsender war mit einem Schlag von fünfzigtausend Watt pro Sekunde auf zweihundertfünfzigtausend hochgeschnellt. Er schloß die Augen, biß die Zähne zusammen und wartete darauf, daß es vorbei wäre.

Schließlich war es geschafft. Er saß mit der pochenden, frisch verbundenen Hand im Schoß und sah zu, wie Fander noch einmal in seinem Koffer wühlte.

»Mal alle anderen Betrachtungen beiseite lassend, muß ich sagen, daß Ihre radikale Abmagerung uns einige ernsthafte Probleme bereitet, wenn's darum geht, etwas gegen Ihre Schmerzen zu unternehmen. Sie spüren schon jetzt ein größeres Maß an Beschwerden, als es der Fall wäre, wenn Sie Ihr normales Gewicht hätten. Leider kann ich Ihnen kein Darvon oder Darvocet geben, denn beides könnte Sie sofort in ein Koma stürzen oder zumindest schlimme Herzrhythmusstörungen hervorrufen. Wieviel *wiegen* Sie, Mr. Halleck? Hundertfünfundzwanzig?«

»So ungefähr«, murmelte Billy. Im Bad stand eine Waage, und er hatte sich, kurz bevor er zu den Zigeunern gefahren war, noch einmal draufgestellt. Das war wohl seine ganz private Art von Wettkampf geworden. Die Nadel war genau auf 118 stehen geblieben. Das anstrengende Herumlaufen in der heißen Sonne hatte die Sache ungemein beschleunigt.

Fander nickte und machte ein mißbilligendes Gesicht. »Ich werde Ihnen ziemlich starkes Empirin geben. Sie nehmen davon nur eine einzige Tablette. Wenn Sie innerhalb von einer halben Stunde noch nicht eingeschlafen sind, und nur wenn die Hand dann ganz fürchterlich weh tut, nehmen Sie noch eine halbe. Die nächsten drei, vier Tage machen Sie so weiter.« Er schüttelte den Kopf. »Da bin ich nun sechshundert Meilen hier raufgeflogen, um einem Mann eine Flasche Empirin zu verpassen. Kaum zu glauben. Das Leben ist manchmal schon pervers. Aber in Anbetracht Ihres Gewichts ist sogar Empirin schon gefährlich. Sie sollten Baby-Aspirin nehmen.«

Fander kramte ein weiteres Fläschchen aus seinem Landarztkoffer hervor. Dieses hatte keine Aufschrift.

»Aureomycin«, erklärte er. »Nehmen Sie alle sechs Stunden eine. Aber — merken Sie sich dies gut, Mr. Halleck —, sobald Sie anfangen, Durchfall zu bekommen, *hören Sie sofort mit den Antibiotika auf!* In Ihrem Zustand wird eine Diarrhö Sie viel eher umbringen als die Infektion an Ihrer Hand.«

Er klappte den Koffer zu und stand auf.

»Und noch ein Rat, der nichts mit Ihren Abenteuern auf dem Lande hier zu tun hat. Besorgen Sie sich so bald wie möglich Kalziumtabletten und nehmen Sie täglich zwei davon — eine, wenn Sie aufstehen und eine, wenn Sie zu Bett gehen. Sie kriegen sie in jedem Drugstore.«

»Wozu?«

»Wenn Sie weiterhin so abnehmen, werden Sie sehr bald Herzrhythmusstörungen bekommen, egal, ob Sie Darvon oder andere Drogen nehmen oder nicht. Das kommt von dem radikalen Kaliumabbau in Ihrem Körper. Es könnte sogar das sein, woran Karen Carpenter gestorben ist. Guten Tag, Mr. Halleck.«

Fander öffnete die Tür und ließ das erste milde Tageslicht herein. Einen Augenblick lang blieb er stehen und lauschte auf die Brandung des Ozeans, die in der morgendlichen Stille deutlich zu hören war.

»Sie sollten wirklich mit Ihrem Hungerstreik — oder was immer es auch sein mag — aufhören, Mr. Halleck«, sagte er, ohne sich umzudrehen. »In vielerlei Hinsicht ist die Welt nichts als ein Haufen Mist. Aber sie kann auch ganz schön sein.«

Er ging zu einem blauen Chevrolet hinüber, der an der

Seite des Motels parkte, und stieg hinten ein. Der Wagen fuhr los.

»Ich versuche ja die ganze Zeit, damit aufzuhören«, rief Billy dem wegfahrenden Wagen nach. »Ich tue ja nichts anderes.«

Er schloß die Tür und schlenderte langsam zu dem kleinen Tisch und seinem Stuhl zurück. Nachdenklich betrachtete er die Medizinfläschchen und fragte sich, wie er sie mit einer Hand öffnen sollte.

21. Kapitel: Ginelli

Billy bestellte sich ein großes Lunch aufs Zimmer. Er hatte im Leben noch nie weniger Appetit gehabt, aber er aß alles auf. Nachdem er fertig war, riskierte er drei Empirin und beruhigte sich mit dem Gedanken, daß er sie ja zusätzlich zu einem dicken Truthahnsandwich, einer großen Portion Pommes frites und einem beträchtlichen Stück Apfelkuchen, der ziemlich fad geschmeckt hatte, einnahm.

Das Mittel wirkte sofort. Er spürte, wie der Schmerzsender in seiner Hand auf bloße fünftausend Watt pro Sekunde sank. Danach durchtobte ihn eine Serie fieberhafter Träume. Durch einen tanzte Gina, nackt bis auf zwei große Goldreifen in den Ohren. Er kroch durch einen langen, dunklen Abwasserkanal auf ein kleines rundes Loch zu, durch welches Tageslicht schimmerte. Aber es war zum Verrücktwerden. Das Licht blieb immer in gleicher Entfernung. Etwas verfolgte ihn. Er hatte die furchtbare Vorstellung, daß es eine Ratte war. Eine *sehr* große Ratte. Dann war er aus dem Kanal heraus. Aber wenn er sich einbildete, daß er dadurch entkommen wäre, dann hatte er sich getäuscht. Jetzt war er wieder im ausgehungerten Fairview. Überall lagen Leichen aufeinandergestapelt. Yard Stevens lag mitten auf dem Marktplatz ausgestreckt. Seine Rasiermesser staken in seinem Hals, als hätte jemand sie mit Gewalt hineingestopft. Besser gesagt, in dem, was von seinem Hals noch übrig war. Billys Tochter hockte an einen Laternenpfahl gelehnt auf dem Boden. Sie war nur noch ein Haufen durch ihr purpurweißes Cheerleader-Trikot zusammengehaltener Knochen. Er konnte nicht feststellen, ob sie schon tot wie die anderen war oder nur bewußtlos. Ein Geier flatterte zu ihr herab und ließ sich auf ihrer Schulter nieder. Er spielte mit seinen Krallen, und plötzlich schnellte der Kopf vor. Mit seinem abfaulenden Schnabel riß er ihr ein Büschel Haare aus. An den

Enden hingen noch blutige Fetzen ihrer Kopfhaut wie Erde an Unkrautstengeln, die man zu grob aus dem Boden gezerrt hatte. Und sie war *nicht* tot; er hörte sie stöhnen und sah, wie ihre Hände sich schwach im Schoß bewegten. *Nein!* brüllte er im Traum. Auf einmal bemerkte er Ginas Schleuder in seiner Hand. In ihrer Schlinge lag allerdings keine ihrer Stahlkugeln, sondern der gläserne Briefbeschwerer, der auf dem Spiegeltisch im Flur seines Hauses in Fairview stand. In massivem Glas lag etwas eingebettet — irgendein Materialfehler —, das wie eine blauschwarze Gewitterwolke aussah. Als Kind war Linda von dem Muster ganz fasziniert gewesen. Billy schoß den Briefbeschwerer auf den Geier, aber er verfehlte ihn. Auf einmal verwandelte der Vogel sich in Taduz Lemke.

Ein lautes Klopfen von irgendwoher — er fragte sich im Traum, ob er jetzt einem tödlichen Anfall von Herzrhythmusstörungen erläge. *Ich werde den Fluch niemals von dir nehmen, weißer Mann aus der Stadt*, sagte Lemke; und dann befand Billy sich an einem völlig anderen Ort. Das Klopfen hatte immer noch nicht aufgehört.

Er sah verwirrt ins Motelzimmer und glaubte zunächst, daß er einen neuen Ort des Schreckens in seinem Alptraum erreicht hätte.

»William!« rief jemand draußen vor der Tür. »William, bist du da drinnen? Mach auf, oder ich breche die Tür ein! William! William!«

Schon gut, wollte er antworten, aber es kam kein Laut aus seinem Mund. Seine Lippen waren völlig trocken und der Mund wie mit Gummi verklebt. Doch er spürte eine überwältigende Erleichterung. Es war Ginelli.

»William? Wirst du jetzt... ach, Scheiße!« Das letzte war leise, mehr zu sich selbst gesprochen. Darauf folgte ein gehöriger Krach, als seine Schulter gegen die Tür prallte.

Billy stand auf. Einen Augenblick lang drehte sich alles vor seinen Augen. Er sah sie zuerst ganz scharf und dann nur noch verschwommen. Endlich konnte er den Mund aufmachen. Seine Lippen schnalzten, was er mehr spürte als hörte.

»Ist schon in Ordnung«, krächzte er. »Ich komme, Richard. Ich bin da. Jetzt bin ich wach.«

Er ging durchs Zimmer und öffnete die Tür.

»Verdammt noch mal, William, ich dachte schon, du wärest...«

Ginelli schwieg mitten im Satz und starrte ihn an. Seine braunen Augen weiteten und weiteten sich, und Halleck dachte: *Jetzt wird er rennen. Man kann nichts und niemanden mit so großen Augen ansehen und dann nicht Hals über Kopf wegrennen, wenn der erste Schock einmal überwunden ist.*

Ginelli küßte sich auf den rechten Daumen, bekreuzigte sich und sagte: »Darf ich reinkommen, William?«

Ginelli hatte eine bessere Medizin mitgebracht als Fander. Chivas. Er zog die Flasche aus seinem kalbsledernen Aktenkoffer und goß ihnen beiden erst mal einen steifen Drink ein. Dann stieß er den Rand seines vom Motel gestifteten Plastikbechers kurz gegen den Rand von Billys.

»Auf glücklichere Tage als diese«, sagte er. »Wie klingt das?«

»Gar nicht schlecht«, lachte Billy und trank den Becher in einem Zug leer. Als die warme Explosion in seinem Magen nur noch weiche Nachwehen hinterließ, entschuldigte er sich und ging kurz ins Bad. Er mußte nicht aufs Klo, aber er wollte nicht, daß Ginelli ihn weinen sah.

»Was hat er mit dir gemacht?« fragte Ginelli. »Hat er dir das Essen vergiftet?«

Billy fing an zu lachen. Es war das erste richtige, herzhafte Lachen seit langem. Er setzte sich wieder auf seinen Stuhl und lachte, bis ihm die Tränen über die Wangen kullerten.

»Richard, du bist herrlich«, sagte er, als er sich wieder etwas beruhigt hatte. Jetzt schmunzelte und kicherte er nur noch ab und zu. »Alle anderen Menschen, einschließlich meiner Frau, halten mich für wahnsinnig. Und du? Als du mich zum letztenmal gesehen hast, hatte ich an die vierzig Pfund Übergewicht. Und heute sehe ich aus, als wollte ich mich um die Rolle der Vogelscheuche für ein Remake von

The Wizzard of Oz bewerben. Aber das erste, was ich aus deinem Mund höre, ist: ›Hat er dir das Essen vergiftet?‹«

Ungeduldig tat Ginelli beides, das hysterische Gelächter und das Kompliment, mit einer abfälligen Handbewegung ab. *Ike und Mike, die denken gleich*, dachte Billy. *Lemke und Ginelli genauso. Wenn es um Rache und Gegenrache geht, haben sie überhaupt keinen Sinn für Humor.*

»Also. Hat er?«

»Ich nehme an, ja. Auf gewisse Weise tut er das, ja.«

»Wieviel Pfund hast du verloren?«

Billys Blick wanderte zum großen Spiegel an der gegenüberliegenden Zimmerwand. Es erinnerte ihn an eine Stelle, die er irgendwo mal gelesen hatte – er glaubte, in einem Roman von John D. MacDonald. Alle amerikanischen Motelzimmer schienen mit Spiegeln überladen zu sein, und das, obwohl sie doch hauptsächlich von übergewichtigen Geschäftsreisenden benutzt wurden, die keinerlei Interesse daran haben konnten, sich nackt zu sehen. Er war zwar das genaue Gegenteil von übergewichtig, aber die Ressentiments gegen Spiegel konnte er gut nachempfinden. Er vermutete, daß es sein Gesicht gewesen war – nein, nicht nur das Gesicht, sein ganzer Kopf –, was Ginelli vorhin solche Angst eingejagt hatte. Sein Schädelumfang war ja gleich geblieben, während der Rest seines Körpers immer mehr verschwunden war, und als Ergebnis hing der Kopf jetzt über dem Rumpf wie die entsetzlich übergroße Blüte einer herbstreifen Sonnenblume.

Ich werde den Fluch niemals von dir nehmen, weißer Mann aus der Stadt.

»Wieviel Pfund, William?« wiederholte Ginelli seine Frage. Seine Stimme war ruhig, beinahe sanft, aber in seinen Augen funkelte ein seltsames, klares Licht. Billy hatte noch nie die Augen eines Menschen so funkeln sehen. Es machte ihn nervös.

»Als es angefangen hat – das heißt, als ich aus dem Gericht kam und der Alte mich angefaßt hat –, da habe ich zweihundertfünfzig Pfund gewogen. Heute vormittag war ich kurz vor dem Essen auf der Waage. Da waren es noch fünfundneunzig. Das macht... hundertfünfundfünfzig Pfund, nicht wahr?«

»Jesusmariaundjosephduheiligerstrohsack«, flüsterte Ginelli und bekreuzigte sich nochmals. »Er hat dich angefaßt?«

Jetzt kommt der Punkt, an dem er geht — an diesem Punkt machen sie sich alle aus dem Staub, dachte Halleck. Eine winzige Sekunde lang hatte er den Gedanken, einfach zu lügen, sich irgendeine Geschichte von vergiftetem Essen auszudenken. Aber wenn es je einen richtigen Zeitpunkt für Lügen gegeben hätte, war er vorbei. Und wenn Ginelli wegginge, dann würde er, Billy, höflich mit ihm gehen, wenigstens bis zu seinem Wagen. Er würde ihm die Tür öffnen und sich für sein Kommen bedanken. Er würde das tun, denn Ginelli hatte ihm zugehört, als er ihn mitten in der Nacht angerufen hatte. Er hatte ihm dieses besondere Exemplar eines Arztes vorbeigeschickt. Und nun war er selbst gekommen. Aber vor allem würde er diese Form der Höflichkeit wahren, weil Ginellis Augen sich so geweitet hatten, als er ihm die Tür geöffnet hatte, und weil er trotzdem nicht da schon weggerannt war.

Sag ihm die Wahrheit. Er behauptet zwar, das einzige, woran er glauben würde, wären Geld und Gewehre, und das stimmt vermutlich auch, aber du wirst ihm jetzt trotzdem die Wahrheit sagen, denn das ist die einzige Möglichkeit, wie du so einem Kerl seine Freundlichkeit vergelten kannst.

Er hat dich angefaßt? hatte Ginelli ihn gefragt, und das war sicher erst eine Sekunde her, aber Billy, der völlig verwirrt und erschüttert war, kam es viel länger vor. »Er hat mich nicht nur angefaßt, Richard, er hat mich verflucht.«

Er wartete darauf, daß das irre Funkeln in Ginellis Augen erlösche, er wartete, daß er auf seine Armbanduhr schauen, auf die Füße springen, nach seinem Aktenkoffer greifen und entschuldigend sagen würde: *Zeit hat schon eine seltsame Art zu verfliegen, nicht wahr? Ich würde zu gerne bleiben, um diese ganze Fluchgeschichte einmal mit dir durchzusprechen, William, aber, du verstehst, ich habe eine Pfanne Kalbfleisch in Marsalasauce auf dem Herd, die in den* Three Brothers *auf mich wartet, und...*

Das Funkeln erlosch nicht, und Ginelli blieb sitzen. Er schlug die Beine übereinander, strich eine Hosenfalte glatt, zog eine Schachtel Camel aus der Tasche und zündete sich eine an.

»Erzähl mir alles«, sagte er.

Billy Halleck erzählte Richard Ginelli alles. Als er mit seiner Geschichte fertig war, lagen vier Zigarettenstummel im Aschenbecher. Ginelli musterte ihn mit starrem Blick, als wäre er hypnotisiert. Das Schweigen zog sich in die Länge. Billy war es unangenehm, und er hätte es gern gebrochen, aber er wußte nicht, wie. Er schien all seine Worte verbraucht zu haben.

»Das hat er dir angetan«, sagte Ginelli endlich. »Das hier...« und er machte eine Handbewegung, die Billys Körper umfaßte.

»Ja. Ich erwarte nicht von dir, daß du mir glaubst, aber, ja, das hat er getan.«

»Ich glaube dir«, sagte Ginelli beinahe abwesend.

»Echt? Was ist mit dem Kerl, der nur an Geld und Gewehre glaubt?«

Ginelli lächelte, dann lachte er. »Das hab ich dir gesagt, als du das erstemal angerufen hast, nicht wahr?«

»Ja.«

Das Lächeln verschwand. »So, so. Es gibt noch etwas anderes, das ich glaube, William. Ich glaube, was ich sehe. Aus dem Grunde bin ich ein relativ reicher Mann. Vor allem aber bin ich deshalb ein *lebender* Mann. Die meisten Menschen glauben einfach nicht, was sie sehen.«

»Nein?«

»Nein. Nicht, wenn es nicht mit dem übereinstimmt, was sie sowieso schon glauben. Weißt du, was ich neulich im Drugstore erlebt habe, in den ich immer gehe? Das war erst letzte Woche.«

»Was?«

»Da steht so ein Blutdruckmeßgerät herum. Ich glaube, die gibt es manchmal auch in den großen Einkaufszentren, aber im Durgstore ist es umsonst. Man steckt seinen Arm durch eine Schlinge und drückt auf einen Knopf. Dann schließt die Schlinge sich um den Arm. Man sitzt einen Augenblick da und macht sich schöne Gedanken, und dann läßt sie einen wieder frei. Oben auf der Sichtskala tauchen große rote Leuchtnummern auf. Man guckt auf eine Tabelle, die einem sagt, was die Zahlen zu bedeuten haben. Da steht dann ›hoch‹, ›niedrig‹ oder ›normal‹. Man kann es sich also selbst ausrechnen. Hast du das Bild vor Augen?«

Halleck nickte.

»Gut. Ich stehe also da und warte, daß mir der Typ eine Flasche von dieser Medizin verkauft, die meine Mutter gegen ihr Magengeschwür nehmen muß, und plötzlich kommt da so ein fetter Kerl in den Laden gewatschelt. Ich sage dir, der hat gut zweihundertfünfzig Pfund drauf, und seine Arschbacken wackelten beim Gehen, daß du denkst, da kämpfen zwei Hunde unter einer Decke. Er hat eine ganze Säuferlandkarte auf der Nase und den Wangen, und ich sehe eine Schachtel Marlboro in seiner Hemdtasche stecken. Er sammelt sich ein paar Dr.-Scholls-Hühneraugenpflaster aus dem Regal und latscht zur Kasse, da fällt sein Blick auf das Meßgerät. Er setzt sich davor, und die Maschine macht ihre Arbeit. Und da tauchen auch schon die Zahlen auf der Skala auf. Zweihundertzwanzig zu einhundertdreißig sagen sie. Nun habe ich keinen Furz Ahnung von dieser ganzen wunderbaren Welt der Medizin, aber ich weiß doch, daß zweihundertzwanzig zu einhundertdreißig schon zu der unheimlichen Kategorie gehört. Ich meine, ebensogut könnte man doch mit einem vollgeladenen Revolverlauf im Ohr rumlaufen – oder etwa nicht?«

»Richtig.«

»Und was tut dieser Vollidiot? Er glotzt mich ganz groß an und sagt: Dieser ganze Digitalquatsch taugt doch sowieso nichts!‹ Dann bezahlt er seine Verdauungsriegel und marschiert hinaus. Du kapierst die Moral von der Geschichte, nicht wahr. William? Manche Leute – sehr *viele* Leute – glauben nicht, was sie sehen, besonders, wenn es damit zu tun hat, was sie essen und trinken, denken und glauben wollen. Ich, also ich glaube nicht an Gott. Aber wenn ich ihn sähe, dann würde ich es tun. Ich würde nicht einfach nur davon schwärmen, was für ein toller Spezialeffekt das nun mal wieder wäre! Die Definition für Arschloch ist ein Mensch, der nicht glaubt, was er sieht. Da darfst du dich gern auf mich berufen.«

Billy betrachtete ihn einen Augenblick abwägend und brach dann wieder in Lachen aus. Nach einer Weile lachte Ginelli mit.

»Schön«, sagte er. »Wenn du lachst, klingst du jedenfalls immer noch wie der alte William. Die Frage ist jetzt die, William: Was wollen wir gegen den alten Scheißkerl unternehmen?«

»Ich weiß es nicht.« Billy lachte noch mal, jetzt kurz, unsicher. »Aber ich fürchte, ich werde etwas tun müssen. Schließlich habe ich ihn verflucht.«

»Ja, hast du schon gesagt. Mit dem Fluch des weißen Mannes aus der Stadt. Wenn man bedenkt, was all die weißen Druiden aus all den Städten während der letzten Jahrhunderte so alles angerichtet haben, dann könnte das ein ziemlicher Hammer werden.« Ginelli unterbrach sich, um sich eine neue Zigarette anzuzünden. Dann erklärte er nüchtern: »Du weißt, daß ich ihn erledigen kann.«

»Nein, das würde nichts nütz...«, fing Billy an und klappte plötzlich den Mund zu. Er hatte sich vorgestellt, wie Ginelli einfach auf Lemke losging und ihm eins aufs Auge knallte. Und dann war ihm schlagartig bewußt geworden, daß Ginelli etwas viel Endgültigeres im Sinn hatte. »Nein, das kannst du nicht tun«, sagte er.

Entweder verstand Ginelli ihn nicht, oder er gab einfach vor, es nicht zu tun. »Natürlich kann ich. Und ich kann mir keinen anderen denken, der es für mich erledigen könnte. Jedenfalls keinen vertrauenswürdigen, soviel ist mal klar. Aber ich bin heute genauso dazu in der Lage wie damals mit zwanzig. Es gehört zwar nicht zum Geschäft, aber glaube mir, es *wäre* mir ein Vergnügen.«

»Nein. Ich will nicht, daß du ihn oder irgend jemand anderen tötest«, erklärte Billy. »Das hatte ich damit gemeint.«

»Warum nicht?« fragte Ginelli, immer noch sachlich —

aber Billy sah immer noch dieses irrsinnige, zornige Licht in seinen Augen tanzen. »Hast du Angst, daß man dich wegen Beihilfe zum Mord verklagen könnte? Das wäre kein Mord, sondern reine Selbstverteidigung. William, er bringt *dich* um. Noch eine Woche so weiter, und die Leute können die Reklameschilder am Supermarkt lesen, ohne dich zu bitten, zur Seite zu treten. Noch zwei Wochen, und du darfst dich nicht mehr ins Freie wagen aus Angst, daß der Wind dich wegblasen könnte.«

»Dein Doktorfreund hat angedeutet, daß ich vermutlich an Herzrhythmusstörungen sterben werde, bevor es soweit kommt. Wahrscheinlich verliert mein Herz genauso an Gewicht wie mein Körper.« Er schluckte. »Weißt du was? Mir kommt gerade eine komische Idee. Daran habe ich noch nie gedacht. Irgendwie wünsche ich mir, daß ich gar kein Herz mehr hätte.«

»Siehst du? Er bringt dich um... aber lassen wir das mal beiseite. Du willst nicht, daß ich ihn töte, also tu ich's nicht. Ist wahrscheinlich sowieso keine gute Idee. Es würde den Fluch nicht ungeschehen machen.«

Halleck nickte. Das hatte er auch gerade gedacht. *Nimm's von mir*, hatte er Lemke aufgefordert – offenbar hatte selbst der weiße Mann aus der Stadt begriffen, daß etwas in der Art zu geschehen hätte. Wenn Lemke nicht mehr am Leben wäre, würde der Fluch wohl von allein zu seinem Ende führen.

»Das Problem dabei ist«, fuhr Ginelli nachdenklich fort, »man kann einen Mord nicht zurücknehmen.«

»Eben.«

Ginelli drückte seine Zigarette aus und stand auf. »Ich muß darüber nachdenken, William. Ich muß eine Menge nachdenken. Und dazu brauch' ich erst mal einen klaren Kopf, verstehst du? Man kriegt keine guten Ideen, wie man mit so einem komplizierten Mist wie diesem fertig wird, wenn man sich so furchtbar darüber aufregt. Und jedesmal, wenn ich dich ansehe, *paisan*, kriege ich Lust, dem Scheißkerl den Schwanz rauszureißen und ihn in das Loch zu stopfen, das früher mal seine Nase gewesen ist.«

Billy stand ebenfalls auf und fiel fast vornüber. Ginelli fing ihn auf, und Billy umarmte ihn unbeholfen mit seinem gesunden Arm. Er hatte wohl noch nie in seinem Leben einen erwachsenen Mann umarmt.

»Danke, daß du gekommen bist«, sagte er leise. »Und danke, daß du mir glaubst.«

»Du bist ein guter Kerl«, erwiderte Ginelli und löste sich aus der Umarmung. »Du steckst ganz schön im Schlamassel, aber vielleicht kriegen wir dich da wieder raus. So oder so, wir werden dem Alten ein paar dicke Ziegelsteine in den Weg werfen. Ich gehe jetzt erst mal ein paar Stunden spazieren. Um meinen Kopf klar zu kriegen. Ich werde mir etwas ausdenken. Außerdem muß ich noch ein paar Anrufe nach New York erledigen.«

»Was für Anrufe?«

»Erzähl' ich dir später. Erst will ich nachdenken. Schaffst du's so lange allein?«

»Ja.«

»Leg dich hin. Du hast überhaupt keine Farbe im Gesicht.«

»Ja, mach' ich.« Er fühlte sich wieder müde, müde und vollkommen erschöpft.

»Das Mädchen, das auf dich geschossen hat«, fragte Ginelli noch. »Schön?«

»Sehr.«

»Ja?« Und wieder tanzte das irre Licht in seinen Augen, diesmal heller als vorher. Billy wurde unruhig.

»Ja.«

»Leg dich hin, William. Schlaf ein paar Runden. Ich sehe später nach dir. Ist es dir recht, wenn ich deinen Zimmerschlüssel mitnehme?«

»Klar.«

Ginelli ging. Billy streckte sich auf dem Bett aus und legte die verbundene Hand ganz vorsichtig neben sich. Es war vollkommen klar, daß er sich, sobald er eingeschlafen war, genau auf diese Seite drehen und daß der Schmerz ihn unweigerlich wecken würde.

Er will mich nur aufmuntern, dachte er. *Wahrscheinlich hängt*

er jetzt schon am Telefon und redet mit Heidi. Und wenn ich auf-
wache, sitzen schon die weißen Männer mit ihren Schmetterlings-
netzen auf meinem Bett. Sie…

Weiter kam er nicht. Er war tief eingeschlafen und brachte
es irgendwie fertig, sich nicht auf seine kranke Hand zu legen.

Und jetzt hatte er auch keine Alpträume mehr.

Als er aufwachte, saßen keine weiß gekleideten Männer mit
Schmetterlingsnetzen auf seinem Bett. Nur Ginelli schaukel-
te am anderen Ende des Zimmers auf einem Stuhl und las
ein Buch mit dem Titel: *Das wilde Entzücken.* Neben ihm
stand eine offene Bierdose. Draußen war es inzwischen
dunkel geworden.

In einem angebrochenen Sechserpack standen vier volle
Bierdosen auf dem Fernseher. Billy leckte sich über die Lippen. »Kann ich eine davon haben?« krächzte er.

Ginelli sah von dem Buch auf. »Sieh an. Rip Van Winkle
ist von den Toten auferstanden. Na klar, sofort. Warte, ich
mach' dir eine auf.«

Er brachte Billy die Dose ans Bett, und der trank sie mit einem Schluck halbleer. Das Bier war kalt und gut. Er hatte
die Empirin in einen Aschenbecher ausgeschüttet (Motelzimmer schienen zwar nicht ganz so viele Aschenbecher zu
haben wie Spiegel, aber immerhin annähernd). Jetzt fischte
er sich eine heraus und spülte sie mit einem weiteren
Schluck runter.

»Wie geht's der Hand?« erkundigte Ginelli sich.

»Besser.« In gewisser Weise war das gelogen, denn die
Hand tat furchtbar weh. Aber in gewissem Sinne war es
wiederum wahr, denn Ginelli war bei ihm, und das bewirk-
te viel mehr ein Nachlassen des Schmerzes als die Empirin
oder selbst der Chivas. Schmerzen sind immer schlimmer
zu ertragen, wenn man allein ist. Er mußte an Heidi denken, denn eigentlich hätte sie ja jetzt bei ihm sitzen sollen
und nicht dieser Ganove. Und sie war nicht da. Nein, sie
saß immer noch in der *fetten Stadt* und versuchte, die ganze
Sache zu ignorieren. Wenn sie auch nur einen Funken

Wahrheit an sich heranließe, müßte sie das Ausmaß ihrer eigenen Schuld erkennen, und genau das wollte Heidi um jeden Preis vermeiden. Billy spürte einen dumpfen Groll. Was hatte Ginelli gesagt? *Die Definition für ein Arschloch ist ein Mensch, der nicht glaubt, was er sieht.* Er versuchte, seinen Ärger zu unterdrücken — schließlich war sie doch seine Frau. Aber sie tat ja nur, was sie für richtig hielt, was in ihren Augen das Beste für ihn war... oder nicht? Der Groll verschwand, aber nicht ganz.

»Was ist in der Einkaufstüte?« fragte er. Die Tüte stand neben dem Tisch auf dem Fußboden.

»Oh, allerlei gute Sachen«, antwortete Ginelli. Er warf noch einen abschätzigen Blick auf sein Buch und warf es in den Papierkorb. »Zieht einem die Löcher in den Sokken zusammen«, bemerkte er. »Konnte leider keinen Louis L'Amour finden.«

»Was für gute Sachen?«

»Für nachher. Wenn ich rausfahre, um deinen Zigeunerfreunden mal einen Besuch abzustatten.«

»Sei nicht blöd«, sagte Billy scharf. »Willst du hinterher etwa genauso aussehen wie ich? Oder vielleicht lieber wie ein menschlicher Schirmständer?«

»Langsam, langsam«, besänftigte Ginelli ihn. Seine Stimme war ruhig, aber das eigenartige Licht in seinen Augen sprühte und glühte. Billy wurde schlagartig bewußt, daß das alles gar keine spontane Schnapsidee gewesen war: Er *hatte* Tadus Lemke verflucht. Und das Mittel, mit dem er es getan hatte, saß ihm jetzt gegenüber auf einem lederbezogenen Motelzimmerstuhl und trank ein *Miller-Lite*-Bier. Sowohl belustigt als auch entsetzt stellte er fest, daß zwar Tadus Lemke dazu in der Lage sein mochte, *seinen* Fluch von ihm zu nehmen; er dagegen hatte nicht die blasseste Ahnung, wie er den Fluch des weißen Mannes aus der Stadt wieder zurücknehmen sollte. Ginelli amüsierte sich prächtig. Es sah so aus, als machte die Sache ihm mehr Spaß, als er in den letzten zwanzig Jahren gehabt hatte. Er wirkte wie ein Profi-Bowlingspieler, der sich jahrelang zurückgezogen hatte, jetzt aber eifrig am Start stand, um für eine Wohltätigkeitsveranstaltung zu kegeln. Er würde mit ihm darüber reden, aber das würde gar nichts ändern. Ginelli war sein Freund. Er war der einzig höfliche und sogar überaus buchstabentreue Mensch, der ihn William und nicht Bill oder Billy nannte. Aber er war auch ein sehr großer, äußerst fähiger Jagdhund, der gerade seine Kette abgestreift hatte.

»Sag mir bloß nicht, daß ich mich nicht aufregen soll«, schimpfte Billy. »Erklär mir lieber, was du vorhast.«

»Niemand wird verletzt«, beschwichtigte Ginelli ihn. »Halte dich immer daran, William. Ich weiß, wie wichtig das für dich ist. Ich fürchte, du klammerst dich da noch an ein paar, na, du weißt schon, so uralte Prinzipien, die du dir eigentlich nicht mehr leisten kannst. Aber ich beuge mich deinen Wünschen. Schließlich bist du die angegriffene Partei. Niemand wird verletzt werden. Ist das in Ordnung so?«

»In Ordnung«, sagte Billy ein wenig erleichtert... aber nicht sehr.

»Jedenfalls nicht, solange du deine Meinung nicht änderst«, fügte Ginelli hinzu.

»Werd' ich nicht.«

»Könnte aber doch sein.«

»Was ist in der Tüte?«

»Steaks«, sagte Ginelli und zog eins daraus hervor. Es war ein Porterhouse, eingewickelt in Klarsichtfolie mit einem Sampson's-Supermarkt-Zeichen. »Sieht lecker aus, nicht wahr? Ich habe vier davon gekauft.«

»Wozu?«

»Nun mal schön der Reihe nach. Ich bin von hier weggegangen und zunächst mal in die Stadt hinuntergeschlendert. Was für ein widerlicher Anblick! Man kann nicht mal auf dem Bürgersteig gehen. Jeder trägt hier anscheinend Ferrari-Sonnenbrillen und diese blöden Hemden mit den Alligatoren über den Titten. Und jeder hat offenbar seine Zähne aufs teuerste richten lassen und die meisten haben auch schon ihre erste Nasenoperation hinter sich.«

»Ich weiß.«

»Hör dir das an, William. Seh' ich doch glatt ein junges Mädchen mit einem jungen Mann über die Straße schlendern, und der Junge hat doch tatsächlich seine Hand in ihrer hinteren Shortstasche. Ich meine, schließlich befinden sie sich in der Öffentlichkeit, und der Junge fühlt in der Tasche nach ihrem Hintern! Mann, wenn das meine Tochter wäre, dann könnte sie jetzt anderthalb Wochen nicht mehr drauf sitzen, auf dem, was der Junge da betatscht hat...

Ich merke also, daß ich hier keinen klaren Gedanken fassen kann und gebe es auf. Finde eine Telefonzelle und erledige ein paar Anrufe. Oh, das hätte ich fast vergessen. Die Zelle stand vor einem Drugstore, also bin ich schnell hinein und hab' dir das hier besorgt.« Er holte eine Tablettendose aus der Jackentasche und warf sie Billy zu, der sie mit der Rechten auffing. Es waren Kaliumkapseln.

»Danke, Richard.« Billys Stimme zitterte ein bißchen.

»Nicht der Rede wert, nimm eine. Wir können jetzt nicht zu den anderen Katastrophen auch noch einen Herzinfarkt gebrauchen.«

Billy steckte eine Kapsel in den Mund und schluckte sie mit Bier hinunter. Sein Kopf fing schon leicht zu schwirren an.

»Ich hab ein paar Leute losgeschickt. Sie sollen mal ein bißchen rumschnüffeln. Danach bin ich zum Hafen runtergegangen«, setzte Ginelli seinen Bericht fort. »Habe mir eine Weile die Boote angesehen. William, da müssen Schiffe im Werte von zwanzig... dreißig... vielleicht sogar vierzig Millionen Dollar rumliegen! Jollen, Schaluppen und diese beschissenen Fregatten, soweit ich das sehen konnte. Ich habe von Booten natürlich keinen blassen Schimmer, aber ich sehe sie mir eben gern an. Sie...«

Er schwieg und sah Billy einen Augenblick nachdenklich in die Augen.

»Glaubst du, daß ein paar von diesen Herren mit ihren Ferrari-Brillen und Alligatorhemden auf diesen Edeljollen Dope vertreiben?«

»Hm. Letzten Winter habe ich in der *Times* gelesen, daß ein Hummerfischer von einer dieser Inseln hier in der Gegend etwa zwanzig Ballen voller weißem Stoff unter dem Hafendock herausgezogen hat. Hat sich dann als ziemlich reines Marihuana erwiesen.«

»Ja. Ja, das hab ich mir schon gedacht. Diese ganze Stadt riecht danach. Scheißamateure! Sie sollten lieber mit ihren tollen Booten rumsegeln und das Geschäft den Könnern überlassen. Kannst du das verstehen? Ich meine, manchmal stehen sie einem eben im Weg und müssen ausgeschaltet werden. Und dann treiben ein paar Leichen im Wasser, die so ein Fischer dann anstelle von ein paar Ballen voller Gras rausziehen kann. Zu schade.«

Billy trank wieder einen großen Schluck Bier und mußte husten.

»Aber das gehört nicht hierher. Ich habe einen langen Spaziergang gemacht und mir alle Boote angesehen, und dabei habe ich dann einen klaren Kopf gekriegt. Mir sind ein paar Dinge eingefallen, die wir tun könnten... das heißt, mir ist klar, wie wir anfangen können. Ich weiß auch schon, wie es dann weitergehen soll, aber ich habe noch keine Einzelheiten ausgearbeitet. Doch das kommt dann ganz von allein.

Ich bin zurück zur Hauptstraße und habe nochmal telefoniert — ein paar Folgeanrufe. Es ist noch kein Haftbefehl gegen dich unterzeichnet, William, aber deine Frau und dieser komische, schnupfende Doktor, den du da hast, haben ein paar Papiere unterschrieben. Wart mal, ich hab's mir notiert.« Er zog einen Zettel aus seiner Brusttasche. ›Entmündigung *in absentia*‹. Heißt das so?«

Billy klappte der Unterkiefer herunter und aus seinem Mund schlüpfte ein klagender, verletzter Laut. Zuerst war er total verblüfft, dann überspülte ihn die Wut, die jetzt zu einem ständigen, sich immer wieder mal in den Vordergrund schiebenden Begleiter geworden war. Er hatte ja schon *gedacht*, daß dies passieren würde, hatte *gedacht*, daß Houston es ihr vorschlagen und daß Heidi ihm zustimmen würde. Aber *denken*, und dann *hören*, daß es tatsächlich geschehen war — daß seine *Frau* vor den Richter getreten ist und öffentlich bezeugt hat, daß ihr Mann durchgedreht habe, daß sie daraufhin ein Eingreifen vom Staat garantiert bekommen hat, einen Einweisungsbefehl in die Nervenheilanstalt, den sie selbst unterschrieben hat — das waren zwei völlig verschiedene Dinge.

»Dieses feige Miststück«, stieß er mit rauher Stimme hervor. Dann sah er nur noch rot. Unbewußt ballte er die Hände zu Fäusten und stöhnte auf. Als er auf den Verband hinunter sah, hatten sich dort rote Flecken gebildet.

Ich kann einfach nicht glauben, daß du das da gerade eben von Heidi gesagt hast, meldete sich eine Stimme in ihm vernehmlich.

Es ist nur, weil ich keinen klaren Kopf habe, beruhigte er sich. Dann war die Welt einen Moment lang nur grau und kurz darauf ganz verschwunden.

Er war nicht ganz in Ohnmacht gefallen und kam schnell wieder zu sich. Ginelli war inzwischen dabei, den Verband zu wechseln und die Wunde neu zu desinfizieren. Er stellte sich etwas ungeschickt an, aber es klappte einigermaßen. Während er arbeitete, redete er.

»Mein Mann hat gesagt, daß es völlig bedeutungslos für dich ist, solange du nicht nach Connecticut zurückgehst, William.«

»Ja, das stimmt. Aber, verstehst du denn nicht? Meine *Frau . . .*«

»Vergiß es einfach, William. Das hat jetzt auch keine Bedeutung. Wenn wir die Sache mit dem Alten hinkriegen, wirst du wieder zunehmen, und damit ist der Fall erledigt. Wenn es wirklich so läuft, wirst du noch eine Menge Zeit haben zu entscheiden, was du mit deiner Frau machen willst. Vielleicht gehört sie mal richtig übers Knie gelegt, um sie ein bißchen zur Raison zu bringen, du verstehst? Aber vielleicht wirst du sie auch verlassen müssen. Das kannst du dir alles noch überlegen, wenn wir erst mal mit dem Zigeuner fertig sind – du kannst von mir aus auch einen Brief an: ›Liebe, bescheuerte Frau Irene‹ schreiben, wenn du Lust dazu hast. Wenn wir mit dem Alten nicht ins reine kommen, stirbst du. Egal wie, wir müssen uns zuerst um diese Geschichte kümmern. Warum also soviel Geschiß darum, daß deine Frau so ein blödes Blatt Papier unterzeichnet hat?«

Billys Lippen waren weiß. Aber er brachte ein Lächeln zustande. »Du gäbst einen großartigen Anwalt ab, Richard.

Du besitzt dieses seltene Talent, die Dinge in die richtige Perspektive zu rücken.«

»Ja? Findest du?«

»Das finde ich.«

»Na ja, danke. Als nächstes habe ich Kirk Penschley angerufen.«

»*Du* hast mit Kirk gesprochen?«

»Ja.«

»Jesus, Richard!«

»Was ist? Denkst du etwa, daß Penschley mit so einem billigen Gauner wie mir nicht reden würde?« Ginelli brachte es fertig, gleichzeitig eine beleidigte und amüsierte Miene zu machen. »Glaub mir, er hat mit mir geredet. Selbstverständlich habe ich ihn auf meine Kreditkarte angerufen – er hätte es sicher nicht gern, wenn mein Name in seiner Telefonrechnung auftauchte, das ist klar. Ich habe im Laufe der Jahre eine Menge mit deiner Firma zu tun gehabt, William.«

»Das ist mir neu«, sagte Billy überrascht. »Ich dachte, es wäre nur das eine Mal gewesen.«

»Dieses eine Mal konnte alles in der Öffentlichkeit ablaufen, und du warst genau der richtige Mann dafür«, erklärte Ginelli. »Penschley und seine angesehenen Staranwälte hätten dich nie an eine krumme Sache herangelassen, William – du warst ein Neuling. Andrerseits haben sie sich wahrscheinlich gedacht, daß du mir früher oder später sowieso begegnen würdest, wenn du lange genug in der Firma bliebest, und diese erste Arbeit wäre eine gute Einführung. Was sie dann ja auch war – für dich genauso wie für mich, das kannst du mir glauben. Und falls etwas schief gegangen wäre, das heißt, wenn die Sache sich in die falsche Richtung entwickelt hätte, nun, dann hätten sie dich wohl geopfert. Sicher hätten sie es nicht gern getan, aber in ihren Augen ist es immer noch besser, einen Neuling aufs Spiel zu setzen als einen ausgefuchsten, erstklassigen Staranwalt. Diese Typen sind alle gleich – absolut berechenbar.«

»Welche anderen Geschäfte hast du noch mit meiner Firma erledigt?« fragte Billy fasziniert – dies war fast so, als ob man lange nach der Scheidung, die aus völlig anderen

Gründen gelaufen war, herausfand, daß man schon jahrelang von seiner Frau betrogen worden war.

»Na ja, so allerlei – und, um genau zu sein, nicht nur mit deiner Firma. Sagen wir mal, sie hat für mich und eine Anzahl meiner Freunde ein paar geschäftliche Sachen ausgetüftelt, und lassen wir's dabei. Jedenfalls kenne ich Kirk Penschley gut genug, um ihn anzurufen und um einen Gefallen zu bitten. Den er mir dann auch zugesagt hat.«

»Was für einen Gefallen?«

»Ich habe ihn gebeten, in der Barton-Agentur anzurufen und denen zu sagen, daß sie uns eine Woche lang in Ruhe lassen sollen. Sie sollen dich, aber vor allem die Zigeuner jetzt nicht belästigen. Mir geht es dabei in erster Linie um die Zigeuner, wenn du's genau wissen willst. Wir können die Sache in die Hand nehmen, William, aber es wäre wesentlich einfacher, wenn wir ihnen nicht von Pontius bis Pilatus und dann wieder zurück zum verdammten Pontius hinterherjagen müssen.«

»Du hast also Kirk Penschley angerufen und ihm gesagt, er solle damit aufhören«, sagte Billy verwirrt.

»Nein. Ich habe Kirk Penschley angerufen und ihm gesagt, daß er die Burton-Leute anrufen solle, um denen zu sagen, daß sie mal 'ne Woche lang 'ne ruhige Kugel schieben sollen«, korrigierte Ginelli. »Und ich habe es auch nicht gerade mit diesen Worten gesagt. Wenn's sein muß, kann ich schon ein wenig diplomatisch sein, William. Schenk mir wenigstens ein *bißchen* Vertrauen.«

»Mann, ich vertraue dir doch, sehr sogar. Und jede Minute mehr.«

»So? Dann dank' ich dir. Danke, William, ich weiß das zu schätzen.« Er zündete sich eine Zigarette an. »Jedenfalls erhalten deine Frau und ihr Artfreund auch weiterhin Berichte, die aber ein wenig neben der Wahrheit stehen werden. Ich meine, sie werden ein bißchen so die *National Enquirer*- und *Reader's Digest*-Version der Wahrheit wiedergeben – begreifst du, was ich damit sagen will?«

Billy lachte. »Klar. Schon kapiert.«

»Jetzt haben wir also eine Woche. Und diese eine Woche sollte uns reichen.«

»Was wirst du tun?«

»Alles, was du mich tun läßt, nehme ich an. Ich werde *ihm* Angst einjagen, William. Ich werde ihm solche Angst einjagen, daß er sich eine Delco-Traktorenbatterie für seinen Herzschrittmacher besorgen muß. Und ich werde den Grad des Schreckens allmählich steigern, bis eine von zwei Möglichkeiten eintritt: Entweder er gibt klein bei und nimmt das, womit er dich geschlagen hat, zurück, oder aber wir finden heraus, daß er sich nicht erschrecken läßt, der alte Knacker. Wenn das der Fall ist, komme ich zu dir zurück und frage dich, ob du deine Meinung in bezug auf das Verletzen von Menschen geändert hast. Aber vielleicht kommt es ja nicht soweit.«

»Wie willst du ihm Angst einjagen?«

Ginelli tippte mit der Stiefelspitze an die Einkaufstüte und erzählte Billy, wie er anfangen wollte. Billy war entsetzt. Er stritt sich mit ihm, wie er es vorausgesehen hatte. Dann versuchte er, vernünftig mit ihm zu reden, wie er es ebenfalls vorausgesehen hatte. Ginelli hob seine Stimme nicht einmal, aber das irre Licht sprühte aus seinen Augen, und Billy hätte ebensogut mit dem Mann im Mond sprechen können.

Als die erneuten Schmerzen sich gelegt und nur noch das gewohnte Pochen in der Hand geblieben waren, wurde Billy wieder schläfrig.

»Wann willst du fahren?« fragte er aufgebend.

Ginelli sah kurz auf die Uhr.»Zehn nach zehn. Ich gebe ihnen noch vier, fünf Stunden. Die haben da draußen schon ganz gute Geschäfte gemacht, nach allem, was ich so in der Stadt gehört habe. Haben eine Menge Zukunft vorhergesagt. Und die Hunde! Gott der Allmächtige — ihre Pit-Bulls! Die Hunde, die du gesehen hast, waren keine Pit-Bulls, oder?«

»Ich habe noch nie einen Pit-Bull gesehen«, antwortete Billy gähnend. »Die, die ich gesehen habe, waren wohl ganz gewöhnliche Jagdhunde.«

»Pit-Bulls sehen wie eine Kreuzung zwischen Terrier und

Bulldogge aus. Sie kosten einen Haufen Geld. Wenn du einen Pit-Bull-Kampf sehen willst, mußt du dich vorher einverstanden erklären, einen toten Hund zu bezahlen, bevor die Wetten überhaupt abgeschlossen werden. Ein widerliches Geschäft.

Die Leute in dieser Stadt stehen auf ganz schön exklusive Dinge, was, William? Ferrari-Sonnenbrillen, Drogenboote, Hundekämpfe. Oh, pardon — und Tarockkarten und *I Ging*.«

»Sei vorsichtig«, mahnte Billy.

»Ich bin vorsichtig«, erwiderte Ginelli. »Mach dir keine Sorgen.«

Kurz darauf war Billy eingeschlafen. Es war zehn vor vier, als er aufwachte. Ginelli war weg. Ihn quälte die Gewißheit, daß Ginelli inzwischen tot sei. Doch um viertel vor sechs trat Ginelli ins Zimmer, fröhlich, voller Leben, so daß er den Raum zu sprengen schien. Gesicht, Hände und Kleider waren mit Schlamm verschmiert, der nach fauligem Meersalz stank. Er lächelte verschmitzt. Das irre Licht tanzte lustig in seinen Augen.

»William«, begrüßte er ihn. »Wir werden jetzt unsere Sachen packen und aus Bar Harbor wegziehen. Genau wie ein Kronzeuge, der an einen sicheren Ort gebracht wird.«

Beunruhigt fragte Billy: »Was hast du gemacht?«

»Immer langsam mit den jungen Pferden! Nur das, was ich dir vorher erzählt hatte — nicht mehr und nicht weniger. Aber wenn man einen Stock ins Hornissennest gestochen hat, ist es normalerweise auch das beste, seine Hunde zusammenzupfeifen und sie so schnell wie nur möglich die Straße hinunterzutreiben, William, findest du nicht auch?«

»Ja, aber...«

»Wir haben jetzt keine Zeit. Ich kann nicht deine Sachen packen und gleichzeitig erzählen.«

»Wohin?« Billy heulte fast.

»Nicht weit. Ich sag's dir unterwegs. Jetzt komm auf die Füße, Junge. Vielleicht fängst du am besten damit an, zuerst mal dein Hemd zu wechseln. Ich mag dich ja recht gern, William, aber du fängst an, unangenehm zu riechen.«

Billy nahm die Zimmerschlüssel und wollte damit zur Anmeldung gehen, da tippte Ginelli ihm auf die Schulter und nahm sie ihm sanft wieder aus der Hand.

»Ich werde sie auf den Nachttisch legen. Du hast dich doch auf Kreditkarte angemeldet, oder?«

»Ja, aber...«

»Sehr gut. Dann werden wir einen schlichten, informellen Abgang machen. Schadet niemandem, aber wir lenken möglichst wenig Aufmerksamkeit auf uns, richtig?«

Eine Frau, die die Straßenböschung entlangjoggte, warf ihnen im Vorbeirennen einen Blick zu... plötzlich fuhr ihr Kopf noch einmal herum, und sie starrte Billy mit weit aufgerissenen Augen an, was Ginelli zwar bemerkte, Billy aber barmherzigerweise nicht sah.

»Ich werde dem Zimmermädchen zehn Dollar dalassen«, sagte Ginelli rasch. »Wir nehmen deinen Wagen. Ich fahre.«

»Wo ist deiner?« Er wußte, daß Ginelli einen gemietet hatte. Jetzt fiel ihm erst auf, daß er vorhin kein Motorengeräusch gehört hatte, bevor Ginelli ins Zimmer gekommen war. Es ging ihm alles viel zu schnell — er kam nicht mehr mit.

»Alles in Ordnung. Ich habe ihn etwa drei Meilen von hier auf einem Feldweg abgestellt und bin den Rest gelaufen. Hab' die Verteilerkappe rausgeschraubt und einen Zettel unter den Scheibenwischer geklemmt, auf dem steht, daß ich Schwierigkeiten mit dem Motor gehabt hätte und in ein paar Stunden zurückkäme. Nur für den Fall, daß jemand neugierig werden sollte. Aber ich glaube kaum. Der Weg ist mit Gras fast zugewachsen.«

Ein Auto fuhr vorbei. Der Fahrer entdeckte Billy, bremste, und Ginelli sah, wie er sich zurückdrehte und den Hals verrenkte.

»Nun mach schon, William, die Leute drehen sich nach dir um. Der nächste, der vorbeikommt, könnte der Falsche sein.«

Eine knappe Stunde später saß Billy in einem anderen Motel vor dem Fernseher. Es war das Wohnzimmer einer schäbigen, kleinen Suite im *Blue Moon Motor Court and Lodge* in Northeast Harbor. Sie waren weniger als fünfzehn Meilen von Bar Harbor entfernt, aber Ginelli schien damit zufrieden. Im Fernseher versuchte Woody Woodpecker gerade, einem sprechenden Bären eine Versicherung anzudrehen.

»Wunderbar«, lobte Ginelli sein Werk. »Ruh deine Hand aus, William. Ich werde den ganzen Tag unterwegs sein.«

»Du fährst *noch mal* dahin?«

»Was? Zurück zum Hornissennest, wenn die Hornissen noch fliegen? Nicht ich, mein Freund. Nein, heute werde ich mal ein ein bißchen mit Autos rumspielen. Heute nacht ist immer noch früh genug für Phase zwei. Vielleicht habe ich noch Zeit, nach dir zu sehen, aber rechne nicht damit.«

Billy sah Richard nicht vor dem nächsten Vormittag um neun wieder, als dieser mit einem dunkelblauen Chevy Nova aufkreuzte, den er ganz gewiß nicht bei Hertz oder Avis gefunden hatte. Der Lack war stumpf und fleckig. Durch das Fenster neben dem Beifahrersitz zog sich ein hauchdünner Riß, und der Kofferraumdeckel wies eine tiefe Beule auf. Aber die Reifen waren hinten hochgestellt, und die Motorhaube zog sich lang und tief nach unten.

Diesmal hatte er Ginelli schon seit sechs Stunden aufgegeben gehabt. Er begrüßte ihn zitternd und versuchte, nicht vor Freude und Erleichterung zu weinen. Er schien gemeinsam mit seinem Gewicht auch die Kontrolle über seine Gefühle verloren zu haben... und an diesem Morgen hatte er bei Sonnenaufgang die ersten unregelmäßig rasenden Herzschläge verspürt. Er hatte tief Luft geholt und sich mit der Faust auf den Brustkasten geschlagen. Der Herzschlag hatte sich nach einer Weile wieder beruhigt, aber das war er gewesen, der erste Anfall von Herzrhythmusstörungen.

»Ich dachte schon, du bist tot«, begrüßte er Ginelli, als dieser zur Tür hereinkam.

»Das sagst du mir jedesmal, und ich komme doch jedesmal wieder. Ich wünsche, du würdest dir weniger Sorgen um mich machen, William. Ich kann schon auf mich aufpassen, ich bin ein großer Junge. Wenn du glaubst, daß ich den alten Mistkerl unterschätzen würde, kann ich dich beruhigen. Ich tu's nicht. Der Alte ist schlau, und er ist gefährlich.«

»Was willst du damit sagen?«

»Nichts. Ich erzähl's dir später.«

»Nein, jetzt!«

»Nein.«

»Warum nicht?«

»Aus zwei Gründen«, antwortete Ginelli geduldig. »Erstens, weil du mich bitten würdest, sofort damit aufzuhören. Und zweitens bin ich schon seit zwölf Jahren nicht mehr so müde gewesen. Ich werde mich jetzt in das Schlafzimmer begeben und volle acht Stunden durchknacken. Danach werde ich aufstehen und drei Pfund von dem ersten Essen verputzen, das ich zu fassen kriege. Und danach werde ich wieder hinausfahren und in den Wind schießen.«

Ginelli sah tatsächlich unheimlich müde aus − er war völlig erschöpft. *Nur die Augen nicht*, dachte Billy, *die Augen leuchten und sprühen immer noch wie Wunderkerzen.*

»Und wenn ich dich nun tatsächlich darum bäte aufzuhören«, fragte Billy ruhig. »Würdest du es dann tun, Richard?«

Richard sah ihn lange an und dachte nach. Dann gab er Billy genau die Antwort, die dieser seit dem Augenblick kannte, als er zum erstenmal dieses irre Licht in seinen Augen bemerkt hatte.

»Ich könnte es jetzt nicht mehr«, sagte er mit derselben Ruhe. »Du bist krank, William. Ich kann nicht darauf bauen, daß du weißt, wo im Augenblick deine Interessen liegen.«

Mit anderen Worten, du hast deine eigene Art von Entmündigungspapieren für mich mitgebracht.

Halleck öffnete den Mund, um den Gedanken laut zu äußern, klappte ihn aber sofort wieder zu. Ginelli meinte es nicht so, wie er es sagte; er hatte nur ausgesprochen, was er für vernünftig hielt.

»Und weil es inzwischen eine persönliche Fehde geworden ist?« fragte Billy statt dessen.

»Ja«, bestätigte Ginelli. »Inzwischen ist die Sache persönlich.«

Er ging ins Schlafzimmer, streifte Hemd und Jeans ab, legte sich aufs Bett und war fünf Minuten später auf der Überdecke fest eingeschlafen.

Billy holte sich ein Glas Wasser und nahm eine Empirin. Dann stand er in der Schlafzimmertür und trank das übrige Wasser in kleinen Schlucken aus. Seine Augen wanderten von Ginelli zu seiner zusammengeknüllten Hose auf dem Stuhl neben dem Bett. Er war in einer tadellosen Baumwollhose hier eingetroffen, aber irgendwie hatte er wohl unterwegs eine Jeans aufgegabelt. Zweifellos steckten die Schlüssel für den Nova, der draußen parkte, in der Hosentasche. Er brauchte sie nur herauszuziehen und wegzufahren... nur wußte er allzugut, daß er das nicht tun würde. Dabei spielte die Tatsache, daß er damit sein eigenes Todesurteil unterschriebe, wirklich nur eine sekundäre Rolle. Im Augenblick war es ihm das Wichtigste zu sehen, wie und wo das alles enden würde.

Gegen Mittag, während Ginelli immer noch schlief, hatte er seinen zweiten Herzanfall. Kurz darauf döste auch er ein und hatte einen seltsamen Traum. Es war ein kurzer, vollkommen profaner Traum, aber er erfüllte ihn mit einer komischen Mischung von Entsetzen und haßerfüllter Freude.

Heidi und er saßen in ihrer Frühstücksecke im Haus in Fairview. Zwischen ihnen stand eine Torte. Heid schnitt ein großes Stück heraus und reichte es ihm herüber. Es war Apfeltorte. »Das wird dich wieder etwas dicker machen«, sagte sie. »Ich will nicht mehr dick sein«, erwiderte Billy daraufhin. »Ich habe festgestellt, daß es mir ganz gut gefällt, dünn zu sein. Iß du es.« Er gab ihr das Tortenstück zurück, und sein Arm, den er dabei über den Tisch streckte, war nicht dicker als ein Knochen. Er sah ihr zu, wie sie aß, und bei jedem Bissen, den sie in den Mund steckte, wuchsen sein Entsetzen und seine hämische Freude.

Ein weiteres Herzrasen riß ihn aus dem Schlaf. Er schnappte nach Luft, blieb ruhig sitzen und wartete, daß der Herzrhythmus sich wieder normalisierte. Ein seltsames Gefühl hatte ihn gepackt – dies war nicht nur ein Traum gewesen. Er hatte soeben eine Art prophetischer Vision erlebt. Doch viele lebensnahe Träume werden von solchen Visionen begleitet. Wenn der Traum langsam verblaßt, schwindet das Gefühl mit ihm. So war es auch bei Billy Halleck, obwohl er bald Grund genug dazu haben sollte, sich an diesen Traum zu erinnern.

Ginelli stand um sechs Uhr abends auf, duschte sich, zog die Jeans wieder an und streifte sich einen dunkelblauen Rollkragenpullover über.

»In Ordnung«, verabschiedete er sich von Billy. »Wir sehen uns morgen früh, William. Dann wissen wir Bescheid.«

Billy fragte ihn noch einmal, was er vorhabe, was denn bisher geschehen war, aber er weigerte sich, darüber zu reden.

»Morgen«, vertröstete er ihn. »Inzwischen werde ich sie von dir grüßen.«

»Wen willst du grüßen?«

Ginelli lächelte. »Die bezaubernde Gina. Die Hure, die dir eine Stahlkugel durch die Hand geschossen hat.«

»Laß sie in Ruhe«, schimpfte Billy. Wenn er an ihre großen dunklen Augen dachte, kam es ihm unmöglich vor, etwas anderes zu sagen, egal, was sie ihm angetan hatte.

»Niemand wird verletzt«, beruhigte Ginelli ihn zum x-ten Mal und machte sich aus dem Staub.

Billy hörte den Nova starten, lauschte dem dröhnenden Motor nach – das Röhren würde erst bei sechzig Meilen pro Stunde aufhören –, als Ginelli den Wagen rückwärts aus dem Parkplatz setzte, und dachte unwillig, daß *Niemand wird verletzt* bei weitem nicht dasselbe war wie ein Versprechen, das Mädchen in Ruhe zu lassen. Nein, weiß Gott nicht.

Es wurde Mittag, bevor Ginelli zurückkam. Er hatte eine bös aussehende Schramme an der Stirn und einen tiefen Schnitt im rechten Arm – der Ärmel des Rollkragenpullovers hing in Fetzen.

»Du hast schon wieder Gewicht verloren«, begrüßte er ihn. »Ißt du eigentlich?«

»Ich versuch's«, gestand Billy. »Diese ewige Angst regt nicht gerade meinen Appetit an. Du siehst aus, als hättest du Blut verloren.«

»Ein bißchen. Aber mir geht's gut.«

»Wirst du mir jetzt endlich erzählen, was, zum Teufel, du die ganze Zeit getrieben hast?«

»Gleich. Ich werde dir alles ganz genau berichten, sobald ich geduscht und mich verbunden habe. Du wirst dich heute abend mit ihm treffen, William. Das ist erst mal das Wichtigste. Du solltest dich innerlich darauf vorbereiten.«

Billy spürte einen Stich in der Magengrube, so als führe ein scharfer Glassplitter durch seine Eingeweide. Vor Angst und Aufregung war ihm ganz übel.

»Wen? Lemke?«

»Lemke«, bestätigte Ginelli. »Nun laß mich aber erst duschen, William. Bin wohl doch nicht mehr so jung, wie ich dachte – die ganze Aufregung hat ganz schön Nerven gekostet.« Und über die Schulter zurückrufend: »Bestell bitte Kaffee. Eine Menge Kaffee. Sag dem Kellner, er soll das Tablett einfach draußen abstellen und die Rechnung unter der Tür durchschieben, damit du sie unterschreiben kannst.«

Billy stand da und sah ihm mit offenem Mund nach. Als er die Dusche rauschen hörte, klappte er den Mund zu und ging zum Telefon, um den Kaffee zu bestellen.

22. Kapitel: Ginellis Geschichte

Er erzählte zu Anfang hastig und unterbrach sich dann öfters, um zu überlegen, was als nächstes drankäme. Zum erstenmal, seit er am Montagnachmittag im Bar Harbor Motor Inn aufgetaucht war, wirkte er wirklich total erschöpft. Die Verletzungen waren nicht allzu schlimm, eigentlich nur ein paar tiefere Kratzer, aber Billy merkte, daß er regelrecht erschüttert war.

Und trotzdem begann das irre Funkeln in seinen Augen wieder zu tanzen. Zuerst flackerte es wie eine Neonröhre, die man bei einbrechender Dunkelheit anschaltet. Dann leuchtete es beständig. Er zog einen Flachmann aus der Tasche und schüttete eine Kappe voll Chivas in seinen Kaffee. Dann bot er Billy die Flasche an. Billy lehnte ab — er wußte nicht, wie der Alkohol sich auf sein Herz auswirken würde.

Ginelli richtete sich in seinem Stuhl auf, strich mit beiden Händen die Haare zurück und fing in normalem Tempo zu erzählen an.

Am Dienstagmorgen um drei Uhr hatte er den Wagen in einem Waldweg geparkt, der in der Nähe des Zigeunerlagers von der Route 37-A abzweigte. Er hatte sich eine Weile mit den Steaks beschäftigt, die Einkaufstüte unter den Arm geklemmt und war zum Highway zurückgegangen. Große Wolken hingen wie Vorhänge vor dem Halbmond. Er hatte gewartet, bis sie weiterzogen, und als der Himmel für einen Augenblick klar war, hatte er die im Kreis aufgestellten Fahrzeuge ausmachen können. Er war über die Straße gegangen und dann querfeldein auf das Lager zugelaufen.

»Ich bin zwar ein Stadtmensch, aber mein Orientierungssinn ist nicht ganz so schlecht, wie er sein könnte«, sagte er. »Notfalls kann ich mich auf ihn verlassen. Und ich wollte nicht so ins Lager spazieren, wie du es getan hast, William.«

Er war also über die Felder gelaufen und dabei durch ein kleines Gehölz gekommen. Kurz darauf war er durch eine kleine Sumpfwiese gewatet, die, wie er sagte, nach zwanzig Pfund Scheiße in einem Zehnpfundsack gestunken hatte. Außerdem hatte er sich mit dem Hosenboden in einem Stacheldrahtzaun verfangen, der in der mondlosen Dunkelheit schlichtweg nicht zu sehen gewesen war.

»Wenn das alles die Freuden des Landlebens sind, William, dann dürfen die Trottel es von mir aus geschenkt haben.«

Von den Hunden im Lager hatte er sich keine Schwierigkeiten erwartet. In diesem Fall war Billy ein guter Beweis; sie hatten nicht einen Laut von sich gegeben, bis er direkt ans Lagerfeuer getreten war. Aber sie mußten ihn hundertprozentig schon lange vorher gewittert haben.

»Man sollte glauben, Zigeuner hätten bessere Wachhunde«, kommentierte Billy. »Wenigstens entspricht das ihrem Image.«

»Nee«, widersprach Ginelli. »Die Leute finden schon genug Gründe, Zigeuner aus der Stadt zu jagen, ohne daß sie ihnen noch mehr Anlässe bieten müssen.«

»Wie Hunde, die die ganze Nacht lang bellen?«

»Genau. Du bist schon viel klüger geworden, William. Bald wird man dich für einen Italiener halten.«

Ginelli war aber trotzdem kein Risiko eingegangen. Leise hatte er sich an den Wagen vorbeigeschlichen. Die Laster und Campingwagen, in denen Leute schlafen konnten, hatte er übergangen und nur in die Kombi- und Personenwagen hineingespäht. Er hatte nur zwei, drei Wagen untersuchen müssen, bis er gefunden hatte, was er wollte: eine alte Anzugjacke, die zusammengeknüllt auf dem Vordersitz eines Pontiac-Kombi lag.

»Der Wagen war nicht abgeschlossen«, erzählte er. »Die Jacke paßte gar nicht mal so schlecht, aber sie roch, als ob in jeder Tasche ein Wiesel gestorben wäre. Auf dem Boden im Fond fand ich noch ein Paar Turnschuhe. *Die* waren ein bißchen sehr eng, aber ich habe mich trotzdem hineingezwängt. Zwei Autos weiter fand ich einen Hut, der aussah

wie etwas, das von einer Nierentransplantation übriggeblie- ·
ben ist. Den habe ich mir aufgesetzt.«

Er hätte wie einer der Zigeuner riechen wollen, erklärte er
Billy, aber nicht, um sich gegen einen Haufen wertloser, an
der Glut des Lagerfeuers vor sich hindösender Deppen ab-
zusichern, nein, ihn interessierte eine ganz andere Meute.
Die wertvollen Hunde. Die Pit-Bulls.

Als er zu dreiviertel um den Kreis herumgeschlichen war,
hatte er einen Laster entdeckt, dessen hinteres Rückfenster
nicht mit Glas, sondern mit Maschendraht verschlossen
war. Er hatte hineingespäht aber so gut wie nichts gesehen
— der Laster war leer gewesen.

»Aber es hat nach Hund gerochen, William. Ich ging
um den Wagen herum und riskierte einen kurzen Strahl
mit der Stablampe, die ich mitgebracht hatte. Das hohe
Gras war zusammengedrückt und zu einem Pfad zer-
trampelt, welcher von der Rückseite des Lasters weg-
führte. Man muß nicht Daniel Boone sein, um den zu
finden. Sie hatten die Kampfhunde aus ihrem rollenden
Käfig geholt und irgendwo versteckt, wo der Jagdaufse-
her oder die Leute vom Tierschutzverein sie nicht finden
können. Könnte ja sein, daß jemand den Mund nicht
halten kann. Nur, daß sie dabei einen Pfad getrampelt
hatten, den sogar ein Stadtjunge durch ein sekunden-
schnelles Aufblitzen seiner Taschenlampe entdecken
kann. Dämlich. In *diesem* Augenblick habe ich wirklich
angefangen zu glauben, daß wir ihm tatsächlich einige
massive Steine in den Weg legen können.«

Ginelli war dem Pfad über einen Hügel bis zum Rand eines weiteren Gehölzes gefolgt.

»Und da habe ich mich verlaufen«, gestand er. »Ich habe
ein, zwei Minuten blöd dagestanden und mir überlegt, was
ich jetzt tun soll, und dann hab ich's gehört, William.
Manchmal geben die Götter dir einen Hinweis.«

»Was hast du gehört?«

»Einen Hundefurz. Klang, wie wenn jemand Trompete
mit Dämpfer bläst.«

Knapp zwanzig Meter weiter im Gehölz hatte er das Hundegehege gefunden. Es lag auf einer Lichtung. Einfach ein Kreis aus abgeholzten Ästen, die in den Boden gerammt und mit Stacheldraht verbunden worden waren. Drinnen lagen sieben Pit-Bulls. Fünf schliefen. Die beiden anderen blickten wie bekifft zu Ginelli hoch.

Sie sahen bekifft aus, weil sie bekifft *waren*.

»Ich hatte mir schon gedacht, daß sie gedopt sind, aber es wäre ein zu großes Risiko gewesen, sich darauf zu verlassen. Wenn so ein Hund mal auf den Kampf abgerichtet ist, dann sucht er jede Gelegenheit, sich zu balgen. Sie sind die reine Pest und können deine ganzen Bemühungen zunichte machen, wenn du nicht aufpaßt. Du steckst sie entweder in Einzelkäfige, oder du setzt sie unter Drogen. Drogen sind billiger und leichter zu verbergen. Abgesehen davon, wenn *die* voll da gewesen wären, hätte so ein lächerlicher Drahtzaun sie nicht aufhalten können. Diejenigen, denen es im Kampf an den Kragen gegangen war, wären sofort durchgebrochen, selbst wenn sie damit in Kauf nehmen müßten, daß die Hälfte ihres Fells im Draht hängenbleibt. Man läßt sie nur vor dem Kampf ausnüchtern, und auch das nur, wenn die Wettliste lang genug ist, um das Risiko zu rechtfertigen. Erst die Drogen, dann die Show, dann wieder Drogen.« Ginelli lachte. »Siehst du? Pit-Bulls führen das aufreibende Leben eines Rockstars. Sie gehen ziemlich schnell daran kaputt, aber wenn du im Verborgenen arbeiten kannst, findest du überall wieder neue. Es hat nicht mal 'ne Wache bei ihnen gestanden.«

Ginelli hatte die Einkaufstüte aufgemacht und die Steaks herausgeholt. Schon vorher im Wagen auf dem Waldweg hatte er sie aus der Folie gewickelt und in jedes eine Dosis von einer Mixtur hineingespritzt, die er Ginellis Pit-Bull-Spezialcocktail nannte: braunes, mexikanisches Heroin und Strychnin. Er wedelte sie jetzt durch die Luft und beobachtete, wie langsam Leben in die schlafenden Hunde kam. Einer bellte heiser. Es klang wie das Schnarchen eines Mannes mit ernsthaften Nasenproblemen.

»Willst du wohl still sein!« hatte Ginelli ihn leise aufgefordert. »Sonst kriegst du kein Abendessen.« Der Hund setzte sich ruhig auf die Hinterpfoten, bekam plötzlich Schlagseite nach Steuerbord und schlief wieder ein.

Ginelli warf ein Steak in die Absperrung. Das zweite. Das dritte. Und das letzte. Die Hunde zankten sich um die Leckerbissen. Es gab noch mehr Gebell, aber auch das war so heiser und grunzend, daß Ginelli fand, er könne damit leben. Außerdem — wenn jemand vom Lager gekommen wäre, um nach dem Rechten zu sehen, hätte er sicher eine Taschenlampe vor sich hergetragen, so daß er Zeit genug gehabt hätte, sich im Wäldchen zu verdünnisieren. Es kam auch niemand.

Billy hörte mit fasziniertem Entsetzen zu, als Ginelli ihm in aller Ruhe schilderte, wie er sich neben den Zaun gesetzt, sich eine Camel in den Mund gesteckt und den Hunden beim Sterben zugesehen hatte. Die meisten waren ganz ruhig dahingeschieden, berichtete er. (Billy fragte sich beklommen, ob er etwa einen Anflug von Bedauern in Richards Stimme gehört hatte.) Es hätte wohl an der Menge Drogen gelegen, die sie vorher schon intus gehabt hätten. Zwei hätten leichte Krämpfe gehabt. Das wäre alles gewesen. Im großen und ganzen hatte er das Gefühl gehabt, daß die Hunde dabei gar nicht mal so schlecht weggekommen waren. Die Zigeuner hatten Schlimmeres mit ihnen vor. Es hatte eine knappe Stunde gedauert, dann war alles vorbei gewesen.

Als er sicher sein konnte, daß sie alle tot oder wenigstens völlig besinnungslos waren, hatte er eine Dollarnote aus seinem Portemonnaie und einen Füller aus seiner Hemdtasche gezogen. Auf die Dollarnote hatte er geschrieben: Nächstes mal könnten es Deine Enkelkinder sein, Alter Mann! William Halleck sagt: Nimm es von mir. Die Pit-Bulls hatten aus Lumpen zusammengedrehte Kordeln um den Hals, und Ginelli hatte den Dollar unter ein solches Halsband gesteckt. Danach hatte er die stinkende Anzugjacke über einen Pfosten gehängt und den Hut oben draufgesetzt. Er hatte seine Schuhe aus den eigenen Jackentaschen hervorgezogen und die Turnschuhe abgestreift, hatte die Schuhe wieder angezogen und war abgehauen.

Auf dem Rückweg, erzählte er, hätte er sich dann tatsächlich verlaufen und eine Weile überhaupt nicht mehr gewußt, wohin er sich wenden sollte. So war es auch passiert, daß er kopfüber in der stinkenden Sumpfwiese gelandet war. Aber schließlich hätte er die Lichter von ein paar Bauernhöfen entdeckt und die Orientierung wiedergefunden. Kurz darauf hatte er den Waldweg erreicht, war in den Wagen gestiegen und nach Bar Harbor zurückgefahren.

Als er den halben Weg schon zurückgelegt hatte, hatte er plötzlich so 'ne Ahnung gekriegt, daß mit dem Wagen etwas nicht in Ordnung sei. Er reagierte einfach nicht mehr richtig. Er konnte es nicht anders ausdrücken, konnte es nicht deutlicher sagen – es schien nur einfach etwas nicht in Ordnung zu sein. Nicht, daß er jetzt anders ausgesehen oder gerochen hätte – etwas stimmte eben einfach nicht mehr. Er hatte solche Ahnungen öfters, und in den meisten Fällen hatten sie nichts zu bedeuten. Aber manchmal...

»Ich beschloß, es nicht darauf ankommen zu lassen. Ich wollte nicht das geringste Risiko eingehen. Vielleicht litt einer der Kerle an Schlaflosigkeit, war nachts herumgewandert und hatte ihn gesehen. Ich will nicht, daß sie meinen Wagen kennen. Sie könnten mich ausfindig machen, sich auf die Lauer legen, mich zu fassen kriegen. Und dann dich kriegen. Du siehst also, ich *nehme* sie ernst. Wenn ich dich ansehe, William, dann kann ich gar nicht anders.«

Er hatte den Wagen also auf einem verlassenen Feldweg abgestellt, die Verteilerkappe abgeschraubt und war den Rest des Weges zu Fuß gegangen. Als er im Motel angekommen war, dämmerte es gerade.

Nachdem er Billy in seinem neuen Northeast-Harbor-Quartier untergebracht hatte, war er mit einem Taxi nach Bar Harbor zurückgefahren. Dem Fahrer hatte er gesagt, er solle langsam fahren, er würde unterwegs nach etwas Ausschau halten.

»Was ist es denn?« hatte der Fahrer ihn gefragt. »Vielleicht weiß ich, wo es ist?«

»Schon in Ordnung«, hatte Ginelli geantwortet. »Ich weiß es erst, wenn ich es sehe.«

Und so war's auch — er hatte zirka zwei Meilen außerhalb von Northeast Harbor einen dunkelblauen Nova mit einem Verkaufsschild in der Windschhutzscheibe entdeckt. Er stand neben einem kleinen Bauernhof. Ginelli stieg aus dem Taxi, sah nach, ob der Besitzer zu Hause war, ging zurück und bezahlte den Fahrer. Er kaufte den Wagen bar vom Fleck weg. Für zwanzig Dollar extra war der frühere Besitzer — Ginelli beschrieb ihn als jungen Kerl, der mehr Läuse auf, als Intelligenz im Kopf zu haben schien — bereit, ihm die Maine-Nummernschilder zu überlassen. Ginelli versprach ihm, sie in einer Woche zurückzuschicken.

»Vielleicht tue ich das sogar«, sagte er nachdenklich. »Das heißt, wenn wir beide dann noch leben.«

Billy warf ihm einen scharfen Blick zu, aber Ginelli setzte seinen Bericht ungerührt fort.

Er war wieder Richtung Bar Harbor gefahren, hatte die Stadt aber links liegenlassen und war gleich auf die 37-A abgebogen und zum Lager hinausgefahren. Unterwegs hatte er nur ganz kurz gehalten, um einen Mann anzurufen, den er Billy gegenüber nur als ›Geschäftsfreund‹ bezeichnen wollte. Diesem ›Geschäftsfreund‹ hatte er gesagt, daß er sich um halb zwölf an einer bestimmten Telefonzelle neben einem Kiosk in New Yorks Innenstadt einfinden sollte — dies war eine Zelle, die Ginelli häufig benutzte und die auf Grund seines Einflusses nur selten kaputt war. Eine der ganz wenigen in New York.

Er fuhr am Lager vorbei, entdeckte Anzeichen von fieberhafter Aktivität, kehrte zirka eine Meile hinter dem Lager um und fuhr noch mal zurück. Ein provisorischer Weg führte von der 37-A durch ein Heufeld zum Lager hinunter. Von dort kam ein Wagen heraufgefahren.

»Ein Porsche Turbo«, sagte Ginelli. »Spielzeug für reicher Leute Kinder. Der Aufkleber in der Heckscheibe sagt: Brown University. Zwei Kinder auf den Vordersitzen, drei weitere hinten. Ich warte, bis der Wagen auf 'der Straße ist und frage den Jungen, der fährt, ob das da unten wirklich Zigeuner seien, wie ich es gehört hätte. Er sagt, ja, es seien welche, aber wenn ich meine Zukunft wissen wolle, hätte ich kein Glück. Sie wären hinuntergefahren, um sich die Karten lesen zu lassen, wären aber ziemlich schnell abgewimmelt worden. Die Zigeuner waren am Packen. Nach den Pitt-Bulls hat mich das nicht sonderlich überrascht.

Ich bin zurück nach Bar Harbor und zunächst mal zu einer Tankstelle gefahren — der Nova frißt Benzin, William, unglaublich! Aber er marschiert los, wenn man das Gaspedal bis zur Matte durchtritt. Dort hab ich mir erst mal 'ne Cola und ein paar Amphetamintabletten reingezogen, denn ich fing langsam an, mich etwas erschöpft zu fühlen.«

Ginelli hatte mit seinem ›Geschäftsfreund‹ vereinbart, sich abends um fünf auf dem Bar-Harbor-Flugplatz mit ihm zu treffen. Danach war er in die Innenstadt gefahren, hatte den Wagen auf einem öffentlichen Parkplatz abgestellt und war ein wenig durch die Stadt geschlendert. Er hatte den Mann gesucht.

»Welchen Mann?« fragte Billy.

»*Den* Mann«, wiederholte Ginelli mit geduldiger Miene, als spräche er zu einem Idioten. »Diesen Mann eben, William. Du erkennst ihn sofort, wenn du ihn siehst. Er sieht aus wie alle anderen Sommerfrischler, so, als ob er dich im nächsten Augenblick zu einer Ausfahrt auf Daddys Jacht einladen oder dir zehn Gramm reinstes Kokain zustecken würde; oder als ob er ganz spontan beschließen könnte, der Bar-Harbor-Szene den Rücken zu kehren und mit dem nächsten Jet nach Aspen zu den Sommerfestspielen zu düsen. Aber er ist nicht so wie sie. Es gibt zwei Möglichkeiten, das ganz schnell herauszufinden. Die eine ist, dir seine Schuhe anzuschauen. Dieser Kerl trägt billige Schuhe. Sie sind auf Hochglanz geputzt, aber sie sind billig. Sie haben einfach keine Klasse, und wenn er geht, kannst du sehen, daß sie ihm an den Füßen weh tun. Dann siehst du ihm in die Augen. Das ist die zweite Möglichkeit. Diese Kerle scheinen niemals Ferrari-Sonnenbrillen zu tragen, und man kann ihre Augen immer sehen. Es sind die Typen, die immer vor sich hertragen müssen, wer sie sind. Sie erledigen krumme Jobs und rennen hinterher zu den Bullen und legen ein Geständnis ab. Ihre Augen sagen dir: ›Wo kriege ich meine nächste Mahlzeit her?‹ — ›Wo kriege ich den nächsten Joint her?‹ — ›Und wo ist der Kerl, mit dem ich hier Kontakt aufnehmen sollte?‹ Verstehst du, was ich meine?«

»Ja, ich glaube.«

»Aber vor allem stellen diese Augen dir eine Frage: ›Wie schneide ich ab?‹ Wie, sagtest du, hat der Barkeeper in Old Orchard die Dealer und die Typen, die schneller mal einen Dollar verdienen wollen, genannt?«

»Treibgut«, antwortete Billy.

»Jaaa!« freute Ginelli sich. Das Licht in seinen Augen sprühte. »Treibgut. Das ist gut. Das ist sehr gut! Dieser Mann, den ich gesucht habe, ist Erste-Klassetreibgut. Er treibt sich in Ferienorten herum wie eine Hure auf der Suche nach einem festen Kunden. Ihm fällt selten was Großes in die Hände. Er ist ständig in Bewegung und ziemlich chic angezogen... bis auf die Schuhe. Er trägt ein J.-Press-Oberhemd, ein Paul-Stuart-Sportjackett und modische Jeans. Aber dann guckst du auf seine Füße, und seine Schuhe sagen dir: Caldor's, neunzehn Dollar fünfundneunzig. Du kannst mich haben. Für ein paar Dollar erledige ich jeden Job für dich. Bei den Huren sind's die Blusen. Immer Kunstseidenblusen. Man muß sie ihnen richtig abgewöhnen.

Schließlich habe ich ihn gefunden. Hab' ihn in ein Gespräch verwickelt und mich mit ihm auf eine Bank vor der Stadtbibliothek gesetzt. Hübscher Platz übrigens. Wir haben die ganze Sache durchgesprochen. Ich hab ihn etwas überbezahlt, weil, du weißt schon, ich hatte nicht viel Zeit, ihn runterzuhandeln. Aber er war ziemlich hungrig, und ich hielt ihn für vertrauenswürdig. Für die kurze Zeit allemal. Die lange existiert für diese Art von Mistkerlen sowieso nicht. Die glauben, die lange Distanz wäre schon der Weg gewesen, den sie von amerikanischer Geschichte bis Algebra II hinter sich gebracht haben.«

»Wieviel hast du ihm gegeben?«

Ginelli winkte ab.

»Ich koste dich Geld«, beharrte Billy. Unwillkürlich war er in Ginellis Sprachstil verfallen.

»Du bist mein Freund«, sagte Ginelli. Es war ihm peinlich. »Wir können das später regeln, aber nur, wenn du willst. Ich habe meinen Spaß. Das ist eine *wilde* Tour, William. ›Wie ich meine Sommerferien verbracht habe.‹ Vielleicht kannst du dich dieses eine Mal damit abfinden. Darf ich jetzt weitererzählen? Mein Mund wird langsam fusselig, und ich hab noch eine Menge zu sagen, und danach haben wir eine Menge zu erledigen.«

»Nur zu.«

Der Typ, den Ginelli aufgegabelt hatte, hieß Frank Spurton. Er sagte, daß er Studienanfänger an der University of Colorado sei, doch Ginelli meinte, daß er mindestens wie fünfundzwanzig ausgesehen habe − für einen Studienanfänger schon etwas alt. Nicht, daß ihm das etwas ausmachte. Er wollte, daß Spurton zum Feldweg hinausfährt, in dem er den Ford abgestellt hatte. Er sollte den Zigeunern folgen, wenn sie loszogen. Ginelli glaubte sowieso nicht, daß sie weit fahren würden. Spurton sollte ihn im Bar-Harbor-*Motor-Inn* anrufen, wenn er sicher war, daß sie sich für die Nacht niedergelassen hatten. Der Name, den er im Motor Inn verlangen sollte, wäre John Tree. Spurton schrieb ihn sich auf. Geld wechselte den Besitzer − sechzig Prozent von der ausgemachten Gesamtsumme. Auch der Zündschlüssel und die Verteilerkappe des Ford gingen in Spurtons Hände über. Ginelli fragte ihn, ob er die Verteilerkappe richtig einzuschrauben wisse, und Spurton antwortete mit einem Autodieblächeln, er glaube schon, daß er damit zurechtkäme.

»Hast du ihn rausgefahren?« fragte Billy.

»Für all das Geld, das ich ihm gezahlt hatte, konnte er trampen.«

Statt dessen war Ginelli zum Bar-Harbor-*Motor-Inn* gefahren und hatte sich unter dem Namen John Tree angemeldet. Obwohl es erst zwei Uhr mittags war, hatte er gerade noch das letzte Zimmer für die Nacht erwischt. Der Angestellte reichte ihm den Schlüssel mit einer Miene, als täte er ihm einen großen Gefallen. Die Hochsaison war jetzt so richtig in Gang gekommen. Ginelli ging auf sein Zimmer, stellte den Wecker auf dem Nachttisch auf halb fünf und schlief, bis er klingelte. Dann stand er auf und fuhr zum Flughafen.

Um zehn nach fünf landete eine kleine Privatmaschine — vermutlich dieselbe, die Fander von Connecticut raufgebracht hatte. Der ›Geschäftsfreund‹ stieg aus und beide überwachten, wie vier Koffer aus dem Laderaum ausgeladen wurden, ein großer und drei kleinere. Ginelli und sein ›Geschäftsfreund‹ stellten den großen Koffer auf den Rücksitz des Nova und verstauten die drei kleinen im Kofferraum. Dann kletterte der ›Geschäftsfreund wieder ins Flugzeug. Ginelli wartete nicht, bis er abgeflogen war, sondern kehrte sofort ins Motel zurück, wo er bis acht Uhr schlief. Das Telefon weckte ihn.

Es war Frank Spurton. Er rief aus einer Texaco-Tankstelle in Bankerton, ungefähr vierzig Meilen nordöstlich von Bar Harbor, an. Gegen sieben, erzählte er, sei die Karawane von der Straße auf ein Feld eingebogen — es schien alles im voraus arrangiert gewesen zu sein.

»Starbird«, vermutete Billy. »Er ist ihr Vormann.«

Spurton hatte nervös geklungen — ängstlich. »Er glaubte, daß sie ihn entdeckt hätten«, erklärte Ginelli. »Er war zu weit hinter ihnen zurückgeblieben, und das war ein Fehler. Einige Wagen hatten wohl getankt oder so was, und er hatte es nicht bemerkt. Er fuhr ganz gemütliche vierzig Meilen pro Stunde und dachte sich nichts Böses, als er plötzlich von einem Laster und einem Kombiwagen überholt wurde. Bingo. Auf einmal befand er sich mitten in der Karawane, anstatt hinter ihr herzufahren. Scheiße. Als der Laster an ihm vorbeifuhr, hat er aus dem Seitenfenster gesehen. Auf dem Beifahrersitz saß der alte Mann ohne Nase. Er starrte ihn an und schüttelte den Zeigefinger — nicht so, als ob er ihm winkte, sondern als ob er ihn verfluchte. Ehrlich, William, ich lege dem Jungen keine Worte in den Mund. Genau das hat er am Telefon gesagt: ›Er schüttelte den Zeigefinger, als ob er mich verfluchte.‹.«

»Jesus«, stammelte Billy.

»Möchtest du einen Schuß in deinen Kaffee?«

»Nein... ja.«

Ginelli schüttete eine Kappe voll Whisky in Billys Tasse und fuhr fort. Er hatte Spurton gefragt, ob der Laster auf der

Seite bemalt gewesen wäre. Er war's. Ein Mädchen mit einem Einhorn.

»Jesus«, sagte Billy wieder. »Glaubst du wirklich, daß sie den Wagen wiedererkannt haben? Daß sie die Umgebung abgesucht und ihn auf dem Feldweg gefunden haben, nachdem sie das mit den Hunden herausgefunden hatten?«

»Ich weiß, daß es 'so ist«, antwortete Ginelli grimmig. »Spurton hat mir den Namen von der Straße gegeben, neben der sie ihr Lager aufgeschlagen haben — Finson Road. Und die Nummer der Staatsstraße, von der sie in die Finson Road abgebogen waren. Dann hat er mich gebeten, den Rest des Geldes in einem Umschlag mit seinem Namen im Motelsafe zu deponieren. »Ich mach mich lieber aus dem Staub‹, sagte er, und ich konnte es ihm nicht verdenken.«

Ginelli hatte das Motel um viertel nach acht verlassen und war mit dem Nova losgefahren. Um halb zehn hatte er den Grenzstein zwischen Bucksport und Bankerton passiert. Zehn Minuten später hatte er die Texaco-Tankstelle gefunden. Sie war schon geschlossen. Eine Reihe Autos stand auf einem Schrottplatz neben der Garage. Einige warteten auf ihre Reparatur, andere waren zu verkaufen. Am Ende dieser Reihe stand der Ford. Ginelli fuhr vorbei und kehrte den Nova ein Stück oberhalb der Tankstelle. Dann fuhr er wieder zurück.

»Das Manöver habe ich zweimal wiederholt«, sagte er. »Ich hatte noch nie zuvor so ein komisches Gefühl gehabt. Ich bin ein gutes Stück die Straße hinaufgefahren und habe den Wagen auf dem Seitenstreifen geparkt. Dann bin ich zurückgegangen.«

»Und?«

»Spurton war im Ford. Hinter dem Lenkrad. Tot. Ein Loch in der Stirn direkt über dem rechten Auge. Kaum Blut. Könnte eine Fünfundvierzig gewesen sein, aber das glaube ich nicht. Auf dem Sitz hinter seinem Kopf war kein Blut zu sehen. Was immer ihn getötet hatte, es hat nicht ganz durchgeschlagen. Ein Schuß aus einer Fünfundvierziger schlägt voll durch. Er hätte davon ein Loch am Hinterkopf gekriegt so groß wie eine Campbell-Suppendose. Ich nehme

an, daß ihn jemand mit einer Schleuder und einer Stahlkugel erledigt hat. Genau wie das Mädchen, das auf
dich geschossen hat, William. Vielleicht war sie es ja sogar selber.«

Er schwieg einen Augenblick nachdenklich.

»Er hatte ein totes Küken im Schoß. Kehle durchgeschnit-
ten. Auf Spurtons Stirn stand ein Wort geschrieben. Mit
Blut. Hühnerblut, nehme ich an, aber ich hatte nicht die
Zeit, die vollständige Kriminallaboranalyse durchzuführen.
Dafür hast du wohl Verständnis.«

»Welches Wort?« fragte Billy, aber er wußte es schon, bevor Ginelli es ihm sagte.

»›Niemals‹.«

»Himmel«, stöhnte Billy und griff zu seinem Whiskykaf-
fee. Er hatte die Tasse schon an den Lippen, da setzte er sie
wieder ab. Wenn er einen Schluck davon getrunken hätte,
hätte er sich sofort übergeben müssen. Das konnte er sich
nicht leisten. Er sah Spurton vor sich, wie er hinter dem
Lenkrad saß, den Kopf im Nacken, ein dunkles, rundes
Loch auf der Stirn, einen weißen Federball im Schoß. Die Vision war so deutlich, daß er sogar den gelben Kükenschna-
bel sah, halb aufgerissen, und die starren, toten Augen...

Die Welt verschwamm in Grautönen... dann hörte er ein
flaches, hartes Schlagen. Langsam wurde seine Wange heiß.
Er machte die Augen auf und sah Ginelli, der ihn wieder auf
den Stuhl setzte.

»Tut mir leid, William, aber — wie heißt es so schön in der
Aftershave-Reklame? — das war nötig. Ich fürchte, du
machst dir Vorwürfe wegen Spurton. Ich will, daß du das
sofort bleiben läßt, hörst du?« Seine Stimme war sanft, aber
seine Augen blitzten wütend. »Du kannst es einfach nicht
lassen, die Tatsachen zu verdrehen. Genau wie diese ›Blu-
tenden-Herzens‹-Richter, die es fertigbringen, jeden im
Staate bis hinauf zum Präsidenten zu beschuldigen, um einen jungen Drogensüchtigen zu entlasten, der eine alte Dame niedergestochen und ihr den Versicherungsscheck ge-
klaut hat. Jeden — außer dem verdammten Drogenschluk-
ker, der es getan hat und nun schuldbewußt vor dem Rich-

ter steht und erwartet, daß ihm die Strafe erlassen wird, damit er sofort wieder losziehen und es noch mal machen kann.«

»Das stimmt überhaupt nicht!« fing Billy an, aber Ginelli schnitt ihm das Wort ab.

»Scheiße, William«, sagte er energisch. »Du hast Spurton nicht getötet! Das hat einer dieser Zigeuner getan, und wer immer es gewesen ist, der Alte steht hinter ihm, das weißt du genausogut wie ich. Und es hat auch niemand Spurton den Arm auf den Rücken gedreht. Er hat einen gut bezahlten Auftrag ausgeführt, das war alles. Ein simpler Job, William. Er ist zu weit zurückgefallen, und dadurch hat er sich selbst ausgetrickst. Jetzt sag mir ehrlich – willst du, daß der Fluch von dir genommen wird oder nicht?«

Billy seufzte schwer. Auf der Wange spürte er immer noch das Prickeln von Ginellis Ohrfeige.

»Ja«, antwortete er leise. »Ich will immer noch, daß er ihn von mir nimmt.«

»Gut. Dann laß uns mit dem Streit aufhören.«

»In Ordnung.« Er ließ Ginelli zu Ende erzählen, ohne ihn noch einmal zu unterbrechen. Er war auch viel zu fasziniert, als daß es ihm eingefallen wäre, ihn noch mal zu stören.

Ginelli war hinter die Garage gegangen und hatte sich auf einen Stapel Autoreifen gesetzt, um, wie er sagte, den Kopf wieder klar zu kriegen. Zwanzig, dreißig Minuten hatte er einfach dagesessen, in den Abendhimmel geschaut – im Westen war gerade das letzte Tageslicht verloschen – und hatte ernsthaft nachgedacht. Als er das Gefühl hatte, daß sein Kopf wieder richtig arbeitete, war er zum Nova gegangen. Er hatte ihn, ohne die Scheinwerfer einzuschalten, zurückgesetzt und neben dem Ford gehalten. Dann hatte er Spurtons Leiche herausgezogen und sie im Kofferraum des Nova verstaut.

»Vielleicht wollten sie mir nur eine Botschaft zukommen lassen, aber vielleicht wollten sie mich auch hängen sehen; für den Fall, daß der Tankstellenwärter eine Leiche im Ford entdeckt hätte, der den von mir unterzeichneten Mietvertrag im Handschuhfach liegen hat. Aber das war wieder mal dämlich, William, denn *wenn* Spurton tatsächlich mit einer Stahlkugel erschossen worden ist und nicht mit einer Pistolenkugel, hätten die Bullen einmal kurz in meine Richtung geschnüffelt und sich dann sofort an sie gewendet – verdammt noch mal, das Mädchen ist für seine Vorstellung mit der Schleuder berühmt.

Unter anderen Umständen hätte ich nur zu gern miterlebt, wie sie sich auf diese Weise selbst in die Enge treiben, aber ich war in einer komischen Situation – diese Sache müssen wir ganz allein hinter uns bringen. Außerdem habe ich erwartet, daß die Bullen am nächsten Tag sowieso im Zigeunerlager vorsprechen würden, allerdings aus völlig anderen Gründen, wenn die Dinge so liefen, wie ich es mir vorstellte. Spurton hätte die Sache nur komplizierter gemacht. Deshalb holte ich die Leiche. Gott sei Dank lag die Tankstelle völlig abseits und verlassen, sonst hätte ich es kaum schaffen können.«

Mit Spurtons Leiche im Kofferraum zwischen den drei Koffern, die der ›Geschäftsfreund‹ am frühen Abend abgeliefert hatte, war Ginelli weitergefahren. Eine knappe halbe Meile hinter der Tankstelle zweigte die Finson Road ab. Die Route 37-A, an der die Zigeuner vorher gelagert hatten, war eine gut befahrene Straße, die nach Westen aus Bar Harbor herausführte. Dort waren die Zigeuner an einer günstigen Stelle gewesen, an der sie offen ihr Geschäft betreiben konnten. Aber das Feld an der Finson Road – nicht asphaltiert, voller Schlaglöcher und mit Gras zugewachsen – war ein reichlich unangenehmer Lagerplatz. Ihnen ging der Hintern auf Grundeis.

»Es machte die Sache schwieriger, genauso wie der Umstand, daß ich zuerst die Tankstelle hinter ihnen aufräumen mußte, aber andererseits war ich auch hocherfreut, William. Ich wollte ihnen Angst einjagen, und sie verhielten sich genauso wie Leute, die Angst *haben*. Und wenn jemand erst mal Angst hat, wird es immer leichter, ihn in diesem Zustand zu halten.«

Ginelli schaltete die Scheinwerfer aus und fuhr noch eine

Viertelmeile die Finson Road hinauf. Dort entdeckte er eine Einfahrt, die zu einer verlassenen Kiesgrube führte. »Hätte nicht perfekter sein können, wenn ich sie bestellt hätte«, kommentierte er.

Er öffnete den Kofferraum, zog die Leiche heraus und vergrub sie im Kies. Als er das erledigt hatte, ging er zum Nova zurück und öffnete den großen Koffer, der auf dem Rücksitz lag. Auf dem Deckel war ein Stempelaufdruck: *World Book Encyclopedia*. Drinnen befand sich eine Kalashnikov AK-47, vierhundert Munitionseinheiten, ein Springmesser, eine lederne Damenhandtasche, elegant für den Abend, mit einem Schnappverschluß, die mit Blei gefüllt war, eine Rolle Klebeband und ein Behälter voller Ruß.

Er färbte sich Gesicht und Hände schwarz, klebte das Messer mit einem Streifen Klebeband an der Wade fest, steckte die Rolle in die Jackentasche und machte sich auf den Weg.

»Den Schlagbeutel habe ich zurückgelassen«, erklärte er. »Bin mir sowieso schon wie der Superheld in einem billigen Comicstreifen vorgekommen.«

Spurton hatte gesagt, daß die Zigeuner zirka zwei Meilen unterhalb der Straße auf einer Wiese lagerten. Ginelli nahm den Weg durch den Wald, behielt aber immer die Straße im Auge. Er wollte sich nicht schon wieder verlaufen.

»Ich kam nur langsam voran. Immer wieder bin ich auf Zweige getreten oder in irgendwelches Gestrüpp gerannt. Ich hoffe bloß, daß ich nicht durch diesen scheißgiftigen Efeu getrampelt bin. Gegen den bin ich nämlich allergisch.«

Nachdem er sich etwa zwei Stunden lang durch das schier undurchdringliche Unterholz gekämpft hatte, immer an der Straße entlang, sah er plötzlich oben auf der Straße einen dunklen Schatten. Zuerst hielt er ihn für ein Straßenschild oder einen Pfosten. Eine Sekunde später merkte er, daß ein Mann dort stand.

»Er stand ganz cool da rum wie ein Schlachter in seinem Kühlhaus, aber ich glaube, er sollte mich abschrecken, William. Ich meine, ich *habe* versucht, leise zu sein, aber ich lebe normalerweise in New York. Ich bin kein Hiawatha, verdammt noch mal. Ich nehme also an, der Kerl tut so, als ob er mich nicht hört, um genau zu wissen, wo ich mich befinde, und sich im rechten Moment blitzschnell umzudrehen und auf mich zu stürzen. Ich könnte ihn da, wo er steht, sofort aus den Latschen blasen, aber das würde im Umkreis von anderthalb Meilen die gesamte Nachbarschaft wecken. Außerdem hatte ich dir ja versprochen, niemanden zu verletzen.

Ich stehe also da und warte und warte, ganz starr, ungefähr fünfzehn Minuten lang, und denke mir, wenn ich mich bewege, trete ich wieder auf so einen dämlichen Zweig, und der Spaß geht los. Auf einmal geht der Kerl an die Böschung, um zu pissen, und was sehe ich? Es ist kaum zu glauben. Ich weiß nicht, wo der Kerl seinen Wachunterricht absolviert hat, aber es war ganz bestimmt nicht in Fort Bragg. Er trägt das älteste Gewehr bei sich, das ich in den letzten zwanzig Jahren gesehen habe – die Korsen nennen es den *loup*. Und – William! – er hat Walkman-Kopfhörer auf den Ohren sitzen! Ich hätte mich direkt hinter ihn stellen, furzen und ›Heil, Kolumbia!‹ brüllen können, und er hätte sich nicht einmal bewegt.« Ginelli kicherte. »Eins kann ich dir sagen – der Alte hat mit Sicherheit nicht gewußt, daß der Typ rock'n'rollte, während er eigentlich auf mich aufpassen sollte.«

Als der Wachtposten seine vorherige Stellung wieder bezogen hatte, schlich Ginelli sich von hinten an, wobei er sich allerdings keine große Mühe mehr gab, leise zu sein. Im Gehen zog er seinen Gürtel aus den Schlaufen. Etwas hatte den Wächter noch im letzten Augenblick gewarnt – ein Blick aus den Augenwinkeln. Der letzte Augenblick ist nicht immer zu spät, doch diesmal war er's. Ginelli schlang ihm blitzschnell den Gürtel um den Hals und zog fest zu. Es gab einen kurzen Kampf. Der junge Zigeuner ließ sein Gewehr fallen und krallte die Finger in den Gürtel. Der Kopfhörer rutschte ihm von den Ohren auf die Wangen, und Ginelli hörte, wie die Rolling-Stones-Klänge »*Under My Thumb*« sich im sternenklaren Nachthimmel verloren.

Der Junge stieß kurze, gurgelnde Laute aus. Sein Widerstand wurde schwächer und hörte schließlich ganz auf. Ginelli hielt ihn noch zirka zwanzig Sekunden lang im Würgegriff, dann ließ er los. (»Ich wollte ihn nicht zum Idioten machen«, erklärte er Billy ernsthaft.) Danach schleppte er ihn ins Gebüsch. Er war ein gutaussehender, muskulöser Junge von ungefähr zweiundzwanzig Jahren. Nach Billys Beschreibung nahm er an, daß es sich um Samuel Lemke handelte. Billy nickte bestätigend. Ginelli fand einen Baum in der richtigen Größe und band den Jungen mit dem Klebestreifen daran fest.

»Klingt blöd, wenn man sagt, man hätte jemanden mit Tesa an einen Baum geklebt, aber nur, solange es noch niemand mit dir selbst gemacht hat. Wenn du genug von dem Scheißzeug um dich rumgewickelt kriegst, kannst du gleich aufgeben. Du wirst solange bleiben, wo du bist, bis jemand kommt und dich losschneidet. Klebeband ist *zäh*. Du kannst es nicht zerreißen und erst recht nicht aufknoten.«

Ginelli schnitt ihm ein Stück von seinem T-Shirt ab und stopfte es in seinen Mund. Darüber klebte er noch einen Streifen.

»Und dann habe ich die Kassette im Walkman umgedreht und ihm die Kopfhörer wieder aufgesetzt. Ich wollte nicht, daß er Langeweile kriegt, wenn er aufwacht.«

Ginelli lief jetzt auf der Straße weiter. Samuel Lemke und er waren ungefähr gleich groß, und er war bereit, das Risiko einzugehen, in die nächste Wache zu rennen, bevor er sie selbst bemerkte. Schließlich wurde es langsam spät, und er hatte in den letzten achtundvierzig Stunden bis auf zwei kurze Nickerchen keinen Schlaf gekriegt.

»Wenn du nicht genug Schlaf hast, vermasselst du alles«, erklärte er. »Wenn du Monopoly spielst, mag das ja noch gehen, aber wenn du mit Scheißkerlen zu tun hast, die Leute erschießen und ihnen mit Hühnerblut bösartige Worte auf die Stirn schreiben, bist du auf dem besten Weg ins Jenseits. Wie es so kommt – ich habe einen Fehler gemacht. Mit viel Glück bin ich gerade noch mal davongekommen. Manchmal haben die Götter ein Einsehen.«

Der Fehler war, daß er die zweite Wache nicht gesehen

hatte, bis er beinahe neben ihr stand. Es lag daran, daß der zweite Mann sich in den tiefen Schatten der Bäume zurückgezogen hatte, anstatt, wie Lemke, offen auf der Straße zu stehen. Zum Glück für Ginelli tat er das nicht, weil er sich verbergen wollte, sondern aus reiner Bequemlichkeit. »Dieser hat nicht nur einem Walkman gelauscht«, erzählte Ginelli, »er hat tief und fest geschlafen. Lausige Wachen, aber was kann man von Zivilisten anderes erwarten? Sie hatten wohl noch nicht ganz begriffen, daß ich ein langwieriges, ernst zu nehmendes Problem für sie darstellen würde. Wenn man davon überzeugt ist, daß jemand einem ernsthaft an den Kragen will, bleibt man wach. Mann, das hält einen selbst dann wach, wenn man einschlafen möchte.«

Ginelli ging zu dem schlafenden Wachposten hinüber, suchte sich eine passende Stelle an dessen Kopf aus, hielt den Gewehrgriff dagegen und schlug mit ziemlicher Gewalt zu. Es erzeugte ein Geräusch wie der schlaffe Schlag einer Hand auf eine Mahagonitischplatte. Der Wachposten, der bequem an einem Baumstamm gelehnt hatte, rutschte ins Gras. Ginelli beugte sich über ihn, um seinen Puls zu fühlen. Er war noch da, schwach zwar, aber nicht unregelmäßig.

Fünf Minuten später erreichte er die Kuppe eines kleinen Hügels. Zu seiner Linken senkte sich ein flacher Hang aufs offene Feld hinunter. Etwa zweihundert Meter von der Straße entfernt entdeckte er die im Kreis abgestellten Fahrzeuge. Kein Lagerfeuer heute nacht. Nur schwaches, durch Vorhänge gedämpftes Licht, das aus den Fenstern einiger der Campingwagen fiel.

Ginelli robbte, die Kalaschnikow vor sich herschiebend, den Hügel bis zur Hälfte hinunter. Er fand eine Felsnase, die ihm sowohl erlaubte, das MG fest aufzulegen, als auch den ganzen Hang hinunter bis ins Lager ins Visier zu nehmen.

»Der Mond ging gerade auf, aber ich hatte nicht vor, auf ihn zu warten. Für das, was ich mir vorgenommen hatte, konnte ich genug sehen – ich war jetzt nur noch etwa fünfundsiebzig Meter von ihnen entfernt. Und es war ja nicht so, daß ich saubere Arbeit leisten mußte. Dafür eignet die Kalaschnikow sich sowieso nicht. Ebensogut könnte man versuchen, jemandem den Blinddarm mit einer Kreissäge herauszuschneiden. Die Kalashnikov ist ein gutes Gewehr, um Leute zu erschrecken, und das ist mir auch gelungen. Ich wette, sie haben jetzt alle gelbe Limonade in ihrer Bettwäsche. Allerdings nicht der Alte. Der ist so zäh, wie's nur geht.«

Als er das Gewehr sicher aufgelegt hatte, atmete Ginelli tief durch und nahm den Einhornlaster aufs Korn. Er hörte Grillen zirpen und irgendwo in der Nähe einen Bach plätschern. Über das dunkle Feld klagte ein Ziegenmelker sein Lied. Bei der Hälfte seiner zweiten Strophe eröffnete Ginelli das Feuer.

Kalshnikovdonner zerriß die Nachtruhe. Feuer hing wie eine leuchtende Krone vor der Mündungsöffnung, als der erste Ladestreifen — dreißig 30-Kaliber-Patronen, alle in einer Hülse so lang wie eine Kingsize-Zigarette und alle mit zehn Gramm Pulver geladen — durchlief. Der Vorderreifen des Einhornlasters platzte nicht bloß, er explodierte. Ginelli bestrich mit dem bellenden Gewehr die gesamte Seitenlänge des Lasters — aber tief. »Hab ihm nicht ein einziges Loch ins Blech gebrannt«, bedauerte er. »Aber dafür habe ich den Boden darunter zur Hölle gemacht. Und dabei hab ich nicht mal nah gezielt wegen des Benzintanks. Hast du schon mal 'nen Laster in die Luft fliegen sehen? Ist genauso schlimm wie ein Knallfrosch, der in einer Konservendose explodiert. Ich hab das schon einmal auf dem New-Jersey-Turnpike erlebt.«

Der hintere Reifen des Lasters zerbarst. Ginelli zog den ersten Ladestreifen raus und schob den nächsten rein. Unten hatte der Aufruhr begonnen. Stimmen brüllten durcheinander, einige wütend, andere nur ängstlich. Eine Frau kreischte.

Einige — Ginelli konnte beim besten Willen nicht feststellen, wie viele — krochen aus ihren Campingwagen und den hinteren Ladeklappen der Laster. Die meisten in Pyjamas und Nachthemden. Sie blickten erschrocken und verwirrt nach allen Seiten. Und dann sah Ginelli zum erstenmal Taduz Lemke. In seinem wehenden Nachthemd wirkte der Alte fast komisch. Unter seiner Zipfelmütze sahen ein paar vereinzelte, wirre Haarsträhnen hervor. Er kam vorne um den Einhornlaster herum, warf einen kurzen Blick auf den flachen, zerfetzten Vorderreifen und blickte dann direkt zu der Stelle hinauf, an der Ginelli lag. Dieser brennende Blick, erzählte Ginelli Billy, hätte dann gar nichts Komisches mehr gehabt.

»Ich wußte, daß er mich nicht sehen konnte. Der Mond war noch nicht draußen, und mein Gesicht und meine Hände waren mit Ruß geschwärzt. Ich war nichts als ein schwarzer Schatten. Aber... ich glaube, er *hat* mich gesehen, William. Mir ist fast das Herz stehengeblieben.«

Der Alte wandte sich zu seinen Leuten um, die sich jetzt langsam, immer noch brabbelnd und die Hände ringend, um ihn versammelten. Er brüllte sie auf Romani an und deutete mit dem Arm auf die Lastwagen. Ginelli konnte die Sprache zwar nicht verstehen, aber die Geste war deutlich genug: *Geht in Deckung, ihr Idioten!*

»Zu spät, William«, sagte Ginelli genüßlich. Die zweite Ladung ließ er genau über ihre Köpfe streichen. Jetzt kreischten nicht nur die Frauen, sondern auch die Männer. Einige ließen sich zu Boden fallen und versuchten wegzukriechen, den Kopf tief unten, den Hintern hoch in die Luft gestreckt. Der Rest rannte in alle Himmelsrichtungen, nur nicht in die, aus der die Schüsse kamen. Lemke wich nicht von der Stelle. Er brüllte sie mit Bullenstimme an. Seine Troddelmütze fiel ihm vom Kopf. Die Läufer rannten, die Kriecher krochen weiter. Lemke mochte sie ja unter normalen Umständen mit eiserner Hand regieren, jetzt hatte Ginelli sie in Panik versetzt.

Hinter dem Einhornlaster parkte der Pontiac-Kombi, aus dem er sich in der Nacht vorher die stinkende Anzugjacke und die Turnschuhe geholt hatte. Ginelli schob den dritten Ladestreifen in die AK-47 und eröffnete das Feuer von neuem.

»In der Nacht vorher war niemand drin gewesen, und so, wie der stank, konnte ich annehmen, daß auch heute keiner drin schlafen würde. Ich habe den Wagen zerschossen — will sagen, ich habe ihn *zerstört*.

Leute, die sich bloß Kriegsfilme angesehen haben, glauben, daß man mit einem Maschinengewehr oder einer Auto-matikpistole eine ordentliche Linie von sauberen, kleinen Löchern schießt, aber das ist nicht so. Sie schießen ungenau. Sie schießen hart. Und es geht *schnell*: die Windschutzschei-be des alten Bonneville zersplittert. Die Motorhaube wölbt sich etwas nach oben, wird von den Kugeln erfaßt und glatt weggerissen. Die Scheinwerfer zerbersten. Die Reifen ex-plodieren. Der Kühlergrill fällt herunter. Ich konnte das Kühlwasser nicht aus dem Tank fließen sehen, dazu war's zu dunkel, aber nachdem der Streifen durchgelaufen war, konnte ich es deutlich hören. Der Karren sah aus, als wäre er mit Karacho gegen eine Mauer gerast. Und während der ganzen Zeit, während die Chrom- und Glassplitter nur so durch die Luft gesaust waren, hat der Alte sich nicht ge-rührt. Er hat nur immer ins Mündungsfeuer gespäht, um mir seine Truppen hinterherschicken zu können, wenn ich blöd genug gewesen wäre, solange zu warten, bis er sie wie-der eingesammelt hatte. Ich machte mich lieber aus dem Staub, bevor er Gelegenheit dazu hatte.«

Gebückt, wie ein Soldat im Zweiten Weltkrieg, der sich ins Angriffsfeuer vorwagen mußte, rannte Ginelli den Hü-gel hinauf. Auf der Straße richtete er sich auf und sprintete los. Er kam am zweiten Wachposten, den er mit dem Ge-wehrgriff zum Schweigen gebracht hatte, vorbei, ohne ihn eines Blickes zu würdigen. Aber als er die Stelle erreichte, an der er Mr. Walkman einkassiert hatte, blieb er stehen und holte Luft.

»Selbst in der Dunkelheit war es nicht schwer, ihn zu fin-den«, berichtete er. »Ich hörte das Gebüsch knacken und ra-scheln. Und als ich näherkam, konnte ich ihn selbst hören — *umpf, umpf, uuuh, uuuh, glubsch, glubsch*.«

Lemke hatte es tatsächlich fertiggebracht, sich ein Viertel um den Baum herumzuarbeiten, an dem er festgeklebt war — mit dem Ergebnis, daß er sich noch mehr verheddert hat-te als vorher. Die Kopfhörer waren ihm dabei herunterge-rutscht und hingen jetzt an den Kabeln um seinen Hals. Als er Ginelli erblickte, hörte er auf, sich zu winden, und glotzte ihn nur blöd an.

»An seinen Augen sah ich, daß er fest damit rechnete, daß ich ihn umbringen würde. Er hatte verdammt Schiß. Das war mir nur recht. Dem Alten war keine Angst einzujagen, aber dieses *Kind* hier bedauerte aufrichtig, sich je mit dir eingelassen zu haben, William. Leider konnte ich ihn nicht schwitzen lassen, dazu reichte die Zeit nicht.«

Er kniete sich neben Lemke und hielt das MG so, daß er sehen konnte, um welche Waffe es sich handelte. Lemkes Augen gaben zu erkennen, daß er genau Bescheid wußte.

»Ich hab nicht viel Zeit, Arschloch, also hör mir gut zu«, fuhr Ginelli ihn an. »Du sagst deinem Alten, daß ich das nächstemal weder hoch noch tief noch auf leere Wagen zielen werde. Richte ihm aus, William Halleck sagt: Nimm es von mir! Hast du mich verstanden?«

Der Junge nickte, soweit das Klebeband es ihm erlaubte. Ginelli riß ihm den Streifen vom Mund und zog den T-Shirt Lumpen heraus.

»Bald wird es hier ziemlich unruhig werden«, erklärte er. »Rufe, und sie werden dich finden. Und vergiß die Nachricht nicht!«

Er wandte sich ab.

»Sie verstehen nicht«, rief Lemke ihm heiser hinterher. »Er wird es *niemals* von ihm nehmen. Er ist der letzte der großen Magyaren-Häuptlinge − sein Herz ist aus Stein. Bitte, Mister, ich werde es ihm ausrichten, aber er wird es *niemals* von ihm nehmen.«

Auf der Straße zuckelte ein kleiner Lieferwagen in Richtung Zigeunerlager vorbei. Ginelli sah ihm nach und dann wieder zu Lemke hinunter.

»Steine kann man zertrümmern − sag ihm das auch noch!«

Ginelli brach wieder aus dem Unterholz hervor, überquerte die Straße und rannte zur Kiesgrube zurück. Ein weiterer Lieferwagen fuhr an ihm vorbei. Ihm folgten drei Autos in einer Reihe. Diese Leute, die verständlicherweise neugierig waren, wer mitten in der Nacht in ihrer verschlafenen Kleinstadt mit einem Maschinengewehr um sich schoß, stellten kein Problem für ihn dar. Ihre Scheinwerferstrahlen kündigten ihr Kommen frühzeitig genug an, so daß er jedesmal schnell im Gebüsch untertauchen konnte. Als er gerade die Kiesgrube erreicht hatte, hörte er die Sirene. Er startete den Nova und ließ ihn ohne Licht bis zur Straße vorrollen. Ein Chevrolet mit einem Blaulicht am Armaturenbrett raste vorüber.

»Als er vorbei war, habe ich mir den Dreck aus dem Gesicht und von den Händen gewischt und bin hinter ihm her.«

»*Hinterher*?!« unterbrach Billy.

»War sicherer. Wenn irgendwo geschossen wird, brechen unschuldige Leute sich fast die Beine, damit sie noch ein bißchen Blut zu sehen kriegen, bevor die Bullen kommen und es von der Straße spülen. Leute, die in die entgegengesetzte Richtung laufen, machen sich verdächtig. In den meisten Fällen wählen sie diese Richtung, weil sie Pistolen in den Taschen haben.«

Als er das Feld wieder erreicht hatte, stand mittlerweile gut ein halbes Dutzend Autos am Straßenrand. Scheinwerferstrahlen überkreuzten sich. Leute liefen aufgeregt hin und her und riefen sich etwas zu. Der Polizeiwagen parkte nahe an der Stelle, an der Ginelli den zweiten Wachmann ausgeschaltet hatte. Das Blaulicht flackerte hell über die Bäume. Ginelli kurbelte das Seitenfenster des Nova herunter: »Was ist passiert, Officer?«

»Nichts, worüber Sie sich Sorgen machen müßten. Fahren Sie weiter!« Und für den Fall, daß der Wageninsasse zwar Englisch spräche aber nur Russisch verstünde, schwenkte er seine Taschenlampe in die Richtung, in die die Finson Road weiterführte.

Ginelli schlängelte sich durch die parkenden Autos, die vermutlich Ortsansässigen gehörten. Es war vielleicht schwerer, die Gaffer zu verjagen, wenn es sich dabei um Nachbarn handelte. Vor dem Pontiac-Kombi, den er zusammengeschossen hatte, standen zwei streng voneinander getrennte Gruppen. Die eine bestand aus Zigeunern in Pyjamas und Nachthemden, die sich wild gestikulierend unterhielten. Die andere bestand aus Männern, die von der Stadt hergefahren waren. Sie standen schweigend da, die Hände tief in den Hosentaschen, und betrachteten verwundert das Wrack des Kombiwagens. Die beiden Gruppen ignorierten sich gegenseitig.

Die Finson Road führte noch sechs Meilen ins Land hinein. Ginelli hätte den Wagen nicht nur ein- sondern zweimal beinahe in den Graben gefahren, weil ihm die Leute mit Volldampf auf der schmalen Straße, die kaum mehr als ein ausgefahrener Feldweg zu sein schien, entgegenbretterten.

»Bloß einfache Leute«, sagte er, »die mitten in der Nacht aufgestanden waren, um noch ein bißchen Blut zu sehen zu kriegen, bevor die Polizei es von der Straße, oder, wie in diesem Fall, vom Rasen spült.«

Er fand einen Wirtschaftsweg, der ihn bis nach Bucksport brachte. Von dort wandte er sich nach Norden. Um zwei Uhr in der Früh befand er sich wieder in seinem John-Tree-Motelzimmer. Er stellte den Wecker auf halb acht und schlief ein.

Billy starrte ihn fassungslos an. »Willst du damit sagen, daß du die ganze Zeit, in der ich mir Sorgen gemacht habe, daß du schon längst tot seist, friedlich in demselben Motel geschlafen hast, aus dem wir ausgezogen waren?«

»Eh, ja.« Ginelli guckte einen Augenblick beschämt. Dann zuckte er die Achseln und lachte. »Schreib es meiner Unerfahrenheit zu, William. Ich bin es nicht gewohnt, daß sich jemand Sorgen um mich macht. Außer meiner Mamma natürlich, aber das ist etwas anderes.«

»Du mußt verschlafen haben — du bist erst um neun oder so hier gewesen.«

»Nein, nein — ich bin aufgestanden, sobald der Wecker geklingelt hat. Dann habe ich kurz telefoniert und bin in die Stadt hinuntergelaufen. Hab' mir einen neuen Wagen gemietet. Diesmal bei Avis. Mit Hertz habe ich irgendwie kein Glück.«

»Du wirst mit diesem Hertz-Wagen noch ganz schön Schwierigkeiten kriegen, nicht wahr?«

»Nee. Ist schon alles erledigt. Aber es hätte ganz schön haarig werden können. Darum ging es auch in dem Anruf —

um den Hertz-Wagen. Ich habe meinen ›Geschäftsfreund‹ gebeten, noch mal von New York raufzufliegen. In Ellsworth gibt es einen kleinen Flughafen, dort ist er gelandet. Der Pilot ist sofort nach Bangor weitergeflogen, um dort auf ihn zu warten. Mein ›Geschäftsfreund‹ ist nach Bankerton getrampt und hat...«

»Die Sache eskaliert allmählich«, rief Billy.. »Ist dir das klar? Das wird ja langsam zu einem zweiten Vietnam.«

»Scheiße, nein — sei nicht blöd, William!«

»Nur, daß dein Hausverwalter noch mal extra von New York herfliegen mußte.«

»Na ja, ich kenne eben niemanden hier oben in Maine. Der einzige Kontakt, den ich hier hatte, hat sich erschießen lassen. Auf jeden Fall hat es keine Probleme gegeben. Gestern abend habe ich einen vollständigen Bericht erhalten. Mein ›Geschäftsfreund‹ ist gegen zwei Uhr mittags in Bankerton eingetroffen. An der Tankstelle hat er nur einen Jungen vorgefunden, dem nur noch ein paar Milligramm fehlten, um völlig high zu sein. Wenn ein Wagen kam, ging der Knabe raus, um ihn aufzutanken, danach verzog er sich wieder in eine der Garagenboxen und werkelte an irgendeinem Auto rum. Während er sich da drin aufhielt, schloß mein ›Geschäftsfreund‹ den Ford kurz und fuhr ihn weg. Direkt an der Garage vorbei, aber der Kleine hat sich nicht mal umgedreht. Mein ›Bekannter‹ fuhr zum Bangor International Flughafen und stellte den Wagen auf dem Hertz Parkplatz ab. Ich hatte ihn gebeten, ihn auf Blutflecken hin zu untersuchen. Am Telefon hat er mir dann gesagt, daß er mitten auf dem Vordersitz ein paar Blutspritzer gefunden hat — ich bin mir fast sicher, daß es Hühnerblut war. Er hat sie mit einem von diesen Erfrischungstüchern rausgerieben. Dann hat er seine Angaben in den Mietvertrag eingetragen und den Vertrag in den Expreßbriefkasten geworfen. Danach ist er zurückgeflogen.«

»Was war mit den Schlüsseln? Du hast gerade gesagt, er hätte ihn kurzgeschlossen.«

»Tja«, sagte Ginelli, »die Schlüssel sind die ganze Zeit schon das größte Problem gewesen. Das war mal wieder mein Fehler. Ich schiebe das auf meinen Mangel an Schlaf, genauso wie den anderen, aber vielleicht ist es tatsächlich schleichende Senilität. Sie waren immer noch in Spurtons Jackentasche. Ich hatte vergessen, sie rauszunehmen, bevor ich ihn zur Ruhe gebettet habe. Aber jetzt...« Er griff in seine Jacke, holte ein Schlüsselbund mit dem knallgelben Hertz-Anhänger hervor und ließ es vor Billys Nase klingeln. »*Ta-da!*«

»Du bist zurückgefahren«, sagte Billy. Seine Stimme war etwas heiser. »Großer Gott, du bist zurückgefahren und hast ihn wieder ausgegraben, um an die Schlüssel heranzukommen.«

»Also, früher oder später hätten die Murmeltiere oder die Bären ihn sowieso ausgebuddelt und in der Gegend herumgeschleift«, erklärte Ginelli sachlich. »Oder die Jäger hätten ihn gefunden. Höchstwahrscheinlich bei der Vogeljagd, wenn sie mit ihren Hunden unterwegs sind. Für die Hertz-Leute ist es jedenfalls nur ein kleineres Ärgernis, wenn sie einen Expreßbrief ohne die Schlüssel erhalten. Wie oft vergessen Leute, ihre Hotel- oder Mietwagenschlüssel abzugeben. Manchmal schicken sie sie zurück, meistens kümmern sie sich nicht drum. Dann wählt der Manager einfach eine achthunderter Nummer, liest die Seriennummer des betreffenden Wagens vor, und der Typ am anderen Ende — bei Ford oder GM oder Chrysler — gibt ihm das Muster des Schlüsselbartes durch. Presto! Schon hat er neue. Aber wenn jemand eine Leiche in eine Kiesgrube mit einer Stahlkugel im Kopf und einem Bund Hertz-Mietwagenschlüssel in der Jackentasche gefunden hätte, hätte die Spur leicht zu mir führen können... nicht so gut. Im Gegenteil, sehr schlecht. Hast du kapiert?«

»Ja.«

»Übrigens mußte ich sowieso noch mal rausfahren«, sagte er leise. »Und diesmal konnte ich nicht den Nova nehmen.«

»Wieso nicht? Den hatten sie doch nicht gesehen.«

»Ich muß alles der Reihe nach erzählen, William. Magst du noch 'n Schuß?«

Billy schüttelte den Kopf. Ginelli bediente sich.

»In Ordnung. Dienstag früh die Hunde. Dienstag vormittag der Nova. Dienstag nacht der Großangriff. Mittwoch morgen, auch ziemlich früh, der zweite Mietwagen. Hast du alles mitgekriegt?«

»Ich glaub' schon.«

»Jetzt sprechen wir von einem Buick Sedan. Der Blödmann von Avis wollte mir einen Aries K andrehen. Hat behauptet, das wäre der einzige Wagen, den er noch übrig hätte; ich könne von Glück sagen, daß ich ihn überhaupt noch bekäme. Aber ein Aries K war nicht das richtige. Es mußte ein Sedan sein. Unauffällig, aber einigermaßen groß. Brauchte zwanzig Piepen, um seine Meinung zu ändern, aber schließlich habe ich den Wagen bekommen, den ich wollte. Ich fuhr zum *Bar Harbor Motor Inn* zurück, stellte ihn ab und telefonierte in der Gegend rum, um festzustellen, ob alles so lief, wie ich angekurbelt hatte. Hierher bin ich dann im Nova gefahren. Der gefällt mir einfach, William — sieht aus wie eine Promenadenmischung und stinkt innen nach Kuhscheiße, aber er hat *Rückgrat*.

Ich bin also hierhergekommen und habe dich endlich beruhigen können. Doch war ich kurz vorm Zusammenbrechen, viel zu müde, um überhaupt nur daran zu denken, nach Bar Harbor zurückzufahren. Deshalb habe ich den ganzen Tag in deinem Bett verbracht.«

»Du hättest ja mal anrufen können. Das hätte dir mindestens eine Fahrt erspart.«

Ginelli lächelte ihn an. »Ich weiß, ich hätte dich anrufen können, aber scheiß drauf! Ein Telefonanruf hätte mir nicht gezeigt, wie's dir geht. Du warst nicht der einzige, der sich Sorgen gemacht hat, William.«

Billy senkte den Kopf und schluckte. Er hatte schon wieder einen Kloß im Hals. In letzter Zeit hatte er, wie es schien, ständig sehr nah am Wasser gebaut.

»So! Ginelli steht auf, erfrischt und ohne einen allzu großen Amphetaminkater. Er duscht, springt in den Nova, der nach einem Tag in der Sonne mehr denn je nach Kuhscheiße stinkt und fährt nach Bar Harbor zurück. Dort holt er die kleineren Koffer aus dem Nova und öffnet sie in seinem

Zimmer. In einem befindet sich ein achtunddreißiger Woodsman-Colt mit Schulterhalfter. Was die beiden anderen enthalten, paßt gut in seine Jackentaschen. Er verläßt das Motel und tauscht den Nova gegen den Sedan ein. Eine Sekunde lang denkt er sich, wenn er zwei Personen wäre, bräuchte er nicht soviel Zeit damit zu verschwenden, ständig wie der Parkplatzwächter eines protzigen Los-Angeles-Restaurants mit verschiedenen Wagen rumzufahren. Dann fährt er los in das malerische Bankerton, wie er hofft, zum allerletzten Mal. Unterwegs hält er nur einmal vor einem Supermarkt. Er geht hinein und besorgt sich zwei Dinge: ein großes Weckglas, in dem die Frauen Obst einmachen, und eine Zweiliterflasche Pepsi-Cola. Als er in Bankerton ankommt, bricht gerade die Dämmerung herein. Er fährt zur Kiesgrube und marschiert einfach rein. Er weiß, jetzt hat es keinen Sinn mehr, schüchtern zu sein – wenn man in der Aufregung der letzten Nacht die Leiche gefunden hat, sitzt er sowieso in der Tinte. Aber es ist niemand da. Und er findet auch keine Anzeichen, daß jemand dagewesen *wäre*. Also gräbt er nach Spurton, tastet ein bißchen herum und zieht den großen Preis heraus. Genauso wie bei der Wundertüte.«

Ginelli erzählte vollkommen ausdruckslos, aber Billy sah vor seinem geistigen Auge einen Film ablaufen – keinen besonders angenehmen: Ginelli geht in die Knie, schiebt den Kies mit beiden Händen zur Seite, ertastet Spurtons Hemd... den Gürtel... schließlich die Hosentasche. Greift hinein. Wühlt sich durch sandiges Kleingeld, das wohl nie wieder ausgegeben wird. Und darunter... kaltes Fleisch, bei dem schon die Totenstarre eingesetzt hat. Endlich – die Schlüssel. Und schnell wird das Loch wieder zugescharrt.

»Brrr«, sagte Billy und schüttelte sich.

»Es ist alles eine Frage der Perspektive, William«, beruhigte Ginelli ihn. »Glaub mir, es ist so.«

Ich glaube, das macht mir dabei gerade am meisten Angst, dachte Billy und hörte mit wachsendem Staunen zu, wie Ginelli das Ende seiner bemerkenswerten Abenteuergeschichte erzählte.

Mit den Hertz-Schlüsseln in der Tasche ging er zu Avis-Buick-Sedan zurück. Er schraubte die Cola auf und goß sie in das Weckglas, das er hinterher sorgfältig verschloß. Dann machte er sich auf den Weg ins Zigeunerlager.

»Ich wußte, daß sie noch da sein würden«, sagte er. »Nicht, weil sie den Wunsch hatten, noch zu bleiben, sondern weil die Staatsbullen ihnen mit aller Deutlichkeit erklärt haben würden, daß sie solange an Ort und Stelle zu bleiben hätten, bis die Untersuchungen abgeschlossen seien. Was lag vor? Auf der einen Seite eine Gruppe von Nomaden – ich glaube, man kann sie sehr wohl so nennen –, jedenfalls eine Horde Fremder in der gemütlichen Kleinstadt Bankerton, und auf der anderen Seite ein Fremder oder eine Gruppe von Fremden, die mitten in der Nacht rauskommen und den Platz zusammenschießen. Die Bullen neigen dazu, sich für diese Art von Geschichten zu interessieren.«

Selbstverständlich hatte es die Bullen interessiert. Am Feldrand parkten ein Maine-Staatspolizeiwagen und zwei nicht gekennzeichnete Plymouths. Ginelli stellte den Sedan zwischen den beiden Plymouths ab und ging den Hügel hinunter auf das Lager zu. Das Pontiac-Wrack war schon abgeschleppt worden. Vermutlich in das nächste Kriminalamt, wo die Laborleute sich darüber hermachen konnten.

Als er den Hügel halb hinuntergeschlendert war, kam ihm einer der Staatspolizisten entgegen, der wohl auf dem Rückweg zu seinem Wagen war.

»Sie haben hier wohl kaum etwas zu suchen, Sir«, sagte der Beamte. »Ich muß Sie leider bitten weiterzufahren.«

»Ich habe ihn davon überzeugt, daß ich doch etwas in dem Lager zu suchen hätte«, erzählte Ginelli schmunzelnd.

»Wie hast du das geschafft?«

»Hab' ihm das hier gezeigt.«

Ginelli langte in seine Brusttasche und warf Billy ein kleines Ledermäppchen zu. Billy fing es auf und öffnete es. Er wußte sofort, was er da in den Händen hielt; im Laufe seiner Anwaltskarriere waren ihm einige von diesen Dingern unter die Finger gekommen. Er hätte noch eine Menge mehr davon gesehen, wenn er sich auf Kriminalfälle spezialisiert hätte. Es war ein FBI-Ausweis mit Ginellis Foto. Ginelli wirkte darauf fünf Jahre jünger. Sein Haar war ganz kurz geschnitten, beinahe ein Bürstenhaarschnitt. Der Ausweis identifizierte ihn als Spezialagent Ellis Stoner.

Plötzlich ratterte es in Billys Kopf, und es ging ihm ein Licht auf.

Er blickte von dem Ausweis hoch. »Du hast den Sedan also gebraucht, weil er mehr wie ein...«

»Wie eine Staatskarosse aussieht, klar. Ein großer, unauffälliger Wagen. Ich wollte nicht in einer rollenden Thunfischdose daherkommen, wie der Avis-Kerl sie mir anbieten wollte. Aber vor allem wollte ich nicht in Farmer Johns Roll- und Fickmaschine dort aufkreuzen.«

»Das hier — ist das eins von den Dingen, die dein ›Bekannter‹ auf seiner zweiten Reise mitgebracht hat?«

»Jap.«

Billy warf den Ausweis zurück. »Sieht fast echt aus.«

»Abgesehen vom Bild«, bemerkte Ginelli leise, »ist er's.«

Einen Augenblick herrschte Schweigen, während Billy versuchte, sich diesmal keine Gedanken darüber zu machen, was Spezialagent Stoner passiert sein könnte und ob er Kinder gehabt hätte.

Schließlich sagte er: »Du hast also zwischen den beiden Plymouths geparkt und dem Bullen deinen FBI Ausweis unter die Nase gehalten, und das alles, nachdem du erst fünf Minuten vorher in einer Kiesgrube nach einer Leiche gegraben hattest, um ihr den Wagenschlüssel aus der Tasche zu ziehen.«

»Nee«, sagte Ginelli, »es waren wohl eher zehn Minuten.«

Auf seinem Weg ins Lager hinunter entdeckte er zwei Männer, die hinter dem Einhornlaster am Boden knieten. Sie waren leger gekleidet, aber ganz offensichtlich Polizisten. Beide hatten eine kleine Gartenkelle in der Hand. Ein dritter Beamter stand über ihnen und beleuchtete mit einer starken Taschenlampe die Stelle, an der sie die Erde umgruben.

»Halt, Moment, hier ist wieder eine«, sagte einer der beiden. Er holte mit der Kelle eine Kugel aus der Erde und ließ sie in einen Eimer fallen. *Pling!* Zwei Zigeunerjungen, offensichtlich Brüder, standen daneben und beobachteten sie.

Ginelli war eigentlich ganz froh, daß die Bullen da waren. Niemand hier wußte, wie er aussah, und auch Taduz Lemke hatte nichts als einen dunklen Rußflecken gesehen. Außerdem war es völlig plausibel, daß ein FBI-Agent an einem Ort auftauchte, an dem eine Schießerei stattgefunden hatte, in der eine russische Automatikwaffe die Hauptrolle spielte.

Aber Ginelli hatte großen Respekt vor Taduz Lemke bekommen. Und dahinter steckte mehr, als nur das Wort, das man Spurton auf die Stirn geschrieben hatte; es war die Art, wie der Alte nicht von der Stelle gewichen war, als die 30-Kaliberkugeln aus der Dunkelheit auf ihn zugeflogen waren. Und dann war da natürlich noch das, was mit William geschah. Er spürte, daß es durchaus im Bereich des Möglichen lag, daß der alte Mann ihn erkennen würde. Er könnte es an seinen Augen ablesen oder auf seiner Haut riechen oder was auch immer.

Unter keinen Umständen hatte er die Absicht, sich von dem alten Zigeuner mit der abfaulenden Nase anfassen zu lassen.

Es war das Mädchen, auf das er es abgesehen hatte.

Er durchquerte den inneren Kreis und klopfte an die Tür eines abseits stehenden Wohnwagens. Er mußte zweimal anklopfen, bevor die Tür von einer etwa vierzigjährigen Frau mit ängstlichem, mißtrauischem Blick geöffnet wurde.

»Was immer Sie wünschen, wir haben es nicht«, sagte sie. »Bei uns gibt es große Probleme, Mister. Tut mir leid, wir haben geschlossen.«

Ginelli zeigte ihr seinen Ausweis. »Spezialagent Stoner, Ma'am, FBI.«

Ihre Augen weiteten sich. Sie bekreuzigte sich schnell und sagte etwas auf romani, dann wieder auf englisch: »O Gott, was kommt als nächstes? Hier stimmt überhaupt nichts mehr. Seit Susanna tot ist, scheint ein Fluch auf uns zu liegen. Oder...«

Sie wurde von ihrem Mann zur Seite gestoßen, der sie anraunzte, sie solle das Maul halten.

»Spezialagent Stoner«, fing Ginelli von vorne an.

»Ja, ich hab' gehört, was Sie gesagt haben.« Er kletterte schwerfällig aus dem Wagen. Ginelli schätzte ihn auf fünfundvierzig, aber er sah älter aus. Er war ein extrem großer Mann, der aber seinen Rücken so krumm hielt, daß er beinahe mißgestaltet wirkte. Über grellfarbigen, ausgebeulten Bermudas trug er ein Disneyworld-T-Shirt. Er roch nach billigem Rotwein und Erbrochenem. Er sah ganz so aus wie die Art von Männern, denen so etwas häufiger passiert. So drei-viermal die Woche. Ginelli glaubte, ihn von der vorherigen Nacht wiederzuerkennen − es sei denn, es gäbe noch mehr ein Meter neunzig bis ein Meter fünfundneunzig große Kerle unter den Zigeunern. Billy erzählte er, daß der Mann mit der Grazie eines blinden Epileptikers, der gerade einen Herzanfall erlitt, aus der Schußlinie gesprungen war.

»Was wollen Sie? Wir haben die Bullen schon den ganzen Tag auf dem Hals. Wir haben die Scheißbullen *immer* am Hals, aber das hier ist... einfach... *lächerlich*!« Er sprach mit häßlich lauter Stentorstimme, und seine Frau redete eifrig in Romani auf ihn ein.

Er wandte den Kopf zu ihr um: »*Det krigiska jag-haller*!« Und als ob er sein gutes Benehmen unter Beweis stellen wollte, übersetzte er: »Halt's Maul, du alte Hexe!«

Dann wandte er sich wieder dem Agenten zu. »Was wollen Sie? Warum gehen Sie nicht zu Ihren Kumpels da drüben, wenn Sie was wissen wollen?« Er nickte zu den Kriminallaboranten hinüber.

»Dürfte ich bitte Ihren Namen erfahren?« fragte Ginelli mit gleichbleibender, ausdrucksloser Höflichkeit.

»Warum fragen Sie nicht die da?« Trotzig verschränkte er seine dicken, schwammigen Arme. Unter dem Disney-world-T-Shirt wackelten seine enormen Brustansätze. »Wir haben denen unsere Namen gegeben. Wir haben schon alles gesagt. Einige haben sogar mitten in der Nacht ein paar Fotos von uns geschossen. Mehr wissen wir auch nicht. Wir wollen einfach nur freigelassen werden. Wollen endlich weg aus Maine, weg aus New-England, weg von dieser beschissenen Ostküste.« Und etwas leiser fügte er hinzu: »Und nie mehr wiederkommen!« Der Zeige- und Mittelfinger seiner linken Hand hatten sich unwillkürlich zu einem Zeichen formiert, das Ginelli schon von seiner Mutter und Großmutter kannte – es war das Zeichen gegen den bösen Blick. Er glaubte nicht, daß der Mann sich dieser Geste bewußt war.

»Es gibt zwei Möglichkeiten, wie unser Gespräch verlaufen kann«, sagte Ginelli, immer noch von Kopf bis Fuß der höfliche Staatsbeamte. »Entweder, Sie beantworten meine Fragen, Sir, oder es besteht die Möglichkeit, daß sie zur Untersuchungshaft in einer staatlichen Strafanstalt in Gewahrsam genommen werden, während ein Verfahren wegen Widerstandes gegen die Staatsgewalt gegen Sie läuft. Sollten Sie für schuldig befunden werden, müssen Sie mit fünf Jahren Gefängnis und fünftausend Dollar Geldbuße rechnen.«

Eine neue Flut von Romaniwörtern schwappte aus dem Wohnwagen, die fast schon hysterisch zu nennen war.

»*Enkelt*!« schrie der Mann grob über seine Schulter, aber als er sich zu Ginelli umwandte, war sein Gesicht merklich blasser geworden. »Sie sind verrückt.«

»Nicht unbedingt, Sir«, erwiderte Ginelli. »Was gestern nacht hier passiert ist, ist nicht nur eine Angelegenheit von ein paar Schüssen. Es sind mindestens drei volle Ladungen aus einem Maschinengewehr abgefeuert worden. Der Privatbesitz jeglicher Art von Maschinengewehren und automatischen Schnellfeuerwaffen ist in den Vereinigten Staaten illegal. In diesem Fall ist also das FBI zuständig, und ich muß Sie darauf hinweisen, daß Sie sich im Augenblick hüfttief in der Scheiße befinden, und daß der Sumpf mit jeder Minute tiefer wird. Ich nehme nicht an, daß Sie schwimmen können.«

Einen Moment lang sah der Mann ihn noch mürrisch an und sagte dann: »Ich heiße Heilig. Trey Heilig. Das hätten Ihnen die da auch sagen können.« Wieder nickte er zum Einhornlaster.

»Sie haben Ihre Arbeit, ich hab meine. Also, wollen Sie jetzt mit mir reden?«

Der große Kerl nickte resigniert.

Ginelli ließ sich von Heilig berichten, was in der letzten Nacht alles geschehen war. Als Heilig mit seiner Erzählung fast fertig war, kam ein Staatspolizist auf sie zu, um festzustellen, wer Ginelli sei. Er warf nur einen kurzen Blick auf Ginellis Ausweis und trottete mit besorgter und zugleich beeindruckter Miene schnell wieder davon.

Heilig behauptete, daß er schon bei den ersten Schüssen aus dem Wagen gesprungen wäre, den Schützen anhand des aufblitzenden Mündungsfeuers lokalisiert hätte und den Hügel an der linken Seite hinaufgerannt wäre, um ihm von der Flanke her in den Rücken zu fallen. Aber in der Dunkelheit wäre er über einen Baumstumpf oder so was ähnliches gefallen, mit dem Kopf auf einem Stein aufgeschlagen und eine Weile bewußtlos gewesen. Zur Unterstreichung seiner Geschichte deutete er auf einen blauen Fleck an seiner linken Schläfe, der ermutlich schon drei Tage alt war und den er sich wohl bei einem Sturz im Suff zugezogen hatte. *Aha*, dachte Ginelli und blätterte die Seite in seinem Notizbuch um. Er hatte genug von dem Hokuspokus. Es wurde langsam Zeit, daß er zur Sache kam.

»Vielen Dank, Mr. Heilig, Sie sind mir eine große Hilfe gewesen.«

Das Reden schien den Riesen beschwichtigt zu haben. »Nun ja... das ist schon in Ordnung. Tut mir leid, daß ich Sie vorhin so angefahren habe. Aber wenn Sie an unserer Stelle wären...« Er zuckte die Achseln.

»Bullen«, sagte seine Frau hinter ihm. Sie lugte aus der Tür heraus, wie ein sehr alter, sehr müder Dachs, der nachsehen wollte, wie viele Hunde um ihn herumwimmeln und wie bösartig sie aussahen. »Überall Bullen, wohin wir auch kommen. Das ist normal. Aber das hier ist anders. Die Leute haben Angst.«

»*Enkelt, Mamma*«, warnte Heilig sie jetzt etwas freundlicher.

»Ich muß noch mit einigen anderen Leuten hier reden«,

sagte Ginelli. »Vielleicht könnten Sie mir zeigen, wo sie sind.« Er betrachtete suchend eine leere Seite in seinem Notizbuch. »Einen Mr. Taduz Lemke und eine Mrs. Angelina Lemke.«

»Taduz schläft da drinnen«, antwortete Heilig und deutete auf den Einhornlaster. Das, fand Ginelli, war nun wirklich mal 'ne gute Nachricht, wenn es stimmte. »Er ist schon ein uralter Mann, und die ganze Aufregung hat ihn doch sehr ermüdet. Ich glaube, Gina ist in ihrem Wohnwagen da drüben – aber sie ist noch keine *Missus*.«

Er zeigte mit seinem schmutzigen Zeigefinger auf einen kleinen grünen Toyota mit einem netten, kleinen Holzaufbau auf dem Heck.

»Nochmals vielen Dank.« Ginelli klappte sein Notizbuch zu und steckte es in seine hintere Hosentasche.

Heilig zog sich erleichtert in seinen Wohnwagen (und zu seiner Flasche) zurück.

Im dämmernden Abendrot ging Ginelli noch einmal durch den inneren Kreis, diesmal zum Wohnwagen des Mädchens. Sein Herz schlug, wie er Billy gestand, schnell und heftig. Er atmete tief durch und klopfte an die Tür.

Es kam nicht gleich eine Antwort, und er hatte die Hand schon zum zweiten Klopfen erhoben, als plötzlich die Tür geöffnet wurde. William hatte ihm zwar gesagt, daß sie schön sei, aber auf das Ausmaß ihrer Schönheit war er nicht vorbereitet gewesen – diese dunklen, offen blickenden Augen, deren Hornhaut so weiß war, daß sie andeutungsweise ins bläuliche überging, ihre olivbraune Haut, die rosig schimmerte. Er blickte kurz auf ihre Hände und sah, daß sie sehnig und kräftig waren. Die Nägel waren nicht lackiert, sauber und so kurz geschnitten wie bei einem Bauern. In einer dieser Hände hielt sie ein Buch über statistische Soziologie.

»Ja?«

»Spezialagent Stoner, Miß Lemke«, stellte er sich vor, und sofort verdunkelte sich das klare, helle Leuchten ihrer Augen, als wäre ein Vorhang darüber gefallen. »FBI.«

»Ja?« fragte sie nochmals, aber jetzt war nicht mehr Leben in ihrer Stimme als in einem Telefonanrufbeantworter.

»Wir untersuchen den gestrigen nächtlichen Vorfall. Hier hat es eine Schießerei gegeben.«

»Sie und die halbe Welt«, sagte sie lakonisch. »Na, meinetwegen, untersuchen Sie, aber wenn ich meine Fernstudiumslektion nicht bis morgen früh im Briefkasten habe, werden mir wegen Verspätung Punkte abgezogen. Wenn Sie mich also entschuldigen wollen...«

»Wir haben Gründe zu vermuten, daß ein Mann namens William Halleck hinter der Sache stecken könnte«, fiel Ginelli ein. »Sagt Ihnen der Name etwas?« Selbstverständlich sagte ihr der Name etwas. Ihre Augen weiteten sich für einen Moment und funkelten dann nur noch. Ginelli hatte sie für unglaublich schön gehalten. Das tat er immer noch, aber jetzt glaubte er auch, daß dieses Mädchen tatsächlich Frank Spurton getötet haben konnte.

»Dieses *Schwein*!« Sie spuckte auf den Boden. »*Han satte sig pa en av stolarna! Han sneglade pa nytt mot hyllorna i vild! Vild*!«

»Ich habe ein paar Fotos von dem Mann, den wir für William Halleck halten«, sagte Ginelli sanft. »Sie sind von einem unserer Agenten mit einem Teleobjektiv in Bar Harbor aufgenommen worden, und...«

»*Natürlich* ist es Halleck!« sagte sie. »Dieses Schwein hat meine *tantenyjad* — meine Großmutter — umgebracht! Aber er wird uns nicht mehr lange belästigen. Er...« Sie biß sich auf die volle Unterlippe, um ihre Worte bei sich zu behalten. Wäre Ginelli wirklich der Mann gewesen, für den er sich ausgab, hätte sie sich jetzt schon ein ausgiebiges, detailliertes Verhör dafür eingehandelt. Er tat jedoch so, als hätte er es überhört.

»Auf einer der Fotografien scheint Halleck einem anderen Mann Geld zu geben. Wenn Sie ihn tatsächlich als Halleck identifizieren können, dann ist der andere vermutlich der Schütze, der Sie gestern nacht hier aufgesucht hat. Ich hätte gern, daß Sie und Ihr Großvater sich die Bilder ansehen, um mir, wenn Sie können, mit Bestimmtheit zu sagen, ob der Mann wirklich Halleck ist.«

»Er ist mein Urgroßvater«, sagte sie zerstreut. »Ich glaube, er schläft gerade. Mein Bruder ist bei ihm. Ich würde ihn nur ungern wecken.« Sie schwieg einen Augenblick. »Nein, ich würde ihn lieber in Ruhe lassen. Es würde ihn nur aufregen. Die letzten Tage sind sehr anstrengend für ihn gewesen.«

»Dann schlage ich folgendes vor«, sagte Ginelli. »Sehen Sie sich die Bilder an, und wenn Sie sicher sind, daß Sie Halleck erkannt haben, brauchen wir den alten Herrn nicht weiter zu belästigen.«

»Ja, das wäre gut. Wenn Sie dieses Schwein Halleck zu fassen kriegen, werden Sie ihn dann einsperren?«

»O ja. Ich habe einen Haftbefehl bei mir.«

Das überzeugte sie. Als sie aus dem Wohnwagen hüpfte, wobei ihr Rock einen atemberaubenden Blick auf ihre braunen Beine preisgab, sagte sie etwas, das Ginelli eine Gänsehaut über den Rücken jagte. »Ich glaube kaum, daß es von ihm noch viel einzusperren gibt.«

Sie kamen an den Laborleuten vorbei, die in der tiefer werdenden Abenddämmerung immer noch den Sand nach Kugeln durchwühlten. Sie kamen an mehreren Zigeunern vorbei, einschließlich der beiden Zwillinge, die schon identische Flanellpyjamas anhatten. Gina nickte ihnen zu und sie grüßten zurück. Offenbar hegten sie keinen Verdacht — der große, italienisch aussehende Mann war vom FBI, und es war das beste, wenn man sich in solche Dinge nicht einmischte.

Sie ließen das Lager hinter sich und kletterten den Hügel hinauf zu Ginellis Auto. Die Dunkelheit hatte sie verschluckt.

»Es war so einfach wie nur was, William. Die dritte Nacht hintereinander, und es war so einfach... warum auch nicht? Das Lager wimmelte nur so von Polizisten. Wäre der Kerl, der auf sie geschossen hatte, etwa gleich am nächsten Tag zurückgekommen, um wieder zuzuschlagen, während die Polizei noch den Tatort untersuchte? Das glaubten sie nicht, aber sie sind dumm, William. Von den anderen hatte ich das erwartet, aber nicht vom Alten — du lernst nicht dein ganzes Leben lang, den Bullen zu mißtrauen und sie zu hassen, um dann plötzlich zu glauben, daß sie dich gegen den Mann beschützen werden, der dir an den Kragen will. Aber der Alte schlief. Er ist erschöpft, und das ist gut so. Wir könnten ihn kriegen, William. Es könnte vielleicht klappen.«

Sie gingen zum Buick. Ginelli öffnete die Fahrertür, während das Mädchen neben ihm wartete. Als er sich hineinbeugte und mit einer Hand den 38er Colt aus dem Schulterhalfter zog, während er mit der anderen gleichzeitig den Deckel des Weckglases öffnete, spürte er, wie ihre Stimmung abrupt von haßerfülltem Jubel in Argwohn umschlug. Er selbst lief auf Hochtouren. Seine Emotionen und Intuition vibrierten regelrecht, so daß seine Sinne sich förmlich nach außen kehrten. Er schien direkt zu spüren, wie ihr plötzlich das Zirpen der Grillen bewußt wurde. Dazu die Dunkelheit, die sie umgab, die Leichtigkeit, mit der sie sich von den anderen hatte weglocken lassen. Und das von einem Mann, den sie noch nie zuvor gesehen hatte, zu einem Zeitpunkt, in dem sie es besser hätte wissen müssen, in dem sie keinem Mann hätte vertrauen dürfen, den sie noch nie gesehen hatte. Jetzt kam ihr zum erstenmal der Gedanke, warum dieser ›Ellis Stoner‹ die Fotos nicht mit ins Lager genommen hatte, wenn er schon so scharf darauf war, sie identifizieren zu lassen. Aber da war es schon zu spät. Er hatte den Namen ausgesprochen, der sie vor Wut und Eifer in die Knie gehen ließ und mit Haß verblendete.

»Da sind sie ja«, sagte Ginelli und drehte sich, den Colt in der einen, das Weckglas in der anderen Hand, zu ihr um.

Wieder weiteten ihre Augen sich. Ihre Brust bebte, als sie tief Luft holte.

»Du kannst schreien«, drohte Ginelli, »aber ich garantiere dir, das wird der letzte Laut sein, den du je von dir gegeben hast, Gina.«

Eine Sekunde lang dachte er, sie würde es trotzdem tun... doch dann atmete sie mit einem langgezogenen Seufzen aus.

»Du bist also der Mistkerl, der für das Schwein arbeitet«, rief sie. »*Hans satte sig pa-*«

»Sprich Englisch mit mir, du Nutte«, sagte er fast gleichgültig. Sie zuckte zusammen, als hätte er sie geschlagen.

»*Du* nennst mich nicht Nutte«, zischte sie. »Niemand wird mich je eine Nutte nennen.« Ihre Hände — diese kräftigen Hände — verkrallten sich zu Klauen.

»Du nennst meinen Freund ein Schwein, also nenne ich dich eine Nutte, deine Mutter eine Hure, deinen Vater ein Scheißhaus ausleckendes Hundearschloch«, antwortete Ginelli ungerührt. Er sah, wie sie die Zähne bleckte und knurrte — und lächelte. Etwas in diesem Lächeln ließ sie stocken. Sie wirkte nicht ängstlich — Ginelli erzählte Billy später, daß er damals nicht so recht gewußt hätte, ob sie zu Angstgefühlen überhaupt fähig war — aber auf die heißen Wellen ihrer Wut schien sich dämpfende Vernunft zu legen. Ein Gespür dafür, mit wem und womit sie es zu tun hatte.

»Was denkst du eigentlich, was das hier ist?« fragte er sie. »Ein Spiel? Ihr verflucht einfach einen Mann mit Frau und Kind und haltet das dann für ein Spiel? Denkst du etwa, daß er diese Frau — deine Großmutter — mit Absicht überfahren hat? Daß er sie auf seiner Abschußliste stehen hatte? Glaubst du etwa, daß ihm die Mafia den Auftrag gegeben hatte, deine Großmutter zu töten? Scheiße!«

Sie weinte jetzt vor Haß und Zorn. »Er hat sich von seiner Frau wichsen lassen, als er sie auf offener Straße überfahren hat! Und dann haben sie ihn... sie *han tog in pojken*, haben ihn freigesprochen. Aber wir haben ihn bestraft. Und du wirst der nächste sein, du Freund eines Schweins. Es ist egal, was...«

Er schob den Deckel des Weckglases mit dem Daumen zurück, und ihr Blick fiel zum erstenmal auf dieses Gefäß. Und genau da wollte er ihn haben.

»Säure, du Nutte«, rief er und schüttete sie ihr ins Gesicht. »Jetzt wirst du sehen, wie viele Menschen du noch mit deiner Schleuder erschießen kannst, wenn du ganz blind bist.«

Sie stieß einen hohen, schrillen Schrei aus und schlug die

Hände vors Gesicht. Zu spät. Sie fiel zu Boden. Ginelli drückte ihr den Fuß auf den Nacken.

»Schrei, und ich bringe dich um. Dich und die ersten drei deiner Freunde, die hergerannt kommen.« Er nahm den Fuß weg. »Es war nur Pepsicola.«

Sie setzte sich auf die Knie und funkelte ihn durch ihre gespreizten Finger hindurch an. Seine außerordentlich feinnervigen, beinahe telepathischen Sinne sagten ihm, daß er ihr das nicht erst hätte erklären müssen. Sie wußte es schon, hatte es in dem Augenblick begriffen, als das ätzende Beißen ausgeblieben war. Und einen winzigen Augenblick später − gerade noch rechtzeitig genug − spürte er, daß sie ihm an die Hoden springen wollte.

Ihrem Sprung − geschmeidig wie der einer Raubkatze − wich er aus und trat ihr voll in die Seite. Ihr Hinterkopf knallte an die Chromverzierung der offenstehenden Wagentür. Ein lautes Krachen, und sie fiel in sich zusammen. Blut lief ihre Wange hinunter.

Ginelli beugte sich in der Gewißheit, daß sie bewußtlos sei, über sie, da warf sie sich fauchend auf ihn. Mit einer Hand zerkratzte sie seine Stirn, die Fingernägel der anderen rissen den Ärmel seines Pullovers auf und schnitten ihm tief ins Fleisch.

Ginelli knurrte und stieß sie wieder zu Boden. Er preßte ihr die Pistole unter die Nase: »Na los! Du willst auf mich losgehen? Willst du das? Nur zu, du Nutte! Mach schon! Worauf wartest du noch? Du hast mir das Gesicht zerkratzt! Es wird mir ein Vergnügen sein, wenn du mir an den Hals gehst!«

Sie lag ganz still, ihre dunklen Augen starr wie der Tod.

»Du würdest es tun«, stellte er fest. »Wenn es allein um dich ginge, würdest du es tun. Aber das würde ihn töten, nicht wahr? Den alten Mann?«

Sie schwieg, aber ein mattes Leuchten flackerte kurz durch ihre dunklen Augen.

»Du denkst daran, was ich dem Alten angetan hätte, wenn im Weckglas wirklich Säure gewesen wäre. Dann denk erst recht mal darüber nach, wie er darunter leiden würde, wenn ich sie nicht dir, sondern den beiden Zwillingen in ihren GI-Joe-Pyjamas ins Gesicht schütten würde. Ich wäre dazu imstande, Nutte. Ich könnte es tun, nach Hause fahren und mir in aller Ruhe ein gutes Abendessen gönnen. Du siehst mir ins Gesicht, und du weißt, daß ich dazu fähig wäre.«

Endlich sah er Unsicherheit und etwas, das Ähnlichkeit mit Angst hatte, in ihren Augen aufdämmern – aber nicht Angst um sich selbst.

»Er hat euch verflucht«, sagte Ginelli. »Der Fluch bin ich.«

»Scheiß auf seinen Fluch!« fauchte sie und wischte sich mit verächtlicher Geste das Blut von der Wange.

»Er hat mir aufgetragen, niemanden zu verletzen«, fuhr er fort, als ob sie nichts gesagt hätte. »Das habe ich auch nicht. Aber mit heute abend ist das vorbei. Ich weiß nicht, wie oft dein alter Opa mit solchen Sachen bisher unbehelligt davon gekommen ist, aber diesmal wird es ihm nicht gelingen. Sag ihm das. Sag ihm, er soll es wegnehmen. Ich frage heute zum letztenmal! Hier, nimm das.«

Er drückte ihr einen Zettel in die Hand, auf den er die Nummer der ›sicheren‹ Telefonzelle in New York City geschrieben hatte.

»Du wirst diese Nummer heute um Mitternacht anrufen und mir erzählen, was der alte Mann dazu zu sagen hat. Wenn du eine Antwort von mir brauchst, rufe zwei Stunden später noch mal dieselbe Nummer an. Dann kannst du deine Nachricht in Empfang nehmen... wenn es eine geben sollte. Jetzt wird's ernst. So oder so wird die Tür ins Schloß fallen. Niemand, der sich nach zwei Uhr unter dieser Nummer meldet, wird auch nur einen blassen Schimmer davon haben, wovon du redest.«

»Er wird es niemals wegnehmen.«

»Kann schon sein«, sagte Ginelli. »Das hat mir dein Bruder letzte Nacht auch schon gesagt. Aber das geht dich nichts an. Du wirst offen und ehrlich mit ihm reden und es ihm dann selbst überlassen, welche Entscheidung er treffen wird – aber achte darauf, ihm klarzumachen, daß der Boogie-Woogie erst *richtig* losgeht, wenn er nein sagt. Du bist als erste dran. Dann die Zwillinge. Und danach jeder weitere Zigeuner, den ich zwischen die Finger kriege. Sag ihm das. Jetzt steig in den Wagen.«

»Nein.«

Ginelli verdrehte die Augen. »Wirst du endlich vernünftig werden! Ich will ja nur Zeit genug haben, ohne zwölf Bullen im Schlepptau hier rauszukommen. Wenn ich dich umbringen wollte, hätte ich dir dann eine Nachricht aufgetragen?«

Sie stand auf, ein wenig zittrig, aber sie schaffte es allein. Sie setzte sich hinters Lenkrad und rutschte auf den Beifahrersitz hinüber.

»Nicht weit genug.« Ginelli wischte sich etwas Blut von der Stirn und zeigte es ihr auf seinen Fingerspitzen. »Nach dieser Erfahrung will ich, daß du dich ganz nah an die Tür kauerst wie ein Mauerblümchen bei seiner ersten Verabredung.« Sie preßte sich an die Tür. »Gut«, sagte er und stieg ein. »Da bleibst du jetzt!«

Er fuhr die Finson Road rückwärts hinauf, ohne die Scheinwerfer einzuschalten. Die Reifen des Buick drehten einen Augenblick im trocknen Timothy-Gras durch. Er wechselte den Colt von der Rechten in die Linke, um den Wagen lenken zu können, sah, daß sie sich bewegte, und richtete den Lauf sofort auf sie. »Falsch. Beweg dich ja nicht. Du darfst nicht mal blinzeln. Hast du mich verstanden?«

»Ja.«

»Gut.«

Er fuhr den Weg zurück, den er gekommen war, den Colt ständig auf sie gerichtet.

»So ist das immer«, sagte sie erbittert. »Für nur ein winziges bißchen Gerechtigkeit, müssen wir *so* viel bezahlen. Ist er dein Freund, dieses Schwein Halleck?«

»Ich hab dir gesagt, daß du ihn nicht so nennen sollst. Er ist kein Schwein.«

»Er hat uns verflucht«, sagte sie mit verwunderter Zufriedenheit in der Stimme. »Sag ihm von mir, Mister, daß *Gott* uns schon verflucht hat, lange bevor er oder irgend jemand seines Stammes überhaupt existiert hat.«

»Spar dir das für deinen Sozialarbeiter auf, Baby.«

Sie schwieg.

Eine Viertelmeile vor der Kiesgrube, in der Frank Spurton ruhte, hielt Ginelli den Wagen an.

»Okay, das ist weit genug. Steig aus.«

»Sicher.« Sie sah ihn mit ihren unergründlichen Augen fest an. »Eins solltest du noch wissen, Mister — unsere Wege werden sich wieder kreuzen, und wenn das geschieht, werde ich dich töten.«

»Nein«, antwortete er. »Das wirst du nicht tun. Weil du mir nämlich heute nacht dein Leben verdankst. Und wenn dir das nicht reicht, du undankbare Hexe, dann zähl das Leben deines Bruders von gestern nacht mit dazu. Du redest und redest, aber im Grunde hast du von solchen Dingen keine Ahnung. Du begreifst einfach nicht, warum du in diesem Fall keine freie Hand hast, warum du nie freie Hand haben wirst, solange du nicht aufgibst. Ich habe einen Freund, den man wie einen Drachen steigen lassen kann, wenn man eine Leine an seinem Hosengürtel festbindet. Und was hast du? Ich werde dir sagen, was du hast. Einen alten Urgroßvater, der meinen Freund verflucht hat und sich dann wie eine Hyäne in der Nacht weggeschlichen hat.«

Jetzt weinte sie bitterlich. Die Tränen liefen ihr in Strömen über die Wangen.

»Willst du damit sagen, daß Gott auf deiner Seite steht?« fragte sie ihn. Ihre Stimme war so belegt, daß er die Worte kaum verstehen konnte. »Ist es das, was du meinst? Für diese Gotteslästerung sollst du in der Hölle brennen. Sind wir Hyänen? Wenn wir es sind, dann haben uns Menschen wie dein Freund dazu gemacht. Mein Urgroßvater sagt, es *gibt* keine Flüche. Es gibt nur Spiegel, die man den Seelen der Männer und Frauen vorhält.«

»Raus«, sagte er. »Wir können nicht miteinander reden. Wir können uns ja nicht einmal hören.«

»Das stimmt.«

Sie machte die Tür auf und stieg aus. Als er losfuhr, schrie sie ihm nach: »*Dein Freund ist ein Schwein, und er wird dünn sterben!*«

»Aber ich glaube nicht, daß du das wirst«, sagte Ginelli.

»Wie meinst du das?«

Ginelli blickte auf seine Uhr. Es war schon nach drei. »Das erzähl ich dir im Wagen. Du hast um sieben eine Verabredung.«

Wieder spürte Billy die scharf stechende Stahlnadel der Angst im Bauch. »Mit ihm?«

»Genau. Laß uns losfahren.«

Als Billy aufstand, bekam er plötzlich wieder Herzrhythmusstörungen — den schlimmsten Anfall, den er bisher gehabt hatte. Er schloß die Augen und faßte sich an die Brust — was von ihr noch übrig war. Ginelli griff ihm unter die Arme.

»Alles in Ordnung, William?«

Billy blickte in den Spiegel und sah Ginelli, der ein groteskes Monster in schlotternden Kleidern im Arm hielt. Sein Herzschlag beruhigte sich wieder. Jetzt spürte er nur noch ein anderes, ebenso vertrautes Gefühl — der geronnene, milchige Zorn, der sich gegen den alten Mann richtete... und gegen Heidi.

»Geht schon wieder«, sagte er. »Wohin fahren wir?«

»Bangor«, antwortete Ginelli.

23. Kapitel: Das Tonband

Sie nahmen den Nova. Beides, was Ginelli über ihn gesagt hatte, stimmte: Er roch ziemlich streng nach Kuhdung und er fraß die Strecke zwischen Northeast Harbor und Bangor mit riesigen Happen. Gegen vier hielt Ginelli und kaufte eine große Tüte Jakobsmuscheln. Sie parkten auf einem Rastplatz und teilten sich die Muscheln zusammen mit einem Sechserpack Bierdosen. Die zwei oder drei Familien, die an den Picknicktischen saßen, warfen Billy einen verstohlenen Blick zu und verzogen sich dann ans äußerste Ende des Platzes.

Beim Essen erzählte Ginelli seine Geschichte zu Ende. Er brauchte nicht lange.

»Gestern nacht gegen elf Uhr war ich wieder in meinem John-Tree-Motelzimmer«, sagte er. »Ich hätte vielleicht früher wieder da sein können, aber ich habe ein paar Schleifen gedreht, Umwege gemacht, bin mal wieder zurückgefahren, um sicherzugehen, daß niemand mich verfolgt. Sobald ich im Zimmer war, rief ich in New York an und schickte jemanden zur Telefonzelle, von der ich dem Mädchen die Nummer gegeben hatte. Ich sagte ihm, er solle einen Kassettenrekorder und einen Anzapfstecker mitnehmen — eben diese Apparatur, die Reporter gebrauchen, wenn sie Telefoninterviews durchführen. Ich wollte mich hier nicht aufs Hörensagen verlassen, William, das wirst du wohl verstehen. Er sollte mich anrufen und mir das Band vorspielen, sobald das Mädchen aufgelegt hatte.

Während ich auf den Rückruf wartete, habe ich meine Kratzer desinfiziert. Ich will nicht sagen, daß sie Tollwut hat oder so was, William, aber es steckt soviel Haß in ihr...«

»Ich weiß«, sagte William und dachte grimmig: *Ich weiß es wirklich. Denn ich nehme zu. In dieser einen Hinsicht nehme ich wirklich zu.*

Der Anruf kam um viertel nach zwölf. Mit geschlossenen Augen und die Finger der linken Hand an die Schläfe gepreßt, war Ginelli dazu in der Lage, Billy beinahe den exakten Wortlaut des Tonbandes wiederzugeben.

Ginellis Mann: Hallo?

Gina Lemke: Arbeiten Sie für den Mann, den ich heute abend getroffen habe?

Ginellis Mann: Ja, das könnte man sagen.

Gina: Sagen Sie ihm, mein Urgroßvater sagt...

Ginellis Mann: Ich habe ein Tonband ans Telefon angeschlossen. Ich meine damit, was Sie sagen, wird aufgenommen. Ich werde es dem betreffenden Mann nachher vorspielen.

Gina: So etwas können Sie machen?

Ginellis Man: Ja. Sie sprechen jetzt sozusagen direkt mit ihm.

Gina: Na gut. Mein Urgroßvater sagt, er wird es wegnehmen. Ich sage zu ihm, er ist verrückt, schlimmer noch, er hat unrecht, aber er bleibt fest. Er sagt, es darf keine weitere Furcht und keine weiteren Verletzungen mehr für sein Volk geben – er wird es wegnehmen. Aber dazu muß er sich mit Halleck treffen. Er kann es nicht wegnehmen, wenn er ihn nicht sieht. Morgen abend wird mein Urgroßvater um sieben Uhr in Bangor sein. Es gibt dort einen Park. Er liegt zwischen zwei Straßen: Union und Hammond Street. Er wird auf einer Bank sitzen und er wird allein sein. Du hast also gewonnen, großer Mann, du hast gewonnen. *Mi hela po klockan.* Sieh zu, daß du deinen Freund, dieses Schwein, morgen abend um sieben in den Fairmont Park in Bangor bringst.«

Ginellis Mann: Ist das alles?

Gina: Ja. Außer – sagen Sie ihm noch, daß ich ihm wünsche, sein Schwanz möge schwarz werden und ihm abfallen.

Ginellis Mann: Sie sagen es ihm gerade selbst, Schwester, aber Sie würden das nicht tun, wenn Sie wüßten, mit wem Sie sprechen.

Gina: Sie können mich auch mal am Arsch lecken!

Ginellis Mann: Sie sollten um zwei noch mal hier anrufen, um zu hören, ob eine Nachricht für Sie vorliegt.

Gina: Ich werde anrufen.

»Sie hat aufgelegt«, berichtete Ginelli weiter. Er stand auf, warf die leeren Muschelschalen in den Abfalleimer, kam an den Tisch zurück und sagte ohne jegliches Mitleid: »Mein Mann hat gesagt, es hätte sich so angehört, als ob sie das ganze Gespräch hindurch geweint hätte.«

»Jesus Christus«, murmelte Billy.

»Jedenfalls ließ ich den Mann das Tonband wieder ans Telefon anschließen und meine Nachricht aufnehmen. Sie lautete folgendermaßen: »Hallo, Gina. Hier ist Spezialagent Stoner. Ich habe deine Nachricht erhalten. Sie klingt, als ob sie ernst gemeint wäre. Mein Freund William wird heute abend um sieben im Park sein. Er wird allein sein, aber ich werde ihn beobachten. Ich nehme an, daß deine Leute ebenfalls da sein werden. Das ist in Ordnung. Laß uns beide nur zusehen und uns nicht in das einmischen, was die beiden untereinander auszumachen haben. Wenn meinem Freund irgend etwas passieren sollte, werdet ihr einen hohen Preis dafür bezahlen.«

»Und das war's?«

»Das war's.«

»Der Alte hat kapituliert.«

»Ich *glaube*, daß er kapituliert hat. Es kann ja immer noch eine Falle sein.« Ginelli sah ihm nüchtern in die Augen. »Sie wissen jetzt, daß ich dabei sein werde. Sie könnten noch beschließen, daß sie dich vor meinen Augen töten, um sich an mir zu rächen, und es dann darauf ankommen zu lassen, was als nächstes geschieht.«

»Sie töten mich sowieso schon.«

»Das Mädchen könnte es sogar auf seine eigene Kappe nehmen und die Sache ganz allein durchführen. Sie ist wahnsinnig, William. Wenn Leute vor Wut wahnsinnig sind, tun sie nicht immer das, was man ihnen sagt.«

Billy sah ihn nachdenklich an. »Nein, das tun sie wohl nicht. Egal wie es läuft, ich habe keine andere Wahl, oder?«

»Nein... ich glaube nicht. Bist du bereit?«

Billy blickte kurz zu den Leuten hinüber, die ihn anstarrten, und nickte. Er war seit langem auf diesen Augenblick vorbereitet.

Auf dem halben Weg zurück zum Auto fragte er plötzlich: »Hast du eigentlich irgendwas bei dieser Sache für *mich* getan, Richard?«

Ginelli blieb stehen, sah ihn an und lächelte. Das Lächeln war vage ... aber das Funkeln und Sprühen in seinen Augen war so scharf wie noch nie – zu scharf für Billy. Er mußte den Blick abwenden.

»Ist das so wichtig, William?«

24. Kapitel: Purpurfargade Ansiktet

Sie erreichten Bangor am späten Nachmittag. Ginelli lenkte den Nova in eine Tankstelle, ließ ihn volltanken und sich vom Tankwart den Weg beschreiben. Billy saß erschöpft auf dem Beifahrersitz. Als Ginelli zurückkam, musterte er ihn mit einem besorgten Blick.

»William, ist wirklich alles in Ordnung mit dir?«

»Ich weiß es nicht«, antwortete Billy und besann sich dann anders. »Nein.«

»Ist es wieder deine Pumpe?«

»Ja.« Er mußte an die Worte von Ginellis Mitternachtsarzt denken – Kaliumelektrozyten... irgend etwas, woran Karen Carpenter gestorben sein könnte. »Ich müßte etwas essen, das Kalium enthält. Ananas. Bananen. Oder Apfelsinen.« Sein Herzschlag brach in einen gewaltigen Galopp aus. Billy lehnte sich zurück, schloß die Augen und wartete darauf, zusehen zu können, wie er stürbe. Doch der Aufruhr legte sich wieder. »Einen ganzen Sack voller Orangen.«

Ein Stück oberhalb der Tankstelle war ein Supermarkt. Ginelli parkte auf dem Bürgersteig. »Bin gleich wieder da. Halt durch, William.«

»Na klar«, antwortete Billy schwach. Sobald Ginelli den Wagen verlassen hatte, döste er ein. Er träumte. Im Traum sah er sein Haus in Fairview. Ein Geier mit abfaulendem Schnabel ließ sich außen auf der Fensterbank nieder und spähte ins Haus hinein. Drinnen fing jemand fürchterlich zu schreien an.

Jemand anderes schüttelte ihn unsanft. Billy wurde nur langsam wach. »Häh?«

Ginelli lehnte sich zurück und atmete erleichtert auf. »Mein Gott, William, jag mir nie wieder so einen Schreck ein!«

»Was quasselst du?«

»Ich hab gedacht, du bist tot, Mann. Hier.« Er legte ihm ein Netz voller Apfelsinen auf den Schoß. Billy zog mit seinen dünnen Fingern am Verschluß — Finger, die nur noch wie spindeldürre, weiße Spinnenbeine aussahen —, aber der Verschluß gab nicht nach. Ginelli schlitzte das Netz mit seinem Taschenmesser auf, und zerlegte ihm eine Apfelsine in vier Teile. Billy aß zuerst langsam, wie jemand, der nur seine Pflicht tut, doch dann bekam er plötzlich Heißhunger. Zum erstenmal seit mehr als einer Woche schien er wieder so etwas wie Appetit zu haben. Sein aufgeregtes Herz schien sich auch wieder zu beruhigen und seinen alten, normalen Rhythmus wiederzufinden... aber das konnte auch nur seine Einbildung sein, die ihm etwas vorgaukelte.

»Besser?« fragte Ginelli.

»Viel. Wann kommen wir zum Park?«

Ginelli fuhr den Wagen an den Randstein. Am Straßenschild erkannte Billy, daß sie sich an der Ecke Union Street West Broadway befanden. Im vollen Sommerlaub der Bäume raschelte eine milde Abendbrise. Gesprenkelte Schatten bewegten sich lässig über den Asphalt.

»Wir sind da«, antwortete Ginelli schlicht. Billy spürte, wie ihm ein eiskalter Finger über die Wirbelsäule fuhr. »Jedenfalls sind wir so nahe dran wie ich es will. Ich hätte dich ja lieber in der Stadt abgesetzt, aber du hättest eine Wahnsinnsaufregung verursacht, wenn du hergelaufen wärst.«

»Ja, ja«, sagte Billy. »All die Kinder, die in Ohnmacht gefallen wären, und all die Frauen, die sofort eine Fehlgeburt gekriegt hätten.«

»Du hättest es sowieso nicht geschafft«, beschwichtigte Ginelli ihn freundlich. »Ist ja auch egal. Der Park ist gleich da unten am Fuß des Hügels. Nur eine Viertelmeile. Such dir eine Bank im Schatten und warte dort.«

»Und wo wirst du sein?«

»Ich werde da sein.« Ginelli lächelte. »Ich werde dich beobachten, aber vor allem werde ich nach dem Mädchen Ausschau halten. Wenn sie mich noch einmal sieht, bevor ich sie entdeckt habe, William, brauche ich mir nie wieder das Hemd zu wechseln, verstehst du?«

»Ja.«

»Ich werde dich im Auge behalten.«

»Danke«, sagte Billy, wobei er nicht sicher war, wie oder wie sehr er es meinte. Er *empfand* Dankbarkeit für Ginelli, aber es war ein kompliziertes, seltsames Gefühl, wie der Haß, den er auf Michael Houston und auf seine Frau in sich trug.

»*Por nada*«, antwortete Ginelli und zuckte die Achseln. Er beugte sich über den Sitz, umarmte Billy und küßte ihn fest auf beide Wangen. »Bleib hart mit dem alten Bastard, William.«

Billy lächelte. »Das werde ich«, versprach er und stieg aus dem Wagen. Der zerbeulte Nova fuhr los, und Billy sah ihm nach, bis er um die nächste Häuserecke gebogen war. Dann ging er langsam den Hügel hinunter, das Apfelsinennetz in einer Hand hin und her schwingend.

Er bemerkte den kleinen Jungen kaum, der ihm auf halbem Weg entgegengekommen war, sich abrupt umdrehte, über den nächsten Gartenzaun sprang und durch den Hinterhof des Häuserblocks davonschoß. Dieser kleine Kerl sollte in dieser Nacht schreiend aus einem Alptraum hochfahren, in welchem sich eine über die Straße schlurfende Vogelscheuche mit stumpfen Haaren auf dem Totenschädel über ihn gebeugt hatte. Seine den Flur zu seinem Zimmer entlanghastende Mutter hörte ihn weinen: »*Er wollte, daß ich die Apfelsinen esse bis ich sterbe! Apfelsinen esse, bis ich sterbe! Essen, bis ich sterbe!*«

Der Park war weitläufig, schattig und schön. Eine Horde Kinder spielte auf einem Abenteuerspielplatz, wippte auf den Wippen, rutschte die Rutschen hinunter, ließ sich von den Klettergerüsten herunterbaumeln. Weiter hinten auf einer Wiese war ein Softballspiel im Gange — Jungen gegen Mädchen, wie es aussah. Dazwischen spazierten die Leute in der Abendsonne, ließen Drachen steigen, Frisbees durch die Luft segeln, aßen Kartoffelchips, tranken Cola, schlürften Milkshakes. Es war eine typisch amerikanische Mittsommerfeierabend-Szenerie in der zweiten Hälfte des zwanzigsten Jahrhunderts, und einen Augenblick lang erwärmte sich Billys Herz dafür — für *sie*.

Alles, was hier noch fehlt, sind die Zigeuner, flüsterte eine innere Stimme ihm zu, und wieder lief ihm ein kalter Schauer über den Rücken, kalt genug, um ihm eine Gänsehaut auf die Arme zu jagen. Abrupt verschränkte er sie über seiner spindeldürren Brust. *Die Zigeuner sollten hier sein, nicht wahr? Ihre alten Kombiwagen mit den Wiedergutmachungsaufklebern an den rostigen Stoßstangen, ihre Wohnwagen, ihre Lastwagen mit den Wandbildern an den Seiten — und dann Samuel Lemke mit seinen Jonglierkegeln und Gina mit ihrer Schleuder. Alle kamen sie angerannt. Sie kamen immer angerannt, wenn die Zigeuner da waren. Um ihnen beim Jonglieren zuzusehen, die Schleuder selbst mal auszuprobieren, ihre Zukunft zu hören, eine Salbe oder ein Pülverchen zu kaufen, um ein Mädchen aufs Kreuz zu legen — oder wenigstens davon zu träumen —, um zu beobachten, wie die Hunde sich gegenseitig zerfleischten. Sie kamen immer angerannt. Weil das alles so fremdartig war. Klar, wir brauchen die Zigeuner. Wir haben sie immer gebraucht. Denn wenn man niemanden hat, der immer mal wieder aus der Stadt verjagt werden kann, wie soll man dann wissen, daß man selbst dorthin gehört? Nun ja, sie werden ja bald kommen, die Zigeuner, nicht wahr?*

»Wie wahr«, krächzte Billy und setzte sich auf eine Bank, die schon fast im Schatten stand. Seine Knie hatten plötzlich zu zittern angefangen. Er fühlte sich schwach. Er holte eine Apfelsine aus dem Netz, und mit einiger Anstrengung gelang es ihm, sie zu schälen. Aber der Appetit war ihm vergangen. Er konnte nur sehr wenig davon essen.

Die Bank stand ein gutes Stück von den anderen entfernt, so daß Billy — soweit er sehen konnte — keine übertriebene Aufmerksamkeit auf sich zog. Aus der Entfernung konnte er gut als ein sehr dünner alter Mann gelten, der die letzten Strahlen der Abendsonne genoß.

Er saß einfach da. Als der Schatten langsam über seine Schuhe kroch, dann die Knie hinauf bis zu seinem Schoß, erfaßte ihn eine fast fantastische Verzweiflung — ein Gefühl von Vergeblichkeit, viel, viel dunkler als der unschuldige Abendschatten. Die Dinge waren zu weit gegangen. Nichts konnte mehr zurückgenommen werden. Nicht einmal Ginelli mit seiner schon fast psychotischen Energie konnte das, was geschehen war, noch verändern. Er konnte es nur noch verschlimmern...

Ich hätte niemals... dachte Billy, aber dann versickerte das, was er niemals hätte tun sollen, leise, wie ein schlecht empfangenes Radiosignal, im Äther. Er nickte wieder ein. Und war wieder in Fairview, dem Fairview der Lebenden Toten. Überall lagen Leichen − verhungerte Menschen... und etwas pickte an seiner Schulter.

Nein.

Pick.

Nein.

Aber es kam wieder. *Pick* und *pick* und *pick*. Es war der Geier mit dem verrotteten Schnabel. Natürlich, wer sonst? Er wollte den Kopf nicht umwenden aus Angst, daß der Geier ihm mit den schwarzen Überresten seines Schnabels die Augen aushackte. Aber

(*pick*)

der Geier pickte beharrlich weiter, und er

(*pick! pick!*)

wandte doch langsam den Kopf, allmählich aus dem Traum erwachend, und sah...

... ohne eigentlich überrascht zu sein, daß Taduz Lemke neben ihm auf der Bank saß.

»Wach auf, weißer Mann aus der Stadt«, sagte er und zupfte ihn mit seinen gekrümmten, nikotingelben Fingern kräftig am Ärmel. *Pick!* »Deine Träume sind schlecht. Ich rieche es am Gestank deines Atems.«

»Ich bin wach«, sagte Billy mit rauher Stimme.

»Bist du sicher?« fragte Lemke mit einigem Interesse.

»Ja.«

Der Alte trug einen grauen Serge-Zweireiher und an den Füßen schwarze, hochgeschnürte Schuhe. Das wenige Haar, das ihm noch geblieben war, war zu einem ordentlichen Mittelscheitel gezogen und weit aus der Stirn zurückgekämmt, die genauso faltig war wie das Leder seiner Schuhe. Ein goldener Reifen funkelte in seinem Ohrläppchen.

Billy sah, daß die Fäulnis sich weiter ausgedehnt hatte — dunkle Linien breiteten sich strahlenförmig von der Ruine seiner Nase aus und bedeckten den größten Teil seiner ausgefurchten linken Wange.

»Krebs«, sagte Lemke. Seine leuchtend schwarzen Augen — wahrlich die Augen eines Vogels — ließen keinen Augenblick von Billys Gesicht ab. »Freut dich das? Macht dich das glücklich?« ›Glücklich‹ kam heraus wie ›gluicklich‹.

»Nein«, antwortete Billy. Er versuchte immer noch, die restlichen Traumfetzen wegzuschieben, um sich an diese Realität hier zu klammern. »Selbstverständlich nicht.«

»Lüg nicht«, tadelte der Alte. »Das hast du nicht nötig. Es freut dich. Natürlich freut es dich.«

»Nein, nichts davon freut mich«, widersprach Billy. »Glaube mir, ich habe die Nase voll davon.«

»Ich glaube nie etwas, das ein weißer Mann aus der Stadt mir erzählt«, sagte der Alte. In seiner Stimme lag eine scheußliche Art von Genialität. »Aber du bist krank. O ja! Du bist krank. Du *nastan farsk* — du, der du daran stirbst, dünn zu sein. Ich habe dir also etwas mitgebracht. Es wird dich wieder etwas dicker machen. Du wirst dich bald wohler fühlen.« Seine Lippen legten in einem abscheulichen Grinsen seine schwarzen Zahnstümpfe frei. »Aber nur, wenn jemand *anderer* es ißt.«

Billy sah nach, was der Alte im Schoß hielt, und stellte mit einer aufflammenden Art von *déjà vue* fest, daß es sich um eine Torte in einer Wegwerfverpackung aus Aluminiumfolie handelte. Im Geiste hörte er wieder sein Traum-Ich zur Traum-Heidi sagen: *Ich will nicht mehr dick sein. Ich habe festgestellt, daß es mir gefällt, dünn zu sein. Iß du es.*

»Du hast Angst«, stellte Lemke fest. »Es ist zu spät für dich, Angst zu haben, weißer Mann aus der Stadt.«

Er holte ein Taschenmesser aus seiner Hosentasche und klappte es mit der schwerfälligen, erfahrenen Bedächtigkeit des Alters auf. Die Klinge war kürzer als die an Ginellis Messer, aber sie sah schärfer aus.

Der alte Mann stach sie in die Tortenkruste und schlitzte einen ungefähr acht Zentimeter langen Spalt hinein. Dann zog er sie wieder heraus. Rote Tröpfchen fielen von ihr auf die Kruste. Er wischte sie an seinem Anzugärmel ab, was dort einen dunkelroten Streifen hinterließ. Danach klappte er das Messer wieder zusammen und steckte es weg. Er legte seine krummen Daumen jeweils über den entgegengesetzten Rand der Aluminiumtortenplatte und zog sanft daran. Der Schlitz spaltete sich auf und gab eine grauenhafte Flüssigkeit preis, in der dunkle Klumpen — Erdbeeren vielleicht — schwammen. Seine Daumen ließen die Platte los, und der Spalt schloß sich. Darauf spannte er die Daumen wieder und öffnete den Spalt. So fuhr er fort — spannen, loslassen, spannen, loslassen —, während er sprach. Billy war unfähig wegzusehen.

»So... du hast dich also davon überzeugt, daß es ein... wie hast du es genannt?... ein Puuush wäre. Daß das, was mit meiner Susanna geschehen ist, deine Schuld nicht mehr gewesen sein soll als meine, ihre oder Gottes Schuld. Du redest dir ein, man dürfe von dir nicht verlangen, dafür zu bezahlen — es gibt keine Schuld, sagst du. Das redest und redest und redest du dir ein. Aber es gibt keinen Puuush, weißer Mann aus der Stadt. Jeder bezahlt, sogar für Dinge, die er gar nicht getan hat. Kein Puuush.«

Lemke fiel einen Augenblick in nachdenkliches Schweigen. Seine Daumen spannten und entspannten sich, spannten und entspannten sich. Der Spalt in der Torte öffnete und schloß sich.

»Weil du deine Schuld nicht auf dich nehmen wolltest — weder du noch deine Freunde —, habe ich euch dazu *gezwungen*. Ich habe sie euch angeheftet wie ein Mal. Für meine liebe Tochter, die du getötet hast, habe ich das getan, und für ihre Mutter und für ihre Kinder. Dann kommt dein Freund. Er vergiftet meine Hunde, schießt mitten in der Nacht mit seinem Gewehr um sich, legt Hand an eine Frau, droht damit, den Kindern Säure ins Gesicht zu schütten.

›Nimm's weg‹, sagt er — ›nimm's weg‹ und ›nimm's weg‹ und ›nimm's weg‹. Und schließlich sage ich: ›In Ordnung, wenn du nur *podol enkelt* — wenn du von hier verschwindest‹. Nicht wegen der Dinge, die er getan hat, sondern wegen der Dinge, die er tun *wird* — er ist wahnsinnig, dein Freund. Er wird niemals aufhören. Sogar meine Gelina sagt, sie sieht es an seinen Augen, daß er niemals aufhören wird. ›Aber wir werden auch niemals aufhören‹, sagt sie. Und ich sage: ›Doch, das werden wir. Ja, wir werden aufhören. Denn wenn wir das nicht tun, dann sind wir genauso wahnsinnig wie der Freund des Stadtmenschen. Wenn wir nicht damit aufhören, müssen wir glauben, daß das, was der weiße Mann aus der Stadt sagt, richtig ist — Gott zahlt zurück, es gibt einen Puush‹.«

Spannen, entspannen. Spannen, entspannen. Auf und zu.

»›Nimm's weg‹, sagt er und wenigstens sagt er nicht: ›Laß es verschwinden‹ oder ›Mach, daß es aufhört‹. Denn ein Fluch ist in gewisser Weise wie ein Kind.«

Seine krummen, alten Daumen spannten die Folie. Der Spalt dehnte sich.

»Niemand kann diese Dinge verstehen. Auch ich nicht, aber ich weiß ein bißchen. ›Fluch‹. Das ist euer Wort. Aber unser Romaniwort ist besser. Hör zu: *Purpurfargade ansiktet*. Kennst du das?«

Billy schüttelte langsam den Kopf und fand, daß das Wort dunkel und bedeutsam klang.

»Es bedeutet so etwas wie ›Kind der Nachtblumen‹. Es ist genauso, als ob man ein Kind bekommt, das ein *varsel* — ein Wechselbalg — ist. Wir Zigeuner sagen, *varsels* werden immer unter Lilien oder Nachtschattengewächsen gefunden. Diese Art, es zu sagen, ist besser, denn ein *Fluch* ist ein *Ding*. Was du hast, ist aber kein *Ding*. Was du hast, lebt.«

»Ja«, sagte Billy. »Es ist in mir, nicht wahr? Es ist in mir und frißt mich von innen her auf.«

»Drinnen? Draußen?« Der Alte zuckte die Achseln. »Überall. Dieses Ding — *purpurfargade ansiktet* —, man bringt es auf die Welt wie ein Kind. Es wächst nur schneller und kräftiger als ein

Kind. Und man kann es nicht töten, denn man kann es nicht sehen — man kann nur sehen, was es *tut*.«

Die Daumen entspannten sich. Der Spalt schloß sich. Ein dunkelroter Bach rieselte über die leicht gewellte Tortenoberfläche.

»Dieser Fluch... du *dekent felt o gard da borg*. Sei zu ihm wie ein Vater. Willst du ihn immer noch loswerden?«

Halleck nickte.

»Glaubst du immer noch an den Puush?«

»Ja.« Es war nur ein Krächzen.

Der alte Zigeuner mit der abfaulenden Nase lächelte. Die dunklen Linien der Fäulnis dehnten sich und zitterten auf seiner Wange. Der Park hatte sich geleert. Die Sonne neigte sich zum Horizont. Die Schatten bedeckten sie jetzt ganz. Plötzlich hielt er wieder das Taschenmesser mit offener Klinge in seiner Hand.

Er wird mich erstechen, dachte Billy verträumt. *Er wird mir ins Herz stechen und dann mit der Torte unterm Arm wegrennen.*

»Nimm den Verband ab«, forderte Lemke ihn auf.

Billy sah auf seine Hand hinunter.

»Ja — da, wo sie dich durchschossen hat.«

Billy entfernte die Klammern von der elastischen Binde und wickelte sie langsam ab. Seine Haut darunter war viel zu weiß — wie Fischfleisch. Im Kontrast dazu waren die Wundränder tiefrot. Die Farbe einer Leber. *Dieselbe Farbe wie diese Dinger da in der Torte*, dachte er verwundert. *Die Erdbeeren, oder was immer es ist.* Die Wunde hatte ihre fast vollendete Kreisform verloren. Die Ränder hatten sich zusammengezogen. Es sah jetzt fast genau so aus, wie...

Wie der Spalt, dachte Billy und ließ den Blick wieder zur Torte schweifen.

Lemke reichte ihm das Messer.

Wie soll ich wissen, ob du die Klinge nicht mit Kurare oder Zyanid oder Rattengift behandelt hast? wollte er ihn schon fragen, aber dann unterließ er es. Der Grund war Ginelli. Ginelli und der Fluch des weißen Mannes aus der Stadt.

Der abgegriffene Handgriff des Messers paßte genau in seine Handfläche.

»Wenn du das *purpurfargade ansiktet* los sein willst, mußt du es zuerst in diese Torte stecken ... und dann mußt du die Torte mit dem Fluchkind jemand anderem zu essen geben. Aber das muß bald geschehen, sonst kommt es doppelt auf dich zurück. Verstehst du mich?«

»Ja«, sagte Billy.

»Dann tu's, wenn du's willst.« Lemkes Daumen spannten sich wieder. Der dunkle Spalt in der Tortenkruste öffnete sich.

Billy zögerte, aber nur eine Sekunde lang. Dann sah er das Bild seiner Tochter vor sich, sah sie mit aller Deutlichkeit wie eine Fotografie, auf der sie ihm über die Schulter zulächelte, ihre lila-weißen Cheerleader-Pompons in den Händen wie große, dämliche Früchte.

Du hast unrecht mit dem Push, alter Mann, dachte er. *Heidi für Linda. Meine Frau für meine Tochter. Das ist der eigentliche Push.*

Er stieß die Klinge von Taduz Lemkes Taschenmesser in die Wunde in seiner Handfläche. Der Schorf brach ganz leicht auf. Blut lief in den Spalt der Torte. Dumpf bemerkte er, daß Lemke sehr schnell in Romani sprach. Seine schwarzen Augen verließen Billys weißes, mageres Gesicht keine Sekunde.

Billy drehte das Messer in der Wunde und beobachtete, wie die geschwollenen Ränder sich teilten und ihre frühere Kreisform wieder annahmen. Das Blut floß jetzt schneller. Er spürte keinen Schmerz.

»*Enkel*! Es ist genug.«

Lemke nahm ihm das Messer aus der Hand. Plötzlich spürte Billy überhaupt keine Kraft mehr. Er fiel rückwärts an die Lehne der Parkbank. Eine Welle von Übelkeit überspülte ihn. Er glaubte, er würde das Bewußtsein verlieren. Er fühlte sich vollkommen leer, erbärmlich — *so muß eine Frau sich fühlen, die gerade ein Kind geboren hat*, dachte er. Er blickte auf seine Hand hinunter und stellte fest, daß das Bluten aufgehört hatte.

Nein — das ist doch nicht möglich.

Dann sah er auf die Torte in Lemkes Schoß und entdeckte

noch etwas, das unmöglich war — nur, daß es direkt unter seinen Augen geschah. Der alte Mann ließ die Platte los, und der Spalt schloß sich wieder... und dann gab es einfach keinen Spalt mehr. Die Kruste war völlig unversehrt bis auf zwei winzige Luftlöcher genau in der Mitte. Da, wo vorher der Spalt gewesen war, zeichnete sich eine fast unsichtbare Zickzacklinie auf der Kruste ab.

Wieder sah er auf seine Hand, und das Blut, der Schorf, das offene Fleisch waren verschwunden. Die Wunde war vollkommen verheilt und hatte nur eine Narbe zurückgelassen — eine kleine, weiße Zickzacklinie, die sich mit seiner Herz- und seiner Lebenslinie überkreuzte.

»Das gehört dir, weißer Mann aus der Stadt«, sagte Lemke und stellte ihm die Torte auf den Schoß. Sein erster, beinahe unkontrollierbarer Impuls war, aufzuspringen und sie von sich zu stoßen, wie man sich einer großen Spinne entledigt, die einem jemand in den Schoß hat fallen lassen. Die Torte war abscheulich und pulsierte auf ihrer billigen Aluminiumplatte, als wäre sie lebendig.

Der Alte stand auf und blickte auf ihn hinab. »Fühlst du dich wohler?« fragte er.

Billy merkte, daß es ihm, abgesehen vom Ekel, den er vor dem widerlichen Ding auf seinem Schoß empfand, tatsächlich besser ging.

»Ein bißchen«, sagte er vorsichtig.

Der Alte nickte. »Ab jetzt wirst du wieder zunehmen. Aber in einer Woche, spätestens in zwei, wird es auf dich zurückfallen. Und dieses Mal wird es kein Halten mehr geben. Es sei denn, du findest jemanden, der das da ißt.«

»Ja.«

Lemkes Augen wichen nicht von seinem Gesicht. »Bist du dir sicher?«

»Ja, ja«, rief Billy ungeduldig.

»Ich empfinde ein wenig Mitleid für dich«, sagte der Alte. »Nicht viel, aber ein bißchen. Vielleicht warst du einmal *pokol* — stark. Aber jetzt sind deine Schultern gebrochen. Es ist nicht dein Fehler... es gibt Gründe... du hast Freunde.« Er lächelte freudlos. »Warum ißt du deinen Kuchen nicht selbst, weißer Mann aus der Stadt? Du wirst daran sterben, aber du stirbst stark.«

»Geh weg«, sagte Billy. »Ich habe nicht die geringste Ahnung, wovon du sprichst. Unser Geschäft ist erledigt. Ich habe nichts mehr mit dir zu tun.«

»Ja, Unser Geschäft ist erledigt.« Sein Blick schweifte kurz zur Torte hinunter, dann wieder in Billys Gesicht zurück.

»Sei vorsichtig, wem du das Mahl zu essen gibst, das für dich bereitet war«, warnte er ihn und ging davon. Als er einen der Joggingpfade zur Hälfte hinter sich gebracht hatte, drehte er sich noch einmal um. Es war das letztemal, daß Billy dieses unglaublich alte, unglaublich müde Gesicht sah.

»Kein Puush, weißer Mann aus der Stadt«, rief er zurück. »*Niemals*.« Damit wandte er sich um und verschwand in der Nacht.

Billy blieb sitzen und wartete, bis die Dämmerung ihn verschluckt hatte. Dann stand er auf und ging den Weg zurück, den er gekommen war. Er war schon zwanzig Schritte gegangen, als er plötzlich das Gefühl hatte, etwas vergessen zu haben. Er ging mit ernstem Gesicht und glasigen Augen zur Bank zurück, und holte seine Torte. Sie war immer noch warm und pulsierte noch, aber davon wurde ihm jetzt nicht mehr schlecht. Ein Mensch kann sich wohl an alles gewöhnen, wenn man ihm genügend Anreiz bietet.

Er machte sich auf den Weg zur Union Street.

Auf halbem Weg zu der Stelle, an der Ginelli ihn abgesetzt hatte, sah er den Nova schon am Randstein stehen. Zu diesem Zeitpunkt wußte er, daß der Fluch wirklich verschwunden war.

Er fühlte sich immer noch furchtbar schwach, und sein Herz zitterte in seiner Brust (wie bei einem Mann, der gerade auf einem Ölfleck ausgerutscht ist, dachte er), aber der Fluch war weg. Und jetzt, da er nicht mehr da war, verstand er genau, was Lemke gemeint hatte: Ein Fluch ist etwas Lebendiges, ist wie ein blindes, unvernünftiges Kind. Ein Kind, das in ihm gesteckt und ihn von innen her zerfressen hatte. *Purpurfargade ansiktet*. Damit war es nun vorbei.

Er konnte die Torte, die er in den Händen trug, immer noch langsam, gleichmäßig pulsieren fühlen, und wenn er auf sie hinunterblickte, erkannte er ein rhythmisches Pochen auf der Kruste. Und die billige Aluminiumpackung bewahrte ihre schwache Wärme. *Es schläft*, dachte er und erschauerte. Er kam sich vor wie jemand, der einen schlafenden Teufel mit sich trägt.

Der Nova stand mit hochgestellten Hinterreifen und lang vorgezogener Schnauze auf der Straße. Das Standlicht war eingeschaltet.

»Es ist vorbei«, sagte Billy, als er die Beifahrertür aufmachte und einstieg. »Es ist vo...«

Das war, als er bemerkte, daß Ginelli gar nicht im Wagen saß. Jedenfalls nicht sehr viel von ihm. In der tiefer werdenden Dunkelheit hatte er nicht gesehen, daß er sich nur wenige Zentimeter neben Ginellis schwerverletzte Hand gesetzt hatte. Das sah er erst jetzt. Sie war eine Faust ohne Körper, die am ausgefransten Handgelenk Spuren von Blut und Fleischfetzen auf dem durchgescheuerten Sitz des Nova hinterließ. Eine vom Körper losgelöste Faust voller Stahlkugeln.

25. Kapitel: 122

»Wo bist du?« Heidis Stimme klang ärgerlich, ängstlich und entnervt. Billy war nicht sonderlich überrascht, daß er für diese Stimme überhaupt nichts mehr empfand – nicht einmal Neugier.

»Das tut nichts zur Sache«, antwortete er. »Ich komme nach Hause.«

»Er ist vernünftig geworden! Gott sei Dank! Er ist endlich vernünftig geworden! Landest du in La Guardia oder auf dem Kennedy-Flughafen? Ich hol' dich ab.«

»Ich werde fahren.« Billy zögerte einen Moment. »Heidi, ich möchte, daß du Mike Houston anrufst und ihm sagst, du hättest deine Meinung in bezug auf die *res gestae* geändert.«

»Die was? Billy, wovon...?« Aber er erkannte an der plötzlichen Veränderung ihres Tons, daß sie genau wußte, wovon er sprach. Es war der schuldbewußte Tonfall eines Kindes, das beim Marmeladenaschen erwischt worden war. Auf einmal verlor er die Geduld mit ihr.

»Die Entmündigungspapiere«, sagte er scharf. »In unserer Branche auch als Beklopptenschein bekannt. Ich habe hier alles, was ich mir vorgenommen hatte, erledigt und werde mich gern in jede Klinik einweisen lassen, in der du mich haben willst – die Glassman-Klinik, das New-Jersey-Goat-Gland-Zentrum, das Midwestern-College für Akupunktur. Aber wenn mich ein Bulle schnappt, sobald ich die Grenze nach Connecticut überschreite, und mich in Newark in die staatliche Irrenanstalt steckt, dann wird dir das sehr, sehr leid tun, Heidi.«

Sie weinte. »Wir haben doch nur getan, was wir für das beste hielten... für dich, Billy. Eines Tages wirst du das einsehen.«

In seinem Kopf meldete sich Taduz Lemke zu Wort: *Es ist nicht dein Fehler... es gibt Gründe... du hast Freunde.* Er verdrängte die Stimme, aber sie hatte ihm doch eine Gänsehaut über den Nacken gejagt. Langsam kroch sie ihm über den Hals ins Gesicht.

»Laß nur...« Diesmal unterbrach Ginellis Stimme ihn: *Nimm's weg. Nimm's weg. William Halleck sagt, nimm es von ihm.*

Die Hand. Die Hand auf dem Sitz. Ein Weißgoldring mit einem roten Stein am Ringfinger – ein Rubin vielleicht. Feine schwarze Härchen auf den Fingerknöcheln. Ginellis Hand.

Billy schluckte schwer. Er hörte fast ein Klicken in seiner Kehle.

»Laß nur das Papier für null und nichtig erklären«, sagte er.

»In Ordnung«, antwortete sie hastig und kam dann zwangsläufig auf ihre Selbstrechtfertigung zurück. »Wir haben nur... ich habe doch bloß... ich dachte... du bist auf einmal *so* dünn geworden, Billy. Und du hast so verrücktes Zeug geredet.«

»Ist ja gut.«

»Das klingt, als ob du mich haßt.« Sie fing wieder an zu weinen.

»Sei nicht dumm« – was nicht gerade ein Dementi war. Er wurde ruhiger. »Wo ist Linda? Ist sie zu Hause?«

»Nein. Sie ist für ein paar Tage zurück zu Tante Rhoda gefahren. Sie ist... all das hat sie sehr aufgeregt, Billy.«

Und ob! dachte er. Sie war inzwischen schon einmal von ihrer Tante nach Hause gekommen. Das wußte er, denn er hatte am Telefon mit ihr gesprochen. Und jetzt war sie wieder gefahren. Heidis Stimme verriet ihm, daß es diesmal aus eigenem Antrieb geschehen sein mußte. *Hat sie etwa herausgefunden, daß du und der gute alte Mike Houston dabei wart, ihren Vater für verrückt erklären zu lassen, Heidi? Ist es das, was passiert ist?* Aber das war jetzt nicht so wichtig. Wichtig war einzig und allein, daß Linda nicht zu Hause war.

Seine Augen streiften die Torte, die er in seinem Northeast Harbor Motel auf seinem Fernseher abgestellt hatte. Die Kruste bewegte sich immer noch ganz langsam auf und ab.

Ein abscheuliches Herz. Es war wichtig, daß seine Tochter keinesfalls mit diesem entsetzlichen Etwas in Berührung kam. Es war gefährlich.

»Ich fände es das beste, wenn sie solange da bliebe, bis wir beide uns ausgesprochen haben«, sagte er.

Heidi brach in lautes Schluchzen aus. Er fragte sie, was sie denn habe.

»*Du*«, kreischte sie. »Du bist auf einmal so kalt.«

»Ich werde schon wieder warm werden«, sagte er. »Mach dir keine Sorgen.«

Er hörte, wie sie die Tränen hinunterschluckte, wie sie sich bemühte, sich wieder in die Gewalt zu bekommen. Er wartete – weder geduldig noch ungeduldig. Er fühlte buchstäblich überhaupt nichts mehr. Das blanke Entsetzen, das ihn gepackt hatte, als ihm klar geworden war, daß das scheußliche Ding auf dem Sitz Ginellis Hand war, das war die letzte, starke Emotion gewesen, zu der er in dieser Nacht noch fähig war. Abgesehen von einem idiotischen Lachanfall, der ihn dann ein bißchen später überfallen hatte.

»In welcher Verfassung bist du jetzt?« fragte sie schließlich.

»Es ist ein bißchen besser geworden. Ich wiege schon wieder hundertzweiundzwanzig Pfund.«

Sie atmete hörbar ein. »Das sind sechs Pfund weniger als zu dem Zeitpunkt, an dem du weggefahren bist.«

»Aber es sind sechsundzwanzig Pfund mehr als gestern morgen, als ich mich hier gewogen habe«, erwiderte er sanft.

»Billy... wir können das gemeinsam wieder in Ordnung bringen. Ich möchte, daß du das weißt. Ehrlich, das können wir. Das Wichtigste ist jetzt erst mal, daß du wieder gesund wirst, und danach können wir miteinander reden. Wir können auch einen Eheberater zuziehen, wenn du willst... ich mache mit, wenn du mitmachst. Es ist nur... wir... wir...«

O Gott, sie fängt schon wieder an zu heulen, dachte er gleichzeitig belustigt und schockiert von seiner eigenen Bosheit. Aber diese Gefühle waren nur sehr gedämpft. Dann sagte sie etwas, das ihn eigenartig berührte. Für einen kurzen Augenblick gab ihm das ein Gefühl für die alte Heidi wieder zurück... und damit auch für den alten Billy Halleck.

»Ich gebe auch das Rauchen auf, wenn du möchtest«, sagte sie wie ein kleines Kind.

Billy blickte zur Torte auf dem Fernseher hinüber. Die Kruste hob und senkte sich gleichmäßig. Auf und ab, auf und ab. Er mußte daran denken, wie dunkel es in dem Spalt gewesen war, den der alte Zigeuner hineingeschlitzt hatte; und an die unklar zu erkennenden Klumpen, die allen physischen Jammer dieser Welt darstellen konnten − oder auch einfach nur Erdbeeren. Er dachte an sein Blut, das aus der Wunde in diesen Spalt geflossen war. Und er dachte an Ginelli.

Der Augenblick der Wärme, die er kurz für sie empfunden hatte, war vorüber.

»Lieber nicht«, sagte er. »Wenn du das Rauchen aufgibst, wirst du bloß fett.«

Später lag er, die Hände hinter dem Kopf verschränkt, auf dem Motelbett und blickte ins Dunkel.

Er hörte ein Geräusch.

Nein.

Doch, da war eins. Es klang wie Atmen.

Nein. Das ist pure Einbildung.

Aber es war keine Einbildung; das war Heidis Religion, nicht seine. Er war inzwischen eines Besseren belehrt worden, als zu glauben, daß solche Dinge nur in der Einbildung existierten. Wenn er früher auch daran gezweifelt hatte, dieser Zweifel war jetzt behoben. Die Kruste bewegte sich wie helle Haut über lebendem Fleisch. Und er wußte, wenn er jetzt hinüberginge und die Aluminiumplatte berührte, würde sie auch jetzt noch, sechs Stunden, nachdem er sie in Empfang genommen hatte, warm sein.

»*Purpurfargade ansiktet*«, murmelte er in die Dunkelheit, und es klang wie eine Beschwörungsformel.

Als er die Hand entdeckte, sah er sie nur. Erst eine halbe Sekunde später realisierte er, was er da sah, und er fuhr zurück und schrie laut auf. Durch die heftige Bewegung wippte die Hand zuerst nach links und dann nach rechts — es sah so aus, als ob Billy sie gefragt hätte, wie es ihr ginge, und sie darauf mit einer *comme-ci-comme-ça*-Geste antwortete. Zwei Stahlkugeln schlüpften heraus und rollten bis zum Spalt zwischen Sitz und Rückenlehne.

Billy schrie noch einmal. Er hatte die Hände ans Kinn geschlagen und grub die Fingernägel in den Unterkiefer. Seine Augen waren riesig und naß. Sein Herz begann ein jammervolles, lautes Klagen in seiner Brust. Die Torte rutschte gefährlich auf den Sitzrand zu. Um ein Haar wäre sie auf den Boden gefallen.

Er griff schnell zu und stellte sie wieder richtig hin. Das Herzklopfen legte sich allmählich; er konnte wieder durchatmen. In dem Augenblick legte sich die Kälte, die Heidi später in ihrem Telefongespräch fühlen sollte, wie ein Stahlpanzer um ihn. Ginelli war vermutlich tot — nein, beim zweiten Nachdenken, *streich das ›vermutlich‹*. Was hatte er zuletzt zu ihm gesagt?

Wenn sie mich noch einmal sieht, ohne daß ich sie vorher entdecke, brauche ich nie wieder das Hemd zu wechseln, William.

Dann sag es laut!

Nein, das wollte er nicht. Das nicht, und er wollte auch die Hand nie wieder ansehen. Also tat er beides.

»Ginelli ist tot«, sagte er laut und deutlich. Er schwieg einen Augenblick, und dann, weil es zu helfen schien: »Ginelli ist tot, und es gibt nichts mehr, was ich dagegen tun kann. Außer, so schnell wie möglich von hier abhauen, bevor die Bullen...«

Er schaute zum Lenkrad und fand den Schlüssel im Zündschloß. Der Anhänger -- ein Foto von Olivia Newton John im Aerobictrikot — baumelte an einen Stück Rohleder. Es konnte sehr wohl das Mädchen — Gina — gewesen sein, das den Schlüssel ins Zündschloß zurückgesteckt hatte, als es die Hand im Wagen deponierte. Sie hatte Ginelli zwar erledigt, aber sie hätte sich niemals erdreistet, ein Versprechen zu brechen, das ihr Urgroßvater Ginellis Freund, dem berühmten weißen Mann aus der Stadt, gegeben hatte. Der

Schlüssel war für ihn bestimmt. Plötzlich mußte er daran denken, daß ja auch Ginelli schon einmal einem Toten die Autoschlüssel aus der Tasche gezogen hatte. Höchstwahrscheinlich hatte das Mädchen bei ihm jetzt genau dasselbe getan. Doch dieser Gedanke ließ ihn nicht einmal mehr erschauern.

Er war zu einem Eisblock geworden, und er war froh über diese Kälte.

Er stieg wieder aus dem Wagen, stellte die Torte zur Sicherheit auf den Boden vor dem Beifahrersitz, ging um den Wagen herum und setzte sich hinters Steuer. Und wieder wippte Ginellis Hand in dieser grauenhaften Geste. Er öffnete das Handschuhfach und fand eine zerfledderte Landkarte von Maine. Er faltete sie auf und legte sie über die Hand. Dann endlich startete er den Nova und fuhr die Union Street hinunter.

Er war schon fünf Minuten gefahren, als er merkte, daß er die falsche Richtung eingeschlagen hatte. Anstatt nach Osten fuhr er nach Westen. Doch sah er gerade in dem Augenblick McDonalds goldene Rundbögen im Zwielicht aufflackern, und sein Magen knurrte.

Er bog sofort ab und fuhr vor die Drive-in-Lautsprecheranlage.

»Herzlich willkommen bei McDonalds«, begrüßte ihn die Stimme aus dem Lautsprecher. »Darf ich Ihre Bestellung entgegennehmen?«

»Ja, bitte. Ich hätte gerne drei Big Macs, zwei Riesenportionen Pommes frites und ein Kaffeemilkshake.«

Wie in den guten alten Zeiten, dachte er. *Schling alles im Auto runter, wirf den Abfall weg und erzähl's ja Heidi nicht, wenn du nach Hause kommst.*

»Möchten Sie vielleicht noch einen Nachtisch dazu?«

»Klar. Einen Kirschkuchen bitte.« Er sah auf die ausgebreitete Landkarte. Bestimmt war die kleine Ausbuchtung westlich von Augusta Ginellis Ring. Ihm wurde schwarz vor Augen. »Und noch eine Schachtel McDonaldland-Kekse für meinen Freund hier«, sagte er und lachte.

Die Stimme las ihm die Bestellung noch einmal vor und

sagte dann: »Sie werden an Schalter sechshundertneunzig bedient, Sir. Fahren Sie bitte durch.«

»Und ob ich durchfahren werde!« sagte Billy. »Das ist das einzige, worauf es ankommt, nicht wahr? Einfach nur immer durchfahren und das Bestellte entgegennehmen.« Und wieder lachte er. Er fühlte sich gleichzeitig sauwohl und zum Kotzen.

Das Mädchen am Schalter reichte ihm zwei warme weiße Tücher heraus. Er bezahlte, wartete auf sein Wechselgeld und fuhr weiter. An der Ecke des Gebäudes hielt er und sammelte die alte Landkarte mit Ginellis Hand auf. Er faltete die Ränder zusammen, langte durchs offene Fenster und warf sie in die Mülltonne. Auf der Tonne tanzte ein Plastik-Ronald-McDonald mit einer Plastikgrimasse. Auf der Schwingklappe stand mit großen Buchstaben: WERFT DEN ABFALL DAHIN, WOHIN ER GEHÖRT.

»*Das* ist es, worauf es eigentlich ankommt«, sagte Billy. Er rieb seine Hand am Oberschenkel und lachte. »Den Abfall immer dahin werfen, wohin er gehört... und dann dafür sorgen, daß er da auch bleibt.«

Diesmal bog er auf der Union Street in die richtige Richtung ein. Nach Osten. Nach Bar Harbor. Er lachte immer noch. Eine Zeitlang glaubte er, er würde nie mehr damit aufhören − würde einfach weiterlachen bis zu dem Tag, an dem er sterben würde.

Weil ihn jemand dabei hätte beobachten können, wie er dem Nova das gab, was einer seiner Kollegen mal eine ›Fingerabdruckmassage‹ genannt hatte, wenn er dies auf einem verhältnismäßig öffentlichen Platz machte − wie zum Beispiel der Parkplatz des *Bar-Harbor Motor Inn* −, fuhr er den Nova auf einen verlassenen Rastplatz zirka vierzig Meilen hinter Bangor und machte sich an die Arbeit. Er hatte nicht die Absicht, in irgendeiner Weise mit diesem Wagen in Verbindung gebracht zu werden, wenn er es verhindern konnte. Er zog sein Jackett aus, drehte die Knöpfe nach innen und wischte sorgfältig jede Fläche ab, die er berührt hatte oder berührt haben könnte.

Vor dem Anmeldebüro des *Motor Inn* leuchtete das *Alles-belegt*-Schild, und Billy fand auch nur eine einzige freie Parklücke. Sie lag vor einer dunklen Wohneinheit, und Billy hatte keine Zweifel, daß dies Ginellis John-Tree-Zimmer war.

Er ließ den Nova in die Lücke rollen, nahm die Torte, holte sein Taschentuch heraus, wischte Lenkrad und Gangschaltung damit ab und machte die Tür auf. Er wischte über den inneren Türgriff und steckte das Tuch wieder ein. Nachdem er ausgestiegen war, stieß er die Tür mit der Hüfte zu.

Er blickte sich um. Eine sehr müde aussehende Mutter zankte mit ihrem noch müder aussehenden Kind. Zwei alte Männer standen vor dem Anmeldebüro und unterhielten sich. Sonst entdeckte er niemanden. Er hatte auch nicht das Gefühl, beobachtet zu werden. Aus den Motelzimmern plärrten die Fernseher, und unten in der Stadt ging das Rock 'n Roll-Theater in den Bars wieder los, während Bar Harbors Sommergäste sich auf die nächtliche Party vorbereiteten.

Billy ging über den Vorplatz und in die Stadt hinunter. Er folgte seinen Ohren zu der Bar mit den lautesten Rockklängen. Sie nannte sich *Sandy Dog*, und es standen, wie Billy gehofft hatte, Taxis vor der Tür, die auf die Lahmen, die Krummen und die Betrunkenen warteten. Er verhandelte mit einem der Fahrer, und für fünfzehn Dollar pries dieser sich glücklich, ihn nach Northeast Harbor fahren zu dürfen.

»Ich sehe, Sie haben Ihren Lunch mitgebracht«, scherzte er, als Billy einstieg.

»Oder den für einen anderen«, antwortete Billy und lachte. »Denn das ist es doch, worauf es wirklich ankommt, oder? Immer dafür sorgen, daß jemand anderer seinen Lunch bekommt.«

Der Fahrer warf ihm einen stirnrunzelnden Blick im Rückspiegel zu. »Was immer Sie sagen, Mann — Sie bezahlen das Taxi.«

Eine halbe Stunde später telefonierte er schon mit Heidi.

Und jetzt lag er hier und lauschte auf etwas, das im Dunkeln atmete — etwas, das wie eine Torte aussah, in Wirklichkeit aber ein Kind war, das er und der Alte zusammen geschaffen hatten.

Gina, dachte er fast beiläufig. *Wo ist sie?* »Tu ihr nichts«, hatte er zu Ginelli gesagt. *Aber wenn ich jetzt Hand an sie legen könnte, dann würd ich ihr etwas tun... ich würde sie sehr schwer verletzen für das, was sie mit Richard gemacht hat. Ihre Hand? Nein — ich würde dem Alten ihren Kopf übriglassen. Ich würde ihr den Mund mit Stahlkugeln vollstopfen und ihm den Kopf zurückgeben. Und deshalb ist es auch sehr gut, daß ich nicht weiß, wo ich sie finden könnte, um mich an ihr zu vergehen. Niemand weiß genau, wie diese Dinge anfangen. Man streitet sich darüber und verliert schließlich die Wahrheit aus den Augen, weil sie unangenehm ist. Aber jeder weiß genau, wie er es anstellt weiterzumachen: Erst steckt der eine einen Schlag ein, dann der andere, der eine bekommt daraufhin zwei, und teilt drei wieder aus... der eine schießt einen Flughafen zusammen, der andere jagt eine Schule in die Luft... und das Blut fließt in die Gosse. Denn das ist es, worauf es wirklich ankommt, nicht wahr? Blut in der Gosse. Blut...*

Billy schlief ein, ohne es zu merken. Seine Gedanken gingen in eine Reihe von grauenhaften, verzerrten Träumen über. In einigen mordete er, in anderen wurde er ermordet. Und in allen atmete und pochte etwas, doch er konnte es nie erkennen. Es steckte in ihm drin.

26. Kapitel: 127

MYSTERIÖSER MORDFALL — MÖGLICHERWEISE BANDENKRIEG

Ein Mann, der gestern nacht tot im Keller eines Apartmenthauses in der Union Street aufgefunden wurde, wurde als
New-York-City-Bandenführer identifiziert. Richard Ginelli,
in Unterweltkreisen auch als ›Richie, der Hammer‹ bekannt,
wurde dreimal — wegen Erpressung, illegalen Drogenhan-
dels und Mordes — strafrechtlich verfolgt. Eine gemeinsam
vom Staat New York und vom Bundesgerichtshof durchge-
führte Untersuchung von Ginellis Machenschaften wurde
1981 infolge des gewaltsamen Todes mehrerer Hauptbelastungszeugen fallengelassen. Aus einer dem Büro des Ge-
neralstaatsanwaltes sehr nahestehenden Quelle verlautete
gestern nacht, daß der Gedanke an einen sogenannten ›Ban-
denmord‹ aufgrund der besonderen Todesumstände schon
aufgetaucht sei, bevor das Opfer identifiziert worden war.
Nach Aussage dieser Quelle sei Ginelli eine Hand entfernt
und auf seine Stirn mit Blut das Wort ›Schwein‹ geschrieben
worden.

Ginelli wurde vermutlich mit einer großkalibrigen Waffe
erschossen, doch haben die Ballistiker der Staatspolizei es
bisher abgelehnt, ihre Untersuchungsergebnisse zu veröf-
fentlichen; ein Vorgang, den der Staatspolizeisprecher als
›etwas ungewöhnlich‹ charakterisierte.

Die Nachricht stand auf der ersten Seite der *Bangor Daily
News*, die Billy Halleck sich am Morgen gekauft hatte. Er
überflog die Zeilen noch einmal, warf einen letzten Blick auf
das Foto des Apartmenthauses, in dessen Keller sein
Freund gefunden worden war, knüllte die Zeitung zusammen und stopfte sie in eine Mülltonne, die das Siegel des
Staates Connecticut trug und die unvermeidlichen Buchsta-

ben auf der Schwingklappe stehen hatte. WERFT DEN ABFALL DAHIN, WOHIN ER GEHÖRT.

»Denn das ist es ja, worauf es ankommt«, sagte er.

»Wie bitte, Mister?« Es war ein kleines, ungefähr sechsjähriges Mädchen mit rosa Bändern im Haar und einem schokoladeverschmierten Mund. Sie führte ihren Hund spazieren.

»Ach, nichts«, antwortete Billy und lächelte zu ihr hinunter.

»Marcy!« rief ihre Mutter aufgeregt. »Marcy, komm sofort hierher!«

»Tschüß«, piepste die Kleine.

»Tschüß«, sagte Billy und sah ihr nach, wie sie zu ihrer Mutter lief. Der kleine weiße Pudel hüpfte ihr, an der Leine zerrend, voraus. Seine Krallen kratzten auf dem Asphalt. Das Mädchen hatte die Mutter noch nicht erreicht, da ging das Geschimpfe schon los. Sie tat Billy leid, denn sie hatte ihn an Linda erinnert, als Linda sechs Jahre alt gewesen war. Aber die Begegnung hatte ihn auch ermutigt. Auf der Waage zu stehen und zu sehen, daß man elf Pfund zugenommen hat, war eine Sache; eine ganz andere – und wesentlich bessere – Sache war es, wieder wie ein normaler Mensch behandelt zu werden, auch wenn das nur durch ein kleines Mädchen geschah, das den Familienhund auf dem Rastplatz spazieren führte und offenbar in dem Glauben lebte, daß es unzählige Menschen auf dieser Erde gäbe, die wie ein wandelnder Leuchtturm durch die Gegend liefen.

Er hatte den gestrigen Tag in Northeast Harbor verbracht, nicht einmal so sehr, um sich auszuruhen, sondern eher, um seinen Verstand wiederzufinden. Er spürte ihn kommen... doch dann blickte er wieder zur Torte, die immer noch in ihrer billigen Aluminiumverpackung auf dem Fernseher stand – und schon war er ihm wieder entschlüpft.

Gegen Abend hatte er die Torte in den Kofferraum seines Mietwagens gestellt, was seine Stimmung erheblich besser gemacht hatte.

In der Dunkelheit, als sein Verstand und zugleich ein abgrundtiefes Gefühl von Verlassenheit am stärksten gewesen

waren, hatte er sein altes, zerfleddertes Adreßbuch heraus-
gesucht und Rhoda Simonson in Westchester County angerufen. Wenige Augenblicke später hatte er schon Linda am
Telefon, die sich vor Freude kaum fassen konnte, als sie seine Stimme hörte.

Sie hatte in der Tat die Sache mit der *res gestae* herausgefunden. Die Kette der Ereignisse, die dazu geführt hatte,
war – soweit Billy dem folgen konnte oder wollte – ebenso
ekelhaft wie vorhersehbar gewesen. Michael Houston hatte
es seiner Frau berichtet, die es, vermutlich betrunken, sofort
ihrer ältesten Tochter weitererzählt hatte. Linda und das
Houston-Mädchen hatten im letzten Winter einen fürchterlichen Streit gehabt, also hatte Samantha Houston nichts
Besseres zu tun gehabt, als Hals über Kopf zur verhaßten
Feindin zu rennen und ihr brühwarm zu berichten, daß ihre
liebe alte Mama gerade dabei wäre, ihren lieben alten Papa
für verrückt erklären und in die Korbflechterfabrik einweisen zu lassen.

»Was hast du ihr gesagt?« fragte Billy.

»Ich hab ihr gesagt, sie solle sich ins Knie ficken«, antwortete Linda, und Billy lachte, bis ihm die Tränen kamen...
aber es machte ihn auch traurig. Er war nur knapp drei Wochen von zu Hause weggewesen, doch seine Tochter hörte
sich an, als wäre sie inzwischen drei Jahre älter geworden.

Linda war direkt nach Hause gegangen, um Heidi zu fragen, ob das, was Samantha Houston ihr erzählt hätte, tatsächlich wahr sei.

»Und?« fragte Billy.

»Wir hatten einen riesigen Krach. Danach habe ich gesagt, ich würde lieber wieder zu Tante Rhoda ziehen, und
sie hat gemeint, daß das vielleicht gar keine so schlechte
Idee wäre.«

Billy zögerte einen Augenblick. Dann sagte er: »Ich weiß
nicht, ob ich dir das erst zu sagen brauche, Lin, aber ich bin
nicht verrückt.«

»Aber Daddy, das weiß ich doch«, antwortete sie fast vorwurfsvoll.

»Und mir geht es wieder besser. Ich habe zugenommen.«

Sie jauchzte so laut, daß er den Hörer vom Ohr weghalten mußte. »Ehrlich? Stimmt das wirklich?«

»Es stimmt. Wirklich.«

»Oh, Daddy, das ist ja *fantastisch*! Das ist... sagst du mir auch die Wahrheit? Nimmst du wirklich zu?«

»Bei meiner Pfadfinderehre!«

»Wann kommst du nach Hause?«

Und Billy, der Northeast Habor am nächsten Morgen in aller Frühe verlassen wollte, um spätestens abends um zehn durch seine Haustür in Fairview zu treten, log: »Es wird wohl noch ein oder zwei Wochen dauern, Liebling. Ich will erst noch ein paar Pfund ansetzen. Ich sehe immer noch ziemlich abscheulich aus.«

»Oh.« Das klang enttäuscht. »Na ja, ist schon gut.«

»Aber wenn ich komme, rufe ich dich früh genug an, daß du mindestens sechs Stunden vor mir da sein kannst«, tröstete er sie. »Du kannst mir eine Lasagne kochen, so wie damals, als wir aus Mohonk zurückgekommen sind, und mich wieder ein bißchen aufpäppeln.«

»Ach, Scheiße«, sagte sie lustlos, und dann lachend: »Uups! Entschuldige, Daddy.«

»Schon vergessen. Bleib du solange bei deiner Tante, Kätzchen. Ich will nicht, daß du dich noch weiter mit deiner Mutter zankst.«

»Ich hab' sowieso keine Lust, nach Hause zu fahren, solange du nicht da bist.« Er hörte eine neue Festigkeit in ihrer Stimme. Hatte Heidi diese erwachsene Bestimmtheit an ihrer Tochter auch gespürt? Er nahm es an — das erklärte zum Teil ihre Verzweiflung beim gestrigen Telefongespräch.

Er sagte Linda noch, daß er sie lieb habe, und legte auf. Der Schlaf kam in dieser Nacht leichter, aber seine Träume blieben schlecht. In einem hörte er Ginelli im Kofferraum des Nova brüllen, man solle ihn endlich rauslassen. Doch als er den Deckel öffnete, fand er nicht Ginelli, sondern einen blutigen nackten Säugling, einen Jungen, mit den alterslosen Augen von Taduz Lemke und einem funkelnden Goldreifen im Ohrläppchen. Der Junge streckte seine blutbefleckten Hände nach ihm aus und lächelte. Seine Zähne waren silberne Stahlnadeln.

»*Purpurfargade ansiktet*«, wieherte er mit unmenschlicher Stimme, und Billy war zitternd in der kühlen, grauen Morgendämmerung der Atlantikküste aus dem Schlaf hochgefahren.

Zwanzig Minuten später hatte er seine Motelrechnung bezahlt und befand sich in Richtung Süden auf der Autobahn. Um viertel vor acht hatte er angehalten, um ein riesiges Bauernfrühstück zu sich zu nehmen, hatte dann aber kaum etwas davon essen können, nachdem er die Zeitung aufgeschlagen hatte, die er kurz vorher am Kiosk vor dem Restaurant gekauft hatte.

Hat mir jedoch nicht den Appetit aufs Mittagessen verdorben, dachte er jetzt, als er zum Wagen zurückging. *Denn wieder zuzunehmen, ist auch etwas, worauf es wirklich ankommt.*

Die Torte stand neben ihm auf dem Beifahrersitz, warm und atmend. Er schenkte ihr keinen Blick, sondern steckte umgehend den Schlüssel ins Zündschloß und fuhr rückwärts aus der schrägen Parklücke heraus. Als ihm klar wurde, daß er in weniger als einer Stunde zu Hause sein würde, überfiel ihn eine seltsame Anspannung. Er war schon zwanzig Meilen gefahren, bis er herausfand, was der Grund war: Aufregung.

27. Kapitel: Zigeunertorte

Er parkte den Wagen in der Auffahrt hinter seinem eigenen Buick, langte nach seiner Reisetasche, das einzige Gepäckstück, das er mitgenommen hatte, und ging über den Rasen. Das weiße Haus mit den hellgrünen Fensterläden, das für ihn bis jetzt immer ein Symbol für Gemütlichkeit, Geborgenheit und Sicherheit gewesen war, kam ihm jetzt fremd vor — so fremd, daß es nichts Vertrautes mehr an sich hatte.

Hier hat der weiße Mann aus der Stadt gewohnt, dachte er. *Aber ich bin mir nicht sicher, ob es wirklich der ist, der jetzt endlich nach Hause kommt — der Kerl, der hier gerade über den Rasen geht, scheint mir eher ein Zigeuner zu sein — ein sehr dünner Zigeuner.*

Die von zwei schlanken elektrischen Fackeln eingerahmte Haustür öffnete sich, und Heidi trat auf die Veranda. Sie hatte einen roten Rock und eine ärmellose Bluse an, die Billy noch nie zuvor an ihr gesehen hatte. Außerdem hatte sie sich die Haare ganz kurz schneiden lassen, und eine Schocksekunde lang glaubte er, daß es gar nicht Heidi sei, sondern eine fremde Frau, die ihr nur außerordentlich ähnlich sah.

Sie blickte ihm mit blassem Gesicht und verschatteten Augen entgegen. Ihre Lippen zitterten.

»Billy?«

»Ja. Ich bin's«, sagte er und blieb stehen.

Sie standen sich gegenüber und sahen sich an. Heidis Gesicht strahlte eine Art jammervolle Hoffnung aus. Billy hatte keinen Funken von Gefühl, aber sein Gesicht mußte doch etwas ausgedrückt haben, denn sie brach sofort in Schluchzen aus.

»Um Himmels willen, Billy, sieh mich nicht so an! Das kann ich nicht ertragen!«

Er spürte, wie ein Lächeln sich auf seinem Gesicht breit

machte — innerlich fühlte es sich an wie etwas Totes, das auf der Oberfläche eines stillen, dunklen Sees trieb. Doch mußte es nach außen hin ganz passabel gewirkt haben, denn sie reagierte mit einem probeweisen, zitternden Lächeln. Ihre Augen füllten sich schon wieder mit Tränen.

Oh, na ja, du hast schon immer sehr nahe am Wasser gebaut, Heidi, dachte er grob.

Sie kam die Treppe herunter. Billy stellte die Tasche ab und ging ihr entgegen. Das tote Lächeln blieb auf seinem Gesicht.

»Was gibt es zum Abendessen?« fragte er. »Ich bin am Verhungern.«

Sie hatte ihm eine gigantische Mahlzeit zubereitet — Steak, Salat, eine gebackene Kartoffel, die annähernd so groß wie ein Torpedo war, frische grüne Bohnen und zum Nachtisch Heidelbeeren mit Schlagsahne. Billy aß alles auf. Obwohl sie nicht damit herausrückte, obwohl sie ihm nichts sagte, spürte er doch an jeder ihrer Gesten, in jedem Blick, den sie ihm zuwarf, ihre große Bitte. *Gib mir eine zweite Chance, Billy — bitte, bitte, gib mir eine zweite Chance.* In gewisser Weise fand er das ausgesprochen komisch, auf eine Weise, die dem alten Zigeuner wahrscheinlich gefallen hätte. Sie war von rigoroser Ablehnung aller Schuld um hundertachtzig Grad umgeschwenkt. Im Augenblick war sie bereit, alles zu akzeptieren.

Ganz allmählich, als Mitternacht näherrückte, spürte er etwas Neues in ihren Gesten: Erleichterung. Sie hatte nun das Gefühl, daß er ihr vergeben hätte. Das kam ihm gerade recht. Denn eine Heidi, die sich in der Sicherheit wiegte, daß er ihr vergeben hätte, war genau das, worauf es ihm jetzt ankam.

Sie saß ihm gegenüber, schaute ihm beim Essen zu und rauchte eine Vantage 100 nach der anderen, während er erzählte. Er berichtete von seiner Suche nach den Zigeunern, wie er ihnen die Küste hinauf gefolgt war, wie er die Fotos und Informationen von Kirk Penschley erhalten hatte, wie er sie dann schließlich in Bar Harbor aufgespürt hatte.

Und an dieser Stelle trennten Billy Halleck und die Wahrheit sich.

Die dramatische Konfrontation, die er zugleich erhofft und gefürchtet hätte, sei ausgeblieben, erzählte er Heidi. Es wäre überhaupt nicht so verlaufen, wie er es sich vorgestellt hätte. Zunächst mal hätte der Alte ihn ausgelacht. Alle hätten ihn ausgelacht. »Wenn ich dich wirklich verfluchen könnte, dann lägest du schon längst unter der Erde«, hätte der alte Zigeuner ihn verspottet. »Ihr glaubt immer, daß wir zaubern können – alle weißen Leute aus der Stadt glauben, wir wären der Magie mächtig. Wenn das wahr wäre, würden wir dann in alten, verrosteten Karren und Lastwagen, bei denen die Auspüffe mit Draht festgebunden sind, über die Landstraßen ziehen? Wenn wir wirklich zaubern könnten, würden wir die Nächte dann in Heufeldern verbringen? Dies ist keine Zauberei, weißer Mann aus der Stadt, dies ist ein ganz normaler, herumziehender Jahrmarkt. Wir machen unsere Geschäfte mit weißen Trotteln, denen das Geld zu locker in der Tasche sitzt. Danach ziehen wir weiter. Sieh zu, daß du von hier wegkommst, sonst hetze ich ein paar von diesen Männern auf dich, und die kennen einen Fluch! Es ist der Fluch der Bleifäuste.«

»Hat er dich wirklich so genannt? Weißer Mann aus der Stadt?«

Er lächelte. »Ja, so hat er mich genannt.«

Er sei also in sein Motelzimmer zurückgefahren, erzählte er Heidi weiter, und hätte zwei Tage und zwei Nächte nichts weiter getan als rumzuliegen. Er sei viel zu deprimiert gewesen, um etwas anderes tun zu können, außer ein bißchen zu essen. Am dritten Tag – vor drei Tagen also – sei er auf die Waage gestiegen und hätte plötzlich überrascht festgestellt, daß er trotz des geringen Essens drei Pfund zugenommen hätte.

»Doch als ich genauer darüber nachdachte, fand ich es nicht seltsamer, als damals herauszufinden, daß ich schon wieder drei Pfund abgenommen hatte, obwohl ich alles, was auf dem Tisch stand, verputzt hatte«, sagte er. »Und dieser Gedanke hat mich schließlich aus dem psychischen

Chaos herausgerissen, in dem ich mich die ganze Zeit befunden hatte. Ich bin noch einen Tag im Motel geblieben und habe so intensiv nachgedacht wie noch nie in meinem Leben. Ganz allmählich bin ich mir darüber klar geworden, daß die drei Ärzte von der Glassman-Klinik doch nicht so ganz unrecht hatten. Und auch Michael Houston konnte zumindest teilweise recht haben, wenn ich ihn auch nicht ausstehen kann, diesen Stinkstiefel!«

»Billy...« Sie faßte ihn am Arm.

»Vergiß es«, sagte er. »Ich werde ihn nicht zusammenschlagen, wenn ich ihn sehe.«

Könnte ihm allerdings ein Stück von der Torte anbieten, dachte er insgeheim und lachte.

»Darf ich mitlachen?« Sie lächelte ihm unsicher zu.

»Ach, es ist nichts. Das Problem war jedenfalls, daß Houston und die drei Typen aus der Glassman-Klinik – und auch du, Heidi –, daß ihr versucht habt, mir die Wahrheit aufzuzwingen. Ich mußte ganz von allein darauf kommen. Eine simple Schuldreaktion plus – wie ich annehme – eine Kombination aus Verfolgungswahn und grandioser Selbsttäuschung. Aber letzten Endes hatte *ich* auch recht, Heidi! Ich hatte gesagt, daß ich ihn wiedersehen müsse, und das hat dann letztendlich den Umschwung bewirkt. Nur eben nicht auf die Weise, die ich erwartet hatte. Er war kleiner, als ich ihn in Erinnerung hatte. Er hatte eine billige Timex am Handgelenk und einen entsetzlichen Brooklyn-Akzent. Er sagte zum Beispiel ›Fluich‹ statt ›Fluch‹. Das war's, glaube ich, was mich mehr als alles andere enttäuscht hat. Es hörte sich so an wie Tony Curtis in diesem Film über das arabische Empire: ›Yondah ist mein Vater sein Palast.‹ Ja, und danach bin ich gleich ans Telefon und...«

Die Uhr auf dem Kaminsims im Wohnzimmer schlug klangvoll.

»Oh, es ist schon zwölf«, unterbrach er sich. »Laß uns zu Bett gehen. Ich helf' dir noch schnell, das Geschirr in die Spüle zu stellen.«

»Laß nur, das mach ich schon allein.« Sie stand auf und legte die Arme um ihn. »Ich bin *so* froh, daß du wieder zu

Hause bist, Billy. Geh schon mal rauf. Du mußt ja hunde-
müde sein.«

»Mir geht's gut«, sagte er. »Ich will nur...«

Plötzlich schnippte er mit den Fingern und setzte die Miene eines Mannes auf, dem gerade etwas Wichtiges eingefallen war.

»Fast hätt ich's vergessen. Ich hab noch was im Wagen liegen.«

»Was ist es denn? Kann das nicht bis morgen warten?«

»Klar, aber ich möchte es trotzdem noch schnell reinho-
len.« Er lächelte ihr aufmunternd zu. »Es ist für dich.«

Als er über den Rasen ging, klopfte sein Herz stürmisch.
In der Aufregung ließ er die Schlüssel fallen und stieß sich
den Kopf am Kotflügel, als er sich hastig bückte, um sie aufzuheben. Seine Hände zitterten so sehr, daß er erst beim
dritten Versuch das Schlüsselloch traf.

*Was, wenn sie sich immer noch so schrecklich auf- und abbe-
wegt?* dachte er verzweifelt. *Wenn sie das sieht, wird sie schreiend wegrennen.*

Er schlug den Kofferraumdeckel hoch und schrie nun
selbst fast, als er nur den Wagenheber und das Reserverad
fand. Dann fiel es ihm wieder ein — er hatte sie ja auf dem
Beifahrersitz abgestellt. Er knallte den Deckel zu und ging
eilig um den Wagen herum. Die Torte war noch da, und ihre
Krustenoberfläche war vollkommen still. Im Grunde hatte
er gewußt, daß es so sein würde.

Heidi stand wieder auf der Veranda und beobachtete ihn.
Er lief über den Rasen und legte ihr das Geschenk in die
Hände. Jetzt lächelte er wieder. *Ich liefere die Ware ab,* dachte
er. Denn die Ware abzuliefern, war eins von den vielen Dingen, worauf es auch ankam. Sein Lächeln wurde breiter.

»*Voilà*«, sagte er.

»Billy!« Sie beugte sich mit der Nase über die Torte und
roch daran. »Erdbeeren... meine Lieblingstorte!«

»Ich weiß.« Billy lächelte weiter.

»Und noch warm! Vielen Dank!«

»Ich bin in Stratford vom Turnpike abgebogen, um zu tan-
ken«, erklärte er. »Die Tankstelle lag gleich neben der Kir-

che, und der städtische Frauenverein oder was weiß ich hatte da gerade einen großen Kuchenverkauf... und da dachte ich mir... ich meine, falls du mich mit dem Nudelholz an der Haustür empfangen hättest... bringe ihr doch ein Friedensangebot mit.«

»Oh, Billy...« Sie fing schon wieder an zu heulen. Impulsiv umarmte sie ihn mit einem Arm, während sie die Torte gewandt wie ein Kellner in der anderen balancierte. Als sie ihn küßte, rutschte die Torte gefährlich zum Rand der Platte. Billys Herz machte einen Satz und begann, rasend zu schlagen.

»Vorsicht!« rief er und erwischte sie gerade noch, bevor sie runterfiel.

»Gott, was bin ich ungeschickt«, lachte sie und wischte sich mit dem Zipfel ihrer Schürze, die sie zum Abspülen umgebunden hatte, die Augen aus. »Du bringst mir meine Lieblingstorte mit, und ich lasse sie auch noch fa... fa... fa...«

Sie verlor völlig die Fassung und lehnte sich schluchzend an ihn. Mit einer Hand strich er ihr über das kurzgeschnittene Haar, mit der anderen hielt er die Tortenplatte in sicherem Abstand, für den Fall, daß sie noch einmal irgendwelche unberechenbaren Bewegungen machte.

»Billy, ich bin so froh, daß du wieder da bist. Versprich mir, daß du mich für das, was ich dir angetan habe, nicht mehr hassen wirst. Versprichst du mir das?«

»Ich versprech's dir«, sagte er freundlich, und strich ihr wieder übers Haar. *Sie hat recht*, dachte er. *Die Torte ist immer noch warm.* »Jetzt laß uns aber reingehen.«

Sie stellte die Platte auf der Küchentheke ab und fing an, das Geschirr abzuspülen.

»Willst du nicht gleich ein Stückchen essen?« fragte Billy.

»Vielleicht nachher, wenn ich das hier fertig habe«, antwortete sie. »Aber nimm du dir ruhig eins, wenn du magst.«

»Nach der Mahlzeit, die ich vorhin weggeputzt habe?« Er lachte.

»Du wirst in nächster Zeit alle Kalorien brauchen, die du nur kriegen kannst.«

»Ja, aber im Augenblick ist es einfach ein Fall von: Kein Platz mehr frei. Soll ich dir beim Abtrocknen helfen?«

»Ich möchte, daß du schon mal vorgehst und dich gleich ins Bett legst. Ich komm gleich nach.«

»Na gut.«

Er ging hinauf, ohne sich noch mal umzusehen. Es war viel wahrscheinlicher, daß sie noch an der Torte naschen würde, wenn er nicht dabei war. Aber vielleicht würde sie heute nacht doch nichts mehr davon essen. Heute nacht wollte sie zu ihm ins Bett — vielleicht sogar mit ihm schlafen. Nun, da gab es ein gutes Abschreckungsmittel. Er brauchte sich nur nackt ins Bett zu legen. Wenn sie ihn so sah...

Und was die Torte betraf...

»›Fiedel-didel-die‹, sagte Scarlet. ›Ich esse meinen Kuchen nicht. Morgen ist auch noch ein Tag‹.« Er lachte über die Bosheit in seiner Stimme. Jetzt stand er im Bad auf der Waage. Als er in den Spiegel blickte, sah er Ginellis Augen.

Er wog schon wieder hunderteinunddreißig Pfund, aber das machte ihm keine rechte Freude. Immer noch empfand er überhaupt keine Gefühle, nur Müdigkeit. Er war unglaublich müde. Er ging den Flur, der ihm jetzt auch völlig fremd war, entlang ins Schlafzimmer und stolperte in der Dunkelheit. Fast wäre er gefallen. Heidi hatte die Möbel umgestellt. Sie hatte sich die Haare schneiden lassen, eine neue Bluse gekauft und den kleinen Schreibtisch mit dem Stuhl im Schlafzimmer umgestellt — aber das war nur der Anfang von Fremdheit in diesem Haus. Sie mußte, während er weggewesen war, irgendwie darin gewachsen sein. Ob Heidi nicht doch auch verflucht worden war, nur eben auf viel subtilere Weise? So lächerlich war der Gedanke gar nicht. Linda hatte die Fremdheit im Hause jedenfalls erkannt und war vor ihr geflohen.

Langsam zog er sich aus.

Er lag im Bett und wartete, daß sie heraufkam. Doch statt

dessen hörte er gedämpfte Geräusche, die ihm eine bekannte Geschichte erzählten. Das Quietschen einer der oberen Schranktüren — die linke, hinter der sie ihre Dessertteller aufbewahrten. Heidi hatte sie offenbar geöffnet. Dann das Rasseln der Schublade und das Scheppern von Besteck, als sie ein Messer herausnahm.

Mit klopfendem Herzen starrte Billy ins Dunkel.

Ihre Schritte durchquerten die Küche — sie ging zur Theke, auf der sie die Torte abgestellt hatte. Er hörte es an einem der mittleren Bodenbretter, das schon seit Jahren knarrte.

Was wird es aus ihr machen? Mich hat es dünn gemacht. Cary Rossington ist zu einer Art Tier geworden, aus dessen Haut man nach dem Tode Leder macht. Und Duncan Hopley hat es zu einer menschlichen Pizza werden lassen. Was wird es aus ihr machen?

Das Bodenbrett knarrte nochmals, als sie durch die Küche zurückging. Er sah sie vor sich, den Dessertteller mit der Torte in der rechten, Zigaretten und Streichhölzer in der linken Hand. Er sah das Tortenstück mit den dunkelroten Erdbeeren, dem blutroten Saft, der auf dem Teller zu einer Pfütze zusammenlief.

Er wartete auf das leise Quietschen der Schwingtür, die ins Eßzimmer führte, aber es blieb aus. Nun, das überraschte ihn nicht. Vermutlich stand sie an der Theke, schaute in den Garten und aß die Torte mit kleinen, sparsamen Bissen. Eine alte Gewohnheit von ihr. Fast konnte er die Gabel auf dem Teller kratzen hören.

Er merkte, daß er langsam einschlief.

Einschlafen? Nein, unmöglich. Doch nicht, während man gerade einen Mord begeht.

Doch er schlief trotzdem ein. Er wartete wieder auf das Knarren des Bodenbretts. Sie mußte noch einmal drauftreten, wenn sie zur Spüle hinüberging. Wartete auf das Rauschen des Wasserhahnes, wenn sie den Teller und das Besteck spülte. Die vertrauten Geräusche, wenn sie noch einmal vor dem Zubettgehen die Runde durchs Haus machte, alle Lichter ausschaltete, die Thermostate herunterdrehte und nachsah, ob die Lichter der Alarmanlage neben den Türen brannten — eben all die Rituale der weißen Menschen aus der Stadt.

Er lag im Bett und lauschte auf das Knarren des Bodenbretts... und dann saß er an seinem Schreibtisch in seinem neuen Haus in Big Jubilee, Arizona, der Stadt, in der er seit sechs Jahren als Anwalt praktizierte.

Es war ganz einfach. Er lebte dort mit seiner Tochter und arbeitete gerade genug in diesem bescheuerten Geschäft, das er insgeheim ›Gemeinderechtsscheiße‹ nannte, um das Essen auf den Tisch zu kriegen. Seine übrige Zeit widmete er öffentlichen Hilfsorganisationen. Sie führten ein einfaches Leben. Die alten Zeiten — zwei Wagen in der Garage, dreimal wöchentlich der Besuch des Gärtners, über fünfundzwanzigtausend Dollar Grundstückssteuer im Jahr — waren endgültig vorbei. Er vermißte all das nicht, und er glaubte, Linda ebenfalls nicht. Er arbeitete in der Stadt, manchmal auch in Yuma oder Phoenix — allerdings selten genug —, und sie wohnten weit genug vom Zentrum entfernt, um das Land um sie herum zu genießen. Linda würde ab nächsten Jahres aufs College gehen, und er würde dann vielleicht doch in die Stadt ziehen — aber nur, wenn die Leere des Hauses ihm auf die Nerven ginge, und er glaubte kaum, daß das der Fall sein würde.

Sie hatten sich ein schönes Leben gemacht, und das war gut so. Denn darauf kam es ja schließlich an: Sich und seinen Lieben ein schönes Leben zu machen.

Es klopfte an der Bürotür. Er schob den Schreibtischstuhl zurück, wandte sich um und sah Linda. Linda hatte keine Nase mehr. Das heißt, die Nase war nicht fort, sie hielt sie in der Hand.

Blut floß aus dem dunklen Loch in der Mitte ihres Gesichts.

»Ich verstehe das nicht, Daddy«, sagte sie mit der nasalen, dröhnenden Stimme eines Nebelhorns. »Sie ist mir einfach abgefallen.«

Er wachte mit einem Ruck auf und schlug wild mit den Armen um sich, als könne er dadurch die Vision verjagen. Heidi stöhnte neben ihm im Schlaf. Sie lag auf ihrer linken Seite und hatte die Decke bis über die Ohren gezogen. Er sah auf die Digitaluhr, die Heidi auf ihrem Spiegeltisch am anderen Ende des Zimmers stehen hatte. Es war fünf nach halb sieben.

Billy stieg aus dem Bett, ging durchs Zimmer, nahm seinen Bademantel vom Haken und lief den Flur hinunter ins Badezimmer. Er drehte die Dusche an und wollte den Mantel gerade an die Tür hängen, als er bemerkte, daß Heidi sich offenbar auch einen neuen Bademantel gekauft hatte. *Aha. Ein neuer Haarschnitt, eine neue Bluse und ein neuer Morgenrock. Ein hübsches Blau.*

Er stieg auf die Waage und stellte fest, daß er weiter zugenommen hatte. Danach ging er unter die Dusche und wusch sich mit einer Gründlichkeit, die schon zwanghaft zu nennen war. Er seifte jede Stelle an seinem Körper ein, spülte sich ab und fing noch mal von vorne an. *Ab jetzt werde ich auf mein Gewicht achten*, versprach er sich. *Wenn sie erst mal weg ist, werde ich auf mein Gewicht aufpassen. Ich will nie wieder so fett werden, wie ich es war.*

Er trocknete sich ab, zog sich seinen Bademantel wieder über und ertappte sich dabei, daß er vor der geschlossenen Tür stand und Heidis neuen Morgenmantel anstarrte. Er griff in eine Falte und rieb den Nylonstoff zwischen den Fingern. Er war weich und glatt. Der Mantel sah zwar neu aus, aber irgendwie kam er ihm bekannt vor.

Stimmt. Sie hatte schon mal einen Mantel, der so ähnlich war, dachte er. *Sie hat sich einen Mantel gekauft, der sie an früher erinnert. Die menschliche Kreativität geht eben nicht sehr weit, Kumpel — irgendwann fangen wir alle an, uns zu wiederholen. Letztendlich handeln wir alle zwanghaft.*

Houstons Stimme meldete sich: *Es sind die Leute, welche keine Angst haben, die jung sterben.*

Heidis Stimme: *Um Himmels willen, Billy, sieh mich nicht so an! Das kann ich nicht ertragen!*

Leda Rossington: *Er sieht jetzt wie ein Alligator aus — wie etwas, das gerade aus dem Schlamm gekrochen ist und menschliche Kleidung angezogen hat.*

345

Hopley: *Du treibst dich in der Gegend rum und denkst dir, dieses eine Mal, vielleicht wird es dieses eine Mal wenigstens ein bißchen Gerechtigkeit geben... einen winzigen Augenblick Gerechtigkeit, der ein ganzes Leben voller Scheiße wiedergutmachen soll.*

Während er den blauen Nylonstoff befühlte, schlich plötzlich ein fürchterlicher Gedanke durch seinen Kopf. Der Traum fiel ihm wieder ein. Linda in seiner Bürotür. Das blutende Loch mitten in ihrem Gesicht. Der Mantel... er gehörte gar nicht Heidi. Er war ihm nicht bekannt vorgekommen, weil sie früher einmal so einen gehabt hatte, sondern weil Linda *heute* so einen besaß.

Er wirbelte herum und öffnete die obere Schublade rechts neben dem Waschbecken. Da war ihre Haarbürste. Auf dem roten Plastikgriff war ihr Name eingraviert: LINDA. Schwarze Haare hingen zwischen den Borsten.

Benommen rannte er den Flur entlang zu ihrem Zimmer.

Das Herumtreibervolk ist immer bereit, diese Dinge zu arrangieren, mein Freund... dazu ist es ja schließlich da.

Ein Arschloch, William, ist ein Mensch, der nicht glaubt, was er sieht.

Billy stieß die Tür zu ihrem Zimmer auf, und fand seine Tochter friedlich schlafend im Bett. Den einen Arm hatte sie quer übers Gesicht gelegt, im anderen hielt sie ihren Teddy Amos.

Nein. O Gott, nein. Nein.

Er hielt die Tür an, die hin und her schwang. Was immer er auch sein mochte, er war bestimmt kein Arschloch. Er sah und glaubte alles. Ihre graue Wildlederjacke hing über der Rückenlehne ihres Schreibtischstuhls. Der Samsonitekoffer stand mit offenem Deckel mitten im Zimmer. Jeans, Unterwäsche, Blusen und Shorts quollen in völliger Unordnung aus ihm hervor. Am Griff klebte ein Greyhoundbus-Aufkleber. Er sah sogar noch mehr. Die Rosen neben der Uhr auf Heidis Spiegeltisch. Als er sich zu Bett gelegt hatte, waren sie noch nicht dagewesen. Nein... Linda hatte sie mitgebracht als Friedensangebot für ihre Mutter. Sie war extra früher nach Hause gekommen, um mit ihr ins reine zu kommen, bevor Billy hier eintraf.

Der alte Zigeuner mit der abfaulenden Nase: *Keine Schuld, sagst du, keine Schuld. Das redest und redest und redest du dir ein. Aber es gibt keinen Puush, weißer Mann aus der Stadt. Jeder zahlt, sogar für Dinge, die er gar nicht getan hat. Kein Puush.*

Er wandte sich um und rannte die Treppe hinunter.

Nicht Linda, mein Gott, bitte nicht Linda!

Jeder zahlt, weißer Mann aus der Stadt... sogar...

Denn das ist's, worauf es wirklich ankommt.

Die Tortenreste standen auf der Theke. Heidi hatte sie sorgfältig mit Klarsichtfolie zugedeckt. Etwa ein Viertel war aufgegessen. Auf dem Küchentisch stand Lindas Handtasche — eine Reihe von Rockstar-Buttons steckte am Riemen: Bruce Springsteen, John Cougar Mellancamp, Pat Benater, Lionel Richie, Sting, Michael Jackson.

Er ging zur Spüle. Zwei Teller.

Sie haben hier gesessen, die Torte gegessen und sich miteinander versöhnt, dachte er. *Wann? Gleich nachdem ich eingeschlafen bin? Muß wohl so gewesen sein.*

Er hörte den Zigeuner lachen, und ihm knickten die Knie ein. Er mußte sich an die Theke klammern, um nicht umzufallen.

Als er wieder Kraft gewonnen hatte, ging er durch die Küche und trat dabei auf das knarrende Bodenbrett.

Die Torte atmete wieder — auf und ab, auf und ab. Ihre obszöne Wärme hatte die Folie von innen beschlagen lassen. Er hörte ein leises, glucksendes Geräusch.

Billy Halleck öffnete die quietschende Schranktür und holte sich einen Dessertteller heraus. Dann zog er rasselnd die Schublade auf und nahm sich Messer und Gabel.

»Warum nicht?« flüsterte er zu sich selbst und schlug die Folie zurück. Die Torte lag wieder ganz still. Nur eine harmlose Erdbeertorte, die selbst zu dieser frühen Morgenstunde sehr verlockend aussah.

Und, wie Heidi schon gesagt hatte, zur Zeit brauchte er alle Kalorien, die er essen konnte.

»Guten Appetit«, sagte er in die sonnige, morgendliche Stille seiner Küche und schnitt sich ein Stück von der Zigeunertorte ab.

HEYNE BÜCHER

Heyne-Taschenbücher

HEYNE BÜCHER

Dean Koontz

»Er bringt die Leser dazu, die ganze Nacht lang weiterzulesen… das Zimmer hell erleuchtet und sämtliche Türen verriegelt.«

H e y n e - T a s c h e n b ü c h e r